Die Großmoguln

Aufnahmen Christina Gascoigne

Prisma Verlag

Bamber Gascoigne

Die Großmoguln

Glanz und Größe mohammedanischer Fürsten in Indien

Den vielen Freunden in Indien und Pakistan, die uns auf unserer Reise behilflich waren.

Die englische Originalausgabe erschien 1972 unter dem Titel »The Great Moghuls« im Verlag Jonathan Cape Ltd, London. ISBN 0224 00580 4. Geplant und hergestellt wurde das Buch von George Rainbird Ltd, London.

Deutsche Übersetzung: Karola und Rolf-Dieter Habich, München

Sonderausgabe für Prisma Verlag GmbH, Gütersloh, 1987

ISBN 3-570-09930-X

Inhaltsverzeichnis

Prolog

Am 22. September 1398 erreichte eine mongolische Streitmacht das Ufer des Indusstromes, die erste natürliche Grenze, die Indien nach den Gebirgspässen Afghanistans schützt. Zwei Tage später hatte sie eine schwimmende Brücke aus Booten fertiggestellt und zog über sie nun ostwärts weiter.

Unter normalen Umständen hätte diese Nachricht keine besondere Beunruhigung in Delhi ausgelöst. Mongolische Räuberhorden waren nun schon beinahe zwei Jahrhunderte lang alle paar Jahre in das Fünfstromland – Pandschab – eingedrungen. Sie waren ein ständig wiederkehrendes Ärgernis, aber wenn es zu einer Entscheidungsschlacht kam, wurden sie gewöhnlich besiegt. Kamen sie als Feinde, betrachtete man sie als zwar schreckliche, aber letztlich minderwertige Wilde. Der Dichter Amir Khusrau, der eine Zeitlang ihr Gefangener gewesen war, kehrte mit der Kunde zurück, ihre rauhe Haut scheine nur für Schuhleder geeignet, und ihre Körper seien mit Läusen übersät, gleich Sesam, der auf kümmerlichem Ackerboden wächst. Unter normalen Umständen also hätten sich die Herrscher in Delhi nicht über die Maßen bedroht gefühlt [74].

Aber 1398 waren die Umstände bei weitem nicht normal. Zum einen stand nicht so recht eindeutig fest, wer in Delhi eigentlich regierte. Seit dem Tod von Schah Firus zehn Jahre zuvor war das Reich durch rivalisierende Thronaspiranten zerrissen, und nun gab es zwei Marionettenkönige, von denen jeder durch einen noch mächtigeren Adligen gelenkt wurde. Zum anderen wurde die neueste Mongolenstreitmacht von keinem Geringeren als Timur angeführt, dessen Hinken ihm den Namen Timur-i-Leng oder Timur der Lahme eingebracht hatte; eine Verballhornung davon lieferte den Namen, unter dem er im ganzen Westen bekannt wurde: Tamerlan.

Marlowes »Geißel Gottes« war nun sechzig, aber selbst ein äußerst feindlich gesinnter arabischer Schriftsteller, der um diese Zeit von Timur gefangengenommen wurde, beschrieb ihn als immer noch »körperlich stark und robust, wie ein harter Fels« [56]. Fünf Jahre früher hatte er Bagdad eingenommen, drei Jahre war es her, daß seine Horden Rußland bis zweihundert Meilen vor Moskau verwüsteten. Indien hatte sich seit 1221 nicht in solcher Gefahr befunden, als Dschingis Khan persönlich in derselben Gegend am Indusstrom angekommen war. Aber Dschingis Khan hatte dort Halt gemacht.

Timur dagegen zog ohne Rast weiter nach Süden und Osten und hielt nur inne, um unterwegs Städte auszuplündern. Einige wenige erkauften sich mit hohem Lösegeld vorläufige Verschonung, aber in aller Regel schaffte irgendeine Meinungsverschiedenheit während der Geldeintreibung genügend Grund für ein allgemeines Massaker, »als Strafe für frühere Verbrechen« [1]. In Wahrheit war es so, daß in einer mittelalterlichen Streitmacht, die so weit von der Heimat entfernt war, die Gefolgstreue der Soldaten davon abhing, ob ihr Anführer ihnen genügend Gelegenheit zum Plündern zu verschaffen vermochte. Timur konnte sich kaum gutes Benehmen gegenüber den Städten, durch die er zog, leisten. Wenn er wirklich gen Delhi weiterzueilen schien, so war einer der Gründe dafür – wie ein zeitgenössischer Chronist angab – die »Anhäufung toter Kadaver, die die Luft verpesteten«, wo immer er gewesen war [1]. In der Tat überlebten beinahe nur diejenigen seinen Durchzug, die von den Soldaten für unmittelbare Zwecke oder um später als Sklaven verkauft zu werden, zusammengetrieben worden waren. Und davon gab es bald eine sehr große Zahl.

Timur erreichte Anfang Dezember die Umgebung von Delhi. In der Hauptstadt herrschte nun Mallu Khan, ein Aristokrat, der einen der beiden Marionettenkönige, Schah Mahmud, gefangengenommen hatte und in dessen Namen regierte. Am 12. Dezember gab es ein Scharmützel, als ein von Timur selbst geführter Spähtrupp von Mallu Khan angegriffen wurde. Den Angriff schlug man mit Leichtigkeit zurück, aber die bloße Kunde davon kostete 50000 Indern das Leben. Die Gefangenen in Timurs Lager vermochten ihre Erregung nicht zu verbergen und stempelten sich so selbst zum untragbaren Risiko. Timur befahl jedem seiner Gefolgsleute, seine erwachsenen männlichen Gefangenen zu töten. Noch zur selben Stunde war das Werk schon verrichtet, wobei sogar ein alter Priester, »der es noch

nie über sich gebracht hatte, auch nur ein einziges Schaf zu töten« [1]; [15] gezwungen wurde, mit Hand anzulegen.
Timurs Vorbereitungen für die Schlacht richteten sich hauptsächlich gegen die legendären indischen Elefanten, da der Gedanke an sie allein schon seine Streitmacht der Panik nahe brachte. Einige der Gelehrten, mit denen sich Timur gerne umgab, gingen sogar so weit zu sagen, sie zögen es vor, während der Schlacht in der Nähe der Damen zu verbleiben [1]. Er versah seine Stellungen mit einem mächtigen Wall und Graben und baute verschiedene Vorrichtungen auf, die die Elefanten kampfunfähig machen oder aber so erschrecken sollten, daß sie umkehrten und ihr eigenes Heer niedertrampelten. So ließ er mit dreizinkigen Metalldornen versehene Pfähle in den Erdboden rammen (eine Variante der von Sultan Bajasid zwei Jahre zuvor in Nikopol und von Heinrich V. in Azincourt siebzehn Jahre danach benützten Vorrichtung), und obendrein versah er seine Reiterei mit Fußangeln. Diese waren aus Metall und besaßen vier scharfe Zinken, die so abstanden, daß zumindest eine der vier immer nach oben zeigen mußte. Die Reiter konnten also einen Elefanten zur Verfolgung reizen und ihm dann diese tückischen Stacheln in den Weg streuen. Timurs Technik, die Elefanten in Panik zu versetzen, war nicht weniger einfallsreich. Heubüschel wurden auf den Rücken zahlreicher Kamele und Büffel befestigt, die den näherrückenden Elefanten entgegengetrieben werden sollten. Im letzten Moment mußten die Büschel angezündet werden. Der ungeheure Schrecken dieser unglücklichen Tiere würde, wenn sie lodernd und kreischend unter den Elefanten umherrannten, diese – wie man hoffte – anstecken [2]. Beide Methoden funktionierten. Am 17. Dezember brach die Streitmacht von Schah Mahmud und Mallu Khan aus den Toren Delhis: 10000 Pferde, 40000 Fußsoldaten und eine Phalanx der gefürchteten Elefanten, die sich in ihrer Rüstung und mit langen, an den Stoßzähnen gefestigten Schwertern unter metallischem Klirren vorwärtsbewegten. Auf ihren Rücken befanden sich wehrhafte Türmchen, die geradezu strotzten von Bogen- und Armbrustschützen, ja sogar von besonders ausgebildeten Kriegern, die primitive Raketen und Vorrichtungen bedienten, mit denen sie heißes Pech ausschleudern konnten. Aber diese biederdirekte Machtentfaltung der Inder war Timurs unorthodoxer Kriegsführung nicht gewachsen. Am Ende des Tages waren Mahmud und Mallu in die Stadt zurückgeflohen und geradenwegs auf der anderen Seite wieder hinaus. Der siegreiche Timur aber schlug sein Lager an einem großen Wasserspeicher außerhalb der Stadtmauern auf [3], [1].
Am nächsten Tag zog Timur im Triumphzug in Delhi ein. Dort saß er kaum auf dem Thron, als schon hochgestellte Bürger sich ihm zu Füßen warfen, um Gnade flehten und dafür einem – wie üblich – hohen Preis zustimmten. Die gefangenen Elefanten, 120 an der Zahl, wurden ihm zur Parade vorgeführt und machten einen äußerst befriedigenden Eindruck, indem sie in unterwürfiger Haltung niederfielen und in lautes Wehgeschrei ausbrachen, als bäten sie um Pardon. Auch Rhinozerosse waren dabei, aber da sie zu jedweder Schmeichelei dieser Art unfähig waren, wurden sie weniger freundlich aufgenommen. Dann veranlaßte Timur, daß sich seine Priester in die große Moschee begaben, um dort in seinem Namen die Chutba, die Freitagmittagpredigt, zu lesen, während seine Schatzbeamten sich daran machten, das Lösegeld beizutreiben. Er selbst zog sich in seinen luxuriösen Komplex von Zeltbauten außerhalb der Stadtmauern zu einem ausgedehnten Festgelage zurück [1].
Wie sich aus diesen geordneten Anfängen die Lage so verschlechterte, daß es zu einer Massenplünderung und der Niederbrennung von Delhi kam, darüber sind sich die Chroniken uneins. Aber die Stadt stand bald in Flammen, gemeine Soldaten waren mit Juwelen beladen, die in Indien leichter als in irgendeinem anderen Land zu erbeuten waren, da damals wie heute sogar die ärmeren Frauen ihr Gold und ihr Geschmeide tagaus tagein trugen; und es gab kaum einen von Timurs Leuten, der nicht zwanzig neue Sklaven vor sich hertrieb, während einige sich sogar nicht weniger als einhundertfünfzig verschafft haben sollen. Timur selbst aber fuhr fort zu feiern [1].
Als die Tausenden von Gefangenen außerhalb der Stadt gesammelt wurden, suchte man die

Handwerker unter ihnen für Timur heraus. Er war besonders an Delhis berühmten Steinmetzen interessiert, die gleich den Elefanten für Samarkand bestimmt waren. Das war stets seine Taktik, nach der Eroberung jeder hochentwickelten Stadt die Meister in ihrem Fach nach Samarkand zu schicken, wo sie ihre Fähigkeiten in Kunst und Architektur zur Verschönerung seiner Hauptstadt gebrauchen sollten.

Timur verweilte weitere zehn Tage in der Nähe von Delhi, wo er Tributzahlungen benachbarter Fürsten, die er nicht angreifen wollte, um nicht unnötig Zeit zu verlieren, in Empfang nahm. Dann brach er in gemächlicher Marschordnung heimwärts auf, wobei die größte je gekannte Beute mitgeführt wurde. Einem der Berichte zufolge war das Heer »so mit Beute beladen, daß es kaum vier Meilen am Tag marschieren konnte« [1]; aber das war eine Übertreibung, da Timur um den 19. März, nachdem er Lahore verwüstet hatte, bereits den Indusstrom wieder überquerte. Er war weniger als sechs Monate im Land gewesen und ließ ein Leichenfeld hinter sich, das in der Geschichte Indiens ohne Beispiel war. Hungersnöte waren die unausweichliche Folge der von seinen Truppen angerichteten Zerstörungen; ebenso zwangsläufig brach durch die zurückgelassenen Leichen die Pest aus. Es hieß, daß sich in Delhi zwei Monate lang kein Leben regte, nicht einmal ein Vogel [56, 74].

Die indischen Elefanten und Steinmetze kamen wohlbehalten in Samarkand an, wo die Handwerker in eine Gemeinschaft eingegliedert wurden, die bereits Maler, Kalligraphen und Architekten aus Persien umfaßte, und die bald – nach Timurs nächsten Feldzügen – um Seidenweber und Glasbläser aus Damaskus sowie Silberschmiede aus der Türkei erweitert werden sollte. Als Ruy Gonzales de Clavijo, der spanische Gesandte, 1404 nach Samarkand kam, fand er so viele fremde Meister als Gefangene vor, daß »die Stadt nicht groß genug war, sie aufzunehmen, und es war erstaunlich, wie viele unter Bäumen und in außerhalb gelegenen Höhlen lebten« [28]. Clavijo stieß auch auf jene fügsamen Elefanten, sie waren jetzt grün und rot angemalt und bewachten die Pforten zum üppigen Garten, da der Nomade Timur es vorzog, selbst in seiner eigenen Hauptstadt in einem Zelt zu leben. Es waren die ersten Elefanten, die Clavijo, wie so viele aus Timurs Truppen in Delhi, erblickt hatte. Aber Clavijo konnte sie mit größerer Ruhe betrachten, und er lieferte seinen Lesern in Spanien eine Beschreibung, die so bewundernswert unmittelbar ist wie ein Gemälde von Kindeshand: »Die Tiere waren sehr groß, und ihr Körper war ganz ohne Form, wie ein voller Sack, ihre Beine waren sehr dick und hatten denselben Umfang von oben bis unten« [28].

Sowohl Steinmetze wie Elefanten müssen in Samarkand am Gur-Amir, dem prächtigen Grabmal des Herrschers, gearbeitet haben (Tafel 1). Seine schöne, persisch inspirierte Türkiskuppel kann als Vorahnung der künftigen Pracht angesehen werden. Wo Timur indische Handwerker an seinen persischen Entwürfen in Samarkand arbeiten ließ, sollten dann seine Nachfolger mit noch mehr Erfolg persische Ideen an die Handwerker in Indien herantragen, die die beiden Traditionen vereinigten und so Kuppeln von noch großartigerem Stil und Ruhm errichteten.

Timurs Abzug im Jahre 1399 bedeutete zum Glück für Delhi, daß die Stadt über ein Jahrhundert lang nichts mehr von seiner Familie sah. Als sie zurückkehrte, kam sie, um zu bleiben, aber der Charakter der Familie hatte sich gewandelt. Abgesehen von der Fähigkeit, Schlachten zu gewinnen, war die einzige Eigenschaft, die sie anscheinend von ihrem furchteinflößenden Vorfahren geerbt hatte, seine Vorliebe für Gelehrte und sein leidenschaftlicher Hang, die Hauptstadt zu verschönern. Ihre Art zu herrschen war weniger von Sklaverei geprägt als die seine, und der Wunsch, schöpferisch zu wirken, der in seinem Leben eine Nebenrolle gespielt hatte, gewann in ihrem Dasein eine beinahe alles überragende Bedeutung. Wo er den Ehrgeiz gehabt hatte, die Welt in Schrecken zu versetzen, schienen sie sie eher beeindrucken zu wollen. Er stürzte Delhi in eine niederschmetternde Katastrophe, sie hingegen brachten dem islamischen Indien die Zeit seiner größten Prachtentfaltung.

Babur

Was Babur an Qualitäten als orientalischer Eroberer mitbrachte, konnte kaum übertroffen werden: Zu seines Vaters Abkunft von Timur kam die ihm ebenbürtige seiner Mutter von Dschingis Khan. Babur war jedoch viel stolzer auf seine Verwandtschaft zu Timur, den er als Türke betrachtete. Der Name Mongole war inzwischen gleichbedeutend mit barbarisch geworden und wurde hauptsächlich den wilden Stämmen nördlich und östlich von Transoxanien zugedacht, die immer noch Nomaden waren [4]. Im Gegensatz dazu hatten die hochkultivierten Höfe, die von Timurs Nachfolgern in den Gegenden des heutigen Afghanistan und Usbekistan geschaffen worden waren, den sogenannten Türken Glanz verliehen. Babur wäre deshalb entsetzt gewesen, hätte er entdeckt, daß die Dynastie, die von ihm in Indien gegründet wurde, weltweit als die der Moguln bekannt werden sollte – eine Umformung von *mughul*, dem persischen Wort für Mongole.

Tatsächlich war Timur selbst wahrscheinlich Mongole, doch hatten sich Türken und Mongolen in seinem Gebiet so vermischt, daß es sinnlos wäre, sie auseinanderhalten zu wollen. Beide Rassen kamen aus ungefähr der gleichen Gegend in der Mongolei (genau wie die Hunnen), aber die Türken waren einige Jahrhunderte vor den Mongolen nach Westen gezogen, hatten sich früher dort niedergelassen und zum Kulturvolk gemausert. Die wilderen Mongolen, die auf ihren Spuren folgten, überschwemmten die Türken zuerst und lernten dann von ihnen [5]. Timur selbst kam aus einem Stamm, der als Barlas-Türken bezeichnet wurde, aber man nimmt an, daß sie ursprünglich Mongolen waren, die *Turki* übernommen hatten [56]. Es war das Idiom, das Babur sprach und schrieb, und das eine private Sprache – recht nützlich, wenn Geheimhaltung erforderlich war – der königlichen Familie der Moguln in Indien bis in das Jahr 1760 bleiben sollte [109]. Ein Beispiel möge zeigen, wie unmöglich es ist, Türken und Mongolen unter Baburs Vorfahren auseinanderzuhalten. Die Barlas-Türken bildeten eine Untergruppe der Tschagatai-Türken, und jene selbst stellten wiederum eine contradictio in adjecto dar, insofern Tschagatai ein Sohn des Mongolen Dschingis Khan war. Und um die Verwirrung zu vervollständigen, beanspruchte man oft die Zugehörigkeit zu dem, was jeweils gerade mehr in Mode war. Timur wünschte eindeutig, als enger Verwandter der Mongolen angesehen zu werden – er war äußerst stolz auf seinen Titel *Gurgan*, den er sich durch die Heirat mit einer Prinzessin erwarb, die von Dschingis Khan abstammte. Der auf seinem Grabmal in Samarkand eingemeißelte Stammbaum verwendet viel Mühe darauf, für ihn einen gemeinsamen Vorfahren mit Dschingis Khan in einem gewissen Busanchar aufzuspüren, der selbst wiederum von einer legendären Jungfrau abstammte, die ein Mondstrahl vergewaltigt hatte [56].

Die Ereignisse des Jahrhunderts nach Timurs Tod ließen es Babur für wünschenswert erscheinen, als Türke betrachtet zu werden; aber nach einem Jahrhundert erfolgreicher Regentschaft seiner Familie in Indien unter dem Namen der Moguln wurde es wieder einmal äußerst modern, für einen Mongolen gehalten zu werden. Europäische Besucher in der ersten Hälfte des 17. Jahrhunderts glaubten, daß die Bezeichnung Mogul lediglich »beschnitten« bedeutete, mit anderen Worten, sie fanden sie fast unterschiedlos auf die herrschende Schicht der Moslems angewendet [40, 41]. Andere Besucher in der zweiten Hälfte jenes Jahrhunderts hatten den Eindruck, die Benennung beziehe sich hauptsächlich auf die weiße Haut, und sie brachten Geschichten von Indern mit, die in des Herrschers Diensten aufstiegen und Mädchen aus Kaschmir heirateten in der Hoffnung, daß ihre Kinder hellhäutig genug würden, um als Moguln zu gelten [48]. Schließlich hatte das Rad der Entwicklung seinen Ausgangspunkt wieder erreicht, als man 1666 berichten konnte, daß von den Herrschern der Name Mogul angenommen worden sei, um »viel zum Ruhm ihrer Familie beizutragen, denn dadurch könnten sie die Menschen leichter davon überzeugen, daß sie der Rasse des Dschingis Khan angehören« [50]. Alles in allem und trotz Baburs Widerstreben hatten die Europäer recht, wenn sie die Dynastie als die der Moguln bezeichneten und ihren Herrscher, dessen Reichtum allem Anschein nach die wildesten Träume des Londoner oder Amsterdamer Großbürgertums übertraf, als den Großmogul.

Babur auf dem Thron in einem der Gärten, die er in Indien anlegte (spätes 16. Jahrhundert)

Babur wurde am 14. Februar 1483 geboren. Sein Vater, Umar Scheich, war der Herrscher von Fergana, einer kleinen aber fruchtbaren Provinz östlich von Samarkand, und 1494, im Alter von elf Jahren, wurde der junge Prinz urplötzlich durch einen merkwürdigen Unfall in die Übernahme seines Erbes hineinkatapultiert. Sein Vater, den er als »kurze und stämmige Person mit rundem Bart und fleischigem Gesicht« [4] beschreibt, war auch ein begeisterter Taubenliebhaber. Eines Tages geschah es, daß sich der gewichtige König in einem Taubenhaus auf der äußeren Palastmauer der felsigen Festung von Akschi um seine Tauben kümmerte, als dabei die Felswand unter ihm zu zerbröckeln begann, und »Umar Scheich Mirsa flog, mit seinen Tauben und ihrem Haus, und wurde ein Falke« [4, 10].

Babur sah nun, daß er lediglich einer unter vielen Kleinfürsten in einem Konglomerat von Provinzen war, die von seinen Onkeln oder Vettern unterschiedlicher Verwandtschaftsgrade regiert wurden. Alle diese Fürsten ließ man von Timur abstammen. Jeder glaubte, er habe das gleiche Recht wie jeder andere auf die Gebiete, die das vergangene Jahrhundert hindurch von Mitgliedern der Familie beherrscht worden waren. Ihr wilder gemeinsamer Vorfahr hatte das Land von Delhi bis zum Mittelmeer und vom Persischen Golf bis zur Wolga erobert, aber das Gebiet, in dem seine Söhne den Familienbesitz konsolidiert hatten, war viel kleiner. Seine Hauptstadt Samarkand lag im äußersten Norden dieses Bereichs. 150 Meilen westlich von Samarkand lag Buchara, und ungefähr 200 Meilen östlich Baburs grünes und liebliches Tal von Fergana, mit, wie er selbst schrieb, »Getreide und Obst im Überfluß«, wo »die Fasanen so unglaublich fett werden, daß man sagt, vier Leute könnten einen mitsamt seinem Reis und gekochten Gemüse nicht aufessen« [4]. Dieser nördliche Teil der timuridischen Territorien war das Gebiet, das als Transoxanien bekannt war, weil südlich davon der Fluß Oxus fließt, der heute die Grenze zwischen der Sowjetunion und Afghanistan bildet. Und südlich des Oxus erstreckte sich der Rest des Familienerbes, größer, aber weniger einladend als Transoxanien. Hinunter durch die zerklüfteten Pässe des unter dem Namen Hindukusch bekannten Gebirges kam man nach 200 Meilen nach Kabul, und nach Westen hin wichen die Berge allmählich sonnenversengten Ebenen, inmitten derer die große und freundliche Oase von Herat ruhte. Dieses im Vergleich zu Timurs Eroberungen kleine Land, das aber immerhin die Größe von Spanien und Portugal zusammen hatte, betrachteten die Timuridenfürsten des 16. Jahrhunderts als das ihre. Aber sie waren sich lediglich in der Überzeugung einig, daß in jedem seiner vielen kleinen und wechselnden Schicksalen unterworfenen Königreich ein Timuridenfürst den Thron innehaben sollte. Die Frage, welcher Fürst auf welchen Thronen sitzen sollte, war Gegenstand ständiger kriegerischer Auseinandersetzungen zwischen ihnen. Von Geburt her hatte grundsätzlich jeder ein Anrecht; doch nur durch Besitz ließ es sich verwirklichen.

Innerhalb dieser timuridischen Gebiete gab es einige befestigte Städte von beachtlicher Macht und Bedeutung, die schöne, mit Kacheln geschmückte Gebäude und einen wohlhabenden Kaufmannsstand in sich bargen; davon waren Samarkand, Buchara und Herat die drei größten. Und über das ganze Gebiet hin gab es kleine Forts und eine Unmenge befestigter Dörfer mit hohen Lehmwällen, die die Sonne steinhart gebacken hatte, und von denen jedes einzelne in äußersten Notfällen als Stützpunkt benutzt werden konnte. Die Familien, die Samarkand, Buchara und Herat beherrschten, waren in der Lage, sich mit Hilfe der Landwirtschaft und des Handwerks einen beachtlichen Lebensstil zu leisten, und sobald sich bei ihnen auch nur eine Spur von Seßhaftigkeit zeigte, pflegten sie der timuridischen Liebe zu Malerei und Dichtung, Architektur und Gärten zu frönen. Meist wohnte der Fürst im Garten, entweder in Pavillons oder in Zelten. Die Pflege der Architektur war mehr Teil seiner Schirmherrschaft über die Religion und die Gelehrsamkeit. Timurs Bauwerke in Samarkand waren Grabmäler, Moscheen und prachtvolle Akademien gewesen, aber offensichtlich keine Paläste. Er hatte zwar ein Gebäude innerhalb der Zitadelle, dem mit Mauern umgebenen Zentrum der Stadt, zur Verfügung, aber wenn er und sein Hofstaat zwischen den Feldzügen zu Hause waren, zogen sie es vor, ihren Wohnsitz in einem der

Taubenschlag auf einem Palastdach (Ausschnitt, spätes 16. Jahrhundert)

prächtigen Gärten zu nehmen. Ebenso war es in Herat, das nach seinem Tode das eigentliche Zentrum timuridischer Kultur wurde. Die Timuridenfürsten waren im Grunde immer noch Nomaden, allerdings die kultiviertesten. Zu Hause zu sein bedeutete, seine Zelte in seiner bevorzugten Umgebung aufzuschlagen.

Mit einer solchen Einstellung war es überraschend leicht, umherzuziehen. Der Reichtum eines Fürsten beruhte auf eben jenen Gegenständen, die am meisten wert waren, mitgenommen zu werden – sorgfältig gearbeitete Zelte, warme und üppig gemusterte Teppiche für den Fußboden, Schlummerrollen mit Seiden- und Brokatüberzügen zum Hinkuscheln, Geschirr und Trinkgläser aus Silber und Gold, und vor allem gute Pferde, gute Lasttiere, gute Rüstungen, Schwerter und Bogen. Seine Luxusgüter, wie zum Beispiel Handschriften, Kleinodien und Gemälde (die beinahe immer so entworfen waren, daß sie zu Büchern gebunden werden konnten), waren ihrem Wesen nach leicht zu transportieren. Seine Stärke beruhte nur auf Söldnertruppen, von denen die meisten kleinere Stammeshäuptlinge mit ihren eigenen Gefolgsleuten waren, die sich zu ihm als Anführer durch sein königliches Blut, und zu seiner Sache durch die Hoffnung auf Belohnung und Beute hingezogen fühlten. Sie besaßen ihre eigenen Pferde und Waffen, ihre Treue hing von handfesten Erfolgen ab, und sie hatten einen ungewöhnlich starken Hang, zur anderen Seite überzuwechseln, weil der Zuwachs an neuen Gefolgsleuten als Anlaß zum Feiern und Geschenkeverteilen nur noch von einem Sieg übertroffen wurde. War der Fürst zufällig in einer mit Überfluß gesegneten Gegend seßhaft, so konnten die Bedürfnisse des Alltags für ihn und seine Leute, wie etwa Nahrung und warme Pelzkleidung, aus den von den örtlichen Bauern entrichteten Abgaben befriedigt werden. Ebensooft waren sie aber auch auf die von Nachbarn heimlich zusammengestohlenen Schafe und Ziegen angewiesen, die sie am Leben erhielten, bis sie sie brauchten. Es war eine Welt, in der Reichtümer ihren Besitzer über verblüffende Entfernungen und verblüffend rasch wechseln konnten. Babur eroberte das große Samarkand zu verschiedenen Zeiten und lebte darin; zu anderen Zeiten wanderte er Monate hintereinander, ununterbrochen, heimatlos, mit einer Handvoll Getreuen umher. Anderswo scheint der abrupte Wechsel nahezu unvorstellbar oder zumindest nicht mehr umkehrbar. Aber innerhalb des nomadischen Lebensbereichs waren die beiden Extreme das positivste und das negativste Beispiel ein und derselben Lebensart.

Von allen Städten und Festungen im Bereich dieses Familienerbes war Samarkand, Timurs eigene Hauptstadt, seinen vielen Nachkommen immer als der strahlendste Lohn für ihre Bemühungen erschienen. Babur in seinem Königreich von Fergana war ein Nachbar Samarkands, und im Alter zwischen dreizehn und dreißig war er beherrscht von der Sehnsucht, es zu besitzen. In den frühen Jahren seiner Regentschaft bot sich ihm eine erste aufregende Gelegenheit dazu. Zwei unmittelbar aufeinanderfolgende Herrscher starben innerhalb eines Zeitraums von sechs Monaten, ein Bürgerkrieg brach aus, und im Jahre 1496 marschierte Babur nach Westen, um die berühmte Stadt zu belagern. Er war immer noch erst dreizehn Jahre alt. Bezeichnend für die Verhältnisse der damaligen Zeit stieß er vor den Mauern von Samarkand auf zwei seiner Vettern, die bereits dasselbe Ziel verfolgten, obwohl es sich dann herausstellte, daß einer von ihnen nur gekommen war, um zu versuchen, ein Mädchen aus der Stadt zu entführen, in das er verliebt war. Sie vereinigten ihre Streitkräfte, doch als der Winter kam war Samarkand immer noch nicht erobert, und sie mußten sich zurückziehen. Einzig der Liebhaber hatte sein Ziel erreicht. Aber im folgenden Frühjahr kam Babur zurück und konnte im November 1497, im Alter von vierzehn Jahren, nach zweimonatiger Belagerung im Triumph in die von seinem berühmten Vorfahren so reich verschönerte Stadt einziehen [4].

Er unternahm sofort eine Besichtigung und ließ die Wälle seiner neuen Besitzung abschreiten. Sie maßen etwa 9000 Meter. Er besuchte Timurs Grabstätte und ließ sich durch den kunstvoll gekachelten Komplex von Gebäuden der Akademie für islamische Studien führen, die von Timur und dessen Enkel Ulugh Beg auf drei Seiten eines offenen Platzes er-

richtet worden waren. Auch besah er sich eingehend das berühmte Observatorium, wo Ulugh Beg einen gigantischen Quadranten konstruiert und damit das vollständigste Verzeichnis der damals bekannten Sterne zusammengestellt hatte. Alle diese Gebäude stehen heute noch; sie sind jedoch unterschiedlich gut erhalten oder restauriert. Aber wie vorauszusehen war, verwendete Babur die meiste Zeit auf die bezaubernden Gärten, die damals die Stadtmauern säumten. Er erwähnt nicht weniger als neun, und einige davon hatten als Mittelpunkt reizende Pavillons. Einer war mit Wandmalereien verziert, die Timurs Siege darstellten, ein anderer mit Wandverkleidungen aus Porzellan, das eigens aus China gebracht worden war. Da es so viele kulturelle Genüsse bot, und das zusammen mit geschäftigen Basaren und »orthodoxen und gesetzestreuen« Bürgern, ist es nicht verwunderlich, daß Samarkand Baburs Erwartungen entsprach. »Wenige Städte auf der ganzen bewohnbaren Erde«, so befand er, »sind so heiter wie Samarkand« [4].
Aber er konnte sich des Errungenen nur drei aufregende Monate lang erfreuen. Eine bezeichnende Kette von Ereignissen sorgte dafür, daß er Samarkand beinahe so schnell wieder verlor, wie er es gewonnen hatte. Seine Anhänger, die enttäuschend wenig Belohnung in einer durch Bürgerkrieg und Belagerung verarmten Stadt fanden, kehrten sich bald von ihm ab, unter ihnen – und Babur war darüber sehr enttäuscht und betrübt – sogar einige von jenen, denen er am meisten vertraut hatte. Zur selben Zeit sahen es die Adligen in Fergana, als sie hörten, daß Babur sich in Samarkand niedergelassen hatte, als einen geeigneten Moment an, einem anderen Prinzen zu Gefallen zu sein, indem sie den größeren Teil der Provinz dem nun zwölfjährigen Halbbruder Baburs, Dschahangir, übereigneten. Babur marschierte im Februar 1498 zurück, um der Situation wieder Herr zu werden, aber sein Weggang bedeutete den Verlust von Samarkand, und er kam zu spät, um Fergana zu retten. Er mußte den Rest des Winters an dem einzigen Ort, den er hatte entsetzen können, verbringen, in der winzigen Festung von Khudschand. »Es traf mich sehr hart«, schrieb er später, als er weit entfernt in Indien, seinem neuen Reich, war und an den vierzehnjährigen Jungen zurückdachte, dessen glücklicher Stern in Transoxanien untergegangen zu sein schien, »ich mußte sehr viel weinen« [4].
Baburs bemerkenswerte Autobiographie, deren Grundlage Notizen bildeten, die er während seines ganzen Lebens, in der Hauptsache aber in seinen letzten Lebensjahren in Indien abfaßte, liefert eine lebendige Beschreibung jener »thronlosen Zeiten«, wie er sie nennt, als er mit einer kleinen Gruppe von Abenteurern auf der Suche nach Nahrung, Reichtum und einem Königreich war. Wohl selten konnte ein solch geistvoller Kopf von so einem wilden Leben berichten, das Romantik und Niedertracht in außergewöhnlichem Ausmaß vereinigte. Er schildert, wie er und seine jetzt nur noch zwei- oder dreihundert Anhänger Khudschand als Ausgangspunkt für nächtliche Überfälle auf benachbarte Forts und Dörfer benützten – und jedes Dorf in eben jener Gegend hatte, so sagt er, seine eigenen Festungsanlagen. Sie pflegten in der Mitte des Tages aufzubrechen und bis zu 40 Meilen in irgendeine Richtung zu reiten; für ihre Ankunft wählten sie die Zeit nach Einbruch der Dunkelheit. Dann bauten sie Leitern zusammen und legten sie geräuschlos an die Mauern an in der Hoffnung, unbeobachtet eindringen zu können. In der Regel wurden sie bemerkt und sie mußten erschöpft zurückreiten, ohne etwas ausgerichtet zu haben. Aber manchmal gelang es ihnen hineinzukommen, und dann kämpften sie in den Gassen mit Schwert und Pfeil und Bogen, bis das Dorf sie als neue Herren anerkannte, eine Kapitulation, die meist nicht lange auf sich warten ließ. Es war ein Freibeuterdasein, in dem der Tod eine Alltagsangelegenheit war. Ein zufälliges Zusammentreffen mit einer Gruppe von Rivalen bei ihren Beutezügen endete beinahe ausnahmslos in einem Blutbad; Köpfe wurden abgehauen und als Trophäen am Sattel mitgenommen. Eine Bemerkung Baburs drückt deutlich die absolute Selbstverständlichkeit der Brutalität aus: »Aughan Birdi kam zur Frühstückszeit zurück«, so berichtet er, »er hatte einen Afghanen besiegt und seinen Kopf abgeschlagen, ihn aber unterwegs fallen lassen« [4].

Aber als er sich von seinem jüngeren Bruder nach und nach immer mehr Gebietsteile von Fergana zurückholte, konnte die freundlichere Seite des Lebens wieder zu ihrem Recht kommen. Seine Mutter und andere weibliche Familienmitglieder zogen zu ihm. Unter dem Schutz des Schleiers konnten sich die Frauen unerkannt und in relativer Sicherheit zwischen den kriegerischen Seiten bewegen, und nach jedem Umsturz war es üblich, daß die Haremsdamen warteten, bis ihr Fürst sich von neuem niedergelassen hatte, um sich ihm dann wieder anzuschließen. Jetzt, da er sechzehn war, kam auch seine erste Frau, um sich ihm vorzustellen. Wie beinahe jede andere war sie seine Cousine, und die Heirat war von beiden Vätern mehrere Jahre zuvor beschlossen worden. Babur fand, daß er »ihr nicht abgeneigt« war, und er behauptet, allein weil er wegen seiner Unschuld noch bescheiden gewesen sei, habe er sie nur einmal in zehn bis fünfzehn Tagen in ihrem Zelt aufgesucht. Aber später, »als selbst die erste Neigung dazu nicht anhielt«, sank die Häufigkeit seiner Aufwartungen auf einen Besuch in 40 Tagen ab, und selbst dazu raffte er sich nur auf, nachdem ihn seine Mutter angestachelt und bearbeitet hatte, die junge Frau aufzusuchen [4].

In Wahrheit ging seine Zuneigung in eine andere Richtung. In seinen späteren Jahren mißbilligte er heftig jegliche homosexuelle Betätigung unter seinen Gefolgsleuten, aber seine erste eigene Liebesgeschichte, die übrigens unerfüllt blieb, betraf einen Jungen im Lagerbasar, und er beschreibt sie beinahe mit der selbstanalytischen Subtilität eines Proust. Er streifte ziellos durch die Obsthaine und Gärten, barhäuptig, barfüßig, gedankenverloren und Reimpaare dichtend, aber wann immer er dem Ziel seiner Liebe begegnete, wenn er etwa mit einer Schar von Begleitern in einer Gasse um die Ecke bog und dem Jungen von Angesicht zu Angesicht gegenüberstand, wurde er in Verwirrung gestürzt und war unfähig, ihn anzusehen. Bei den wenigen Gelegenheiten, wo der Junge zu ihm geholt wurde, war es sogar noch schlimmer. »In meiner Freude und Aufregung konnte ich ihm nicht für sein Kommen danken; wie war es möglich, ihm Vorwürfe zu machen, daß er wegging?« Babur bezeichnete es als seine Absicht, in den Aufzeichnungen »die Wahrheit in jedem Punkt anzustreben und jede Handlung genauso, wie sie geschehen war, festzuhalten«, und es hat den Anschein, daß er diesem Wunschbild nahegekommen ist [4].

Bis zum Februar 1500, zwei Jahre nach dem Abzug aus Samarkand, hatte Babur seinem Bruder so viele Gebietsteile von Fergana wieder weggenommen, daß Dschahangir bereit war, einen Vertrag mit ihm abzuschließen. Jeder der beiden Prinzen sollte vorläufig eine Hälfte Ferganas regieren, ihre Kräfte und Mittel würden sie jedoch zusammenlegen, um Samarkand zurückzuerobern. Sobald Babur dort wieder an der Macht war, sollte ganz Fergana Dschahangir gehören [4]. Auf jeden Fall trat nunmehr neben den Ehrgeiz das Streben nach Ehre als zusätzlicher Ansporn, Samarkand wiederzugewinnen. Während des vergangenen Jahrhunderts war die Stadt durch verschiedene Hände gegangen, aber immer nur jeweils von einem Mitglied der Timur-Dynastie zum andern. Im Jahr 1500 jedoch wurde sie von einem gefährlichen Eindringling in das Nest der timuridischen Fürstentümer eingenommen. Sein Name, Schaibani Khan, sollte in den folgenden zehn Jahren in Baburs Welt einen immer gewichtigeren Platz einnehmen. Er hatte sein Leben ganz ähnlich wie Babur begonnen, war als kleiner Fürst in den Gegenden nördlich von Transoxanien unter den als Usbeken bekannten mongolischen und türkischen Stämmen zum Abenteurer geworden, aber sein eigener aggressiver Geist, dazu die Wildheit seiner Stammesgenossen, waren seinen Nachbarn zuviel geworden, und so hatte sich sein Herrschaftsbereich ständig nach Süden ausgedehnt.

Babur baute darauf, daß die Einwohner Samarkands wohl kaum begeistert waren über ihre neuen und primitiven Herren und daß die Städter ihn unterstützen würden, wenn er nur erst einmal in die Stadt hineinkam. Und wunderbarerweise erwies sich im Herbst des Jahres 1500 einer seiner plötzlichen mitternächtlichen Vorstöße von weither als erfolgreich. Schaibani Khan hatte sein Lager in einem der Gärten außerhalb der ummauerten Stadt aufgeschlagen, da er keine unmittelbare Gefahr befürchtete, und im Schutze der Dunkelheit konnten 70 oder 80 von Baburs Leuten ihre Leitern an die Stadtmauer gegenüber der sogenannten Liebeshöhle anlegen und unbemerkt hineinklettern. Dann eilten sie hinüber zum Türkistor, töteten dessen Bewacher, erbrachen das Schloß mit einer Axt, öffneten das Tor für Babur und seine Leute, die nicht einmal 200 an der Zahl waren. Die Menschen schliefen noch. Einige wenige Händler im Bazar blinzelten aus ihren Läden, erkannten Babur und gaben ihm durch ein Willkommenszeichen zu verstehen, daß ihre Gebete ihm galten. Er rückte direkt zur Akademie des Ulugh Beg im Zentrum der Stadt vor und errichtete sein Hauptquartier auf deren Dach. Dorthin eilten die führenden Männer der Stadt, um ihre Ehrerbietung zu bezeugen – aus dem sicheren Gespür heraus, daß sie es sowohl mit einem echten Timuridenfürsten wie mit vollendeten Tatsachen zu tun hatten –, während Baburs Leute und das Gesindel der Stadt sich zusammenrotteten, um jeden Usbeken, den sie in den Straßen antrafen, niederzumachen – im ganzen etwa 500. Bis die Nachricht von diesem unerwarteten Desaster Schaibani Khan in seinem Lager erreicht hatte, war die Stadt vor ihm wohlverriegelt [4].

Über den Winter des Jahres 1500 war Babur in Samarkand sicher, aber im Frühjahr darauf kehrte Schaibani Khan zurück, um ihn zu belagern. Babur schlug seine Zelte wiederum auf den Dächern der Akademie auf und leitete von diesem strategisch günstigen Posten aus die Kampfmaßnahmen – und er behauptet sogar, von dort aus mit einer Armbrust ganze Arbeit geleistet zu haben, als eine Schar von Usbeken in die Stadt eingedrungen war und sein Hauptquartier zu stürmen versuchte. Aber Schaibani Khan war mehr daran interessiert, die Garnison auszuhungern. Baburs Männer waren bald darauf angewiesen, das Fleisch von Eseln und – was für Mohammedaner besonders widerwärtig war – sogar von Hunden zu essen, während die Pferde sich mit einer Diät aus Ulmenblättern und Holzbrei begnügen mußten. Dann stellte sich jeden Morgen heraus, daß immer mehr Soldaten und Offiziere, und wieder waren einige von Baburs engsten Vertrauten darunter, sich des Nachts zu zweit oder zu dritt über die Wälle abgeseilt hatten und verschwunden waren. Schließlich sah sich Babur gezwungen, mit Schaibani Khan »eine Art Frieden« zu schließen, der die Übergabe von Baburs älterer Schwester Khansada als Ehefrau für den Usbeken mit einbezog. Babur aber und seine Mutter mit einigen wenigen Gefolgsleuten stahlen sich eines Abends zu mitternächtlicher Stunde zur Stadt hinaus und hinweg [4].

Schon zweimal hatte Babur Samarkand erobert und war doch erst achtzehn. Aber nun schien sein Geschick seinen äußersten Tiefstand zu erreichen. Er unternahm einige Verwandtenbesuche, besonders bei seinen mongolischen Onkeln, die im Norden in der Gegend um Taschkent lebten – ein Prinz war in dieser Fürstenfamilie bei seinen Verwandten immer willkommen, solange nichts darauf hindeutete, daß er ihren Platz einnehmen wollte oder konnte –, aber Babur haßte die zweideutige Stellung eines verarmten Gastes. Mit Hilfe seines Onkels gelang es ihm, einige Teile von Fergana wieder einmal zurückzugewinnen, aber jeglicher Erfolg wurde schnell von der sich immer weiter ausbreitenden Macht Schaibani Khans überschattet. Um 1504 hatten die Usbeken in Fergana Fuß gefaßt und hielten Samarkand fest in der Hand. Babur, der sich vor ihnen zurückzog, war verlassener als je zuvor. Wieder waren seine Anhänger auf zwei- oder dreihundert zusammengeschrumpft. In der Vergangenheit hatte er sogar mit weniger Leuten beachtliche Erfolge erzielt, aber nun waren sie – was sie als große Schmach empfanden – fast alle zu Fuß, bäuerlich gekleidet und nur mit Stöcken bewaffnet. Der ganze Trupp verfügte nur über zwei Zelte. Baburs eigenes Zelt mag noch einigermaßen wetterbeständig gewesen sein, er stellte es seiner Mutter zur Verfügung. Für ihn schlug man ein offenes Zelt aus Filz auf, in dem er Hof halten konnte. »Es kam mir in den Sinn«, so schrieb er später, »daß das Herumziehen von Berg zu Berg, ohne Heimat und Haus, nichts ist, was man anderen empfehlen möchte« [4].

Aber wieder einmal wuchs allmählich und nahezu zwangsläufig die Zahl seiner Anhänger – ein begabter Fürst von echtem Timuridenblut, selbst wenn er den Winter unter Ziegenhirten verbrachte, mußte früher oder später von unzufriedenen Kriegern aufgesucht werden, die

Das unter dem Namen Gur-Amir bekannte Grabmal Timurs in Samarkand, 1404 vollendet

begierig waren, an irgend etwas neue Hoffnungen zu knüpfen. Und Babur war als Führer populärer als die meisten anderen. Er hatte vor langer Zeit schon entdeckt und das auch in seinen Aufzeichnungen festgehalten, daß im Rufe der Gerechtigkeit und Ehrlichkeit zu stehen in dieser Welt wechselnder Bindungen auf lange Sicht hin wertvoller war, als die nur für kurze Zeit wirksamen Disziplinierungsmittel des Schreckens und der Grausamkeit [4]. Aber obgleich durch diese natürliche Entwicklung seine Stärke von neuem wuchs, war er weise genug, sie nicht weiter gegen Schaibani Khan aufs Spiel zu setzen. Es war offensichtlich an der Zeit, anderswo nach dem Glück zu suchen.

Durch einen glücklichen Zufall war Kabul sozusagen frei. 300 Meilen südlich von Fergana gelegen, war es wegen der schwierigen Pässe des Hindukusch immer als abgelegenes Königreich erschienen. Bis zum Jahre 1501 hatte es ein Onkel Baburs regiert, aber da nur ein kleiner Sohn als Erbe zurückgeblieben war, hatte sich in der Verwirrung nach seinem Tod ein nichttimuridischer Herrscher aus Kandahar die Situation zunutze gemacht. Kabul besaß den Vorteil, nicht nur weit entfernt von Schaibanis Hoheitsgebieten zu liegen, sondern auch noch durch Gebirge von ihnen getrennt zu sein. Babur konnte neben seiner Entrüstung darüber, daß noch ein weiteres timuridisches Gebiet an einen Außenseiter verlorengegangen war, auch einen starken rechtlichen Anspruch geltend machen. Dieser war – in Verbindung mit den auf seinem Zug nach Süden im Jahre 1504 von Babur gesammelten Streitkräften – so stark, daß der Usurpator sich nach einem nur symbolischen Widerstand nach Kandahar zurückzog [4, 15].

So hatte sich der wohl bedeutsamste militärische Schritt in Baburs Leben auch als einer der leichtesten erwiesen. Für den Rest seiner Tage war Kabul sein Stützpunkt. Dieses ist von felsigen Bergkämmen umgeben, die sich aus der Ebene wie die schuppigen Rücken riesiger versteinerter Dinosaurier erheben. Den Kamm, welcher der von Wällen umschlossenen Stadt am nächsten liegt, hatte man entlang seinem höchsten Grat befestigt, um als Zitadelle zu dienen, und Babur war höchst erfreut, am Fuß desselben heitere Gärten zu entdecken, die durch Quellen und einen Kanal gut bewässert waren. Es gab ausgezeichnete Früchte und Honig, auch das Weideland war gut, und das Klima entsprach seiner körperlichen Verfassung. Dazu fand er sich zum erstenmal in einer wirklich internationalen Welt, denn Kabul war wie das südlich davon gelegene Kandahar ein wichtiger Umschlagplatz für den Handel an den Karawanenrouten, die Indien nach Westen hin mit Persien, dem Irak und der Türkei verbanden, und nach Norden, durch Samarkand, sogar mit China. In Andischan, der größten Stadt seines Geburtslandes Fergana, sprach jeder Turki, in Kabul entdeckte er mindestens zwölf gesprochene Sprachen, Arabisch und Persisch vom Westen her, Hindu vom Osten, Turki und Mongolisch vom Norden und verschiedene mehr lokale Sprachen. Babur berichtete mit einiger Ehrfurcht, daß nicht weniger als 10000 Pferde im Jahr auf ihrem Weg nach Indien durch Kabul kamen, und in der Gegenrichtung floß ein unaufhörlicher Handelsstrom mit Tuch, Zucker, Gewürzen und Sklaven. Die Händler erwarteten einen Profit bis zu 400 Prozent auf das, was sie verkauften, was im Hinblick auf die Ware, die durch Straßenräuber verlorenging, und auf die Schmiergelder und Gebühren für einen sicheren Durchzug wahrscheinlich nicht übertrieben hoch war. Trotzdem war das Gebiet um Kabul herum keineswegs reich und konnte von sich aus unmöglich alle Gefolgsleute Baburs erhalten, aber er vervollständigte die Einkünfte durch regelmäßige Überfälle in der Umgebung, und bei einer Gelegenheit kam man mit nicht weniger als 100000 Schafen zurück [4].

Selbst als sich Babur später in Indien darauf vorbereitete, sein Reich seinen Söhnen zu überlassen, betrachtete er Kabul immer noch als seine Heimatprovinz [4, 6]. Hier führte er schließlich ein gesichertes Leben und konnte die kultivierte Hofhaltung, die ein so wichtiger Teil des Ideals der Timuriden war, einrichten. Zum erstenmal nach acht Jahren voll ständiger Gefahren und Unternehmungen ausruhend, beschäftigte er sich mit Ackerbau, führte in der Gegend die Banane und das Zuckerrohr ein und entwickelte eine leidenschaft-

Kachelarbeit des 14. Jahrhunderts an einem der Grabmale im Schah-i-Sindah in Samarkand

liche Freude am Gartenbau, die er sein Leben lang beibehalten sollte [4]. Aber von all den vielen Gärten, die er schuf, blieb jener am Berghang von Kabul sein liebster, und dorthin brachte man auch auf seinen Wunsch hin schließlich seinen Leichnam, um ihn beizusetzen.
Als ein Ort unerwarteter Sicherheit in einer ungesicherten Welt wurde sein Hof auch so etwas wie ein Zufluchtsort für verfolgte Timuridenfürsten, die vor Schaibani zurückwichen. Einer dieser Schutzsuchenden, sein Vetter Sultan Said Khan, beschrieb es als die »Insel Kabul, die vor den heftigen Erschütterungen der bewegten Zeiten zu schützen Babur Padschah gelungen war«, und er sagte, daß die dort verbrachten zweieinhalb Jahre »die sorglosesten und sorgenfreisten waren, die ich je erlebte ... Nicht ein einziges Mal litt ich auch nur unter Kopfweh, es sei denn nach dem Genuß von Wein, und niemals war ich bekümmert außer wegen der Haarlocken einer gewissen Geliebten« [5]. Ein viel jüngerer Vetter, Haidar, der im Alter von neun Jahren nach Kabul floh, war ebenfalls höchst beeindruckt von der Hofhaltung, die Babur hier pflegte. Er wurde mit reichen Gaben beschenkt, die einem Schuljungen angemessen waren: einer mit Juwelen besetzten Schreibgarnitur, einem Hocker mit Einlegearbeit aus Perlmutt und einem Alphabet [6]; und in späteren Aufzeichnungen ist von seiner Dankbarkeit gegenüber Babur berichtet, daß dieser »all die Zeit hindurch, sei es durch freundliche Versprechungen oder strenge Drohungen, mich zum Studium angestachelt hatte« [5].
Haidar beschreibt seine Erziehung, zu der folgende Fertigkeiten und Kenntnisse gehörten: »Die Kunst der Kalligraphie, des Lesens, des Verseschmiedens, des Briefeschreibens, des Malens und der Illustration ... das Handwerk der Siegelgravur, die Arbeit der Juweliere und Goldschmiede, der Sattler und Harnischmacher, ebenso die Herstellung von Pfeilen, Speerspitzen und Messern... Einblick in die Angelegenheiten des Staates, in wichtige Transaktionen, das Planen von Feldzügen und räuberischen Überfällen, das Bogenschießen, die Jagd, das Abrichten von Falken und alles, was zum Regieren eines Königreiches von Nutzen ist« [5].
Der Lehrplan gibt eine gute Vorstellung von den Vergnügungen und Unternehmungen an einem Timuridenhof, und Babur selbst hatte nun die Muße, seiner beachtlichen Begabung für die Dichtkunst zu frönen. Diese Begabung verschaffte ihm einen Ruf, der, wie Haidar sagt, nur einem einzigen anderen unter den Dichtern, die in Turki schrieben, nachstand [5]. Eine Haupteigentümlichkeit dieser Sprache ist es, daß das Versemachen dem Spaß an einem Kreuzworträtsel näherkommt als der herkömmlichen Dichtung. Babur, zum Beispiel, machte sich während einer Krankheit ein Vergnügen daraus, ein Verspaar zu verfassen und es dann irgendwie auf 504fache Art abzuwandeln [4]. Kurze Gedichte von Baburs Hand finden sich da und dort in seinen Memoiren, aber sie ergeben in der Übersetzung keinen Sinn, da sie auf geistreichen Wortspielereien beruhen, die dadurch möglich werden, daß es in Turki üblich ist, zusammengesetzte Wörter zu bauen, die die kompliziertesten Wortzusammensetzungen des Deutschen so simpel wie »zwei und zwei ist vier« erscheinen lassen. Ein Beispiel: »biril« heißt »gegeben werden«, »birilish« meint »einander gegeben werden«, »birilishtur« bedeutet »veranlassen, daß man einander gegeben wird«, »mai« ist die Negation, »dur« ist Gegenwart, und »man« zeigt die erste Person Singular an; so heißt also am Ende »birilishturalmaidurman« soviel wie »ich kann nicht veranlassen, daß sie einander gegeben werden« [JASB, XLVI (1877)].
Jetzt schon gab es nur noch einen einzigen Timuridenhof, der bedeutender war als der Baburs in Kabul, nämlich Herat, das unter Timurs Lieblingssohn Schah Rukh zu einer Stadt von künstlerischem Gewicht geworden war und zu Baburs Lebzeiten den Gipfel der Vollendung erreicht hatte, als der große Bihsad, der einflußreichste Maler sowohl der timuridischen wie persischen Schule das dortige Atelier leitete. Aber im Jahre 1507 fiel sogar Herat an Schaibani Khan, nur wenige Monate, nachdem Babur seine glanzvollen Verwandten zum erstenmal besucht und 40 glückliche Tage dort verbracht hatte, in denen er ihre prächtigen Bauwerke besichtigte. Das erste, das er erwähnt, ist der Gasurgah, wo er gewiß

Schah-i-Sindah, ein Komplex von Grabmalen aus dem 14. und 15. Jahrhundert in Samarkand

innerlich stark bewegt war, als er die eleganten Marmorgrabmäler vieler seiner timuridischen Verwandten in einer großen Nische am Ende eines äußerst friedvollen Innenhofes sah (Tafel 3). Die Einnahme Herats durch Schaibani versetzte Babur in die bemerkenswerte aber beunruhigende Lage, der einzige Timuridenfürst zu sein, der noch auf einem respektablen Thron saß, und nun verlieh er sich selbst den Titel des Padschah, wodurch er mit einiger Berechtigung gleichzeitig seinen Anspruch auf die Rolle des Oberhauptes der Timuridenclans anmeldete [4].

Es schien mehr als wahrscheinlich, daß Schaibani vorhatte, sich weiter auszubreiten und daß er früher oder später südlich der Berge umschwenken und durch Kandahar nach Kabul vorstoßen würde, aber zum Glück beging er nun den Fehler, sich den mächtigen Schah Ismail, den Gründer der Safawidendynastie in Persien, zum Feind zu machen. Ein beleidigender Austausch von Geschenken auf Diplomatenebene, der an die Tennisbälle des Dauphins denken läßt, wobei Schaibani eine Almosenschale schickte und der Schah sich mit einem Spinnrad revanchierte, führte – und das war vorauszusehen – zum Krieg [5]. Aber Schaibani war auf einen ebenbürtigen Gegner gestoßen, sowohl was die Mittel wie die Taktik betraf. Durch eine Reihe von Listen gelang es, ihn im Jahre 1510 in einen Hinterhalt zu locken und in einem Viehhof zu umzingeln. Sein Körper wurde zerstückelt und in verschiedene Teile des Persischen Reiches gesandt, um dort zur Schau gestellt zu werden. Aus seinem in Gold gefaßten Schädel machte man ein Trinkgefäß, das der Schah selbst mit großem Vergnügen benützte [76].

Der guten Nachricht folgte bald die Rückkehr von Baburs Schwester Khansada, der Witwe Schaibanis, die der Schah errettet hatte und die er nun höchst galant, mit Begleitschutz und kostbaren Gaben versehen, zu Babur nach Kabul schickte [5]. Dies war Baburs erste diplomatische Fühlungnahme mit Persien, und sie sollte zu einer neuen und letztlich unbefriedigenden Episode in seinem Leben führen. Seine Gedanken hingen immer noch an Samarkand, und es zeigte sich bald deutlich, daß der Schah willens war, ihm bei der Rückeroberung der Hauptstadt seiner Ahnen zu helfen, allerdings unter einer recht entscheidenden Bedingung – er sollte die Kleidung und Sitten der Sekte der Schiiten annehmen. Schon seit dem ersten Jahrhundert des islamischen Glaubens hatte eine tiefgreifende Rivalität zwischen den Schiiten und den Sunniten, den orthodoxen Moslems, bestanden, zu denen sich Babur und alle Timuriden zählten. Das Schisma ging auf Unstimmigkeiten in den Jahren nach Mohammeds Tod zurück, wer dessen legitimer Nachfolger als Imam wäre, und ob dieses Amt ein Wahlamt sei, oder, wie die Schiiten glaubten, den Nachfolgern des Propheten über seinen Schwiegersohn Ali vorbehalten bleiben solle. In späteren Jahrhunderten wurde dann der Schiismus besonders mit Persien identifiziert, mit dem Ergebnis, daß seine Verbreitung eine Sache nationalistischen wie religiösen Stolzes wurde. Auch die neue Safawidendynastie war geneigt, die Sache mit mehr Eifer als gewöhnlich zu betreiben, da die Familie den Anspruch erhob, von Musa al-Kazim, dem siebten der zwölf Schiiten-Imams, abzustammen [133]. Ihr Begründer, Schah Ismail, dessen Bigotterie nur noch von seiner Landgier übertroffen wurde, plante, Baburs rechtmäßigen Anspruch auf Samarkand als Mittel zu benutzen, um dieses Gebiet seinem eigenen Reich einzuverleiben. Als Gegenleistung für militärische Hilfe sollte Babur in Ismails Namen sowohl Münzen prägen wie die Chutba lesen, und da dies die beiden konventionellen Symbole der Souveränität waren, hätte er praktisch in Samarkand als Vasall des persischen Schahs regiert. In Kabul jedoch sollte es ihm nach wie vor erlaubt sein, seine eigenen Münzen zu prägen und die Chutba im eigenen Namen zu lesen, und so scheint Babur, der weit davon entfernt war, selbst bigott zu sein, sich gesagt zu haben, daß es auf diesem krummen Weg zurück zu seinem geliebten Samarkand nichts zu verlieren gäbe. Er nahm daher Ismails Bedingungen an, was sich am Ende als unklug herausstellte [4].

Babur marschierte wieder gen Norden und vertrieb die Usbeken mit Hilfe seiner neuen Verbündeten zuerst aus Buchara. Für die Bevölkerung von Transoxanien war dies eine Be-

Babur nimmt in Kabul auf dem Thron Tribut entgegen (Ausschnitt, spätes 16. Jahrhundert)

freiungsaktion. Ein volkstümlicher Timuridenfürst war dabei, zu seinem Erbteil zurückzukehren. Stadt und Land erhoben sich, um ihn zu begrüßen, und in Buchara gelang es ihm, seine persischen Streitkräfte in taktvoller Weise zu entlassen, bevor er, im Oktober 1511, nach zehnjähriger Abwesenheit in Samarkand triumphalen Einzug hielt. Die Basare waren mit Goldbrokat drapiert und mit Gemälden behangen, und Menschen aus allen Schichten tummelten sich in den Straßen, um ihm ihre Willkommensgrüße entgegenzurufen. Nur etwas fiel aus dem Rahmen und störte – Babur selbst, der, inmitten all dieser aufgeregten Sunniten, die Tracht eines Schiiten trug. Aber in der Begeisterung des Tages sah man sogar darüber hinweg. Die Leute vermuteten, daß er, saß er erst einmal sicher auf dem Thron, diese verhaßten Zeichen des Irrglaubens ablegen würde, aber sie sollten enttäuscht werden. Baburs Vetter Haidar, der damals bei ihm war, erklärt, daß Babur die Usbeken für immer noch zu stark hielt, um ohne die Unterstützung des Schahs mit ihnen fertig zu werden [5]. Aber er hatte sich selbst in eine unmögliche Lage hineinmanövriert. Er weigerte sich, so weit zu gehen, die Sunniten zu verfolgen, was allein den Schah wirklich befriedigt hätte; andererseits verlor er, da er nach außen hin scheinbar weiter mit den Schiiten zusammenarbeitete, rasch den Rückhalt unter den Bewohnern Samarkands. Die Folge war, daß die Usbeken acht Monate später die Stadt noch einmal einnahmen.

Den Hofgeschichtsschreibern von Baburs Nachfolger in Indien erschien der dreifache Fehlschlag, Samarkand zu halten, als die größte Segnung Gottes [10], und dieses letzte Abenteuer mit den Persern scheint schließlich die Ursache dafür gewesen zu sein, daß sich seine Ambitionen schließlich doch vom Norden ab- und dem Osten zuwendeten. Er hatte bereits kurzfristige Versuche unternommen, durch den Khaiberpaß sein Reich nach Indien hin zu erweitern, um gegenüber Schaibani zu erstarken; darüber hinaus war Hindustan, und besonders das Pandschab, ein Gebiet, das er wie Samarkand als rechtmäßig ihm zugehörig betrachtete. Sein Anspruch ging bis auf Timurs schnelle Eroberung Nordindiens im Jahre 1399 zurück. Khisr Khan, der Mann, dem Timur als Vasallen den Oberbefehl über den Pandschab überlassen hatte, war später Sultan von Delhi geworden und hatte die Sajidendynastie gegründet, aber selbst dann dem Hause Timurs immer noch Treue bekundet, indem er sich weigerte, sich Schah zu nennen und nur den Anspruch erhob, indischer Vizekönig Schah Rukhs, des Sohns Timurs, zu sein [74]. Diese Tatsache war für Babur besonders wichtig, und in einer Phase, während der er eifrig Vorbereitungen zur Eroberung Hindustans traf, schickte er »um des Friedens willen« einen Boten zu Sultan Ibrahim von Delhi und machte diesem einen Tauschvorschlag, wie es einen optimistischeren vielleicht noch nie gegeben hatte. »Ich schickte ihm einen Hühnerhabicht«, schrieb Babur in seinen Memoiren, »und bat um die Länder, die seit altersher dem Türkischen zugehörig waren« [4].

Babur hatte keine besondere Eile, seine Invasion in Angriff zu nehmen. Er baute unaufhörlich seine Macht in Kabul weiter aus und beschäftigte sich – zweifellos mit nicht weniger Energie als er auf seinen jungen Vetter Haidar verwendet hatte – mit der Erziehung seiner Söhne. Humajun war im Jahre 1508 geboren, die beiden Brüder Kamran und Askari 1509 und 1516, und 1519 schließlich der jüngste Sohn, von dessen Geburt Babur auf einem seiner einleitenden Feldzüge nach Hindustan erfuhr, und der deshalb Hindal genannt wurde.

Seine Vorbereitungen für Indien bezogen auch die Eroberung von Kandahar mit ein, einer starken Festung, die für ihn von wesentlicher Bedeutung war, wenn er Kabul von Westen her verteidigen mußte, während er selbst tief nach Hindustan eindrang. Doch zog sich die Belagerung über drei Sommer hin, bis die mächtige Zitadelle, die von einem hohen felsigen Grat abgeschirmt war, im Jahre 1522 an ihn fiel (Tafel 4). Auch ein anderer wichtiger Teil der Vorbereitungen Baburs sollte sich als entscheidend herausstellen. Irgendwann zwischen 1508 und 1519, einer langen Zeitspanne, aus der keine Memoiren erhalten sind, legt er sich seinen ersten Vorrat an Kanonen zu, sowie einen türkischen Artilleristen, Ustad Ali, der mit diesen umgehen konnte. Damit zog er Gewinn aus einer bitteren Niederlage seines Nachbarn Schah Ismail, dessen glänzende Kavallerie im Jahre 1514 tapfer gegen die Türken geritten war, bloß um von dieser neuen Waffe dahingemäht zu werden [57]. Der Schah führte schnell Artillerie und türkische Gewehrschützen für seine eigene Armee ein, und Babur hielt es für klug, ihm hierin nachzueifern. 1519, als wieder Aufzeichnungen vorliegen, ist Ustad Ali in einer unbedeutenden örtlich begrenzten Kampfhandlung schon für ihn tätig, und Babur zeichnet ein mitreißendes Bild, wie die sich befehdenden Stammesleute, die noch niemals ein Gewehr gesehen hatten, über den Lärm dieser Waffe lachten, die keine Pfeile abzuschießen schien, und wie sie mit obszönen Gesten auf sie reagierten [4]. Dank der überseeischen Handelsverbindungen mit Türken wie Portugiesen waren Gewehre in Indien entlang der Westküste durchaus gebräuchlich, nach Norden hin, in die Ebenen Hindustans, scheinen sie sich in wirkungsvollem Ausmaß aber erst verbreitet zu haben, als Babur sie von Kabul über die Pässe mit sich brachte. Die Hilfe Ustad Alis und seiner Waffen war daher von entscheidender Bedeutung.

Baburs Ururenkel Schah Dschahan mit einer Luntenschloßmuskete (Mitte 17. Jahrhundert)

Baburs fünfter und letzter Feldzug nach Hindustan begann im Oktober 1522, als er mit 12000 Gefolgsleuten nach Süden und Osten marschierte. Kurz zuvor war es im Reich von Delhi zu chaotischen Zuständen gekommen, indem sich immer stärker werdende Parteien gegen Sultan Ibrahim bildeten, und erst spät im Februar 1526, als Babur bereits weit in das Pandschab eingedrungen war, traf er auf ernsthaften Widerstand in Form einer Vorausabteilung, die Ibrahim gegen ihn geschickt hatte. Babur unterstellte seinen rechten Flügel dem Kommando des 17jährigen Humajun, und der Prinz konnte einen vollkommenen Erfolg mit 100 Gefangenen und 7 oder 8 Elefanten verbuchen. »Ustad Ali-quli und die Männer mit den Musketen erhielten den Befehl, alle Gefangenen zu erschießen, um ein Exempel zu statuieren«, schrieb Babur in seinen Aufzeichnungen, »dies war Humajuns erster militärischer Einsatz, seine erste Erfahrung in der Schlacht; es war ein ausgezeichnetes Omen!« [4]. Wahrscheinlich sollte die Hinrichtung der Gefangenen nicht ein Exempel für seine Grausamkeit sein, da Babur im allgemeinen sorgsam darauf bedacht war, seine besiegten Feinde zu besänftigen. Das Ungewöhnliche dieses frühen Exekutionskommandos, das wertvolles

Pulver verbrauchte, wo es mit dem Schwert so viel einfacher gewesen wäre, legt vielmehr nahe, daß es als demoralisierende Machtdemonstration gedacht war. Man rechnete damit, daß die Kunde davon und von der magischen Kraft der neuen Waffen ihren Weg zurück zu Ibrahims Heer finden würde [4].

Mitte April standen sich die beiden Armeen von Angesicht zu Angesicht in Panipat gegenüber. Baburs Streitkräfte waren zusammen mit der unterwegs erworbenen Verstärkung vielleicht auf 25000 Mann angewachsen, aber Ibrahims Heer zählte angeblich 100000 Mann und 1000 Elefanten. Babur verschanzte sich in Gräben und bildete dabei eine Formation, die in den folgenden Jahren in Indien üblich werden sollte, die er aber nach eigenen Worten von der militärischen Praxis der Türken übernommen hatte – dies war übrigens im selben Jahr, in dem die türkischen Gewehre Suleimans des Großen sich mit dem Sieg über Ungarn in der Schlacht von Mohács ihren Weg in den Westen Europas hinein freischossen. Babur befahl seinen Leuten, so viele Karren aufzutreiben, wie sie nur finden konnten. Sie stahlen 700 zusammen, die alle mit Seilen aus rohem Leder aneinandergebunden wurden. Im Schutz dieser Barrikade aus Karren feuerten Ustad Ali und seine Gewehrschützen auf die angreifende Kavallerie des Feindes, ganz ähnlich wie die Türken 1514 gegen die Perser vorgegangen waren und drei Jahrhunderte später die Pioniere in Nordamerika gegen die Indianer vorgehen sollten. Es dauerte einige Tage, bis Babur Ibrahim zum Angriff auf seine ausgebauten Stellungen reizen konnte, aber als es ihm am 20. April schließlich gelang, blieb Ibrahims Armee, ganz wie geplant, im Musketenfeuer aus den Barrikaden stecken, während Baburs Kavallerie ausschwenkte, um von beiden Flanken einen Hagel von Pfeilen auf sie niedergehen zu lassen. Die Schlacht zog sich bis zur Mittagszeit erbittert hin, aber dann gehörte das Feld Babur. Etwa 20000 indische Soldaten waren tot, ihr Anführer mit eingeschlossen. Als ein Zeichen der Achtung für Ibrahim sorgte Babur dafür, daß er dort begraben wurde, wo er gefallen war, und sein Grabmal steht heute noch in Panipat. Es war jedoch typisch für Babur, daß er zur Feier seines eigenen Sieges in Panipat nicht ein weiteres Denkmal, sondern einen lieblichen Garten schaffen ließ [4, 75, 97].

Noch am selben Nachmittag befahl Babur Humajun, schnell und ohne Troß mit einer kleinen Abteilung loszureiten, um den Schatz in Agra, das seit 1502 die Hauptstadt der Lodi-Dynastie gewesen war, sicherzustellen. Am nächsten Morgen marschierte Babur mit dem Rest des Heeres nach Delhi weiter, das sie drei Tage später erreichten. Wie üblich unternahm er sofort eine Besichtigung und feierte den Anlaß gemeinsam mit seinen Freunden bei Arrak auf einer Bootsfahrt auf der Dschamna. Er blieb so lange in Delhi, bis die Chutba am folgenden Freitag in der Moschee in seinem Namen gelesen werden konnte und ernannte sich selbst damit zum Kaiser von Hindustan, da die friedliche Anhörung der Chutba im Namen eines Herrschers als stillschweigende Anerkennung dieses Herrschers durch das Volk galt. Er marschierte dann weiter, um Humajun in Agra zu treffen und wurde bei seiner Ankunft von seinem Sohn mit einem prächtigen Diamanten beschenkt, der diesem von der Familie des Radschas von Gwalior gegeben worden war, die er als Schutzsuchende in der Festung von Agra angetroffen und vor Unheil bewahrt hatte; der Radscha selbst war mit Ibrahim in Panipat umgekommen. Es ist zwar immer umstritten gewesen, aber es scheint doch beinahe sicher zu sein, daß dieser herrliche Stein der Kohinoor war, der nun seinen ersten Auftritt in der Geschichte hatte. »Humajun bot ihn mir an, als ich in Agra ankam«, schrieb Babur. »Ich gab ihn ihm einfach zurück«, fügt er beiläufig hinzu, obwohl er selbst schätzte, daß der Wert des Steines »der ganzen Welt für zweieinhalb Tage Nahrung verschaffen würde« [4]. Humajun schenkte ihn später Schah Tahmasp von Persien, dieser sandte ihn als Präsent dem Schah Nisam im Dekkan, und von da fand er irgendwie während des 17. Jahrhunderts seinen Weg zurück in die Schatzkammer des Mogulherrschers Schah Dschahan; dort wurde er zusammen mit allen anderen Mogul-Juwelen von Schah Nadir von Persien erbeutet, als dieser Delhi 1739 ausplünderte, und er war es auch, der ihm als erster den Namen Kohinoor gab, was »Berg des Lichts« bedeutet. Der Stein kam von seinem Enkel auf die regierende Familie in Kabul, von ihr auf Randschit Singh, den berühmten Herrscher über das Pandschab aus der Sekte der Sikhs, und als dieses 1849 von den Engländern annektiert wurde, wurde der Stein dem Chief Commissioner, Sir John Lawrence, übergeben, der offensichtlich an den erbeuteten Reichtümern des Empires so uninteressiert war, daß er ihn sechs Wochen lang in einer Westentasche vergaß; durch ihn wurde der Stein schließlich an Königin Viktoria weitergeleitet, wo er gerade rechtzeitig ankam, um das Prunkstück der Weltausstellung von 1851 zu werden. Anschließend gelangte er in den Tower von London, aus dem nichts verschwindet [112, 47].

Der Zusammenbruch der Lodi-Dynastie schien für den Augenblick vollständig – und zwar so sehr, daß Ibrahims Mutter gewillt war, von Babur die reichliche Apanage anzunehmen, die er ihr gnädigerweise anbot, obwohl es ihr später beinahe gelang, ihn durch einen bestochenen Koch, der seine Speise vergiftete, zu töten [4]. Doch waren Baburs momentane Schwierigkeiten noch lange nicht vorüber. Bestürzt über das Einsetzen der heißen Jahreszeit in Indien war ein großer Teil seiner Truppen begierig, in den angenehmen Sommer Kabuls zurückzugelangen und hoffte, aus der Unternehmung einen ausgedehnten Beutezug in der Art Timurs zu machen. Selbst Alexander der Große, der freilich noch weiter von der Heimat entfernt war, hatte sich durch die Unzufriedenheit unter seinen Truppen gezwungen gesehen, nach Überquerung des Indus den Rückzug anzutreten. Babur jedoch lieferte, nachdem er einen Rat einberufen hatte, ein Beispiel seiner Redekunst, das Aufmunterung und Spott glänzend miteinander verband und auch die gewünschte Wirkung erzielte [4].

Die unmittelbare Gefahr, gegen die er jede mögliche Unterstützung benötigte, war die radschputische Konföderation unter Rana Sanga von Tschitor. Während der vorhergegangenen zehn Jahre hatten sich die Hindufürsten von Radschasthan zu einer immer mächtigeren Gruppe zusammengeschlossen und waren nahe daran gewesen, Ibrahim anzugreifen, um ihm die Herrschaft über Delhi und Hindustan zu entreißen – nun war Babur ihnen zuvorgekommen. Deshalb machten sie sich jetzt auf, gegen ihn zu marschieren. Er sollte sich wieder einer vielfachen Übermacht gegenübersehen, etwa im gleichen Ausmaß wie in Panipat, und seine Leute – ohnehin schon niedergeschlagen wegen ihres verlängerten Aufenthalts in Indien – wurden noch weiter demoralisiert durch das Ansehen, das die Radschputen wegen ihrer Tapferkeit genossen. Aber Babur machte weitest Gebrauch von der Tatsache, daß dies zum erstenmal in 30 Jahren, die er nun Krieg führte, eine Schlacht gegen Ungläubige sein würde. Mit dramatischen Gebärden schwor er in feierlicher Zeremonie dem Genusse des Weines ab, indem er eine neue Lieferung aus Ghasni, die das Wasser im Munde zusammenlaufen ließ, auf den Boden ausgoß und seine goldenen und silbernen Trinkgefäße in Stücke zerbrach, um sie an die Armen zu verteilen. Durch dieses Beispiel angefeuert, schworen jetzt Offiziere wie Fußvolk voller Überzeugung auf den Koran, daß kein Mann daran dächte, sein Gesicht von diesem Erzfeind abzuwenden, noch sich aus dieser tödlichen Begegnung zurückzuziehen, solange das Leben nicht aus seinem Körper entwichen sei [4].

Die Heere begegneten sich am 16. März 1527 bei Khanua, ungefähr 40 Meilen westlich von Agra, und nach einer Schlacht, in der es weit mehr zum Nahkampf kam als bei Panipat, war Babur schließlich der Sieger des Tages und nahm nach seinem Erfolg den stolzen Titel eines *Ghasi*, eines Streiters für den Islam, für sich in Anspruch [4]. Dieser Sieg verschaffte ihm die unangefochtene Macht über Zentralhindustan und er dehnte nunmehr seine Grenzen weiter aus durch die einfache Methode, daß er seine Adligen mit Landstrichen belehnte, die noch nicht erobert waren, und sie hinausschickte, Anspruch auf ihr Eigentum zu erheben. Seinen Söhnen wurde die Verantwortung für die Provinzen übertragen, die vom neuen Operationszentrum in Agra am weitesten entfernt lagen. Kandahar war in den Händen Kamrams zurückgelassen worden, Askari wurde nach Bengalen gesandt, und Humajun brach auf, um die am weitesten entfernte Provinz Badaghschan zu regieren, die zwischen die Gebirge im Nordosten von Kabul hineingezwängt war [4]. Babur selbst sehnte sich genauso wie jeder seiner Gefolgsleute nach dem Klima und den berühmten Früchten Kabuls – einer seiner

Eingang zur Gasurgah in Herat, die Babur 1506 besichtigte

Folgende Doppelseite
Überreste der Zitadelle von Kandahar, die 1522 von Babur eingenommen wurde

393

غرابتی دارد دیگر عکه هند وپنتان است منامی گویند از عکه

۱۳۰ 

جزوی خوردتر باشد عکه ابلق سیاه وسفید است منا

ابلق مله وسیاه است یک جانورک دیگرست کلانی او

برابر ساند ولاج ممولة بوده باشد سرخ وخوش رنگ است در بالهای خود

۱۳۱ 

ک سیاهی دارد یک دیگر کرچه است بمار لو عاج شبیه است از

لو عاج خیلی کلان تراست یک رنگ سیاه است دیگر

عمل بدارت

۱۳۲ 

Eine der Dschain-Figuren aus dem 15. Jahrhundert in der Felswand zu Gwalior mit von Babur verstümmelter Scham

glücklichsten Augenblicke war, als er bei der Rückkehr nach Agra nach einem Feldzug die ersten für ihn frisch geernteten Trauben und Melonen vorfand, die er in Hindustan eingeführt und gepflanzt hatte –, aber er blieb in seinen neuen Provinzen und verbrachte seine Zeit damit, umherzuziehen, um örtlich aufflackernde Unruhen im Keim zu ersticken [4].

Babur hatte außergewöhnliches Vergnügen an seiner wachsenden Artillerie, besonders an den großen Mörsern, die Ustad Ali nun allmählich für ihn goß, und er hat uns eine köstliche Beschreibung des ersten Gusses hinterlassen, zu dessen Beobachtung er herbeieilte. Ustad Ali hatte einen Kreis von acht Brennöfen gebaut, von jedem sollte ein Rinnsal geschmolzenen Metalls in die in der Mitte stehende Gußform fließen, aber durch eine unglückliche Fehleinschätzung trockneten alle Brennöfen aus, bevor die Gußform gefüllt war. Ustad Ali war so untröstlich, daß er Anstalten machte, sich in das flüssige Metall zu stürzen, »aber wir trösteten ihn, hüllten ihn in eine Ehrenrobe und erlösten ihn so von seiner Schande« [4].

Baburs typisch großzügige Reaktion auf dieses augenscheinliche Desaster erwies sich auch als gerechtfertigt. Zwei Tage später, als die Gußform aufgebrochen werden konnte, war die Steinkammer, also das Rohr des Mörsers, fehlerlos, und Ustad Ali verkündete beglückt, daß es ein leichtes sei, die Pulverkammer gesondert herzustellen und zu befestigen. Als dieser Mörser drei Monate später zum erstenmal ausprobiert wurde, war Babur entzückt, als er entdeckte, daß er einen großen Stein fast eine Meile weit schleuderte [4]. Das Unterfangen, genügend Druck für einen solchen Schuß in einem derart auf gut Glück gegossenen Lauf zu erzeugen, war zumindest ebenso gefährlich für diejenigen hinter dem Geschütz wie für die davor, wie sich bei einem anderen Mörser zeigte, der bei seiner ersten Erprobung explodierte und acht Umstehende tötete. Es war zudem eine äußerst langsame Waffe, und Ustad Ali war sehr zufrieden, wenn er pro Tag durchschnittlich 12 Steine abfeuern konnte. Aber trotz der Gefahren und Verzögerungen war Babur höchst gern zugegen, wann immer das aufregende Geschäft des Schießens im Gange war, sei es gegen ein Fort wie zum Beispiel Tschanderi, oder bei dem Versuch, feindliche Boote auf dem Ganges zu versenken. Eine typische Eintragung in die Memoiren lautet: »Zur Zeit des Mittagsgebets kam jemand von Ustad mit den Worten: ›Der Stein liegt bereit, was ist dein Befehl?‹ Der Befehl war: ›Verschießt diesen Stein, hebt den nächsten auf, bis ich komme‹« [4].

Wenn Babur das Land bereiste, kümmerte er sich auch um die landschaftlichen Gegebenheiten seiner neuen Territorien. In Tschanderi, das er erst 1528 stürmte und einnahm, weil es von einem starken Statthalter Rana Sangas befehligt wurde, war er höchst beeindruckt, als er alle Häuser der Stadt aus Stein erbaut sah, »wobei die der Führer mit kunstvoller Steinmetzarbeit versehen waren«; und später, in demselben Jahr, fand der in Gwalior von Radscha Man Singh etwa 20 Jahre zuvor vollendete Palast seine höchste Bewunderung; von ihm stellte er fest, er bestehe aus »wunderbaren Bauwerken, ganz aus gehauenem Stein«, mit farbigen Fliesen an den äußeren Mauern und kleinen Kuppeln darüber, die mit vergoldetem Kupfer überzogen waren (Tafel 7) [4]. Was Babur in Gwalior mißfiel, waren lediglich die riesigen Dschain-Figuren, die im vorausgegangenen Jahrhundert in die Felsoberfläche unterhalb der Festung gemeißelt worden waren. »Diese Götzenbilder«, schrieb der Herrscher, »werden ganz nackt ohne Bedeckung der Scham gezeigt ... Ich selbst gab den Befehl, sie zu zerstören« [4]. In Wirklichkeit wurden allerdings nur die Gesichter und die anstoßerregenden Schamteile verstümmelt, und die Restauratoren der neueren Zeit scheinen Babur teilweise zugestimmt zu haben – es wurden nämlich einzig die Gesichter rekonstruiert. Aber Babur war gewiß zu Recht von dem beeindruckt, was er in der Feste sah, und seine Nachkommen sollten dann auch mit ihm einer Meinung sein. In dieser Hindu-Baukunst zu Gwalior kündigte sich der Stil von Akbars Stadt Fatehpur Sikri an, mit seinen reichverzierten Balken und Kragsteinen aus rotem Sandstein, und, ein halbes Jahrhundert später, während der Regentschaft Schah Dschahans, die exquisite Fliesenverkleidung an der Außenseite der Festung Lahore und die vergoldeten Kuppeln von Agra.

Eine Seite mit Vogelabbildungen als Illustration zu dem Abschnitt über die Fauna Hindustans in Baburs Memoiren (spätes 16. Jahrhundert)

Babur fand jetzt Zeit, seine Eindrücke aufzuzeichnen. In den Gärten, die er nach und nach

Kunstvoll gearbeitete steinerne Stützbalken im Palast Man Singhs in Gwalior (ca. 1510)

Steinmetzarbeit in einem Innenhof zu Tschanderi von der Art, die Babur so beeindruckte (15. Jahrhundert)

schuf – hauptsächlich, um sich die Lustbarkeiten Kabuls zurückzurufen und Zuflucht vor der Sommerhitze zu finden – arbeitete er an seinen Memoiren weiter. Seine Tochter Gulbadan, die damals etwa sechs Jahre alt war, hat geschildert, wie er in einem von ihm in Sikri angelegten Garten mit seinen Papieren beschäftigt war, und er selbst hat einen die Phantasie höchst anregenden Bericht über einen Vorfall hinterlassen, bei dem ein Gewittersturm losbrach und das Zelt, in dem er arbeitete, über seinem Kopf zusammenstürzte: »Teile der Notizen und das Buch selbst saugten sich mit Wasser voll und wurden mit viel Mühe wieder zusammengeklaubt. Wir legten sie in die Falten eines wollenen Thronteppichs und diesen auf den Thron und darauf einen Stapel Decken«. Trotz der Feuchtigkeit wurde ein Feuer angefacht, und Babur war »bis Tagesanbruch damit beschäftigt, Blätter und Einzelteile zu trocknen« [6, 4]. Er befaßte sich zu dieser Zeit damit, die kurzen, roh hingeworfenen Notizen mit denen er sein Leben lang sein Tagebuch geführt hatte, durch die erzählende Form miteinander zu verbinden, aber er fand auch Zeit für einen großartigen und sehr detaillierten, 40 Seiten umfassenden Bericht über seine Neuerwerbung Hindustan. Darin erläutert er die Sozialstruktur und das Kastensystem, die geographischen Umrisse und die neuere Geschichte; er zeigt sich recht verwundert über Einzelheiten wie die indische Methode des Zählens und der Zeitrechnung, die Unvollkommenheit der Beleuchtungsvorrichtungen, die Überfülle indischer Handwerker und Künstler oder den Mangel an guten Manieren, anständigen Hosen und kühlen Flüssen. Aber sein Hauptaugenmerk gilt der Fauna und Flora des Landes, die er mit der Sorgfalt eines geborenen Naturkundlers registriert und mit dem Auge eines Malers beschreibt – ein Interesse und eine Begabung, die sehr deutlich erkennbar von seinem Urenkel Dschahangir ererbt werden sollte. Er unterscheidet und beschreibt zum Beispiel fünf Papageienarten; er erklärt, wie die Bananenstaude Bananen hervorbringt; und mit erstaunlicher, wissenschaftlicher Beobachtungsgabe verkündet er, daß das Rhinozeros »dem Pferd mehr als jedem anderen Tier ähnelt« (modernen Zoologen zufolge haben sich von der Gattung der Perissodactyla nur zwei Untergattungen erhalten: zur einen gehört das Rhinozeros, zur anderen das Pferd) [4]. Auch in anderen Partien seines Buches gerät er in Verzückung über Naturbilder wie die wechselnden Farbtöne eines Gänseschwarms am Horizont, oder einige schöne Blätter an einem Apfelbaum [4]. Die Empfindungsfähigkeit, mit der er sein eigenes Verhalten in der Liebe beobachtet, erstreckt sich auch auf seine Naturbetrachtungen.

Ein Nashorn. Illustration zu einem Manuskript der Memoiren Baburs (spätes 16. Jahrhundert)

Das aus dem Gewitter gerettete und dann getrocknete wertvolle Manuskript wurde bis 1530 regelrecht auf den neuesten Stand gebracht und nahm nun einen Ehrenplatz in der bereits rasch anwachsenden Familienbibliothek ein. Das Sammeln und Pflegen von Handschriften war so etwas wie timuridische Familientradition. Babur hatte viele nach Indien mitgebracht, und als er in das Fort von Lahore einzog, war es einer seiner ersten Schritte, mit gespannter Erwartung in Ghasi Khans Bibliothek zu gehen und kostbare Bücher auszuwählen, um sie seinen Söhnen zu senden [4]. Humajun, der 25 Jahre später die Memoiren seines Vaters mit Anmerkungen versah, trug die Familienbibliothek mit sich herum und nahm sogar gelegentlich seine Lieblingsbücher mit in die Schlacht; wahrscheinlich geschah es auch während der Zeit seines Umherziehens, daß verschiedene lange Abschnitte der Memoiren verlorengingen [4, 10]. Unter Akbars tatkräftiger Schirmherrschaft sollte dann die Handschriftensammlung eine der schönsten der Welt werden. Baburs eigenes Manuskript seiner Memoiren ist nun verschollen, aber wenngleich der letzte Hinweis auf seinen Verbleib in der königlichen Bibliothek aus der Regierungszeit Schah Dschahans stammt, so dürfte es mit ziemlicher Gewißheit an diesem Ort aufbewahrt worden sein bis zur Plünderung Delhis durch Nadir Schah im Jahre 1739 oder bis zur indischen Meuterei 1857, während der die großartige Sammlung in alle Winde verstreut wurde [4, 89].
Die Stellung eines Padschah, die Babur in Kabul beansprucht hatte, da er als einziger Timuridenfürst noch einen Thron innehatte, war nun mehr denn je voll gerechtfertigt, und er nahm die Gelegenheit wahr, öffentlich seine Vorrangstellung zu feiern. Bald nach dem Sieg von Panipat wurde die Botschaft verbreitet, daß alle Abkömmlinge Timurs und Dschingis Khans und alle, die Babur in der Vergangenheit gedient hatten, nun nach Agra kommen und »angemessenen Lohn empfangen« sollten [6]. Ende 1528 schienen genügend Leute dieser Aufforderung gefolgt zu sein, so daß ein großartiges Fest abgehalten werden konnte. Die bedeutenderen Gäste saßen in einem sich knapp 100 Meter dehnenden Halbkreis, Babur in einem eigens hierfür errichteten Pavillon im Zentrum, und die zwei Haupttätigkeiten bei einem solchen Ereignis – nämlich zu essen und Geschenke zu überreichen – erstreckten sich über die ganze Zeit, ununterbrochen begleitet von Tierkämpfen, Ringkampf, Tanz und Akrobatik. Gold und Silber wurden von Baburs Gästen auf einen eigens für diesen Zweck ausgebreiteten Teppich geschüttet, und er wiederum teilte jene Art von königlichen Präsenten aus, die bei solchen Anlässen am meisten begehrt wurden, nämlich Schwertgürtel und Ehrengewänder, da sie als Kleidungsstücke ein sichtbares Zeichen herr-

scherlicher Gunst waren. Unter den wichtigsten Besuchern entlegener Gebiete befanden sich Abgesandte seiner alten Feinde, der Usbeken, deren Gegenwart den neuen Herrscher mit besonderer Genugtuung erfüllen mußte. Aber nicht nur die Vornehmen wurden belohnt, ein Flößer, einige Musketiere, ein Gepardenwärter und sogar einige Bauern aus Transoxanien, die Babur während seiner »thronlosen Zeit« die Freundschaft gehalten hatten und die nun gekommen waren, ihren Lohn zu holen – alle wurden mit Ehren und Geschenken überhäuft [4]. Dieses großartige Fest war der Gipfelpunkt einer Periode aufsehenerregender Großzügigkeit, einer Neigung, die Babur in seinen neuen Herrschaftsgebieten deutlich auskostete, die im Vergleich zu dem kleinen, kargen Kabul so reich waren. »Die Schätze von fünf Königen fielen in seine Hände«, schrieb Gulbadan später, »er schenkte alles weg« [6]. Er hatte den Kohinoor ungerührt an Humajun zurückgegeben und eine Ansammlung äußerst prächtiger Geschenke an die Damen seiner Familie zurück nach Kabul gesandt [6]. Das alles war für ihn zwar äußerst befriedigend, aber kurzsichtig, und schon vor dem Fest waren die Reserven so zusammengeschrumpft, daß an die Offiziere der Befehl erging, ein Drittel ihres Gehalts an die Staatskasse zurückzuzahlen [4]. Das Reich, das Humajun erbte, besaß sehr wenig, auf das er sich stützen konnte.
Obwohl erst 45, war Babur bemerkenswert oft krank. Seine Gesundheit schien nie gut gewesen zu sein – in den Memoiren finden sich allerorts Erwähnungen besorgniserregender Krankheiten und noch besorgniserregenderer Kuren – und wie viele seiner Familie war er ein starker Trinker. Sein Bruder Dschahangir und mehrere seiner eigenen Nachkommen starben an der Trunksucht, und das Alkoholverbot des Koran scheint wirklich in ihrem Fall den gleichen Effekt gehabt zu haben wie die Prohibition in Amerika [5]. Babur berichtet an einer Stelle sogar, daß er, nach dem festen Entschluß, dem Wein mit 40 abzuschwören, »nun, da ihm weniger als ein Jahr blieb, bis zum Exzeß trank« [4], und die Seiten sind voll davon, wie er oder andere versuchten, durch Schmeicheln oder Tricks andere Leute zum Alkoholgenuß zu verführen. Auf viele übte dieser Stoff anscheinend die gleiche eigentümliche Faszination aus, die für gewisse Puritaner vom Sex ausgeht; eine bevorzugte Art von prickelnder Geschichte erzählt von dem bösen Amir, der seine fromme Schwester damit quälte, daß er sie ohne Speise und Trank außer einem Glas Wein in einem Zimmer einsperrte, und der ihr schließlich, als sie unrettbar dem Märtyrertod entgegenging, den Wein gewaltsam einflößte und so zu ihrem Leiden noch das schlimmste Ekelgefühl hinzufügte [5]. Wenn es überhaupt etwas gab, was Babur dem Alkohol vorzog, so war es eine Droge, die er *Madschun* nennt, und er wirkt sehr modern in der Schilderung der Wonnegefühle, die sie bereitet: »Unter ihrem Einfluß erfreuten wir uns an wunderbaren Blumenwiesen ... wir saßen auf einem Hügel in der Nähe des Lagers, um den Anblick zu genießen« [4]. Aber es ist gewiß eine Übertreibung, ihn, wie es geschehen ist, entweder als Alkoholiker oder als Drogensüchtigen zu brandmarken. Von allem anderen abgesehen, ging er an die Sache viel zu planmäßig heran: Samstag, Sonntag, Dienstag und Mittwoch waren dem Wein und die übrigen Tage dem *Madschun* gewidmet [4, 16]. Seine Krankheiten – häufige Furunkulose, Ischias, eiternde Ohren und Auswurf von Blut – waren weit mehr die Folge seines harten Lebens als junger Mann.
Aber es zeigte sich, daß seine Krankheitsphasen seit seiner Ankunft in Hindustan viel häufiger geworden waren, vielleicht wegen seines Alters, vielleicht wegen des Klimas. Diese Tatsache trug sicher zu Humajuns Entschluß bei, völlig befehlswidrig 1529 von Badaghschan nach Agra zurückzueilen. Der unmittelbare Anlaß war die Kunde, daß einige von Baburs engsten Beratern planten, Humajun und alle seine Brüder zu übergehen, um die Thronfolge Mahdi Khwadscha, einem nur angeheirateten Onkel, zu sichern. Im Zuge der Ereignisse verscherzte sich der Onkel jegliche Unterstützung seiner Sache durch sein eigenes arrogantes Benehmen [14], und nun war es Humajun und nicht sein Vater, der bald schwer erkrankte. Die Überlieferung kennt eine rührende Geschichte von Baburs Reaktion auf die Krise. Als der Herrscher in tiefer Verzweiflung im Kreise weiser Männer an der Dschamna

saß, wurde ihm eingeredet, daß das Leben des Prinzen zu retten wäre, wenn er dafür seinen wertvollsten Besitz gäbe. Die Weisen meinten den Kohinoor (die Sage übersah dabei, daß der Stein Humajun gehörte), aber Babur dachte bei dem notwendigen Opfer an sein eigenes Leben. Er ging dreimal um das Bett des Kranken und bot Gott unter lautem Wehklagen sein Opfer an, und noch denselben Tag begann Humajun zu genesen, während Babur an dem Fieber erkrankte, an dem er bald starb [10, 6]. Es kann durchaus sein, daß Babur diesen Ritus vollzog, der offensichtlich in östlicher Tradition üblich ist, aber die augenblickliche Übertragung der Krankheit, wesentlich für den Kern der Geschichte, wird nicht durch Fakten gestützt. Mehrere Monate lagen zwischen Humajuns Genesung und dem Ausbruch von Baburs tödlicher Krankheit, die dann ziemlich kurz war [83].

Humajun, der nach Sambhal geschickt worden war, war der einzige von Baburs Söhnen, der sich nahe genug befand, um an sein Sterbebett zu kommen. In der Gedankenverwirrung des nahenden Endes verlangte der Herrscher wiederholt nach dem erst 11jährigen Hindal, der sich gerade auf dem Weg von Lahore her befand. Der Grund war offensichtlich nicht politischer Natur, sondern vielmehr der letzte Wunsch, den Benjamin seiner Familie noch einmal zu sehen, da Babur sich immer wieder erkundigte, wie groß der Junge geworden war, und angespannt ein Kleidungsstück des Prinzen betrachtete, das man herbeigeschafft hatte [6]. Alles spricht dafür, daß Babur, selbst wenn er vielleicht die Zweifel einiger seiner Berater über Humajuns Eignung als Herrscher teilte, nichtsdestoweniger der festen Meinung war, sein ältester Sohn müsse sein Nachfolger werden.

Der Herrscher starb am 26. Dezember 1530. Sein Aufstieg mit all seinen Höhen und Tiefen vom winzigen Fergana bis nach Hindustan würde allein schon genügen, ihm einen, wenn auch bescheideneren, Ehrenplatz in der Reihe seiner großen Ahnen Timur und Dschingis Khan zu sichern. Aber die Feinfühligkeit und Redlichkeit, mit der er diese persönliche Odyssee aufzeichnete, vom Freibeuter mit königlichem Blut in den Adern, der jedes Abenteuer genoß, bis zum Herrscher, der in fasziniertem Staunen jede Einzelheit des Errungenen betrachtete, verleiht ihm eine zusätzliche Würde, die nur sehr wenige solche Tatmenschen erlangen. Und sein Buch selbst wurde eine kraftvolle und höchst nützliche Quelle der Inspiration für seine Nachkommen. Als beflissene Leser der Familiengeschichte fanden sie hier die persönlichste Ausprägung der eigenen Tradition. In gewissen Dingen ahmten sie Babur bewußt nach; Dschahangir schrieb ein sehr ähnliches Buch über sein eigenes Leben, und Schah Dschahan kopierte absichtlich Baburs Geste des Weinvergießens vor einem entscheidenden Feldzug [65]. Was noch wichtiger war – über mehrere Generationen hin folgten die Großmoguln instinktiv Baburs Vorstellung von einem Herrscher, die nach den Maßstäben der Zeit entschieden liberal war. Wieder und wieder bringt er in den Memoiren die Überzeugung zum Ausdruck, daß besiegte Feinde eher versöhnt denn als Gegner behandelt werden müssen, wenn sie danach wirkungsvoll beherrscht werden sollen, und daß die eigenen Gefolgsleute durch straffe Disziplin daran zu hindern seien, die einheimische Bevölkerung zu bloßen Opfern zu machen. Es war eine Auffassung, die in der Blütezeit des Mogulreiches eine wichtige Rolle spielen sollte.

Babur wurde zunächst in seinem Garten am Ufer der Dschamna in Agra begraben, doch hatte er den Wunsch hinterlassen, daß sein endgültiger Ruheplatz in seinem Lieblingsgarten in Kabul sein sollte. Der Leichnam blieb mindestens neun Jahre in Agra, aber irgendwann zwischen 1540 und 1544 wurde er von Hindustan, wo nun Scher Schah, der Bezwinger Humajuns, regierte, nach Kabul geleitet. Das Grab in Kabul, seinem kleinen Königreich, das er sicherlich als seine Heimat ansah, ist auf einer hochgelegenen Terrasse in dem steil abfallenden Garten, wo er gerne saß und den Ausblick bewunderte. Zwei seiner Kinder, Hindal und Khansada, sind nahe bei ihm auf derselben Terrasse begraben, und verschiedene Großmoguln unter seinen Nachkommen fügten der Grabstätte frommes Zierwerk hinzu. Dschahangir bereicherte das einfache flache Grab mit einem Grabstein und Schah Dschahan steuerte ein elegantes Marmorgeländer bei sowie auf der unterhalb gelegenen

Babur diktiert in einem Garten in Indien seine Memoiren (ca. 1605)

Terrasse eine Moschee, ebenfalls aus weißem Marmor. Das ganze Arrangement könnte ein wunderschönes Freiluftdenkmal sein, aber unglückseligerweise hat es irgendein Beamter in neuerer Zeit für nötig befunden, diesen doch wetterbeständigen Marmor durch einen lächerlich disharmonierenden Überbau zu schützen, der mit schrägem rotem Ziegeldach und seinem Dachfenster einer aufwendigen Bushaltestelle arg ähnlich sieht – übrigens in direktem Gegensatz zum ausdrücklichen Wunsch des Herrschers, daß kein Dach seine Grabstätte überdecken solle [4]. Und Babur, der mit Dschahangir zusammen der leidenschaftlichste Gärtner unter den Großmoguln war, wäre über den gegenwärtigen Zustand seiner Terrassen höchst enttäuscht, die beinahe gänzlich verwahrlost sind und teilweise einer Kaserne und einem riesigen Betonschwimmbecken weichen mußten. Zur Zeit und wahrscheinlich schon seit den letzten beiden Jahrhunderten hat sich Baburs romantische Vorstellung von einem Grab in seinem Lieblingsgarten ins Gegenteil verkehrt. Aber zweifellos wird Kabul angesichts des ständig anwachsenden Touristenstroms in alle Gebiete der Großmoguln es früher oder später für klug erachten, Babur wieder Gerechtigkeit widerfahren zu lassen.

»In jenem reizlosen und unordentlichen Hindustan wurden Gärten geordnet und symmetrisch angelegt«, schrieb Babur, den man hier bei der Überwachung der Arbeiten sieht (Ausschnitt, spätes 16. Jahrhundert)

Seite 40

Gekachelte Mauer des Palastes Man Singhs in Gwalior

Seite 41

Dschahas Mahal, der sogenannte Schiffspalast, in der Festung von Mandu, aus dem 15. Jahrhundert stammend, von Humajun 1535 erobert

Humajun

Es hieß, Baburs letzte Worte an Humajun hätten gelautet: »Unternimm nichts gegen deine Brüder, selbst wenn sie es vielleicht verdient haben« [10] – Worte, die später von Humajuns Historikern bei jedem der zahlreichen Anlässe zitiert wurden, in denen er eine sonst unfaßbare Nachsichtigkeit gegenüber seinen drei aufrührerischen Halbbrüdern Kamran, Askari und Hindal an den Tag legte. Es war ein unglücklicher Rat für einen Mann, der schon von Natur aus zur Sentimentalität neigte, weil dadurch seiner eigenen Vorliebe für tränenselige Szenen familiärer Versöhnung ein respektgebietender Schein kindlichen Gehorsams verliehen wurde. Als er hilflos in Persien anlangte, ein Flüchtling sowohl vor seinen Feinden in Indien wie vor seinen Brüdern in Afghanistan, fragte ihn der Schah, was ihn in diese Lage gebracht habe. Ohne Zögern erwiderte Humajun: »Die Gegnerschaft meiner Brüder« [13]. Er hätte hinzufügen sollen, daß es auch sein eigener fehlender Wille war, diese Gegnerschaft zu beseitigen. Die Geschichte seiner Regentschaft ist voll von Szenen, in denen die Brüder wieder einmal in einem Aufstand gefangengenommen und vor ihn gebracht wurden, um seine Nachsicht zu erflehen; ihre Schwerter baumeln als Zeichen der Demut ganz unmilitärisch um ihren Hals, Humajun richtet sie tränenden Auges wieder auf, heißt sie zu einem Festmahl niedersetzen, überhäuft sie mit Geschenken und überträgt ihnen flugs noch ein weiteres Oberkommando. Baburs Gebot war gerade deswegen für ihn und seine Historiker so nützlich, weil es ihnen eine Entschuldigung statt einer Erklärung an die Hand gab.

Hindustan, das Babur Humajun vermacht hatte, war eine großartige, aber wackelige Erbschaft. Da Babur innerhalb von vier Jahren nach der Eroberung des Landes starb, war die Anwesenheit der Moguln immer noch nichts weiter als eine militärische Besetzung, die Babur hauptsächlich auf Grund seines persönlichen Ansehens hatte aufrechterhalten können – als Überwinder der beiden vorher mächtigsten Herrscher Sultan Ibrahim und Rana Sanga – und auf Grund der Treue seiner Gefolgsleute, die allein ihm persönlich galt. Humajun konnte keinen dieser Vorteile aufweisen, und die Treue wurde nun durch die sich abwechselnden Ansprüche der drei Brüder aufgesplittert. Darüber hinaus war wohl kaum ein Charakter für die anstrengende Aufgabe, den neuerworbenen Familienbesitz in sicherem Griff zu behalten, weniger geeignet als der Humajuns. Er besaß genügend Mut, wie er mehrere Male in den Schlachten seines Vaters bewiesen hatte, aber er hatte kein Konzept langfristiger Strategie. Eine seiner sympathischsten Schwächen war, daß er nach einer erfolgreichen Phase eines Feldzugs oder der Einnahme einer schönen Festung regelmäßig die ersten Früchte des Sieges reizvoller fand als langfristige Gewinne und sich beglückt niederließ, um sich monatelang ohne Unterbrechung seinen Lieblingsgenüssen, dem Wein, dem Opium (das er in Pillenform zusammen mit Rosenwasser zu sich nahm) und der Dichtkunst hinzugeben. Er war abergläubisch in einem Ausmaß, das es sogar in seinem Zeitalter lächerlich schien. Er pflegte niemals seinen linken Fuß zuerst über die Schwelle eines Hauses oder einer Moschee zu setzen, und wenn irgend jemand anderer es tat, so schickte er ihn jedesmal hinaus, um ihn von neuem hereinkommen zu lassen [13]. Babur hatte ein einziges Mal eine praktische Entscheidung aus astrologischen Gründen getroffen, dies aber sofort bedauert und vermerkt: »Jetzt weiß ich, daß diese Überlegungen nichts wert sind« [4]; Humajun aber verbrachte Stunden damit, Pfeile in die Luft zu schießen, von denen die einen mit seinem Namen und die anderen mit dem des Schahs von Persien versehen waren, um durch die Art ihres Fallens herauszufinden, welches Volk mächtiger werden würde [7]. Zweifellos verfügte er über beträchtlichen Charme – und war wirklich der seltene sprichwörtliche Held für seinen persönlichen Diener, der später ein Buch über ihn schrieb – aber sein Charme war ziemlich kindischer Natur und näherte sich manchmal peinlicher Sentimentalität. Seine Schwester Gulbadan beschreibt eine äußerst aufschlußreiche Szene, als Humajuns jüngster Bruder Hindal einen der Lieblingsratgeber des Herrschers, einen verehrungswürdigen, betagten Scheich, ermordet hatte und dann aus Agra wegmarschiert war. Humajun reagierte darauf mit einem Besuch bei Hindals Mutter, in deren Gesellschaft er Gulbadan und vier Hofdamen fand. Zur höchsten Verwirrung der versam-

Hier sprach Humajun in Mandu seine Gebete – die aus dem 15. Jahrhundert stammende Freitagsmoschee, das erlesenste Bauwerk im afghanischen Stil, der dem der Moguln vorausging

melten Damen begann er auf den Koran zu schwören, daß er gegen den jungen Hindal keinen Groll hege, sondern lediglich seine Rückkehr nach Agra wünsche, und er ließ von seinen Beteuerungen nicht eher ab, bis Hindals Mutter eingewilligt hatte, zu ihrem Sohn zu gehen und ihn zurückzuholen [6].

Unmittelbar nach seiner Thronbesteigung begann Humajun, den Hof nach seiner eigenen Vorstellung neu zu organisieren, und seine Anordnungen machten aus den Verwaltungsgeschäften ein genau ausgeklügeltes astrologisches Spiel. Die Staatsämter wurden, den vier Elementen entsprechend, in vier Abteilungen gegliedert. Die Abteilung *Erde* kümmerte sich um Landwirtschaft und Architektur, das *Wasser* hatte die Aufsicht über die Kanäle und den Weinkeller, das *Feuer* betreute die militärischen Angelegenheiten. Soweit bestand zumindest eine symbolische Beziehung, aber da Symbole kaum je voll mit den Fakten übereinstimmten, blieb für die *Luft* ein Durcheinander von Dingen übrig, die nicht zueinander paßten, wie die »Garderobe, die Küche, die Stallungen und die notwendige Kontrolle über die Maulesel und Kamele« [10]. Jeder Wochentag war einer ganz besonderen geschäftlichen Tätigkeit oder Vergnügen vorbehalten, je nach dem in Frage kommenden Planeten, der im übrigen auch die Farbe der Kleidung bestimmte, die Humajun an jenem Tag trug. So erschien er am Sonntag in Gelb und beschäftigte sich mit Staatsangelegenheiten, am Montag in Grün und war fröhlich [10]. Zu jenen, die durch dieses System unter mehr als nur Unannehmlichkeiten und Verzögerungen litten, gehörte eine Gruppe von Schurken, die das Pech hatten, an einem Dienstag vor Humajun zu kommen, »als Seine Majestät das rote Gewand des Mars trug und auf dem Thron des Zorns und der Rache saß«, und die deshalb Strafen erhielten, die in keinem Verhältnis zu ihren Vergehen standen [10]. Das Abergläubische und Kindische, das diesen Ideen anhaftete, scheint seinen Gipfel in Humajuns »Teppich der Fröhlichkeit« erreicht zu haben, einem großen, runden, mit allen astrologischen Zeichen bemalten Teppich. Humajun saß auf der Sonne, von seinen Offizieren und Höflingen umgeben, die Würfel mit stehenden, sitzenden oder liegenden Figuren darauf rollen ließen. Humajun erwartete, daß sie das taten, was sie gewürfelt hatten, und dies, so sagt es der Bericht, »war ein Mittel, die Fröhlichkeit zu steigern« [10].

Der Herrscher hatte jedoch auch ernsthaftere Pläne für seine Hauptstadt im Sinn, die mit den kulturellen und liberalen Traditionen seines timuridischen Erbes im Einklang waren. Im Jahre 1533 legte Humajun selbst den Grundstein für eine neue Stadt in Delhi – ein Stück Erde, mit dem nur Troja als Entstehungsort neuer Städte konkurrieren kann, da das gegenwärtige, von Lutyens gegründete Neu-Delhi zumindest die zwölfte dort entstandene Stadt ist. Diese neue Stadt sollte Din-panah, »Zufluchtsstätte des Glaubens«, heißen, und ihre Gründung gab in der ganzen mohammedanischen Welt Kunde davon, daß hier die Hauptstadt eines liberalen Reiches war, in der Philosophen und Poeten – ganz gleich aus welcher islamischen Sekte – in bewußtem Gegensatz zu der Bigotterie und Verfolgung, die die damals herrschenden persischen und türkischen Dynastien praktizierten, willkommen sein würden. Gelehrte Flüchtlinge trafen auch in der Tat aus solchen Ländern ein, und Humajun muß empfunden haben, daß er auserwählt war, ein kulturelles Zentrum zu errichten, das der Tradition von Samarkand und Herat an Bedeutung nicht nachstand. Aber ihm sollte die Zeit dafür nicht vergönnt sein; seine Nachfolger sollten seine Hoffnungen später in Fatehpur Sikri und Agra erfüllen. Alles, was heute von Humajuns Din-panah in Delhi noch steht, sind die hohen Mauern der Zitadelle, die jetzt unter dem Namen Purana Quila, das heißt »alte Festung«, bekannt ist. Ironischerweise wurden die beiden einzigen noch erhaltenen Gebäude zehn Jahre später von seinem großen Feind, Scher Khan, errichtet [59].

Während seiner ersten fünf Regierungsjahre hatten zwei gefährliche Gegner ihre Macht ständig ausgedehnt. Nach Südwesten hin war es Sultan Bahadur von Gudscherat, nach Osten Scher Khan, der sich später Scher Schah nannte und sich zum Führer der vielen Afghanen gemacht hatte, die sich seit Jahren entlang dem Ganges in Bihar niedergelassen hatten. Was Sultan Bahadur betrifft, so wurde er auf erstaunlich einfache Weise aus dem

Humajun auf dem Thron: ein Gemälde aus der Spätzeit der mogulischen Schule (ca. 1800)

Wege geräumt, wenn auch nicht allein durch das Heer des Moguls. Im Jahre 1535 entschloß sich Humajun endlich, gegen ihn zu marschieren. Er machte rasch Fortschritte, nahm die beiden Forts von Mandu und Tschampaner ein und trieb Sultan Bahadur hinunter zur Küste, wo er bei den Portugiesen, die sich auf der Insel Diu ansiedelten, Zuflucht suchte. Aber dann ließ sich Humajun nieder, um sich für kurze Zeit an seinen zwei neuen Forts zu erfreuen, bis die Einzelheiten, die er über Scher Khans Aktivitäten im Osten hörte, so beunruhigend wurden, daß er gezwungen war, nach Agra zurückzumarschieren, woraufhin Sultan Bahadur in aller Ruhe zurückkehrte, um sein Gebiet wieder einzunehmen. Einige Monate später jedoch waren seine neuen Verbündeten, die Portugiesen, da erfolgreich, wo Humajun gescheitert war. Bei einer Konferenz auf diplomatischer Ebene, während der Bahadur beabsichtigte, den portugiesischen Vizekönig zu entführen, und der Vizekönig geplant hatte, Bahadur in seine Gewalt zu bringen, brach – wie zu erwarten war – ein Kampf aus, und Bahadur wurde getötet. Die Europäer begannen sich in der Beherrschung örtlicher Gebräuche als äußerst fähig zu erweisen [58, 59, 60].

Humajuns Hauptaufgabe im Osten war es, zu verhindern, daß Scher Khan Bengalen niederwarf, dessen Besitz außerordentlich zu seinem Reichtum und seiner Macht beigetragen hätte, aber erst in der Regenzeit des Jahres 1537 war der Herrscher zum Aufbruch bereit. Von zweien seiner Brüder, Askari und Hindal, und den meisten seiner Haremsdamen begleitet, fuhr er in Booten die Dschamna hinunter und weiter in den Ganges. Vor Tschunar, einer hoch über dem Ufer des Ganges gelegenen starken Festung, die von Scher Khans Sohn gehalten wurde und die zu erobern Humajun als unerläßlich erachtete, um seine Nachhut zu schützen, mußten sie eine Verzögerung von sechs Monaten hinnehmen. Dies hatte zur Folge, daß Humajun Bengalen zu spät erreichte. Als er in der Hauptstadt Gaur

Der Ganges bei Tschunar

ankam, die für ihren Wohlstand und ihre großen Getreidelager berühmt war, fand er die Straßen mit Leichen übersät und die Getreidespeicher leer. Scher Khan war vor ihm dagewesen, hatte den Reichtum der Stadt mitgenommen und war nun gerade dabei, seine Stellung hinter Humajun und quer durch dessen Verbindungslinie nach Delhi auszubauen. Trotz dieser nicht zu übersehenden Gefahren »schloß sich Humajun« nach den Worten eines seiner spersönlichen Bediensteten »unerklärlicherweise beträchtliche Zeit in seinem Harem ein und gab sich jeglicher Art von Luxus hin« [7, 58, 60].
Aber diesmal waren die Nachrichten, die ihn aus der Landesmitte erreichten, noch alarmierender als jene, die ihn veranlaßt hatten, von Mandu zurückzukehren. Sein nunmehr 19jähriger Bruder Hindal war ausdrücklich, um Humajuns Rücken zu sichern, auf halber Strecke entlang des Ganges stationiert worden, aber er hatte seinen Posten verlassen und war nach Agra zurückgekehrt, wo er nun im königlichen Palast residierte und sich, wenngleich ziemlich provisorisch, als Herrscher aufspielte. Humajun entsandte den ehrwürdigen Scheich Buhlul, damit er ihm vernünftig zurede, aber Hindal ermordete den alten Mann und löste endgültig den Aufstand aus, indem er die Chutba in seinem eigenen Namen lesen ließ und gegen Delhi marschierte. Mittlerweile rückte ein weiterer Bruder, Kamran, der älter und auch geschickter als Hindal war, von seinen Gebieten im Pandschab aus auf Delhi zu – nach außen hin, um Humajun zu helfen, in Wirklichkeit aber, wie seine darauffolgenden Maßnahmen bewiesen, um seinen eigenen Anspruch auf das zerbröckelnde Reich seines Bruders zu erheben. Er brachte zwar Hindal von weiterem offenem Treuebruch ab, aber seine wahren Absichten wurden deutlich erkennbar aus der Art und Weise, wie die beiden Brüder nun Humajuns dringende Hilferufe auf seinem gefahrreichen Rückweg durch das Gebiet, das Hindal vor Scher Khan geräumt hatte, mißachteten. Und um die Entwicklung noch verhängnisvoller erscheinen zu lassen, entschloß sich Scher Khan gerade jetzt, sich hinfort Scher Schah zu nennen, als beanspruche er bereits allerhöchste Herrscherwürden [59, 60].
Die Heere Humajuns und Scher Schahs begegneten sich an den Ufern des Ganges bei Tschausa, östlich von Benares. Bei der Taktik der damaligen Zeit war es beinahe ausnahmslos ein Nachteil, anzugreifen, weil nämlich die Artillerie – seit ihrer Einführung durch die Moguln zweifellos die gewaltigste Waffe auf dem Schlachtfeld – im Grunde unbeweglich und deshalb nur in der Verteidigung von Nutzen war. Die allererste Aufgabe eines Heeres bestand deshalb darin, sich in Gräben zu verschanzen und zusammengebundene Karren als Barrikaden um die Stellung zu plazieren, wie es Babur in Panipat praktiziert hatte. So standen sich also nun die beiden Armeen drei Monate lang bei Tschausa gegenüber, bauten ihre Stellungen aus und pflogen gemächlich der Diplomatie. Es ist uns eine anschauliche Schilderung erhalten, wie Humajuns Botschafter, ein Mullah namens Mohammed Asis, Scher Schah antraf, der, die Ärmel hochgekrempelt und einen Spaten in der Hand, mithalf, eine Barrikade zu verstärken [13]. Botschafter und General setzten sich gemeinsam auf den Boden zu einem zwanglosen Gespräch, und ihre Verhandlungen führten letzten Endes zu einem Übereinkommen, wonach Scher Schah Bengalen und Bihar zugestanden werden sollten, aber nur als ihm von seinem öffentlich anerkannten Herrscher Humajun zugeteilte Provinzen. Es war bezeichnend für Humajun, daß er nun auf einer kindischen, aber das Gesicht wahrenden Machenschaft bestand, derzufolge es seiner Armee gestattet sein sollte, auf Scher Schahs Streitkräfte zuzumarschieren, die dann kehrtmachen und sich in augenscheinlicher Furcht und Unterwürfigkeit zurückziehen würden, und es war ebenso kennzeichnend für Scher Schah, daß er seine Rolle in diesem traurigen Possenspiel hinnahm und sie dann dazu gebrauchte, durch rücksichtslosen Bruch des eben geschlossenen Vertrages Humajun zu überraschen und ihm schwersten Schaden zuzufügen. Humajuns kurzer Vorstoß führte sein Heer aus seiner wohlvorbereiteten Verteidigungsstellung heraus, und Scher Schah, der sich einige Meilen weit zurückgezogen hatte, kehrte in der Nacht wieder zurück und fand das Lager der Moguln schlafend und unvorbereitet vor [58, 60].

Flußüberquerung auf aufgeblasenen Häuten (Ausschnitt, ca. 1590)

Die Truppen Humajuns, die dem Gemetzel entgangen waren, wurden in den Ganges zurückgeworfen, in dem die meisten von ihnen ertranken. Dem Herrscher selbst gelang es nur deswegen zu entkommen, weil einer seiner Wasserträger seine Wasserschläuche aufblies, so daß Humajun sie in den Armen halten und auf dem Wasser treiben konnte. Der Gebrauch aufgeblasener Schläuche als Rettungsring war nicht ganz so neu, wie die Berichte über die Flucht des Herrschers annehmen lassen – die Bauern aus Ahmedabad zum Beispiel überquerten nach der Regenzeit den Fluß normalerweise so [47] – aber Humajun war beeindruckt genug, um dem Wasserträger, dessen Name Nisam war, zu versprechen, daß er ihn auf den Thron von Delhi setzen würde. Eine der bedrückendsten Einzelheiten dieses Schandflecks in Humajuns Leben war der Verlust einiger vornehmer Haremsdamen und einer seiner Töchter in dem Chaos; sie ertranken höchstwahrscheinlich. Andere, die Scher Schah gefangennahm, wurden außerordentlich gut behandelt und unter Begleitschutz zu Humajun nach Agra zurückgesandt. Unter den moslemischen Fürsten gab es so etwas wie eine Tradition, die Familie des Feindes zu respektieren – so wie Babur sich nach Panipat um die Damen Ibrahims gekümmert hatte –, aber es war kein Verlaß darauf, daß sie diese Höflichkeit auf Nicht-Mohammedaner ausdehnten. Als Scher Schah die Kinder eines Radschas gefangennahm, gab er dessen Tochter »irgendeinem fahrenden Sänger, damit er sie in den Basaren tanzen lasse«, und er ließ die jungen Söhne entmannen, »damit das Geschlecht des Unterdrückers sich nicht vermehren möge« [9, 7].

Humajun schleppte sich nach Agra zurück, wo nun zum erstenmal seit seiner Thronbesteigung alle vier Brüder versammelt waren. Hindals Rebellion wurde in aller Form und öffentlich in dem Garten diskutiert, in dem ihr Vater begraben lag, und Humajun vergab dem Bruder. Die Angelegenheit mit dem Wasserträger gibt uns an dieser Stelle einen Einblick in die Spannungen innerhalb der Familie. Humajun bestand darauf, sein Wort dem bescheidenen Nisam gegenüber zu halten und er gestattete ihm in diesem Augenblick der äußerst zugespitzten Familienkrise, sich auf den Thron zu setzen und Befehle zu erteilen, und zwar für einen Zeitraum, der je nach Quelle zwischen zwei Stunden und zwei Tagen angegeben wird. Humajuns Schwester Gulbadan, die ihm normalerweise sehr wohlgesinnt war, grollt, »daß der Herrscher für mehr als zwei Tage diesem Knecht königliche Macht verlieh«, und gibt eine knappe, aber sicher gerechtfertigte Botschaft ihres Bruders Kamran wieder: »Was ist das für eine Sache, auf die sich Eure Majestät zu einem Zeitpunkt einläßt, da Scher Khan nahe ist?« [6, 7]

Es war klar, daß eine weitere Schlacht gegen Scher Khan, der gemächlich weiterhin westwärts zog, drohend bevorstand, und zwar eine, die wegen der Nähe zum Zentrum des Herrscherreiches für dessen unmittelbares Schicksal entscheidend sein würde. Aber selbst angesichts dieser Drohung brachten es die beiden ältesten Söhne Baburs nicht fertig, sich zu einigen. Kamran war aus Lahore eingetroffen mit einer Streitmacht von 12000 Mann, deren Gefolgschaftstreue ihm persönlich galt. Er brannte darauf, das Heer gegen Scher Schah einzusetzen, aber anscheinend mehr in seinem als in Humajuns Interesse. Humajun, der die hieraus erwachsende Gefahr für seine eigene Position erkannte, stellte sich teils aus Stolz, teils aus Vorsicht gegen Kamrans Plan, sofort anzugreifen, und versuchte ihn zu überreden, ihm zu helfen, ein größeres Heer unter seiner, Humajuns, Führung aufzustellen. Einige Monate herrschten diese Unstimmigkeiten zwischen den beiden, dann zog sich Kamran auf seinen eigenen Stützpunkt in Lahore zurück. Diejenigen seiner Soldaten, die bei Humajun blieben, desertierten bald, und so marschierte Humajun mit einem demoralisierten, wenn auch ziemlich großen Heer wieder ostwärts, um Scher Schah entgegenzutreten, der zu diesem Zeitpunkt nur 150 Meilen östlich von Agra stand. Die Streitkräfte stießen am 17. Mai 1540 bei Kanaudsch aufeinander. Wieder einmal brachte Humajun es fertig, sich so aufzustellen, daß er den Ganges im Rücken hatte; und wieder einmal mußte er nach einer schweren Niederlage unter beträchtlichen Schwierigkeiten über den Fluß fliehen, diesmal auf einem Elefanten. Seine Brüder Askari und Hindal waren während des Gefechts bei ihm geblieben, und zu dritt zogen sie schwer angeschlagen nach Agra zurück. Nachrichten von einer Niederlage verbreiten sich bekanntlich wie ein Lauffeuer, und so begannen sogar einfache Dorfbewohner den in großer Hast durchziehenden Trupp des Herrschers zu bedrängen. Die Brüder hielten sich in Agra nur so lange auf, bis sie ihre Familien versammelt und den Schatz zusammengerafft hatten, und setzten sich dann so rasch sie konnten nach Westen ab, wobei sie nicht ein einziges Mal Halt machten, bis sie in Lahore anlagten. Scher Schah folgte ihnen gelassen nach. Bis Mitte Juni hatte er Delhi erreicht, und nun gab es in Hindustan eine neue Dynastie, die Sur-Dynastie, benannt nach dem Stamm Scher Schahs [14, 60, 7].

In Lahore ging alles drunter und drüber. Humajuns Schwester Gulbadan berichtet von täglich neuen Nachrichten, daß Scher Schah noch ein paar Meilen vorgerückt war, zwar nicht schnell, aber unablässig, bis er Sirhind erreichte. Nun schickte Humajun einen Abgesandten mit der folgenden Botschaft zu ihm: »Ich habe Dir ganz Hindustan überlassen. Laß Lahore in Ruhe, und laß Sirhind die Grenze zwischen Dir und mir sein«, worauf Scher Schah knapp erwidern ließ: »Ich habe Dir Kabul übriggelassen. Du solltest dorthin gehen« [6]. Unglücklicherweise konnte Humajun genau das nicht tun. Kabul war Kamrans Provinz, und dieser spürte kein Verlangen, dafür aufzukommen, daß Humajun die Mitte des Reiches verloren hatte, indem er, Kamran, ihm sein liebevoll gehegtes Territorium an dessen westlichem Zipfel übergab. »Der König verharrte tatenlos im Palast von Lahore und wußte nicht, was er tun oder wohin er gehen sollte«, schreibt der Wasserkrugträger Dschauhar, der, mit Humajuns Wäsche und Kleidern betraut, in neuzeitlichen Begriffen am besten als Kammerdiener bezeichnet werden kann [7]. Um die Gefahr für Humajun noch zu vergrößern, wandte sich Kamran nun heimlich in verräterischer Absicht an Scher Schah und bot ihm als Gegenleistung für das Pandschab seine Unterstützung an, aber Scher Schah brauchte keine Hilfe und schlug das Angebot aus. Hier erwähnen die Chronisten zum erstenmal, daß Humajun von seinen Gefolgsleuten bedrängt worden sei, Kamran zu töten, und daß er als Antwort darauf Baburs Worte von der Gnade zitiert habe [7, 10].

Schließlich entschloß sich Humajun, den Indus hinunterzuziehen, da er hoffte, in der Provinz Sind Streitkräfte sammeln zu können, um nach Osten hin, nach Gudscherat, zurückzuschlagen, während Kamran sich in die vergleichsweise sichere Stellung Kabul zurückzog. An diesem Scheideweg erfolgte auf Grund engster Familienbande eine Umgruppierung unter den Brüdern, so daß zwei gegen zwei standen, eine Konstellation, die sich während der verbleibenden zehn Jahre des Kampfes zwischen ihnen nicht verändern sollte. Askari, Kamrans richtiger Bruder, begleitete diesen nun nach Kabul. Humajun und Hindal waren nur Halbbrüder, aber Humajuns Mutter hatte Hindal aufgezogen [4]. Von nun an sollten sich – von gelegentlichen Abweichungen Hindals abgesehen – ihre Interessen gegen Kamran und Askari verbinden.

Humajun hoffte auf Beistand von Husain, dem Herrscher von Sind, der ihm eigentlich Gefolgschaftstreue schuldig war, aber dieser war zu klug, als daß er Scher Schah verärgert hätte, und er reagierte auf Humajuns Forderungen mit einer Kette diplomatischer Ausweichmanöver. Humajuns nunmehr kriegerische Vorstöße waren genauso wenig erfolgreich, und es gelang ihm nicht, auch nur eines der beiden mächtigen Forts Husains am Indus, Bhakkar und Sehwan, einzunehmen.

Achtzehn Monate, und zwar vom Beginn des Jahres 1541 bis zur Mitte des Jahres 1542, wurden in Sind vergeudet, und das einzige glückliche Ereignis war Humajuns Heirat mit Hamida, die später Akbars Mutter wurde. Sogar darin hätte Humajun beinahe einen Fehlschlag erlitten. Er sah das 14 Jahre alte Mädchen, die Tochter von Hindals Lehrer und Ratgeber Scheich Ali Akbar, bei einem verschwenderischen Fest in Hindals Lager – ein Beweis dafür, welchen Luxus sich die Flüchtlinge jetzt noch leisten konnten, verglichen mit den künftigen schrecklichen Ereignissen –, aber danach soll Humajun Lahore, und zwar mit etwa 200000 Menschen, die teils zum Troß gehörten, teils Schaulustige waren, verlassen

Hamida auf dem Weg durch die Wüsten Radschasthans (18. Jahrhundert)

haben. Einen Monat dauerte es, bis es ihm gelang, das Mädchen zur Heirat zu bewegen. Fünfzig Jahre später, als Hamida die große alte Dame am prächtigen Hof ihres Sohnes in Agra war, schien ihr Widerstand unvorstellbar, aber Humajun war damals anscheinend nicht gerade das, was man sich unter einer guten Partie vorstellte. Neunzehn Jahre älter als sie, häufig von Opium umnebelt, haftete ihm das Odium des Versagers an. Tatsächlich konnte er ihr in den ersten beiden Ehejahren nichts als eine Folge anstrengender und gefährlicher Trecks durch Wüsten und Gebirge bieten. Vielleicht hatte sie sich auch Hoffnungen auf Hindal gemacht; dieser war jedenfalls aus ebenso unbekannten Gründen so verärgert über die Heirat, daß er Humajun wieder einmal verließ und mit seinen Truppen nach Kandahar loszog. Schließlich ließ sich das Mädchen doch überreden. Humajun übernahm die Berechnung der Sterne selbst, um den günstigsten Zeitpunkt für ihre Heirat zu ermitteln. Sie bestimmten den Montagmittag, den 21. August 1541 [7, 6].

Humajun verließ Sind im Mai 1542 auf eine Einladung Maldeos hin, des Radschas von Marwar (das jetzt unter dem Namen Dschodhpur bekannt ist), der damals der mächtigste Fürst in Radschasthan war und ganz offensichtlich eine Allianz gegen Scher Schah ins Auge faßte. Jedoch scheint ein diplomatischer Vorstoß Scher Schahs, verbunden mit einem ersten flüchtigen Blick auf die Schwäche der Streitkräfte Humajuns, des Radschas Absichten geändert zu haben. Als Humajun sich Marwar näherte, erreichte ihn die Botschaft, daß er um seiner eigenen Sicherheit willen fliehen solle. Sein Trupp mußte sich zur heißesten Jahreszeit über 200 Meilen von Wüstenland zurückziehen, und um alles noch schlimmer zu machen, zog der Sohn des Radscha von Dschaisalmer vor ihnen her und füllte die ohnehin seltenen Brunnenschächte mit Sand auf, weil Humajuns Männer unklug genug gewesen waren, in dieser Hinduprovinz einige Kühe zu töten. Sooft es irgendwo Wasser gab, brachen wilde Kämpfe aus, und die Soldaten waren darauf angewiesen, Beeren zu essen. Nur ein winziges Wunder geschah, aber es war genau die Art von Vorzeichen, die einem Mann von Humajuns Veranlagung wieder Mut machte. Hamida war nun fast im achten Monat, und sie hatte plötzlich den für Schwangere typischen, völlig launenhaften Wunsch, etwas ganz Bestimmtes zu essen. In ihrem Fall mußte es, mitten in der Wüste, ein Granatapfel sein; und siehe da, schon bald kreuzte ein Kaufmann ihren Weg, der zufällig in seiner Tasche einen großen saftigen Granatapfel hatte [10].

Ein besonders skandalöser Vorfall wurde später als Beispiel dafür bekannt, wie verzweifelt die Lage geworden war. Hamida war an einem Tag ohne Pferd, und trotz ihres Zustandes wollte ihr niemand eines leihen. Humajun gab ihr das seine und bestieg eines der Kamele, das zu Dschauhars Abteilung gehörte, was von allen als höchst unwürdig angesehen wurde. Erst nachdem er drei oder vier Meilen so unköniglich dahingeritten war, bot ihm Khaled Beg, ein Offizier, sein Pferd an [7].

Auf diesem geborgten Tier näherte sich der Kaiser Umarkot, einer kleinen Stadt in der Wüste, wo sich alles unerwartet und für kurze Zeit zum Besseren wendete. Der Radscha und seine Söhne ritten dem Mogultrupp entgegen, hießen sie mit allen höfischen Ehren willkommen und boten Humajun 7000 Reiter an, mit denen er gegen Husain ziehen konnte. Der Grund für dieses unerwartete neue Bündnis war, daß Husain den Vater des Radschas getötet hatte. Aber Umarkot sollte in der Geschichte der Moguln in Verbindung mit einem viel bedeutenderen und auf lange Sicht hin folgenreichen Wechsel im Geschick der Familie berühmt werden. Hier nämlich brachte die 15jährige Hamida am 15. Oktober 1542 Akbar zur Welt [13, 134].

Dem zukünftigen persönlichen Freund und Biographen des Herrschers, Abul Fasl, sollte es gestattet sein, solch ein wichtiges Ereignis in seinen eigenen unnachahmlichen Worten zu verkünden – in einem Stil, der ihm den Spott vieler westlicher Leser eingebracht hat, der aber der konventionelle Stil persischer Prosa in jener Zeit war und der von ihm bedeutend lebendiger gehandhabt wurde als von den meisten anderen. Er erzählt, daß »die Schmerzen der Wehen Ihre Majestät überkamen und in jenem erfolgversprechenden Augenblick die einzigartige Perle des Vertreters Gottes auf Erden in ihrem Glanze erschien«; dann wurde das königliche Kind »von den Händen schattenliebender, Strahlen aussendender, keuscher, herrlich gestalteter Nymphen gebadet und geschmückt«, worauf »Kinderschwestern von harmonischer Wesensart und tiefer religiöser Gesinnung göttliche Form und himmlischen Körper in glückbringende Windeln wickelten, und dann wurden seine Honiglippen an die fruchtbaren Brüste gelegt, und sein Mund saugte die Süße des lebenspendenden Tranks« [10]. Nur für kurze Zeit waren die fruchtbaren Brüste die Brüste Hamidas. Die Bestellung der Amme war ein politischer Akt von großer Bedeutung, da die eigenen Söhne der Amme Pflegebrüder des künftigen Monarchen wurden, und das wiederum war eine erstaunlich billige Möglichkeit für Humajun, der erst kurz zuvor von einem seiner Adligen Geld zu

Beschrifteter Stein an Akbars Geburtsstätte in Umarkot

20 Prozent hatte leihen müssen, um seine Soldaten zu bezahlen [6], jetzt einige seiner Gefolgsleute belohnen zu können. Abul Fasl führt neun vornehme Damen auf, die die Ehre erhielten, das königliche Kind zu säugen, bis es endgültig entwöhnt war, und er fügt hinzu, daß es noch viele andere gab; die Dame jedoch, die mit der besonderen Ehre ausgezeichnet worden war, die Reihe anzuführen, hatte sich in ihrer Zeitplanung so vertan, daß sie immer noch schwanger war, als die große Gelegenheit kam, und sie wurde erst wieder als Nummer fünf eingereiht [10]. Die Geburt war ein Ereignis, auf das Humajuns Umgebung seit Jahren gewartet hatte. Er war bereits 34 Jahre alt, und einen Erben zu bekommen, war dringend geworden; die Aufmerksamkeit, die jeder seiner schwangeren Frauen gezollt wurde, war so schmeichelhaft, daß Gulbadan von einer Konkubine berichtet, die es fertigbrachte, eine Schwangerschaft zwölf Monate lang vorzutäuschen (mit der Begründung, daß eine ihrer Verwandten einmal drei Monate zu spät geboren hatte), bis sie endlich als Schwindlerin entlarvt wurde [6]. Dieser Mangel an Erben, der auch Akbar bis zu seinem 27. Lebensjahr quälen sollte, scheint erstaunlich im Hinblick auf einen königlichen Harem von mehreren hundert jungen Frauen, wobei der Sohn jeder einzelnen als künftiger Herrscher anerkannt werden konnte. Die Säuglingssterblichkeit spielte sicher eine gewisse Rolle, aber Todesfälle unter königlichen Säuglingen scheinen in der Regel in den Chroniken und Tagebuchaufzeichnungen erwähnt worden zu sein, und deren Anzahl reicht nicht aus, um das Ganze zu erklären. Es hat eindeutig den Anschein, daß im hektischen Leben eines Mogulherrschers das Geschlechtliche eine geringere Rolle gespielt hat, als herkömmliche Vorstellungen und Träume vom Leben mit einem Harem vermuten lassen möchten. Unnötig zu betonen, daß Humajun persönlich das Horoskop des Kindes erstellte, das im gedruckten Text Abul Fasls 60 Seiten umfaßt, wobei jede Einzelheit als höchst vielversprechend ausgewiesen wurde – und das, wie sich herausstellte – völlig zu Recht [10].

Humajun erzielte zusammen mit seinen neuen Verbündeten aus Umarkot einen unbedeutenden Erfolg gegen Husain, aber Husain war nun durch Humajuns ständige Gegenwart in Sind genügend verärgert, daß er bereit war, ihm Bestechungsgelder zu zahlen, falls er abzog. Für 2000 Ladungen Getreide und 300 Kamele (von denen die meisten sich als so wild erwiesen, daß »man sagen konnte, sie hätten seit 7 oder besser 70 Generationen weder Stadt noch Lasten noch Menschen gekannt«) [6], überquerte Humajun am 11. Juli 1543 den Indus und zog nach Nordwesten gegen Kandahar und damit dem massivsten Schimpf entgegen, den er bis dahin von seinen Brüdern hatte hinnehmen müssen [7, 14].

Kamran hatte Hindal aus Kandahar vertrieben, als dieser sich weigerte, dort die Chutba in Kamrans Namen zu lesen, und Hindal lebte nun in erzwungener Zurückgezogenheit in Kabul, im Grunde genommen unter Hausarrest. Kandahar wurde für Kamran von Askari gehalten, der von seinem älteren Bruder nun Anweisungen erhielt, Humajun zu ergreifen [6]. Anfang Dezember näherte sich der Kaiser der Provinz Kandahar, als ihn die Kunde erreichte, daß Askari mit einem großen Heer ganz nahe und ihm feindlich gesinnt sei. Humajun, der auf Beistand vom Schah hoffte, entschied, daß der einzige Weg, der ihm noch offen war, nach Persien führte, und so ritt er abends in aller Eile mit seinen 40 engsten Anhängern und mit Hamida und nur einer weiteren Dame zu ihrer Begleitung von seinem Lager weg. Da es Dezember war und die Reise sie über schneebedeckte Gebirgspässe führen würde, ließ man den jungen Akbar, der nunmehr 14 Monate alt war, mit allen Hausbediensteten im Lager zurück; und als Askari wenige Stunden später eintraf, brachte Dschauhar selbst das Kind seinem Onkel, der »den Säugling in die Arme nahm und ihn umarmte« [7]. In der europäischen Geschichte des frühen 16. Jahrhunderts wäre es ein verhängnisvoller Fehler gewesen, seinen Erben in die Hände eines gegnerischen Thronaspiranten fallen zu lassen, aber die Timuridenfürsten konnten sich anscheinend auf eindeutige, wenngleich unausgesprochene Regeln verlassen, nach denen sie um die Vorherrschaft kämpften – Regeln, die die Sicherheit des Kleinkinds Akbar gewährleisteten und die auch zweifellos die Behandlung der Brüder durch Humajun bestimmten. Askari übergab das Kind der Obhut seiner Frau, die es, wie allgemein anerkannt wurde, außerordentlich herzlich behandelte [10].

Humajuns Trupp war für die Härte der Reise ungenügend ausgerüstet. Am ersten Abend war man, ohne Hausbedienstete oder auch nur einen Kochtopf, gezwungen, Pferdefleisch in einem Helm zu kochen [6] –, aber bis Anfang Januar hatten sie sich nach Persien durchgeschlagen, wo sie erleichtert gewesen sein mußten, als sie feststellten, daß Schah Tahmasp sich über ihren Besuch erfreut zeigte. Er hatte seinem örtlichen Statthalter detaillierte, uns erhalten gebliebene Anweisungen übersandt, über die reichen Kleidungsstücke, das Essen, die Reisevorkehrungen, Unterbringung und Badeeinrichtung, die für seine königlichen Gäste herzurichten waren. Sogar die Straßen mußten vor ihnen gefegt und mit Wasser benetzt werden [10].

Humajun konnte sich nun auf seinem weiteren Zug einen Lebensstil leisten, dessen er ganz entwöhnt war, doch zunächst besichtigte er einen Monat lang die Sehenswürdigkeiten in Herat. Wie schon Babur vor ihm sah er sich hier der kulturellen Tradition seines timuridischen Vätererbes in der verfeinertsten Form gegenüber, und genau dieser Aspekt seines Aufenthalts in Persien sollte für die künftige Geschichte Indiens am bedeutsamsten werden. Der Maler Bihsad hatte etwa 40 Jahre zuvor sein Atelier von Herat nach Täbris verlegt, und zu der Zeit, als Humajun Gast des Schahs war, machte er die Bekanntschaft zweier ausgezeichneter Schüler Bihsads, Khwadscha Abdus Samud und Mir Sajid Ali. Humajun lud sie ein, in sein Reich zu kommen, wenn – oder vielleicht sagte er mit seinem üblichen Mangel an Selbstvertrauen falls – er sich einen eigenen Thron wiedererrungen habe. Und sie kamen. Sie waren es, bei denen Humajun und der junge Akbar später Unterricht in Zeichnen nahmen (ein Fach, das sein gegenwärtiger Gastgeber, der Schah, ebenfalls studierte), und unter der Anleitung jener beiden Perser nahmen indische Künstler den *Dastan-i-Amir-Hamsah* in Angriff, die erste große Folge von Gemälden des jetzt als Mogul- oder auch Mughalschule bezeichneten Stils [89, 10, 87, 92].

Ein Gemälde Mir Sajid Alis, ca. 1540, kurz bevor Humajun ihm in Persien begegnete

Weitere 40 Tage verbrachte man in Meschhed, wo man den Schrein des Imam Risa besuchte und sich mit den örtlichen Theologen traf, und es wurde Juli, bis die Besucher bei Shah Tahmasp in seiner Sommerresidenz von Quasvin in Surliq ankamen. Die Begegnung der Monarchen – »zwei Augenpaare der Welt gemeinschaftlich verbunden / sich auf höfische Art zusammenfindend wie zwei Augenbraunen«, wie ein persischer Poet sogleich formulierte [10] – führte zu einer langen Reihe von Festlichkeiten und Jagdausflügen. Humajun wurde mit Geschenken überhäuft, und auch er tat nun einen Griff in die geheimen Schätze seiner beweglichen Habe, nämlich die Juwelen, die er unter seiner Kleidung in einer grüngeblümten Börse mit sich führte. Während seiner dreijährigen Wanderschaft hatte er Juwelen an örtliche Stammesführer verteilt, die bestochen oder belohnt werden mußten, aber in der Börse war immer noch genügend, um den Anforderungen in diesem wichtigsten Fall zu genügen. Er nahm eine Perlmuttdose und legte darein – zusammen mit einer Auswahl weniger wertvoller Diamanten und Rubine – den Kohinoor. Und Abul Fasl betont beflissen, daß diese Gabe den Schah für alle seine Unkosten für Humajun »mehr als viermal entschädigte« [7, 6, 10].

Aber hinter den Kulissen der Festlichkeiten herrschten ernste Spannungen. Tahmasp, wie sein Vater Ismail vor ihm, war von dem fanatischen Wunsch besessen, die Schiitenlehre zu verbreiten. Und es konnte kaum einen weniger provozierenden Sunnitengast als Humajun geben, da seine Frau Hamida wie auch Bairam Khan, einer seiner bedeutendsten Gefolgsleute, den er als Botschafter zu Tahmasp vorausgesandt hatte, Schiiten waren. Aber der Schah wollte nichts weniger als die Anerkennung des Schiismus nach außen, wie sie schon sein Vater von Babur erreicht hatte, und Humajun wurde mit Schmeicheleien, Tricks und Drohungen dazu gebracht, die spitze Schiitenmütze aufzusetzen und sein Haar nach dem bewährten Schiitenschnitt zu tragen. Schließlich wurde ihm die Schiitenlehre, auf einem Blatt Papier aufgezeichnet, vorgelegt. Er zeigte höfliches Interesse und sagte, er würde sie sehr gerne abschreiben. Aber das war nicht genug. Man erwartete von ihm, daß er das Dokument signierte. Sehr zu Dschauhars Bedauern, der aus Kandahar geflohen war, um sich Humajun in Herat wieder anzuschließen, tat er dies auch [13]. Zusätzlich zu diesen religiösen Prüfungen kam noch, daß sich am Hofe Tahmasps Gesandte Kamrans einfanden, die die Stadt Kandahar im Austausch gegen Humajun anboten. Aber anscheinend war Sultanam, die Lieblingsschwester des Schahs, mit uneingeschränkter Begeisterung auf der Seite Humajuns, und schließlich entschied sich der Schah dafür, Humajun bei einem Angriff auf Kamrans Territorium zu unterstützen, unter der Bedingung, daß Kandahar nach der Einnahme ihm ausgehändigt werde. Er gab seinem neuen Freund diesen Entschluß auf eine in ihrer Pracht und Romantik mittelalterliche Art bekannt. Humajun wurde zu einem Fest eingeladen, für das 300 Zelte auf einem mit Teppichen des Herrscherpaars ausgelegten Areal aufgestellt worden waren, 12 Militärkapellen sorgten für Musik, und in einer kurzen Pause erfuhr er, daß all das, zusammen mit 12000 ausgewählten Reitern, ihm gehöre, damit er in seine angestammten Gebiete zurückkehren könne. Der Sohn des Schahs, Murad, noch ein Säugling, sollte die Expedition begleiten und in Kandahar als Repräsentant seines Vaters fungieren [7, 14].

Humajun schlug einen Umweg nach Osten ein, um einige Sehenswürdigkeiten zu besichtigen, was den ungeduldigen Schah ziemlich verärgerte. Aber er wollte unbedingt das Kaspische Meer sehen, obwohl Dschauhar überzeugt war, daß es immer unter dickem Nebel verborgen lag, und ein Besuch in Täbris, einer prächtigen, immer wieder von Erdbeben heimgesuchten Stadt, ließ ihn über das Rad der Fortuna sinnieren [7, 10]. Bis etwa Februar 1545 war er wieder zu dem Säugling Murad und zu seiner Armee in Ostpersien gestoßen, und gemeinsam näherten sie sich nun Kandahar. Ein halbes Jahrhundert später schien die Tatsache, einen mittellosen Großmogul bewirtet zu haben, sensationell genug, um die Szene als einen der stolzesten Augenblicke persischer Geschichte in einem Gemälde an einer Wand im Thronsaal Schah Abbas' im Tschehel Sotun, dem *Palast der Vierzig Säulen* zu Isfahan festzuhalten.

Das Grab von Humajuns Tante Khansada, das in der Nähe von Baburs Grab in Kabul steht

Seite 56
Eine mogulische Turbanschachtel (16. Jahrhundert)

Seite 57
Ein Scheich, Gemälde von Bitschitr; ca. 1620, zur Blütezeit der mogulischen Malschule, runde 65 Jahre, nachdem Humajun persische Künstler nach Indien gebracht hatte

بنده درگاه
کلید فتح دو عالم
رقم بچتر

عمل نادر العصر استاد منصور نقاش

Im üblichen Stil solcher Bilder bietet ein übergroßer Tahmasp, von juwelenbesetzten Waffen strotzend, einem kleineren und unbewaffneten Humajun Speise an; in einem entscheidenden Punkt jedoch war die historische Erinnerung gnädigerweise schwach – Humajun trägt in deutlichem Kontrast zu Tahmasps spitz zulaufender Schiitenmütze den vertrauten Mogulturban.

Kandahar, das von Askari besetzt war, fiel am 3. September 1545 durch Humajun, und es wurde pflichtgemäß den Persern übergeben. Im üblichen Wechsel zwischen Höhen und Tiefen der Machtentfaltung hatte dieser Anfangserfolg die Wirkung, daß der Adel sich nun allmählich auf Humajuns Seite schlug – »wirklich und wahrhaftig ist der größere Teil der Erdenbewohner wie eine Herde von Schafen; wo immer eines auch hingeht, folgen die anderen unverzüglich nach«, meinte ein zeitgenössischer Historiker und beschrieb damit genau diesen Vorgang [13] –, und als der junge Prinz Murad plötzlich starb, war Humajun stark genug einzugreifen und Kandahar der persischen Garnison aus der Hand zu nehmen. Eben jenes Prinzip, das es Tahmasp hatte wichtig erscheinen lassen, einen Säugling als Oberhaupt des Feldzugs hinauszuschicken, besagte, als das Kind starb, aber auch, daß nun ein Vakuum herrscherlicher Macht entstanden war, das Humajun, der dergleichen verabscheute wie jeder andere auch, eilends ausfüllte.

Humajun und Hamida mit Akbar wieder vereint (spätes 16. Jahrhundert)

Humajun zog jetzt aus, um Kabul einzunehmen und konnte das sogar kampflos tun – hauptsächlich weil die Unbeliebtheit von Kamrans strenger Machtausübung zu immer neuen Überläufern aus dessen Lager führte, je näher Humajun anrückte, bis Kamran selbst sich entschloß, aus der Stadt zu fliehen. So wurden im November 1545 Humajun und Hamida mit dem dreijährigen Akbar wieder vereint. Die Festlichkeiten lieferten einen idealen Anlaß und Rahmen für die Beschneidung des Kindes, einer wichtigen öffentlichen Zeremonie, nach der die Adligen sich dem Ringkampfe widmeten, wobei sogar Humajun selbst auch antrat [10]. Ringen war eine Kunst, die in diesen Kreisen von frühem Alter an verlangt wurde. Ein paar Monate vorher, als er noch nicht ganz drei Jahre alt war, hatte Akbar seinen ersten Kampf gegen seinen etwas älteren Vetter Ibrahim, einen Sohn Kamrans, gewonnen. Die beiden Kleinen hatten sich um eine bemalte Trommel gezankt, und so ließ Humajun sie darum ringen. Abul Fasl erläutert, daß Akbar, »obwohl in zarten Jahren, sich kraft göttlicher Eingebung und himmlischer Unterweisung ohne Zögern bereitmachte, seine Ärmel hochrollte, mit Ibrahim Mirsa nach den Regeln der Könner rang und ihn so hochhob und zu Boden schleuderte, daß die versammelte Zuschauerschaft in einen Schrei des Erstaunens ausbrach«. Kamran hielt es für ein böses Omen [10].

Blaukehliger Bartvogel aus dem Himalaya (von Mansur, ca. 1615)

Die eigentliche Auseinandersetzung zwischen Humajun und Kamran zog sich über die nächsten acht Jahre hin. Humajun hatte zwar die Oberhand, war aber auf seinen Feldzügen mit der Rückendeckung so unachtsam wie eh und je, mit dem Ergebnis, daß Kamran Kabul

zweimal wiedereroberte und Humajun es zweimal zurückgewinnen mußte. Aber Kamrans Phasen der Herrschaft wurden zunehmend von Greueln gegen die Bevölkerung verdüstert, und Humajun erschien eindeutig als der Fürst, von dem die Mehrheit regiert zu werden wünschte. Und die Adligen in seiner unmittelbaren Umgebung überredeten ihn nun allmählich zu entschlossenerem Handeln, obwohl eine recht geheimnisvolle Zeremonie – in ihr schworen sie ihm anscheinend feierlich die Treue als Gegenleistung für sein regelrechtes Versprechen, ihnen in Sachen der Politik zu folgen – den Gedanken nahelegt, daß viele der Entscheidungen, bei denen er sich dann entschlossen gab, in Wirklichkeit die ihren waren [7, 6]. Er schien immer noch die tränenseligen Versöhnungen und langen Feste der Wiedervereinigung mit seinen Brüdern zu genießen [7, 10], aber diese konnten sich nicht länger auf seine Gnade verlassen. Hindal war seit Humajuns Rückkehr ständig treu auf seiner Seite gewesen und starb 1551 für ihn im Kampfe. Doch Askari verbrachte nun eine lange Zeit in Ketten und mußte mit Humajuns Lager umherziehen, bis er auf Pilgerschaft nach Mekka gesandt wurde. Er starb auf der Reise irgendwo hinter Damaskus [10, 60].
Kamran hatte Humajuns Vertrauen so oft hintergangen, daß der Druck auf Humajun, ihn zu töten, mit den Jahren immer stärker geworden war. Im Jahre 1552 schließlich versuchte Kamran ein verräterisches Bündnis mit Islam Schah, dem Sohn Scher Schahs und nunmehrigen Herrscher von Hindustan, einzugehen; aber der Herrscher war zwar beeindruckt von Kamrans Kenntnis der Dichtkunst (er identifizierte jedes der ersten drei Zitate, die Islam Schah ihm zuwarf), bot ihm aber ein Geschenk von nur 1000 Rupien an, eine lächerlich kleine Summe, die deutlich machte, daß keine ernsthafte Hilfe zu erwarten war [8, 6]. Kamran flüchtete von Islam Schahs Hof und schlug sich, einmal sogar als Frau verkleidet, auf das Hoheitsgebiet des Sultans Adam Ghakkar durch, einem Herrscher im Pandschab. Aber Adam lieferte den Flüchtling an Humajun aus.

Diesmal mußte Humajun zustimmen, daß sein Bruder zumindest geblendet werden müsse, aber es gab die üblichen Tage gemeinsamen Feierns, bevor dies endgültig beschlossene Sache war – vielleicht sind die vorausgegangenen Feste für die Bittsteller nervenaufreibender gewesen als sie im Rückblick erscheinen. Kamran ahnte dumpf, daß dies das letzte Mal sein sollte. Dschauhar wurde ausgesandt, ihn in seinem Zelt aufzusuchen, und er erinnert sich an ein »melancholisches Gespräch« über den Tod, während er den Fürsten massierte. Am nächsten Tag war er ebenfalls anwesend, als Soldaten ankamen, um Kamran zu blenden, und er gibt einen Augenzeugenbericht einer Szene, die sogar in einer nachshakespeareschen Tragödie grausam erscheinen würde. Männer saßen auf dem Fürsten, um ihn niederzuhalten, während sie wiederholt in seine Augenhöhlen stachen und sie mit Salz und Zitronensaft füllten. Humajun stellte dann Geld zur Verfügung für Kamrans Reise nach Mekka. Anders als Askari vollendete er die Pilgerfahrt und starb 1557 in Arabien [7,10].

In den Augen der offiziellen Geschichtsschreiber der Moguln war Kamran ein vollendeter Verräter und Schurke, und sicherlich war er ein weit weniger anziehender Charakter als sein sanftmütiger älterer Bruder. Aber es ist wahrscheinlich, daß er sich nach seiner subjektiven Auffassung innerhalb seiner Rechte bewegte. Es war unter den Nachkommen Dschingis Khans wie Timurs Tradition gewesen, daß die Söhne ihr Erbe teilten und dann, innerhalb eines gewissen akzeptierten Ehrenkodex, auf Grund dessen vermutlich Kamran von der Ermordung Akbars abgesehen hatte, um die Vergrößerung ihres Anteils kämpften. Auf dieser Grundlage konnte Kamran, der ursprünglich die Provinz Kabul erhalten hatte, sich wohl in jeder Hinsicht im Recht fühlen, seinen besitzlosen Bruder abzuweisen; und Humajun hätte es als undenkbar empfunden – wie es auch offensichtlich der Fall war –, Kamran wegen Verrats hinzurichten. Aber Kamran folgte einer älteren nomadischen Tradition der Mongolen und Türken, während Humajun mehr und mehr die Methoden starker, zentralisierter Königreiche aufgezwungen wurden, wie sie in Indien und Persien existierten, wo es zum festverankerten System geworden war, daß ein Herrscher die ganze Macht erbte. Ohne den dazugehörigen Grundsatz des Erstgeburtsrechts führt dies nahezu unausweichlich zum Brudermord im Machtkampf nach dem Tod eines jeden Königs. So hatte beispielsweise Humajuns Feind, Sultan Bahadur von Gudscherat, nach der Erlangung des Throns im Jahre 1526 systematisch daran gearbeitet, seine Brüder zu beseitigen. Und der Türkensultan Mohammed ermordete bei seiner Thronbesteigung im Jahre 1595 nicht weniger als 19 seiner Brüder, ein schlichtes geschichtliches Faktum, das Akbar in Staunen versetzte [10]. In zentralisierten Königreichen war solche Skrupellosigkeit die Norm. Es war Humajuns Mißgeschick, daß er in dem einen System aufwuchs, aber ein anderes benützen mußte, obgleich es ohnehin fraglich ist, ob er seiner Natur nach des kaltblütigen Mordes an seinen Brüdern fähig gewesen wäre. Zum Glück für das künftige Reich seiner Familie in Indien erbten sein Sohn und Enkel den Thron ohne Brüder, die in der Lage gewesen wären, als starke Rivalen Ansprüche zu erheben. Aber nach ihnen sollten sich die brüderlichen Machtkämpfe um das Mogulreich als so grausam wie nur irgendwie denkbar erweisen.

Seit Humajuns Weggang im Jahre 1543 hatte praktisch keinerlei Verbindung mehr mit Indien bestanden, abgesehen von Kamrans letzter Reise auf der Suche nach Hilfe, und Scher Schahs quasi-symbolischer Geste, für Baburs Leichnam freies Geleit von Agra nach Kabul zu gewähren, so als fegte er dessen Dynastie endgültig aus dem Land. 1554 jedoch starb Islam Schah, und sofort fiel sein Reich auseinander. Drei Rivalen, die den Thron von Delhi für sich beanspruchten, marschierten gegeneinander, unbedeutendere Herrscher begannen, ihre Unabhängigkeit zu festigen. Und genauso, wie das Chaos im Tughluqreich Timur verleitet hatte, den Khaiberpaß zu überschreiten, ließen diese selbstmörderischen Streitigkeiten innerhalb der Sur-Dynastie unerwartet das Tor für Humajuns Rückkehr nach Indien offen, und zwar so weit, daß sein Heer unter dem direkten Oberbefehl Bairam Khans ohne ernsthaften Widerstand geradewegs durch das Pandschab vorstieß und in Sirhind angekommen war, bevor Sikandar Schah, der mächtigste der drei Thronanwärter,

Der zweijährige Akbar ringt mit seinem Vetter um eine bemalte Trommel (17. Jahrhundert)

Scher Schahs Festung in Rohtas (ca. 1545)

ihm entgegentrat. Sogar Rohtas, die prächtige Festung, die erst ein paar Jahre zuvor von Scher Schah am Dschihlam errichtet worden war, um gerade eine Invasion von dieser Seite her zu verhindern, wurde kampflos übergeben. Sikandars Heer bei Sirhind war größer als das Humajuns, aber die überlegene Mogultaktik, die Bairam Khan zu verdanken war, verhalf den Invasoren am 22. Juni 1555 zu einem gewaltigen Sieg. Da nach der 1526 in Panipat erteilten Lehre kein Feind mehr zum Angriff auf festausgebaute Verteidigungsstellungen verlockt werden konnte, war es Bairams raffiniertester Trick, sein Heer aus einer offenen Schlacht in zuvor fertiggestellte Befestigungsanlagen zurückzuziehen, was in der Wirkung auf dasselbe hinauslief. Sikandar selbst entkam, aber der Sieg genügte vollkommen, um Delhi gegenüber Humajun ungeschützt zu lassen. Am 23. Juli bestieg er wieder den Thron seines Vaters [10, 59, 60].

Die ihm verbleibende Zeit auf dem Thron war außergewöhnlich ruhig. Zwar umgaben ihn immer noch seine afghanischen Feinde, die Anhänger der Sur-Dynastie, aber er konnte es sich jetzt leisten, seine Heere unter Generälen seines Vertrauens hinauszuschicken, um Bedrohungen von allen Seiten zur gleichen Zeit entgegenzutreten. Eines seiner größten Handikaps während der ersten zehn Jahre seiner Herrschaft in Indien war es gewesen, daß in der Regel der jeweilige Feind sich nur dann zurückzog, wenn er selbst in die entsprechende Richtung vorstieß. In jenen Jahren hatte er über keine Befehlshaber verfügt, denen er genügend Vertrauen schenken konnte. Nun, da seine Brüder tot oder in der Verbannung waren, konnte die Loyalität seiner Gefolgsleute nirgendwohin abirren.

Es war nun die Zeit gekommen, die wenigen Getreuen zu belohnen, die ihm durch so viele Gefahren hindurch gefolgt waren. Bairam Khan wurde jetzt zum Khan-Khanan, dem Herrn der Herren, ernannt, und Dschauhar, der bescheidene Wasserkrugträger, stieg rasch über verschiedene Verwaltungsposten zum Schatzkämmerer von Lahore auf – und mithin zu einem Mann von so hohem Rang, um auch dafür ausersehen zu sein, einen Botschafter im eigenen Hause zu bewirten. Er beschloß sein Leben so treu wie eh und je und sein Buch mit dem Gebet, daß »die ganze bewohnbare Erde den Nachkommen des großen Herrschers Timur unterworfen und für immer vom Königreich Delhi abhängig sein möge« [7].
Während dieses Zeitraums erreichte Delhi der erste der vielen ausländischen Reisenden, die Berichte aus erster Hand über die Mogulherrscher hinterlassen haben. Es war ein türkischer Admiral, Sidi Ali Reïs, der Humajun bei seinen Lieblingsbeschäftigungen antraf. Der Herrscher hatte die Standorte für mehrere Observatorien ausgewählt und sammelte gerade die nötigen Instrumente zusammen. Die Sprache der Dichtung war nun damals nahezu die »lingua franca« des Hoflebens und jedenfalls ganz gewiß der Diplomatie. Sogar der Bogenschütze des Herrschers – ein »stattlicher Jüngling«, sagt Sidi Ali, und ein besonderer Vertrauter Humajuns – trug regelmäßig zu den literarischen Gesprächen bei. Als Sidi Ali Humajun jetzt zum erstenmal vorgestellt wurde, erzielte er mehr Eindruck mit zwei Gedichten und einer Chronik der Rückeroberung Indiens als mit dem Geschenk, zu dem sie gehörten. Und bald noch festigte er sein Ansehen durch zwei weitere Gedichte zum Lobpreis des schönen Bogenschützen. »Mein Gott«, rief der Monarch aus, »dies ist wahrhaft erhaben!«, so jedenfalls behauptet der nicht eben schüchterne Türke [29, 10].
Die Gespräche über Dichtkunst fanden wahrscheinlich in Scher Schahs elegantem achteckigen Gebäude, dem Scher Mandal, statt, das Humajun damals gerade als Bibliothek einrichtete. Hier erhielten Humajuns kostbare Handschriften schließlich eine sichere Bleibe. Babur hatte viele davon von jenseits des Khaiberpasses mitgebracht, und sie hatten Humajun auf seinen gefahrvollen Reisen begleitet. Einer seiner freudigsten Augenblicke war es gewesen, als er nach einem Sieg über Kamran entdeckte, daß zwei erbeutete Kamele mit genau denselben Büchern beladen waren, die sich Kamran bei einem früheren Aufeinandertreffen angeeignet hatte – ein Beispiel dafür, wie sehr die Schätze eines Fürsten ihn überallhin begleiten mußten und wie besonders für einen Timuriden Handschriften einen hohen Rang einnahmen. In eben diesem Gebäude wurde Akbar nun von Mir Sajid Ali im Zeichnen unterwiesen [10].
Humajun hatte auch Pläne für eine Verwaltungsreform im Reich, und zwar nun auf vernünftigere Art als nach seinen früheren astrologischen Fantastereien. Der Unterschied lag darin, daß er diesmal über ein ausgezeichnetes Vorbild zum Nacheifern verfügte. Scher Schah, den Humajun nur als brillanten aber skrupellosen Widersacher auf dem Schlachtfeld kannte, hatte sich während seiner fünf Jahre als Herrscher über das Reich als einfallsreicher Verwaltungsfachmann erwiesen. Er hatte ein wesentlich verbessertes System der Provinzverwaltung und der Steuereintreibung eingerichtet, und obwohl das alles im jüngsten Chaos zusammengebrochen war, so überlebte doch das Konzept. Humajun schickte sich gerade an, dieses System neu zu erstellen und sich zu eigen zu machen, als ein Unfall seinem Leben ein jähes Ende setzte; es blieb seinem Sohn vorbehalten, sein Vorhaben durchzuführen und ein dauerhaftes administratives Gebäude auf den von Scher Schah gesetzten Grundlagen zu errichten.
Humajuns Tod war so unglücklich wie nur irgend etwas in seinem glücklosen Leben, aber er ereignete sich unter Umständen, die vollkommen zu diesem Mann paßten. Am Freitag, den 24. Januar 1556, saß er auf dem Dach seiner Bibliothek, auf dem sich ein reizender, kleiner offener Pavillon befindet, hörte sich die Neuigkeiten einiger Mekkapilger an, die kürzlich zurückgekehrt waren und unterhielt sich mit seinen Astrologen über die Stunde, zu der sie den Aufgang der Venus erwarteten, denn er plante, genau zu diesem Zeitpunkt eine für ihn günstige Versammlung abzuhalten und Verabredungen zu treffen. Dann erhob er sich und

begann, die Stufen hinabzusteigen, die beinahe senkrecht von einer rechteckigen Öffnung im flachen Dach nach unten führen. Sein Fuß stand auf der zweiten Stufe, als er den Muezzin von Scher Schahs nahegelegener Moschee zum Gebet aufrufen hörte. Er wandte sich um, um in Ehrfurcht das Knie zu beugen, und sein Fuß verfing sich dabei in seinem Gewand. Er glitt aus, fiel kopfüber die Stufen hinunter, und seine rechte Schläfe schlug gegen eine scharfe Kante. Drei Tage später starb er. Ein Bote eilte hinweg, Akbar zu benachrichtigen, der nun 13 Jahre alt war und sich 300 Meilen nördlich bei Kalanaur auf einem Feldzug befand. Bis zu dem Zeitpunkt, an dem er gefahrlos als Kaiser ausgerufen werden konnte, traf man die üblichen Vorkehrungen, um die Bevölkerung zu beruhigen. Ein Mullah namens Bekasi, der zufällig dem verstorbenen Kaiser ähnlich sah, wurde auf einer entfernt gelegenen Tribüne den verängstigten Massen, die sich am Fluß angesammelt hatten, präsentiert [10,29].

Scher Mandal, von Humajun als Bibliothek benutzt

Unter den ersten Großmoguln ist das Bild Humajuns unweigerlich das eines Nichts, das eines offenkundigen Versagers. Sicherlich war er ein weit weniger starker Charakter als sein Vater oder seine unmittelbaren Nachfahren. Er konnte sowohl ungestüm als auch unentschlossen sein, aber er wählte für beides gewöhnlich den falschen Augenblick. In einer immer von Sucht bedrohten Familie kam – was die Kaiser anbetrifft – seinem eigenen Drang zum Opium nur der seines Enkels Dschahangir zum Alkohol nahe. Ebenso hatte er einen beängstigenden Hang zur Bescheidenheit. Nachdem er der Prahlerei Sidi Ali Reïs zugehört hatte, wie das Türkenreich sich über das ganze von Alexander eroberte Land und darüber hinaus erstreckte, erwiderte Humajun – so jedenfalls berichtet Sidi Ali –, »gewiß ist der einzige Mann, der würdig ist, den Titel Padischah zu tragen, der Herrscher der Türkei, er allein und niemand sonst in der ganzen Welt« [29]. Kein anderes Mitglied in Humajuns Dynastie hätte die Diskussion über solche subversive Themen in seiner Gegenwart zugelassen. Mit seinem Gebaren kultivierter Lethargie, seinem übersteigerten Aberglauben, seiner Sentimentalität, seinem Mangel an Selbstvertrauen liefert Humajun den Gesamteindruck eines kindischen aber liebenswerten Mannes – was wohl nicht gerade die besten Eigenschaften für einen Kaiser sind. Aber man sollte hinzufügen, daß sein Leben, das wie ein einziges Scheitern aus-

Die Stufen, über die Humajun zu Tode stürzte

sieht, einen bemerkenswert ähnlichen Verlauf nahm wie das seines Vaters, der ganz gewiß als erfolgreich angesehen wurde. Jeder erbte ein Königreich, jeder verlor es, hauptsächlich weil ein mächtigerer militärischer Führer auftrat; jeder eroberte in den allerletzten Lebensjahren Hindustan. Wohl besaß Humajun anfangs mehr, wohl sah er sich einem bedeutend schwächeren Hindustan gegenüber, aber die Parallele rückt seine Fehlschläge ins rechte Licht. Und selbst er hinterließ Indien ein äußerst schöpferisches Erbe – Akbar.

Ein Schild, der die Aufschrift »Akbar« trägt und ihm angeblich gehörte, möglicherweise aber aus späterer Zeit stammt

Folgende Doppelseite
Akbar nimmt die Unterwerfung eines Rebellen, Bahadur Khans, entgegen samt einer großen Anzahl abgeschlagener Köpfe (ca. 1590)

Akbar

Eine der letzten überlieferten Entscheidungen Humajuns war ungewöhnlich weise gewesen. Nur zwei Monate vor seinem Tod hatte er Bairam Khan, dessen Fähigkeiten als General bereits das Reich für die Moguln zurückgewonnen hatte, zum Vormund Akbars ernannt. Als Akbar und Bairam die Nachricht von Humajuns tödlichem Sturz vom Dach seiner Bibliothek erreichte, waren sie zusammen im Pandschab auf einem Feldzug gegen Sikandar Schah, der im Jahr zuvor zwar bei Sirhind besiegt aber nicht vernichtend geschlagen worden war. Am 14. Februar 1556 wurde der 13jährige Akbar in einem Garten bei Kalanaur als Kaiser inthronisiert. Er trug ein goldenes Gewand und eine dunkle Tiara und saß auf einer großen Plattform, die eigens für diesen Anlaß gebaut worden war und heute noch einsam mitten im reichen Ackerland des Pandschab steht [10, 62].

Die drei afghanischen Rivalen um den Thron von Delhi meldeten hintereinander Rechte an, die dem Akbars mit mathematischer Genauigkeit unbedingt gleichrangig waren. Babur und sein Sohn Humajun hatten 15 Jahre lang regiert; Scher Schah und sein Sohn Islam Schah hatten ebenso 15 Jahre lang geherrscht. Durch diese Gleichgewichtigkeit der Legitimationen war nichts vorhanden, was ausschlaggebend als Unterstützung der einen oder anderen Seite hätte dienen können, und die Machtfülle der Afghanen, hätten sie sich nur vereinen können, wäre für Akbar zu groß gewesen. Glücklicherweise blieben sie gespalten. Bairam Khan und Akbar fanden, daß Sikandar immer noch der gefährlichste von den dreien war und richteten so ihr Hauptaugenmerk darauf, ihn im Pandschab niederzukämpfen, während sie die Verteidigung Delhis dem Statthalter Tardi Beg Khan anvertrauten.

Im Verlauf der Ereignisse erfolgte die schlimmste Bedrohung der Zukunft Akbars nicht durch einen der drei Afghanenfürsten, sondern durch einen Hindu, der sogar ohne den Vorteil der Zugehörigkeit zu einer hohen Kaste damals gerade einen kurzen aber dramatischen Vorstoß in die mohammedanischen Machtzentren unternahm. Sein Name war Hemu, und er hatte seine Karriere mit dem Verkauf von Salpeter in den Straßen von Rewari begonnen. Nachdem er die Position eines Waagemeisters auf dem Markt erlangt hatte, erregten seine Fähigkeiten die Aufmerksamkeit der herrschenden Afghanen, und er stieg in ihren Diensten auf, bis er der Erste Minister Adil Schahs, eines der drei rivalisierenden Fürsten wurde. Obwohl winzig und von schwächlicher Statur, erwies sich Hemu als hervorragender Führer und gewann 22 Schlachten hintereinander für seinen afghanischen Herrn, eine Serie, die ihn verständlicherweise auf den Gedanken brachte, sich auf seine eigenen Füße zu stellen. Nun, im Oktober 1556, rückte er mit großer Streitmacht auf Delhi vor. Da er 300 Elefanten für einen Überraschungsangriff in letzter Minute versteckt hielt, gelang es ihm, das Mogulheer unter Tardi Beg Khan in Panik zu versetzen und in eine plötzliche und unrühmliche Flucht zu jagen. Hemu zog darauf in Delhi ein und ließ sich dort als unabhängiger Herrscher mit dem hinduistischen Titel Radscha Vikramaditya nieder [10, 62, 63].

Als die Nachricht vom Fall Delhis bekannt wurde, drängten die meisten Adligen aus dem im Padschab stehenden Heer auf den Rückzug in die Sicherheit Kabuls, aber Bairam und Akbar nahmen die gefährliche Entscheidung auf sich, gegen Hemus zweifellos überlegene Streitmacht vorzurücken. Um die Moral ihrer Gefolgsleute zu stärken, gestatteten sich der Prinz und sein Vormund einige kostspielige effektvolle Attraktionen. Der Befehlshaber der Artillerie erhielt Anweisungen, »Feuerwerk zum Vergnügen der Soldaten vorzubereiten« und »ein Abbild Hemus herzustellen, es mit Schießpulver zu füllen und anzuzünden«[10]. Als die Moguln, die sich unter Tardi Beg Khan aus Delhi zurückgezogen hatten, zu ihnen stießen, waren sie noch einmal zunehmendem Druck ausgesetzt, den Rückzug anzutreten, bis Bairam Khan – vermutlich ohne Wissen Akbars – in einem Gewaltakt Tardi Beg unter der Anklage der Feigheit für seine übereilte Flucht aus der Hauptstadt hinrichten ließ. Abul Fasl und Dschahangir schrieben später, daß Bairam den Rückzug aus Delhi als Vorwand dafür genommen habe, einen Rivalen loszuwerden [10, 16]. Möglicherweise war es so, aber diese Tat hatte die notwendige Wirkung, die zögernden Moguln für eine bevorstehende ungleiche Schlacht zu stärken. Und in vieler Hinsicht mutet die Art von Tardi Begs Tod als ein

Akbars Sandsteinmauer um das Fort von Agra, gekrönt von Schah Dchahans Marmorbauten

passender Abschluß seines Lebens an. Wie Bairam war er einer aus der kleinen Gruppe von Humajuns engsten Gefolgsleuten während der langen Flucht vor Scher Schah. Aber es war jeweils Tardi Beg gewesen, der Hamida sein Pferd verweigert hatte, der von seinem Herrscher 20 Prozent für eine Anleihe verlangt hatte, der in einem kritischen Augenblick desertiert war [7, 10, 13], und wenn sein Tod eine kaltblütige Mordtat zwischen alten Rivalen aus der Zeit, da Humajun in der Wildnis lebte, war, so war es wiederum ein Glück, daß es der fähigere Mann war, der seinem Rivalen das größere Unrecht antat.

Am 5. November 1556 stießen die Moguln bei Panipat auf Hemus Heer, auf eben demselben Schlachtfeld, auf dem Babur 30 Jahre zuvor den Sieg errungen hatte, der ihm den Weg nach Delhi ebnete. Das war kein bloßer Zufall. Heere, die sich in den Ebenen Hindustans bekämpfen wollten, bemühten sich, das jeweils nächstgelegene Gelände zu erreichen, von dem man aus Erfahrung wußte, daß dort aus der geographischen Lage Vorteile gezogen werden konnten. In dieser einen von insgesamt drei berühmten Schlachten bei Panipat (1526, 1556 und 1761) wurden die Moguln nach einem erbitterten Kampf, der schon ziemlich sicher zu ihren Ungunsten auszugehen schien, durch einen glücklichen Zufall von der Niederlage bewahrt. Ein Pfeil traf Hemu ins Auge, und obwohl die Verwundung nicht unmittelbar tödlich war, so verlor er doch das Bewußtsein. In jeder Schlacht zu dieser Zeit bedeutete der Tod des Anführers das Ende des Kampfes, und der Anblick des winzigen Hemu, der in dem *Howdah*, dem Sitz auf dem Rücken seines berühmten Elefanten Hawai, zusammengesackt war, genügte, daß sein Heer Fersengeld gab. Er wurde, noch immer bewußtlos, vor Akbar und Bairam gebracht, und in diesem Zustand unter vielen eigenen Beglückwünschungen angesichts der Erfüllung der heiligen Pflicht, die Ungläubigen zu töten, enthauptet. Sein Haupt wurde hierauf nach Kabul gesandt und sein Rumpf nach Delhi, um dort an einem Galgen öffentlich zur Schau gestellt zu werden. Von denjenigen seiner Armee, die man gefangen hatte, wurden viele niedergemetzelt und, getreu dem Brauch Dschingis Khans und Timurs, mit ihren Köpfen eine Siegessäule errichtet [10, 13, 14]. Peter Mundy, ein Engländer, der 25 Jahre später das Mogulreich bereiste, sah, wie solche Türme noch immer aus den Köpfen von »Rebellen und Dieben« errichtet wurden, und er machte eine Zeichnung von einem »mit Köpfen, eingemörtelt und -gegipst, nichts weglassend außer ihren Gesichtern« [45]. Die meisten der 1500 Elefanten Hemus waren gefangen worden, und bei einem derartigen Zuwachs an Machtmitteln und Reichtum war Delhi Akbar sicher, zuallermindest eine Zeit lang. Eine Vorausabteilung wurde unmittelbar vom Schlachtfeld ausgesandt, die Stadt zu besetzen, und Akbar und der Rest des Heeres folgten am nächsten Tag nach [63].

Die Ankunft von Hemus Haupt in Kabul bedeutete ein blutrünstiges, aber hochwillkommenes Zeichen der Erleichterung für die Damen des Harems. Humajun hatte, als er nach seiner Niederlage durch Scher Schah bei Tschausa einige seiner weiblichen Verwandten im Ganges verlor, eine Lektion erteilt bekommen, und als er wieder nach Indien aufbrach, ließ er den Harem im verhältnismäßig sicheren Kabul zurück. Nach seinem Tode war den Damen Hindustan zu chaotisch erschienen, um die Reise zu unternehmen; jetzt aber verkündete das Eintreffen dieses blutbefleckten Souvenirs, daß sie aufbrechen konnten. Gulbadan, Akbars Tante, muß das Gefühl gehabt haben, als wiederhole sich der Lauf der Geschichte: Als kleines Mädchen im Alter von fünf oder sechs hatte sie genau die gleiche Reise in Gesellschaft der anderen Damen gemacht, nachdem von ihrem Vater, ebenfalls nach einer Schlacht bei Panipat, Delhi eingenommen worden war [6]. Zu der Zeit, als der Harem Hindustan erreichte, waren Akbar und Bairam wieder gen Westen in das Pandschab gezogen, um die Verfolgung Sikandar Schahs fortzusetzen, den sie jetzt in der Festung von Mankot belagerten. Von Mankot aus unternahm Akbar einen Tagesritt, um seine Mutter und den Rest der Familie zu treffen, und Hamidas »sehnsuchtsvolle Augen wurden erfreut durch die das Erdenrund schmückende Schönheit Seiner Majestät des Schahinschah« [10]. Sikandar ergab sich bald gegen das Versprechen, sein Leben zu schonen und ihm Landbesitz zu gewähren. Er bereitete keinerlei Schwierigkeiten mehr und starb zwei Jahre später

Peter Mundys Zeichnung eines Schädelturmes (1632)

Mogulversion eines Schädelturms (ca. 1590)

friedlich auf seinen Ländereien, und im selben Jahr, 1557, wurde Adil Schah, ein anderer der afghanischen Thronaspiranten, in einer Schlacht gegen den Herrscher Bengalens getötet. Innerhalb von 18 Monaten nach Akbars Thronbesteigung und bevor er noch 15 Jahre alt wurde, waren die drei größten Gefahren, die seinem Thron drohten, Hemu, Sikandar Schah und Adil Schah, alle aus dem Wege geräumt.

Dies war weitgehend Bairam Khans Verdienst, und denjenigen, die dem unmittelbaren Umkreis des Königs nahestanden, konnte es nicht verborgen bleiben, daß der junge Schützling des mit der Regierung betrauten Vormunds sich bemerkenswert uninteressiert zeigte, was seine Verantwortung als Herrscher betraf. Das Beunruhigendste war seine offensichtliche Weigerung, irgend etwas Nützliches zu erlernen, abgesehen von den rein körperlichen Leistungen, die man im Kampfe benötigte. Abul Fasl, für den jede Tat Akbars zumindest den Anschein der Vollkommenheit haben muß, ringt immer wieder mit der Schwierigkeit, plausibel zu machen, daß Akbar offenkundig frivole Streiche nur »den Oberflächlichen dieses Zeitalters unverständlich« waren, und daß er, selbst wenn er »den Deckmantel eines sich um die laufenden Angelegenheiten nicht kümmernden Menschen trug, in Wirklichkeit doch zutiefst interessiert war und die Getreuen erprobte« [10]. Nichtsdestoweniger ist die Vorstellung, die man von ihm gewinnt, das vertraute Bild eines zwar wagemutigen, aber faulen Schuljungen. Nachdem von den Astrologen in den zurückliegenden Tagen in Kabul die ideale Uhrzeit für die allererste formelle Unterrichtsstunde errechnet worden war, »hatte sich jener Scholar der Schule Gottes, als der entscheidende Augenblick herankam, zum Sport fertiggemacht und war verschwunden« [10]. Wie gewöhnlich war Sport das, wogegen die Schulmeister wetterten, und besonders gegen die Jagd oder jeglichen Sport, der den Umgang mit Tieren einschloß. Akbars erster Hauslehrer war entlassen worden, weil er den Jungen zum Taubenabrichten verführt hatte, aber es ist genauso wahrscheinlich, daß es der Schüler war, der den unglücklichen Lehrer bestach. Jeder Lehrer, der schon einmal ein Schulzeugnis für ein Kind einflußreicher Eltern ausstellen mußte, wird gewiß die Geschicklichkeit bewundern, mit der Abul Fasl das Wirkliche mit dem Gewünschten vermischt, wenn er verkündet, der junge Scholar »trug den Ball der Vortrefflichkeit mit dem Polostock göttlicher Hilfe davon« [10].

Das offenkundige und nunmehr allbekannte Ergebnis war, daß Akbar als einziger in einer königlichen Familie, die Gelehrsamkeit und Kultur mehr als die meisten hochschätzte, Analphabet blieb. Es hat viel Streit darüber gegeben, wie wörtlich diese kategorische Feststellung mehrerer Zeitgenossen Akbars verstanden werden darf. Abul Fasl sagt, der Herrscher habe mit einer Linie die Stelle markiert, die ein ihm vorlesender Diener erreicht hatte, und in einem Manuskript der *Zafar-nama* findet sich der Name eines Monats in kindlichem und unförmigem Gekrakel und eine Anmerkung Dschahangirs darunter, die behauptet, es sei die Hand seines Vaters [11, 87]. Die Wahrheit ist wohl, daß Akbar als Junge die Anfangsgründe des Lesens und Schreibens erlernt, es aber vorgezogen hatte, davon nicht Gebrauch zu machen – vielleicht ursprünglich in voller Absicht und später, weil schlecht zu lesen und zu schreiben schlimmer war, als es überhaupt nicht zu tun. Für einen Herrscher zu Akbars Zeiten war es kein großer Nachteil, nicht lesen bzw. schreiben zu können, und in mancher Hinsicht war es womöglich sogar ein Vorteil. Es bedeutete nämlich, daß er alle Sachverhalte von anderen Leuten erfahren und seine eigene Meinung öffentlich gegenüber der ihren abwägen mußte. Bei dieser Verfahrensweise lernte er unausweichlich, Machtfülle zu delegieren und die Verdienste derjenigen einzuschätzen, denen er sie delegierte; dabei mußte der Herrscher wahrscheinlich ein enormes Gedächtnis entwickeln, was bei Akbar sicherlich der Fall war [10]. Auch Timur – sein Vorfahr, der Eroberer und Förderer der Künste, dessen Lebensgeschichte Akbar sich gerne vorlesen ließ – war Analphabet [56]. Es gab kaum eine Möglichkeit, den Jungen oder den Mann zu einer Änderung seiner Einstellung zu bewegen.

Er hatte, wie eine Schachfigur zwischen seinem Vater und seinen Onkeln hin- und herge-

Mogulisches Lesepult des Typs, den viele Gemälde des 17. Jahrhunderts zeigen

schoben, eine ruhelose Kindheit gehabt, und war seit frühester Jugend an kriegerischen Aktionen beteiligt. Im Alter von zehn Jahren stand er an der Seite seines Vaters in der Schlacht und erhielt den Oberbefehl über die Gefolgsleute seines toten Onkels Hindal. Mit 12 Jahren gehörte er während des Sieges bei Sirhind zur Vorhut und war nominell ihr Befehlshaber. Als Junge in Kabul hatte er mit seiner Leidenschaft, wild um sich schlagende Kamele zu reiten, jedermann in Schrecken versetzt, und später in Indien liebte er es über alles, auf einem männlichen Elefanten zu sitzen, der mit einem anderen kämpfte [10, 16]. Genau die Aktivitäten, die Akbar von seinen Büchern fernhielten, waren in ihrer Art eine gute Vorbereitung für das Dasein eines Soldatenkönigs, die einzig mögliche Art, in jenen Zeiten König zu sein. Selbst seine Jagdleidenschaft verwendete er später äußerst effektiv. Als sein Reich an Stärke zunahm, wurde es für ihn politisch untragbar, gegen kleinere Aufstände oder Rebellionen in Schlachtordnung aufzumarschieren. Aber zum Jagdstil der Moguln gehörte es, das Heer als Treiber zu benützen, und so war es jahrelang in Akbars Lebensablauf regelrecht Routine, sich, wo immer es Schwierigkeiten gab, auf einen Jagdzug zu begeben, woraufhin seine bloße Gegenwart bei der Verfolgung von Rotwild oder Tigern gewöhnlich die Lage sich beruhigen ließ. Rückblickend mußten Akbars Fehlschläge als Schüler vernünftiger ausgesehen haben als sie es in der Tat waren.

Während der junge Kaiser so nach Abul Fasls Worten »hinter dem Schleier« lebte, versah Bairam Khan weiterhin sehr wirkungsvoll die Staatsgeschäfte, hielt das Zentrum unter strenger Kontrolle und schickte militärische Expeditionen aus, um die Grenzen des Königreiches zu erweitern. Aber er war von mehreren Seiten zunehmendem Druck ausgesetzt. Einmal war er Schiit, und die meisten Adligen waren Sunniten, ein wunder Punkt, an dem er sie rücksichtslos traf, indem er einen unbedeutenden Schiitengeistlichen, Scheich Gadai, in das Amt des Ober-Sadr berief, eine der beiden höchsten geistlichen Positionen im Land. Aber die religiöse Feindseligkeit war zugleich ein ehrenwerter Haken, an dem man eine tiefgreifendere Abneigung gegen Bairams überwältigende persönliche Macht und sein ebenso überwältigendes Ansehen aufhängen konnte. Er war arrogant und seiner eigenen Macht genügend sicher, um sich keiner Mühe zu unterziehen, dies zu verbergen. Er lebte in zur Schau gestelltem Prunk in einem Ausmaß, daß sich sogar Akbar beklagen konnte, seine eigenen Diener seien, verglichen mit denen Bairam Khans, bettelarm [10, 13].

Der mächtigste Widerstand gegen Bairam kam von den entfernteren Angehörigen der Familie Akbars und seines Harems, an ihrer Spitze Maham Anga, eine kluge und ehrgeizige Frau, die ihre Macht aus ihrer früheren Stellung als Akbars Hauptamme herleitete. Im Mittelpunkt ihres Ehrgeizes stand die Karriere ihres Sohnes Adham Khan, der als Akbars Milchbruder fast als Familienmitglied betrachtet wurde. Obgleich kühn in der Schlacht, war er ungestüm, grausam und für jegliche Führerrolle völlig ungeeignet. Gemeinsam gelang es Mutter und Sohn, Akbar im März 1560 ohne Bairam, der in Agra blieb, nach Delhi zu locken, wo sie dann Akbar leicht dazu überreden konnten, Bairam schriftlich von seinem Posten als Oberster Minister zu entlassen – leicht deshalb, weil Akbar, nun 17 Jahre alt, sich bestätigt fühlte, die Staatsgeschäfte stärker selbst in die Hand zu nehmen. Er schlug Bairam eine Pilgerfahrt nach Mekka vor – die mogulische Version der Verbannung – und bot an, ihm Geld für die Reise zur Verfügung zu stellen. Obwohl Bairam die Weigerung Akbars, ihn auch nur zu treffen, offensichtlich schmerzte, war er loyal genug, um der Einflüsterung einiger seiner Gefolgsleute nicht zu folgen, nämlich auf Delhi zu marschieren und den jungen Herrscher gewaltsam von seinen neuen Ratgebern zu befreien. Er machte sich tatsächlich auf die Reise nach Mekka, aber Akbar schickte unklugerweise ein Heer, um seinen Vormund aus dem Königreich zu verjagen. Das war zuviel für Bairam, der umkehrte und kämpfte, aber gefangengenommen und als Rebell vor den Kaiser geführt wurde. Doch jetzt gewann Akbars gesunder Menschenverstand die Oberhand. Das Verhör war bewegend; der Herrscher erwies dem Mann, der in den vorangegangenen vier Jahren das feste Fundament für das Reich gelegt hatte, jegliche Ehre und schickte ihn wieder auf die

Reise nach Mekka. Unglückseligerweise wurde Bairam am 31. Januar 1561, als er Patan, die altehrwürdige Hauptstadt von Gudscherat, nicht weit vom Pilgerhafen Cambay, besichtigte, aus Blutrache von einem Afghanen ermordet, dessen Vater fünf Jahre zuvor in einer Schlacht gegen Bairams Streitkräfte umgekommen war [10, 13, 14].

Viel von der Macht, derer sich Bairam Khan erfreut hatte, ging nun an Maham Anga über, aber sie und ihr Sohn sollten bald gewahr werden, daß sie diese nicht mehr länger auch nur annähernd so absolut gebrauchen konnten. Im Februar 1561 wurde Adham Khan ausgesandt, um in die Provinz Malwa einzufallen. Dort herrschte ein Wollüstling namens Bas Bahadur, der für die Qualität seines Harems und sein Talent als Musiker sprichwörtlich bekannt war – in der Tat erfreuten sich seine Liebeslieder in Hindi an die berühmteste und schönste seiner Frauen, Rupmati, solcher Popularität, daß man sie in allen Basaren Hindustans hören konnte. Als General jedoch war Bas Bahadur keineswegs so imponierend wie als Liebhaber, und als eine Schlacht gegen Adham Khan nahe seiner Stadt Sarangpur unrettbar verloren schien, floh er ganz allein und ließ, ohne mit der Wimper zu zucken, seinen Harem samt der Anweisung zurück, die Frauen lieber zu töten als sie in die Hände der Moguln fallen zu lassen. Aber viele von ihnen konnten sich so lange verstecken, bis man sie gefangen nahm. Sogar die große Rupmati wurde lebendig gefangen, obgleich sie von dem zu ihrer Bewachung zurückgelassenen Eunuchen mehrere Schwerthiebe erhalten hatte, aber als Adham Khan auf einem Schäferstündchen bestand und zu ihr ins Haus kam, hatte sie sich vergiftet [10, 14, 63].

Adham Khans Verhalten nach dem Sieg von Sarangpur war als solches wie auch gegenüber Akbar himmelschreiend. Anstatt die Gefangenen und die wertvolle Beute nach Agra zu senden, schickte er nur einige wenige Elefanten und behielt den Rest für sich [10]. Diejenigen Gefangenen, die nicht junge Mädchen aus dem Harem waren, wurden wie Vieh vor ihm und seinem Mitkommandanten Pir Mohammed zusammengetrieben und hingeschlachtet, während die beiden Generale, Späße treibend, dasaßen. Der Geschichtsschreiber Badauni war dabei anwesend, und einer seiner Freunde hatte den Mut zu protestieren, was aber nichts fruchtete. Das wirklich Anstößige war in den Augen des orthodoxen Mullah Badauni und zweifellos zahlreicher anderer ähnlich Gesinnter, daß viele von den Opfern Moslems waren: »Sajids und Scheichs traten mit dem Koran in der Hand vor zu ihm, aber Pir Mohammed Khan ließ sie alle töten und verbrennen« [13]. In diesem frühen Stadium von Akbars Regentschaft erschien ein derartiges Massaker immer noch normal, wenn es sich hauptsächlich um Hindus handelte, wie zum Beispiel nach der Niederlage Hemus bei Panipat.

Als die Nachricht von diesen Vorgängen in Malwa Akbar erreichte, bewies er, daß er jetzt sehr weitgehend sein eigener Herr war und rasch und entschlossen handeln konnte. Er war so voller Wut über das Vernommene – wenngleich mehr über den Verlust des Beuteschatzes und der Frauen als über die Einzelheiten des Massakers –, daß er, ohne seine Berater zu befragen, mit einem kleinen Trupp aufbrach und so rasch ritt, daß er in Malwa eintraf, ehe noch schnellere Kuriere Maham Angas deren Sohn erreichen und warnen konnten. Adham Khan war deshalb zutiefst erschrocken, sich urplötzlich seinem Kaiser gegenüberzusehen. Nach einigen höchst beunruhigenden Tagen der Ungewißheit und nach der Übergabe der Beute wurde ihm offiziell Pardon gegeben, aber selbst jetzt behielt er zwei der ganz besonderen Schönheiten für sich. Als Akbar das entdeckt hatte, ließ sie Maham Anga aus Furcht davor, was sie über ihren Sohn ausplaudern könnten, kaltblütig ermorden [10].

Es hätte Maham Anga und ihren Parteigängern eigentlich von Tag zu Tag klarer werden müssen, daß der junge Herrscher kein Mann war, den man so leicht hinterging. Seine neue Entschlossenheit wurde noch übertroffen von seinem körperlichen Einsatz und Wagemut, was er nun in Bravourstücken demonstrierte, die noch besorgniserregender waren als die Eskapaden seiner Knabenjahre mit wilden Kamelen und Elefanten. Auf dem Rückweg von Malwa begegnete er zu Fuß einer Tigerin und tötete sie mit dem Schwert [10, 14]; bei an-

Akbar läßt Adham Khan zu Tode stürzen (ca. 1590)

derer Gelegenheit versetzte er seine Gefolgsleute in Schrecken, als er seinen Elefanten durch die Außenmauer eines Hauses trieb, das bewaffneten Banditen der Gegend als Unterschlupf diente, und dabei fünf Pfeile seinen Schild trafen, während er sich näherte [10].

Die skrupellosen Grausamkeiten Adham Khans und seiner Mutter sollten mit diesem körperlichen Ungestüm Akbars bald auf dramatische Weise konfrontiert werden, die den Tagen ihrer ehrgeizigen Erwartungen ein jähes Ende bereitete. Ein neues Zeichen für den Schwund ihrer Macht war bereits die Ernennung Atkah Khans zum Ersten Minister gewesen, eines Mannes außerhalb ihres Einflußbereichs, den Akbar im November 1561 von Kabul herbeigerufen hatte. Einige Monate später, im Mai, saß Atkah Khan eines Tages gerade mit Staatsgeschäften befaßt in einer der Öffentlichkeit zugänglichen Halle, die an Akbars Privatgemächer und den Harem angrenzte, als Adham Khan plötzlich mit einigen Anhängern eindrang, geradewegs auf den Ersten Minister zuging und einem seiner Leute ein Zeichen gab, diesen zu erdolchen. Adham versuchte sodann, in den Harem zu gelangen, aber der wachhabende Eunuch versperrte die Tür von innen, während Akbar aus einer anderen Tür hervorkam, um dem Meuchelmörder entgegenzutreten. Adham legte seine Hand in einer zweideutigen Geste auf Akbars Arm, die sowohl Unterwerfung wie Angriff bedeuten mochte, worauf Akbar ihm ins Gesicht boxte. Später prahlte man, sein Gesicht habe ausgesehen, als sei er von einem Knüppel getroffen worden. Wie dem auch sei, der Schlag hatte ihm das Bewußtsein geraubt. Dann ließ ihn Akbar über die Brüstung werfen. Der erste Sturz vermochte ihn nicht zu töten, so wurde der entstellte Körper nochmals hinaufgeschleppt, diesmal zu einem endgültigen Todessturz. Akbar selbst eröffnete Maham Anga die Nachricht, und innerhalb kurzer Zeit starb auch sie. Der 19jährige Herrscher war jetzt sein eigener Herr [10].

Um diese Zeit schuf Akbar bereits die Fundamente seiner Politik der religiösen Toleranz, die einer der bedeutendsten Aspekte seiner Regentschaft war. Es wäre falsch zu behaupten, daß es während früherer Jahrhunderte keine fruchtbare Zusammenarbeit zwischen Moslems und Hindus gegeben habe; die Bigotterie hatte genau wie unter der Mogulherrschaft gezeitenähnlich ab- und zugenommen. Akbar aber ging in seinen Versuchen, sämtliche größeren religiösen Gruppen innerhalb der Nation zu vertreten, zweifellos über alle anderen Herrscher weit hinaus. Obwohl frühere Moslemführer Hindufrauen geheiratet hatten, war es Akbar vorbehalten, die Ausübung der Hinduriten innerhalb der Mauern des königlichen Harems zu dulden [126]. Während seiner Regierungszeit wurden mehr Hindus als je zuvor als Beamte eingesetzt [120]. Vor allem aber war die Zusammenarbeit unter Akbar eine Sache wohlerwogener und hingebungsvoll betriebener Staatspolitik.

Das erste große Ereignis, mit dem diese Politik in die Tat umgesetzt wurde, war Akbars Heirat mit einer Radschputenprinzessin, der Tochter des Radschas von Amber (das jetzt unter dem Namen Dschaipur bekannt ist) im Jahre 1562. Sie sollte den nächsten Herrscher, Dschahangir, gebären, und dieser wiederum heiratete weitere Radschputenprinzessinnen und verband so die Mogulseite fester mit der bedeutendsten und mächtigsten Hinduprovinz in Nordindien, Radschputana oder Radschasthan. Die Radschputen wurden als die größten Krieger Indiens gerühmt. Unter dem Einfluß von Opium zogen sie zu Felde, und zwar mit bemerkenswertem Erfolg – eine Praxis, der sich auch die Afghanen bedienten, die einst einen monatelangen Feldzug einstellen mußten, weil der Mohn einer Mißernte zum Opfer gefallen war [48, 42, 120]. Während des folgenden Jahrhunderts standen die Radschputenarmeen den Moguln stets zu Diensten. Noch wichtiger war, daß die Radschputen selbst ihre beachtliche Begabung als Verwalter und Statthalter wie als Heerführer dem Reich zur Verfügung stellten. Die Generationenfolge vornehmer Hinduratgeber im Dienst der Moguln beginnt nun mit Bhagwan Das und Man Singh, Mitgliedern des königlichen Hauses von Amber, in das Akbar eingeheiratet hatte, und aus dem der Reihe nach jeweils einer zum Radscha von Amber und einer zu Akbars Erstem General bestimmt wurde.

Die Abschaffung einiger verhaßter Steuern spiegelte die gleiche Versöhnungspolitik wider.

Palast in der Festung Tschitor, die Akbar 1568 einnahm

Als er sich 1563 nahe Mathura, einem heiligen Hindu-Wallfahrtsort, auf der Jagd befand, entdeckte Akbar, daß seine Beamten, gemäß dem Brauch der vorherigen Moslemherrscher, eine Steuer auf jeden Pilger erhoben. Er verbot diese Praxis für das ganze Königreich mit der Begründung, daß die Hindus nicht bestraft werden sollten, weil »sie sich nicht bewußt waren, auf dem unrechten Weg zu sein« [10]. Noch kühner, und in der Auswirkung für die Schatzkammer noch verlustreicher, schaffte er im Jahr darauf die sehr verhaßte *Dschisja* ab, eine Steuer, die nach dem Koran von *Dhimmis*, also den Ungläubigen, unbedingt gefordert wurde. Die Beseitigung dieses symbolischen und geheiligten Vorganges fiskalischer Diskriminierung verkündete höchst wirksam, daß von nun an jeder gleicherweise ein Bürger des Reiches war, eine moderne Vorstellung, zu der sich frühere Moslemherrscher nicht einmal in einem Lippenbekenntnis durchgerungen hatten [10]. Im weiteren Verlauf seiner Regentschaft machte Akbar ganz bewußt weitere Zugeständnisse an die Hindusitten – er führte ihre Feste bei Hofe ein und veranlaßte, daß ihm frischgewaschene und bemalte Kühe in Diwali vorgeführt wurden, er ließ sein Haar nach Hinduart lang wachsen und legte sich einen Turban im Stile der Radschputen zu, ja er trug sogar gelegentlich den *Tilak*, das die Sekte kennzeichnende oder schmückende Zeichen der Hindus auf der Stirn [113, 10, 13] – bis die orthodoxeren Moslems zur Überzeugung gelangten, daß der Herrscher ihren Glauben verlassen hatte.

Natürlich gab es für all dies vernünftige politische Gründe. Akbar konnte auf neun aufeinanderfolgende moslemische Dynastien in Indien vor seiner eigenen zurückschauen, von denen jede durchschnittlich weniger als 40 Jahre überdauert hatte [111], und er war klug genug zu erkennen, daß jede stabile Herrschaft in Indien sich der Zustimmung beider religiöser Gruppen erfreuen mußte. Akbar war jedoch auch schon von Natur aus solchen Reformen zugeneigt. Er war, wie betont wurde, »das Kind eines Sunnitenvaters und einer Schiitenmutter und in Hindustan im Lande des Sufismus im Haus eines Hindu zur Welt gekommen« [124], und ein Aspekt seiner Erziehung, und sei es auch nur dieser einzige gewesen, hatte ihn äußerst beeindruckt – nämlich die Besessenheit seines Lehrers Mir Abdul Latif von der Idee des *Sulh-i-kull,* der religiösen Toleranz. (Es war typisch für Mir Abdul Latifs sachtes Freidenkertum, daß er in Persien als Sunnit verfolgt und in Indien als Schiit verdächtigt worden sein soll [10].) Schließlich scheint Akbar selbst eine mystische Ader gehabt zu haben, die ihn danach verlangen ließ, über den konventionellen religiösen Glauben irgendwie hinauszugehen. Es gab verschiedene Episoden in seinem Leben – eine plötzliche »innere Bitterkeit« und eine Empfindung »wachsender Sorge«, als er 20 Jahre alt war; ein Ritt ganz allein weit in die Wüste, um zu meditieren, wobei er sein Pferd absichtlich weglaufen ließ; ein unerwarteter Ekel gegenüber dem Töten auf dem Höhepunkt einer höchst kunstvoll organisierten Jagd [11, 10] – die anderen nicht besonders außergewöhnlich erscheinen mögen, aber für Akbar selbst den Rang einer Art Offenbarung hatten und als Vorwegnahme der unorthodoxen Experimente mit der Religion angesehen werden können, die zu einem wichtigen Teil sein späteres Leben ausfüllten.

Akbar setzte die von Bairam Khan begonnene Politik regelmäßiger und nicht endender Expeditionen fort, um zu seinem Reich Gebiete hinzuzugewinnen. Eines seiner sogenannten »goldenen Worte« war – wie von Abul Fasl überliefert –, daß »ein Monarch immer auf Eroberung bedacht sein sollte, da sonst seine Nachbarn sich mit Waffengewalt gegen ihn erheben« [11]. Er hätte hinzufügen können, daß andernfalls die Mittel in der Staatskasse ausgehen, denn in einer überwiegend vom Militär bestimmten Gesellschaft ist die Expansion eine ökonomische Notwendigkeit. Jede der von Akbar bevorzugten Methoden, sein Reich zu vergrößern – Eroberungen, Vertragsregelungen oder der Harem – bedeutete eine erkleckliche Bereicherung der kaiserlichen Schatzkammer. Wie Dschingis Khan oder Timur war er ständig unterwegs und widerstand der Versuchung, der Humajun erlegen war, sich nach einem anfänglichen Erfolg an einem Ort auszuruhen. Abul Fasl trifft das wesentliche Merkmal von Akbars Leben gut, wenn er eine Routinephrase für die Schilderung eines

Fathepur Sikri, die Residenz des Großmogul Akbar, gebaut 1569–1574: Lageplan des Palastbezirks 1:2000

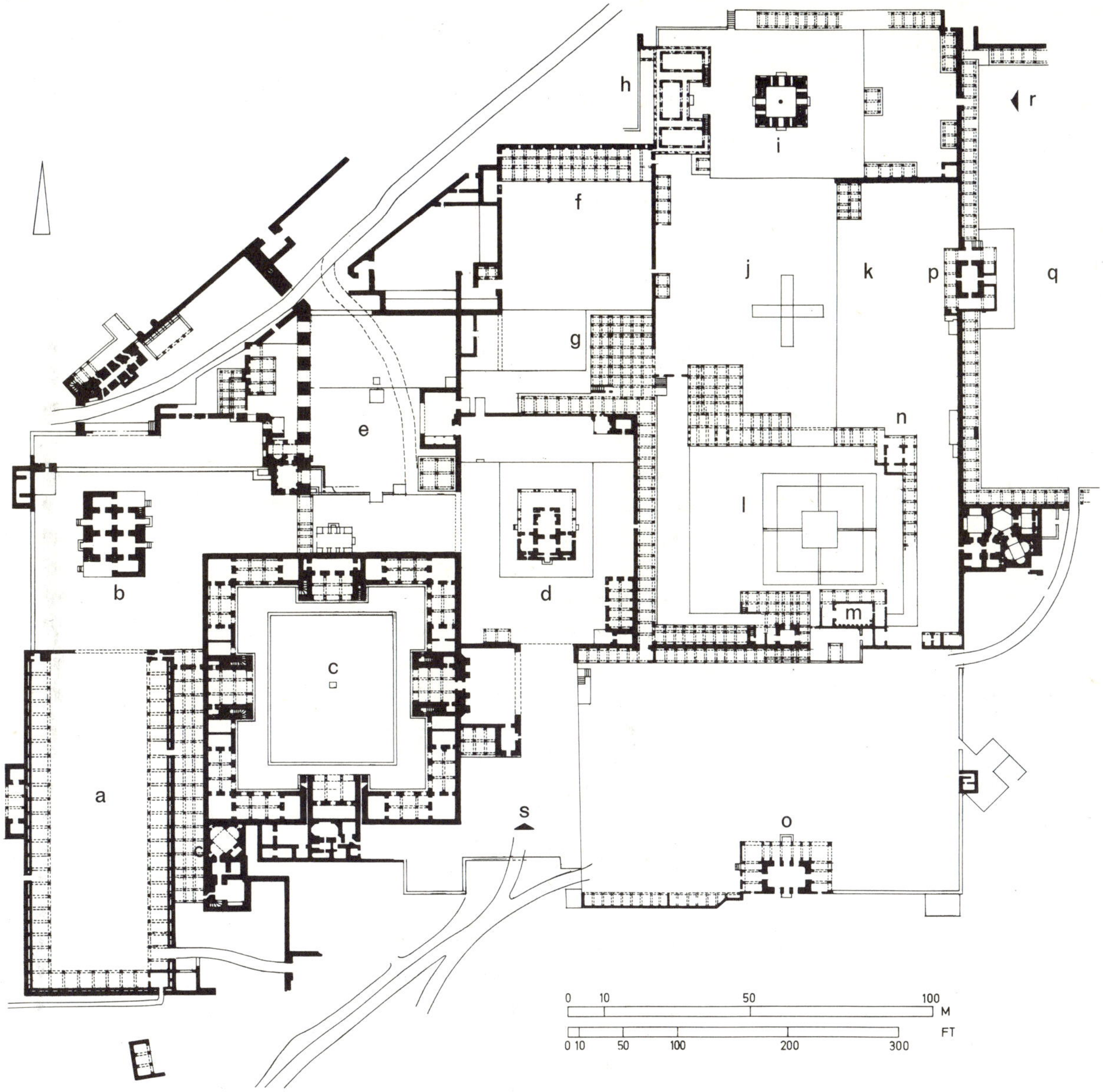

a Kamel- und Pferdeställe
b Haus des Radscha Birbal
c Dschodh Bais Palast
d Haus der Miriam
e Garten der Miriam
f Hospital und Garten
g Pandsch Mahal
h Arbeitskabinett des Kaisers
i Diwan-i-khas, die private Audienzhalle
j Pachisi-Hof
k Garten
l privater Wohnhof des Kaisers
m Schlafgemächer des Kaisers
n Haus der türkischen Sultanin
o Verwaltung und Archiv
p Diwan-i-am, die öffentliche Audienzhalle
q Hof der öffentlichen Audienzen
r Eingang
s für die kaiserliche Familie reservierter Eingang

Pandsch Mahal in Fatehpur Sikri, ca. 1580 von Akbar erbaut

Routinefeldzugs nach Radschasthan im Jahre 1570 gebraucht; er sagt, daß Akbar »aus politischen Gründen und um Unterdrücker zu unterwerfen usw. usw. und unter dem Vorwand, sich der Jagd zu widmen, gegen Nagur marschierte« [10].

Während dieser besonderen und kurzen Expedition gab es drei wiederum in ihrer Art typische Hauptereignisse. Erstens wurde Akbar endlich die Huldigung durch Bas Bahadur zuteil, der neun Jahre zuvor bei Sarangpur geschlagen worden war und sich seither auf der Flucht befand. Er erhielt eine Pension und durfte dem Mogulhof angehören, wo er hauptsächlich wegen seines musikalischen Könnens geschätzt war und sich zu dem großen Tansen gesellte, Indiens erstem Musiker jener Zeit, der 1562 von Akbar als Musikmeister in seinen Dienst berufen worden war. Zweitens bat der Radscha von Dschaisalmer darum, dem kaiserlichen Harem eine Tochter schenken zu dürfen; sie wurde gnädig angenommen, und Bhagwan Das wurde ausgeschickt, um sie abzuholen. Drittens bot der Radscha von Bikaner eine Nichte an, auch sie wurde angenommen, und so »wurde diese Inhaberin des Sitzes der Keuschheit in den Bereich der Reinheit gebracht« [10].

Der Bereich der Reinheit platzte schon aus allen Nähten – Akbar hatte zum Schluß mehr als 300 Frauen – aber die politischen Vorteile dieses Zustroms geschenkter Prinzessinnen, von denen später eine sogar aus dem entfernten Tibet kam [10], waren unschätzbar. Es war als ob Heinrich VIII. alle seine Frauen gleichzeitig und vierzigmal hätte genießen dürfen. Die tatsächliche Anzahl der Haremsdamen ging an die 5000. Viele davon waren ältere Frauen, aber es gab auch junge Dienerinnen und Amazonen aus Rußland oder Abessinien als bewaffnete Wächterinnen; und alle besaßen sie nur den Status von Sklaven [11, 10]. Sie waren, wenn der Herrscher nach ihnen verlangte, seine Konkubinen. Die 300 waren formal gesehen seine Frauen, obwohl der Koran nur vier erlaubt. Aber in einem ziemlich zweideutigen Abschnitt im Koran findet sich eine implizite Erlaubnis für eine niedrige Form der Heirat, als *Muta* bekannt – im Gegensatz zur orthodoxen Eheschließungszeremonie *Nikah* –, und es scheint geschichtlich gesichert, daß Mohammed *Muta*-Heiraten unter seinen eigenen Anhängern duldete. Eine *Nikah*-Heirat war nur mit einer freien Mohammedanerin möglich und mußte auf jeden Fall als Lebensbund geplant sein. Eine *Muta*-Heirat konnte mit einer freien Angehörigen anderer Religionen geschlossen werden und lief ohne Zeremonie ab; sie war lediglich eine private Abmachung zwischen Mann und Frau für einen offiziell begrenzten Zeitraum, auf den sie sich einigten. Man nimmt an, daß dies ein früherer arabischer Brauch war, den Mohammed nicht unterdrücken konnte. Er wurde, besonders in Persien, der übliche Deckmantel für die Prostitution, wo die Wirte großer Karawansereien den Reisenden *Muta*-Frauen für die Nacht anboten [133]. Die schiitische Auslegung des Korans besagte, daß eine solche Übereinkunft eine legale mohammedanische Ehe bedeutete. Die Sunniten widersprachen, und Badauni berichtet von faszinierenden Diskussionen zwischen Akbar und seinen *Ulama*, einer Gruppe gelehrter Geistlicher, ob man seine im Überfluß vorhandenen Frauen nach dem *Muta*-Prinzip als legale Ehefrauen betrachten könne. Es gab hitzige Argumente von beiden Seiten, Präzedenzfälle wurden vorgebracht und verworfen, bis – um die Parallele mit Heinrich VIII. zu vervollständigen – Akbar den Sunniten *Quasi* entließ, den Experten in theologischem Recht, der des Herrschers Standpunkt nicht einsehen wollte, und ihn durch einen Schiiten ersetzte, der dies tat. Später besaß Akbar die Kühnheit zu verordnen, daß es für die gewöhnlichen Männer am besten sei, nur eine Frau zu haben [13]. Vielleicht sprach er auch aus Erfahrung.

Wenn Akbar sich auf einen Feldzug begab, »unter dem Vorwand, sich der Jagd zu widmen«, war allein sein Anblick beunruhigend genug, um die meisten Widersacher abzuschrecken. Der Lieblingsjagdstil der Moguln war der *Qamargah*, das heißt die Einkreisung, zu der ein großes Heer gehörte und die sowohl von Dschingis Khan wie von Timur gerade wegen ihres Wertes als militärisches Training bevorzugt wurde [56]. Die Soldaten fungierten als Treiber, die einen riesigen Kreis bildeten und das Wild langsam der Mitte zutrieben. Bei einer Jagd im Jahre 1567 wurde ein Areal mit 60 Meilen Durchmesser von 50000 Treibern um-

Akbar jagt mit Tschitahs (ca. 1590)

stellt, die sich über den Zeitraum eines Monats langsam nach innen zusammenzogen, bis alle Tiere, in diesem Fall hauptsächlich Rotwild, in einem weniger als vier Meilen breiten Areal zusammengetrieben waren. Als es soweit war, ritt Akbar in den Kreis. Mehrere Höflinge begleiteten ihn, aber er allein jagte. Er benützte abwechselnd Pfeil und Bogen, ein Schwert, eine Lanze, eine Muskete und sogar ein Lasso. Der Kreis wurde immer noch enger gezogen, und das war das Stadium, in dem es am schwierigsten war, die Tiere am Ausbrechen zu hindern – Dschauhar und seine Freunde hatten während einer von Schah Tahmasp für Humajun veranstalteten Jagd auf ihrer Seite der Absperrungslinie unbeabsichtigt einige Tiere durchgelassen und sie mußten zur Strafe ein Pferd und eine Münze für jedes geflüchtete Stück Rotwild entrichten [7]. In einem bestimmten Augenblick wurde die bisher durch Menschen erfolgte Absperrung durch ein Gitter aus Weidengeflecht ersetzt. Akbar jagte damals, 1567, fünf Tage lang in dem *Qamargah*; nach ihm kamen die Adligen an die Reihe, danach die Hofdiener und schließlich die Reiter und Fußsoldaten. Zu diesem Zeitpunkt muß dieser von Menschen wimmelnde Sport äußerst gefährlich gewesen sein, und Abul Fasl berichtet von mindestens zwei Gelegenheiten, als die Leute das Durcheinander dazu benützten, private Händel auszutragen [10]. Wenn die gemeinen Soldaten genügend getötet hatten, war es Tradition, daß geweihte Männer um Gnade für die übriggebliebenen Tiere baten. Unmittelbar vor einer dieser Gemetzelszenen hatte Akbar ein mystisches Erlebnis und befahl plötzlich, die zusammengetriebenen Tiere freizulassen, ohne ihnen etwas anzutun – ein Augenblick des Widerwillens, der uns heute kaum überrascht, für Akbars Mitkrieger aber höchst ungewöhnlich war [10, 13].

Eine andere Art der Jagd, die Akbar am meisten schätzte, war die mit den indischen »Leoparden«, einer Gepardenart, den Tschitahs. Seinen ersten Tschitah hatte er kurz nach dem Einzug mit seinem Vater 1555 in Hindustan geschenkt bekommen, und er entwickelte eine außerordentliche Zuneigung zu »diesem seltsamen Tier« [10]. Tschitahs wurden in Fallgruben oder Weidenkäfigen gefangen und konnten innerhalb eines Monats so abgerichtet werden, daß sie ihren Haltern gehorchten und freigelassen wurden, um sich an Wild heranzupirschen, es zu töten und dann, nach der Tötung, ähnlich wie es die Falken tun, zurückzukehren. Akbar nahm es mit seinen Tschitahs sehr ernst. Sie wurden in acht Klassen eingeteilt und ihre Fleischrationen dementsprechend abgestimmt. Sie trugen mit Juwelen besetzte Umhänge und wurden, auf schönen Teppichen sitzend, mit verbundenen Augen zur Jagd gefahren. Man konnte Wetten darauf abschließen, welcher Tschitah während des Tages das meiste Wild erlegen würde, und ein Tschitah, der im Jahre 1572 über eine gewaltige Schlucht sprang, um ein Stück Wild zu erjagen, wurde in den Rang eines Obertschitahs erhoben, und vor ihm wurde bei Umzügen eine Trommel geschlagen [11, 10].

Die Jagd war ein Ersatz für den Krieg, sowohl für die, die daran teilnahmen wie für die, die Angst und Schrecken erleben sollten, und oft konnte sie, wenn wilde Elefanten gefesselt wurden, wenn man zu Fuß war und Tigern gegenüberstand, wenn man, von frei herumlaufenden Tschitahs umgeben, Wetten abschloß und am Ende eines *Qamargah* an dem Getümmel teilnahm, so gefährlich wie ein Krieg sein. Akbar war selbst mit 44 Jahren so verwegen, daß er in einer Mondnacht einen Hirsch bei den Hörnern packte. Er wurde zu Boden gestoßen und einer seiner Hoden durchbohrt. Zwei Monate lang war er krank, und Abul Fasl wurde die hohe Ehre zuteil, den Balsam auf diese intimste aller Wunden aufzutragen [10].

Die hauptsächlichen Unruheherde in Akbars wachsendem Reich waren im Osten in Bihar und Bengalen und im Westen in Kabul. Bihar und Bengalen waren von Suleiman Karrani beherrscht worden, einem Afghanen, der sich bis zu seinem Tod im Jahre 1572 zu einer ungebundenen Art von Gehorsam bekannte, die Akbar akzeptierte. In die seinem Tod folgenden Rivalitäten griff Akbar in der üblichen Weise ein, und 1575 wurden die Provinzen in aller Form erobert und dem Reich zugeschlagen, obwohl insbesondere Bengalen später verschiedentlich zurückerobert werden mußte, da die vielen dort lebenden Afghanen naturgemäß voller Groll gegen die Moguln waren, die die kurzlebige afghanische Dynastie Scher

Schahs in Delhi verdrängt hatten. Um Kabul gab es einen endlosen Familienstreit – der an Baburs frühe Zeit erinnert – zwischen Akbars Halbbruder Hakim und seinen Vettern Suleiman und Schahrukh. Das war an sich nicht von besonderer Wichtigkeit, aber Hakim war als Bruder Akbars der einzige in Frage kommende Thronprätendent, und es bestand stets die Gefahr, daß sich unzufriedene Elemente zu einer ernsteren Rebellion um ihn vereinigen würden. Akbars Heere mußten zu einem entscheidenden Feldzug sowohl nach Osten wie nach Westen vorbereitet sein, um den Status quo aufrechtzuerhalten. 1580 erreichte die Situation ihren Höhepunkt, als sich beide Seiten gegen das Zentrum zusammentaten. Hakim fiel in das Pandschab ein, belagerte Lahore und wurde gleichzeitig als Herrscher Bengalens ausgerufen. Die beiden Aufstände zusammen bedeuteten die größte Gefahr für das Mogulreich seit der Zeit kurz nach Humajuns Tod, aber Akbar konnte die Rebellion auf beiden Seiten niederschlagen. Dann behandelte er, in Fortführung seiner konsequenten Politik, die Rebellen mit ausreichender Milde, um es ihren Anhängern wieder zu ermöglichen, sich friedlich in das Reich einzugliedern [63].

Auch nach Süden hin dehnte Akbar sein Reich aus. Allmählich sicherte er die Kontrolle über Malwa stärker. 1564 nahm er Gondwana seiner unerhört mutigen Kriegerkönigin, Rani Durgawati, ab. 1573 eroberte er Gudscherat. Und – was wahrscheinlich der wichtigste Einzelaspekt seiner Politik war – er weitete seine Kontrolle über Radschasthan ständig aus. Akbar sah ganz richtig, daß Radschasthan in seinem Plan, die beiden religiösen Gemeinschaften Hindustans zu einer Nation zusammenzuschweißen, besondere Bedeutung zukam. Man konnte sagen, daß Radschasthan – damals wie heute – den eigentlichen Geist des alten und des hinduistischen Indiens verkörperte. Es war, von der südlichsten Spitze abgesehen, der einzige Teil des Subkontinents, der nach fünf Jahrhunderten mohammedanischer Besetzung immer noch fast ausschließlich hinduistisch war. Es waren entweder die menschenfeindlichen Wüsten dieser Provinz oder die berühmte kriegerische Gesinnung der Radschputen, die nacheinander mehreren moslemischen Sultanen und Kaisern den Mut genommen hatten, Radschasthan zu überrennen.

Von Akbar war das Gebiet auf raffiniertere Weise unterwandert worden, indem er nämlich in dessen Herrscherhäuser eingeheiratet hatte, und seine Streitkräfte hatten fortschreitend verschiedene Festungen an der östlichen Grenze des Territoriums eingenommen. Aber die stolze Weigerung des Rana von Mewar, des Oberhauptes des ältesten Hauses ganz Radschasthans, irgend etwas mit ihm zu tun zu haben, stand ihm im Weg. Die Familie des Rana hatte ihre Hauptstadt, die großartige Festung Tschitor, über acht Jahrhunderte lang ununterbrochen gehalten; ihre Abkunft von Bappa, der es anno domini 728 erobert hatte, ist geschichtlich erwiesen, und die Legende läßt ihre Linie weiter bis zum Gott Rama und über ihn bis zur Sonne zurückgehen [63]. Der Rana, damals Udai Singh, war die eigentliche Gallionsfigur der Hindus in Nordindien, ganz so wie Akbar als Gallionsfigur der Moslems bezeichnet werden konnte. Und um das Ganze noch schlimmer zu machen, war allgemein bekannt, daß der Rana den Radscha von Amber deswegen offen verachtete, weil er sich so erniedrigt hatte, eine Tochter in den Harem des Moguls zu geben. Ein Zusammenstoß war unvermeidlich, und so entschloß sich Akbar zum Angriff auf Tschitor.

Nun verhielt sich Udai Singh erheblich anders als man nach dem traditionellen Bild des Radschputen erwartet haben mochte, der durch die ganze Geschichte hindurch für einen im positiven Sinne ungestümen Hang bekannt war, lieber den Tod zu erleiden als unehrenhaft zu handeln. Als er von Akbars Plänen hörte, verließ er Tschitor und überließ die Verteidigung 8000 Radschputen unter einem hervorragenden Kommandanten, Dschaimal. Er selbst zog sich mit seiner Familie in den sicheren Schutz der Hügel zurück. Diese Tat hat ihm seither die Schmähungen romantischer Geschichtsschreiber eingebracht, mit Bezeichnungen wie »feiger Fürst«, »unwürdiger Nachkomme eines edlen Vorfahren«, »ewige Schmach«, »Schande für sein Geschlecht« [63], und in den Annalen von Radschasthan ist einmal sogar von »Anomalie« die Rede, von einem »Feigling, der auf einen Bastard folgte, um die Ge-

Die Festung Tschitor

schicke der Sesodias zu lenken« [86]. Aber es war ein taktischer Rückzug, wie ihn jeder moderne General unter diesen Umständen unternommen hätte. Tschitor wurde zwar gewöhnlich als uneinnehmbar bezeichnet, war es aber in Wirklichkeit nicht. Im Jahre 1303 war es von Ala-ud-din und erst 1535 von Sultan Bahadur von Gudscherat erobert worden. Man kann argumentieren, daß Udai Singh das Problem nicht mit den Augen eines modernen Generals hatte sehen können – oder nicht hätte sehen sollen? – und daß er in der Tat 8000 Radschputen zurückließ, nur damit sie mit der traditionellen tapferen Hingabe starben. Er hatte jedoch genügend Vorräte in Tschitor gelagert, damit die Festung für mehrere Jahre zu essen hatte, und die Landschaft war meilenweit verwüstet worden, um es den Moguln unmöglich zu machen, Nahrungsmittel aus der Gegend zusammenzutragen [10, 63]. Somit war es nicht sicher, daß Tschitor fallen würde, und sollte es soweit kommen, so würde Akbar dann praktisch nichts als einen mächtigen Stützpunkt des unermeßlichen und von Kakteen übersäten Territoriums des Rana einnehmen. Der Langzeiteffekt von Udai Singhs Tat war sicherlich höchst nützlich. Er hatte bereits etwa 70 Meilen südwestlich von Tschitor einen künstlichen See angelegt in einer Lage, die zu den schönsten Verteidigungsstellen der Welt gehört, in einem fruchtbaren, von einem Ring hoher Hügel umgebenen Tal – einer natürlichen Festung mit einem Durchmesser von vielen Meilen. Hier baute sich Udai Singh nun einen Palast, und hier entstand, nach ihm benannt, eine der schönsten Städte Indiens, Udaipur, das von da an die Hauptstadt von Mewar wurde.

Akbar langte am 24. Oktober 1567 unterhalb des Forts von Tschitor an, das einen ganzen Felsen einnimmt, der dreieinviertel Meilen in der Länge und an seiner breitesten Stelle etwas über 1100 Meter mißt, und das sich von der umgebenden Ebene so steil abhebt, daß es einen Schriftsteller in den frühen Jahren unseres Jahrhunderts an ein »riesiges Panzerschiff im Meer« erinnerte [75]. Akbars Lager dehnte sich über etwa zehn Meilen hin, so daß es eine Konfrontation in ganz großem Rahmen wurde, wie es sich für einen Zusammenstoß zwischen den hinduistischen und den mohammedanischen Führungsmächten in Nordindien gehörte. Aber obgleich die moslemischen Chroniken stark hervorheben, daß dies ein heiliger Krieg war, und jene, die in ihm kämpften, den Titel *Ghasi* verdienten, war es in Wirklichkeit ein Machtkampf nach weniger klaren Grundsätzen. Akbar hatte so hervorragende Hinduführer wie Bhagwan Das und Todar Mal zu seiner Verfügung, und daß sie in einem Heer gegen den Rana von Mewar standen, war weniger erstaunlich als es rückwirkend erscheinen mag. Es war erst 40 Jahre her, daß ein früherer Rana von Mewar von Tschitor aus marschierte, um sich mit seinem Verbündeten, dem moslemischen Nachbarn Sultan Bahadur von Gudscherat, in das nahegelegene Königreich Malwa zu teilen. Unter so vielen seit langem bestehenden Fürstentümern, von denen einige hinduistisch und einige mohammedanisch waren, aber alle nach mehr Land drängten, wurden die meisten Bündnisse nach dem Prinzip des eigenen politischen Interesses geschlossen. Und die örtlichen Rivalitäten halfen den Moguln, ihre Macht auszudehnen, genauso wie sie später den Briten helfen sollten.

Akbar plante, zwei Hauptangriffsmethoden zu verwenden – unterirdische Gräben und eine als *Sabat* oder gedeckter Gang bekannte Taktik. Er versuchte auch, das Innere der Festung zu bombardieren, aber ein Bombardement war nur dann wirkungsvoll, wenn die wichtigen Gebäude im Fort von Menschen wimmelten oder wenn es gelang, eine Stellung einzunehmen, die hoch genug lag, um über die Mauern zu sehen, und von der aus jeder Schuß mit einiger Genauigkeit gezielt abgefeuert werden konnte. In Tschitor war keine dieser Bedingungen gegeben.

Das Graben war ein sehr mühseliges Vorgehen. Die Pioniere erhielten durch eine Batterie von Geschützen in ihrem Rücken soviel Deckung wie möglich und gruben sich unter dem Felsen vorwärts, bis sie eine Stelle unterhalb der Mauern erreicht hatten. Dann höhlten sie eine Kammer aus, packten sie mit Schießpulver voll und zogen sich zurück. Die Verteidiger der Festung konnten sehen, wo der Tunnel anfing, seinen Verlauf unter der Oberfläche aber nicht sicher erkennen, und so horchten sie oft mit dem Ohr am Boden nach verräterischen Kratzgeräuschen, um ihren eigenen Tunnel bis zum Verbindungspunkt hinunter vorzutreiben [13]. Es kam sogar vor, daß die Belagerten die Pulversäcke hinten so schnell wegnehmen konnten wie die Pioniere sie vorne aufbauten, und so gleichzeitig die Mauer schützten und ihren eigenen Vorrat an Munition auffüllten [71]. In Tschitor wurden innerhalb eines Monats zwei nahe beieinander gelegene Gräben erfolgreich vollendet, aber unglücklicherweise funktionierten die Zündschnüre weniger gut als das Pulver. Obwohl die beiden Explosionen zur gleichen Zeit hätten losgehen sollen, verzögerte sich die zweite beträchtlich. Die Angriffstruppen, die nur eine Explosion erwartet hatten, drängten vorwärts und schlugen gerade eine Bresche, als die zweite Ladung losging. Zweihundert Moguln wurden getötet, unter ihnen mehrere von Akbars Lieblingsoffizieren [10].

Nach diesem Unglück entschloß sich Akbar, seine Anstrengungen auf den *Sabat* zu konzentrieren, ein Bauwerk, das sogar kunstvoller war als die Gräben und deshalb noch nicht ganz fertig. Vom Plan her war es eine ständig wachsende Festung, die so angelegt war, daß sie den Angreifern, während sie sich langsam ihrer Beute näherten, fast genausoviel Schutz bot, wie ihn die Verteidiger selbst hatten. Sie bestand aus einem überdachten Zugang – in Tschitor war sie breit genug, daß zehn Reiter nebeneinander und hoch genug, daß ein mit erhobenem Speer auf einem Elefanten sitzender Mann hindurchkonnten [13], mit Seitenwänden aus Bruchsteinen und Schlick, die Kanonenkugeln standhielten, und einem Holz-

dach, das mit Tierhäuten zusammengehalten wurde. Auf dem Dach und in den Seitenwänden waren, genau wie in jedem Fort, Kammern mit Schießscharten für Kanonen und Schützen. In Tschitor folgte der *Sabat* einem »sich schlängelnden« Weg, vermutlich entlang der leichtesten Route den steilen Berg hinauf, aber auch so angelegt, wie Abul Fasl zu verstehen gibt, daß kein Teil der Mauer vor ihnen für die im Sabat versteckte Kanone im toten Winkel blieb [10]. Am Frontteil wurde ständig gebaut, und selbstredend war die Arbeit dort außerordentlich gefährlich. Obwohl die Handwerker und Arbeiter durch transportable Wände aus ungegerbtem Fell geschützt waren (ein Indiz für die niedrige Mündungsgeschwindigkeit der damaligen Zeit), starben täglich ungefähr 200 von ihnen [10]. Aber da sich das Verderben bringende Werk den Festungswällen immer mehr näherte, lag der Vorteil in zunehmendem Maße bei den Angreifern. Es ist viel einfacher, aus wirkungsvoller Deckung in einem spitzen Winkel nach oben als nach unten zu schießen, ganz abgesehen von den besonderen Schwierigkeiten mit der Schwerkraft, die beim Vorderladersystem auftreten. Da die im Sabat verborgene Kanone langsam näher an den Wall herankam, konnte sie an dem ausgesuchten Stück Mauer viel mehr Schaden anrichten, teilweise durch die größere Wucht des Schusses, aber auch, weil sie präziser auf die bereits beschädigten Stellen zielen konnte. Und sobald die breite Öffnung des Sabat die Mauer erreichte, hackten Männer und Elefanten, vollkommen gedeckt, auf das Mauerwerk ein und stemmten sich dagegen, bis sie eine Bresche geschlagen hatten. Akbars *Sabat* war eine tückische, gepanzerte Schlange, die sich unendlich langsam dem Punkt in Tschitors Mauer entgegenwand, an dem sie ihre Kiefer ansetzen und knabbern konnte.

Links: Arbeiter bauen den Sabat *und sind dabei nur durch Lederwände geschützt;*
Rechts: Kanoniere, die vom Dach des Sabat *aus schießen (Ausschnitte, ca. 1590)*

Palastruine in der Festung Tschitor

Akbar war am *Sabat* äußerst interessiert und verbrachte einen beträchtlichen Teil seiner Zeit auf dessen Dach, um von dort aus auf die darüberliegende Garnison gezielte Schüsse abzugeben. In der Tat behaupten einige Chronisten, daß es eine von Akbar selbst aus seinem – Sangram genannten – Lieblingsgewehr abgegebene Kugel war, die den Kommandanten der Festung tötete, als er herbeieilte, um sich an der Verteidigung der Bresche zu beteiligen, die schließlich am 23. Februar geschlagen wurde. Es ist durchaus möglich, daß Akbar dies fertigbrachte – er nahm es nämlich mit seiner Schießkunst sehr ernst und ließ für seinen persönlichen Gebrauch 105 Musketen in genauem Turnus bereithalten, von denen allein auf das Konto der Sangram nach späteren Aufzeichnungen im Jagdbuch des Kaisers 1019 auf der Jagd erlegte Tiere gingen, und Akbar war auch dafür bekannt, gerne die Fertigung der Geschütze in den Werkstätten des Palastes zu beaufsichtigen [11, 10]. Es muß aber ebenso hinzugefügt werden, daß es eine Gewohnheit Abul Fasls – und von ihm ausgehend auch anderer Geschichtsschreiber – ist, jegliche Erfindung, sei sie mechanischer, medizinischer oder kultureller Art, während der ganzen zweiten Hälfte des 16. Jahrhunderts dem schöpferischen Gehirn des Kaisers zuzuschreiben. Ganz gleich, ob nun die entscheidende Kugel nur aus Höflichkeit auf Akbar selbst zurückgeführt wurde oder nicht, die voraussagbare Folge des Todes des Gouverneurs war der sofortige Fall der Festung. Zuerst wußte niemand unter den Moguln, wer der vornehm aussehende Hindu war, den der Tod ereilt hatte, aber bald loderten Feuer auf an verschiedenen Stellen in der Festung, und Bhagwan Das konnte Akbar erklären, daß das Geschoß Dschaimal getroffen haben mußte und daß dies nun der *Dschauhar*, der Brauch der Radschputen war, ihre Frauen zu verbrennen, bevor sie einen Ausfall machten, um bis zum Tod zu kämpfen. Die Radschputenkrieger starben pflichtgemäß in der darauffolgenden Schlacht, aber Akbar befleckte seinen Sieg später mit einem Massaker an der Mehrzahl der 40000 Bauern, die auch in der Festung lebten. Besonders war er erpicht darauf, sich an den 1000 Musketieren zu rächen, die seinen Truppen so viel Schaden zugefügt hatten, aber sie flohen mit Hilfe des kühnsten aller Tricks. Indem sie ihre eigenen Frauen und Kinder fesselten und so roh vor sich herstießen, als wären sie neue Gefangene, gaben sie sich mit Erfolg als eine Abteilung der siegreichen Moguln aus und gelangten auf diese Weise aus der Festung [10].

Sir Thomas Roe, ein Engländer, der Tschitor etwa 50 Jahre später besichtigte, fand die Festung verlassen und als Ruine vor. Er nahm daher an, daß die Moguln jede altehrwürdige Stätte, die sie erobert hatten, auf diese Weise verließen. »Ich weiß nicht, aus welchem Grund«, kommentierte er, »es sei denn, sie wollten über ihren eigenen Anfang hinaus keinerlei Erinnerungen an Größe bestehen lassen, so als wäre ihre Familie und die Welt gleich alt« [40]. In Wirklichkeit war er falsch unterrichtet. Das brutale Massaker von Tschitor widersprach Akbars sonstiger Praxis. Als eine benachbarte Radschputenfestung, Ranthambor, ein Jahr später erobert wurde, behandelte man die Einwohner bedeutend nachsichtiger [10]. Das mag zum Teil daran gelegen haben, daß sie früher kapitulierten. Und Tschitor war als die stärkste Festung des ältesten Radschputenfürsten ein Symbol, von dem sich Akbar über alle Vernunft hinaus provoziert gefühlt hatte, und es blieb während des nächsten Jahrhunderts für die Politik der Moguln ein unumstößlicher Grundsatz, daß die Festungsanlagen von Tschitor zerstört bleiben sollten [18]. Dessenungeachtet hatte Akbars Feldzug seinen Hauptzweck nicht erfüllt. Bis 1570 war von allen bedeutenden Radschputenfürsten Akbars Vorherrschaft anerkannt worden mit Ausnahme eines einzigen – des Ranas von Mewar, der von da an als Rana von Udaipur besser bekannt sein sollte.

Um den Fall Tschitors feierlich zu begehen, unternahm Akbar – zum Teil zu Fuß – eine Pilgerreise zum Grab des Khwadscha Muin-ud-din Tschischti in Adschmir. In den vorhergegangenen sechs Jahren hatte er einmal im Jahre dorthin eine Pilgerreise unternommen und seither immer von irgendwelchen Dorfsängern Preislieder auf den Heiligen singen hören [63]. Die Straße, die er normalerweise von Agra nach Adschmir nahm, hatte man in gebührender Weise mit einer Reihe von *kos minar*, eleganten Ziegeltürmen, verschönt, die in regelmäßigen Abständen als eine Art Meilensteine dienten, und von denen jeder mit Geweihen von Hirschen verziert war, die Akbar auf seinen fast ununterbrochenen Jagdunternehmungen erlegt hatte [13]. Aber nun begann ein lebender Angehöriger des Tschischti-Ordens in Akbars religiöser Begeisterung eine beherrschende Rolle zu spielen. Trotz seines reichen Vorrats an Frauen war der Herrscher immer noch ohne Erben; die verschiedenen Kinder, die sie ihm geboren hatten, waren alle als Säuglinge gestorben. Es war seine Gewohnheit, heilige Männer aufzusuchen, um sie für Gebete um einen Erben zu gewinnen, und Scheich Selim Tschischti, der in Sikri lebte, hatte dem Herrscher gesagt, er werde drei Söhne haben. Bald nach diesen beruhigenden Worten wurde die Tochter des Radscha von Amber schwanger, und Akbar sandte sie in das Haus Scheich Selims, damit sie dort lebe, um so der Erfüllung der optimistischen Prophezeiung des heiligen Mannes jede fromme Chance zu geben. Das Kind wurde am 30. August 1569 geboren. Später, als Kaiser, sollte es unter dem Namen Dschahangir bekannt werden, aber zunächst erhielt es den Namen des heiligen Mannes, Selim, und Dschahangir berichtet in seiner Autobiographie, daß sein Vater ihn nie anders als »Schaikhu Baba« genannt habe, ein besonderer Kosename, der sich wiederum auf den Scheich bezog [16]. Nach einer Frist von fünf Monaten, die er vorsichtshalber abgewartet hatte, wohl um sicherzugehen, daß nicht auch dieses Kind vorzeitig starb, brach Akbar zu Fuß nach Adschmir auf, um seinen Dank für das Wunder abzustatten. Und Scheich Selims Prophezeiung ging ganz in Erfüllung. Eine weitere schwangere Gemahlin wurde zu ihm nach Sikri gesandt und schenkte 1570 wohlbehalten Akbars zweitem Sohn Murad das Leben. Und 1572 wurde, als sich der Hof zu Adschmir aufhielt, ein dritter Sohn in der Eremitage eines örtlichen Tschischti-Heiligen namens Danijal, geboren und nach diesem benannt [10, 63].

Außenansicht des Grabmals Khwadscha Muin-ud-din Tschischtis in Adschmir

Akbar war von diesem Ablauf der Ereignisse so beeindruckt, daß er beschloß, zu Ehren Scheich Selims eine völlig neue Hauptstadt in Sikri zu erbauen. Er hatte ohnehin schon für eine staunenswerte Menge architektonischer Leistungen gesorgt. Vom Beginn seiner Regierungszeit an hatte er Agra anstelle Delhis zu seiner Hauptstadt gemacht (dabei blieb es, bis Schah Dschahan 1648 die Regierung nach Delhi zurückverlegte), und 1565 war das alte

Ziegelfort Sikandar Lodis in Agra abgetragen worden, und man hatte angefangen, die großartige, siebzig Fuß hohe Mauer aus behauenem rotem Sandstein zu bauen, die das Rote Fort zu Agra umschließt und ihm zu seinem Namen verholfen hat. Sie verläuft in Form eines Bogens, wobei der gerade Teil dem Fluß Dschamna zugewandt ist. Akbars Palastgebäude befanden sich auf dieser Mauer, und von ihnen konnte er seine geliebten Elefantenkämpfe auf dem flachen, offenen Gelände zwischen Festung und Fluß beobachten – eine Stelle, die absichtlich ausgewählt worden war, damit die wutentbrannten Elefanten jederzeit zur Abkühlung ins Wasser gejagt werden konnten [47]. Von Akbars Sandsteinpalästen im Fort steht nur mehr einer, der sogenannte Dschahangiri Mahal; alles übrige wurde zerstört – hauptsächlich von Schah Dschahan –, um entlang dem Flußufer Platz zu schaffen für elegantere Wohngebäude aus Marmor (Tafel 16). Der Bau der Mauer dauerte nur wenig mehr als fünf Jahre, aber während dieser lärmerfüllten Bauzeit errichtete Akbar auch eine provisorische Vergnügungsstadt sieben Meilen südlich von Agra, wo er sich dann darin gefiel, »manchmal arabische Hunde Wettrennen laufen oder abgerichtete Vögel verschiedenster Art fliegen zu lassen«, und manchmal, mit Hilfe einer neuen Erfindung, die großes Aufsehen erregte, Polo zu spielen – nämlich mit einem lumineszierenden Ball aus glimmendem Palas-Holz, wodurch es möglich wurde, bei Nacht zu spielen [13, 10, 11]. (Mit Akbar Polo zu spielen, konnte gefährlich sein – ein Spieler wurde einmal zwangsweise nach Mekka geschickt, weil er nicht den richtigen Sportgeist gezeigt hatte [10].) Diese Stadt auf Zeit hieß Nagarsin; heute steht von ihr nichts mehr. Aber schon als sich die Arbeiten an der Festung von Agra der Vollendung näherten, waren Akbars Gedanken bereits auf ein noch imposanteres Projekt gerichtet, und im Jahre 1571 wurden seine Maurer nach Sikri beordert, dem Dorf Scheich Selim Tschischtis. Glücklicherweise hatte der Scheich seine Eremitage auf einem niedrigen Hügel aus hartem roten Sandstein errichtet, einem ausgezeichneten Baumaterial, das leicht zu bearbeiten und dennoch von großer Haltbarkeit war. Während der nächsten 14 Jahre sollte auf diesem Hügel eine neue Stadt entstehen, die auf und aus dem darunterliegenden Fels errichtet wurde. Zu ihrer Benennung fügte man dem Namen des bereits bestehenden Dorfes Sikri das Wort Fatehpur – Sieg – hinzu.

Fatehpur Sikri ist heute die am besten erhalten gebliebene Geisterstadt der Welt. Das indische Klima ist, wenn auch nicht Menschen so doch Steinen gegenüber freundlich, und ein Besucher unserer Zeit könnte leicht davon überzeugt werden, daß diese raffinierten, schachtelähnlichen Gebäude mit ihren kunstvoll gemeißelten Steinornamenten, die immer noch frisch und nicht verwittert sind, erst gestern vollendet wurden. Das heutige Fatehpur Sikri als mittlere oder größere Stadt zu bezeichnen, wie es gewöhnlich geschieht, ist etwas irreführend. Was in so vollkommenem Zustand erhalten blieb, ist in Wahrheit nur der Palast, obwohl seine einzigartige Anlage weiter gepflasterter Flächen mit verstreuten freistehenden Häusern, von denen einige Privatwohnstätten und andere Versammlungsräume waren, eher an eine Architektenidee einer kleinen utopischen Stadt für eine ausgewählte Gemeinschaft von Ästheten denken läßt. Die eigentliche Stadt nahm eine große Fläche am Fuß des Hügels ein, und der Palast und die große Moschee lagen auf dem Gipfel. Hier bauten sich die Höflinge und die ungeheuer große Zahl von Anhängern aus dem Lager – unter einer Hauptstadt verstand man zu jener Zeit im wesentlichen immer noch das kaiserliche Zeltlager, das nun zu Hause aufgeschlagen wurde – Wohnstätten von unterschiedlich geringer Haltbarkeit, während Akbar und seine Tausende von Handwerkern ihr Meisterwerk oben auf dem Hügel schufen. Heute steht von der Stadt nichts als die äußere Mauer, die Akbar zu ihrem Schutz hatte aufführen lassen.

Anders als in der späteren mogulischen Architektur, die persische und indische Einflüsse verband, sind Akbars Gebäude im Fort von Agra und in Fatehpur Sikri im Stil ganz und gar indisch. Die Quelle, aus der die Inspiration unmittelbar gespeist wurde, ist der auserlesene kleine Palast, der in den frühen Jahren des 16. Jahrhunderts von dem Hindu-Radscha Man Singh im Fort von Gwalior erbaut worden war, eben jener Palast, den Babur 1528 – wie

Blick vom Dach des Diwan-i-khas *in Fatehpur Sikri*

auch die ähnlich gemeißelten Häuser in Tschauderi – so sehr bewunderte. Was einem westlichen Besucher an den von Akbar und unmittelbar danach gebauten Häusern am meisten auffällt, ist, daß sie wie Holzhäuser aus Stein wirken, da die Techniken der Konstruktion und Ornamentierung genau denen entsprechen, die Handwerker in anderen Ländern bei Holz anwenden. Der indische Steinmetz schlug aus seinem heimischen Sandstein Portale, Fensterstürze, Zwischenwände, Treppengeländer, Balken und sogar Bodenbretter, genauso wie ein Zimmermann der Spätgotik sie aus Eichenholz schnitt. Dann bearbeitete er ihre nach außen zeigenden Oberflächen mit ebenso einfallsreicher Kunstfertigkeit mit dem Meißel und setzte sie in genau der gleichen Weise zum endgültigen Werk zusammen, wobei es ihm jedoch dank der Schwerkraft möglich war, auf jedes System der Verklammerung zu verzichten – das bloße Gewicht der Steine hielt alles an seinem Platz. Die Palastgebäude von Fatehpur Sikri bestehen aus nichts als Steinklötzen und -platten, die auf vollkommene Weise zugehauen wurden und aufeinanderruhen; freilich wurden die meisten der Platten schon bearbeitet zur Baustelle gebracht, was die Bauausführung sehr beschleunigte, da diese damit mehr zu einer Zusammensetzaufgabe wurde [MASB].

Fatehpur Sikri enthält viele fantasievolle Einzelgebäude, wie den Pandsch Mahal, einen Palast für die Angehörigen des Harems, der aus fünf mit Säulen bestückten Stockwerken bestand, die ursprünglich mit grazilen Wandschirmen aus Stein versehen waren, durch die die Damen sehen aber nicht gesehen werden konnten. Die Ausdehnung der einzelnen Stockwerke nahm nach oben ab bis zu einem kleinen Pavillon am Schluß (Tafel 18). Dann das Haus Birbals, eines Herumtreibers, der Akbars liebster Höfling war, mit seinen riesigen und kunstvoll gearbeiteten Stützen unter den überhängenden Dachkanten. Auch die Innenausstattungen waren reizend. Ein Raum im sogenannten Palast von Dschod Bai vermittelt einen Eindruck von der sanften Eleganz, die innerhalb dieser gemeißelten Wände aus Sandstein möglich gewesen sein mußte, wenn der Boden mit prächtigen Teppichen und kunstvoll verzierten Seidenpolstern zum Anlehnen ausgelegt war und die Alkoven voller farbiger Flaschen mit Parfüm oder Erinnerungsgegenständen der Damen standen (Tafel 19). Das Innere von Akbars »Diwan-i-khas« oder der »Halle der Privataudienzen« ist zu Recht sowohl für seine architektonische Genialität wie für seine Konzeption berühmt, die Akbars Charakter und Selbstverständnis sehr genau reflektieren. Von außen sieht das Gebäude aus, als habe es zwei Stockwerke, aber innen besteht es aus einem einzigen hohen Raum, in dessen Mitte eine stämmige, sich nach oben verbreiternde Säule steht, die durch vier zierliche Brücken mit Balkonen auf halber Höhe der Mauern verbunden ist (Tafel 20). Wenn Akbar Besprechungen abhielt, pflegte er auf der runden Plattform oben auf der Säule zu sitzen; wer an der Aussprache beteiligt war, saß gewöhnlich auf den Balkonen auf allen vier Seiten, und wenn es nötig war, dem Kaiser irgend etwas nahezubringen, konnte er sich ihm auf einer der Brücken nähern; wer dabei war, ohne daß man von ihm aktive Teilnahme erwartete, stand unten auf dem Boden, wo er leicht alles, was gesagt wurde, hören konnte.

Aber obwohl Akbars Bauwerke recht eindrucksvoll sind – man könnte hier aus seiner Regierungszeit noch Festungen und Paläste in Adschmir, in Lahore, in Attock am Indus, in Allahabad am Zusammenfluß von Dschamna und Ganges und in Srinagar in Kaschmir anführen – ist die Architektur seiner Zeit bei weitem noch nicht der Gipfel der Leistungen der Moguln auf diesem Gebiet, und Akbars Gebäude in Agra und Fatehpur Sikri sind trotz ihrer Schönheit in mancher Hinsicht weniger anziehend als ihr Vorbild in Gwalior. Der Grund liegt zum Teil darin, daß die Ausschmückung in Gwalior freier wirkt, aber auch das Rohmaterial macht einen bedeutenden Unterschied aus; die Farbe des Sandsteins von Gwalior ist von blassem Honiggelb, und das Licht, das auf die in den Stein gemeißelten Reliefs fällt, kann wunderschöne Schattierungen in den Mustern erzeugen. Der dunklere Sandstein von Fatehpur Sikri reagiert weit weniger auf den Wechsel von Licht und Schatten und läßt viele Gebäude düster und flach erscheinen.

Die eigentliche Leistung der Moguln in der Architektur fällt in eine spätere Regierungszeit, aber eine Ahnung davon kann man im Hof der großen Moschee bekommen, wo Schah Dschahan dem von Akbar für den 1572 verstorbenen Scheich Selim Tschischti erbauten Grabmal eine Marmorverkleidung und -verzierung hinzufügte. Und seltsamerweise wurde, wenn auch nicht unter Akbars unmittelbarer Schirmherrschaft, gerade noch vor den ersten Bauten in Fatehpur Sikri ein Monument fertiggestellt, das sich später in der Entwicklung der mogulischen Architektur als viel einflußreicher erweisen sollte. Es ist das Grabmal Humajuns in Delhi, und seine Errichtung war ein Akt der Pietät und Zuneigung seiner ältesten Witwe, Hadschi Begam. Der Architekt Mirak Mirza Ghijas, den sie dafür auserkor, war mit ziemlicher Sicherheit ein Perser, und durch ihn erhielt Indien seine erste Kuppel in der persischen Tradition – derselben, die auch Timurs Grab in Samarkand kennzeichnet. Die Kuppel ist in Indien ausschließlich ein Charakteristikum der moslemischen Architektur (hinduistische Tempel machen von diesem Bauprinzip keinen Gebrauch und verwenden nur horizontale Steinbalken), aber die indische Kuppel der Mohammedaner war bis dahin flacher gewesen, ganz wie die Hälfte einer Pampelmuse, im Gegensatz zu der hohen Kuppel der Perser, die sich wie von einem schlanken Hals erhob. Um eine ansprechende äußere

Der Kontrast zwischen der Architektur Schah Dschahans und der Akbars – Innenhof der Moschee in Fatehpur Sikri vom Grabmal Scheich Salim Tschischtis aus gesehen

Form mit einem nicht zu hohen Innenraum zu vereinigen, hatte die Kuppel der Perser gewöhnlich zwei Dächer, zwischen denen ein beträchtlicher Hohlraum lag. Humajuns Grab folgt diesem Vorbild. Die Arbeiten wurden 1564 begonnen, und Hadschi Begam bezog nach einer Pilgerreise nach Mekka ihre Wohnung in einem Lager an Ort und Stelle und war dabei, als das Bauwerk 1573 vollendet wurde. Aber ihr Entwurf war seiner Zeit voraus. Er fand unmittelbar danach noch für das viel kleinere Grabmal Atkah Khans Anwendung, das in der Nähe Humajuns steht und möglicherweise von denselben Handwerkern erbaut wurde; doch danach wurde er in Indien nicht mehr beachtet, bis er in vervollkommneter Form 60 Jahre später im Tadsch Mahal wieder auftauchte [97].

Fatehpur Sikri war nur etwa vierzehn Jahre lang voll bewohnt. 1585 verlegte Akbar seinen Hof in das Pandschab, von wo aus er während der folgenden Jahre unabhängig voneinander dreimal Kaschmir besuchte, und als er schließlich 1598 in die Mitte des Reichs zurückkehrte, begab er sich nicht nach Fatehpur Sikri, sondern nach Agra. Obgleich ein kleiner Teil der Stadt unterhalb des Palasts bewohnt blieb und es heute noch ist, erreichte doch Fatehpur Sikri seine Großartigkeit nie mehr wieder. Immerhin waren die Jahre, die Akbar dort verbracht hatte, die erfülltesten und schöpferischsten seiner Regentschaft. Dort festigte er den Lebens- und Kulturstil, der seiner Familie zusammen mit dem umfangreichen Verwaltungsapparat, der ihn ermöglichte, fast ein Jahrhundert lang erhalten bleiben sollte. Und dort war es auch, daß er Abul Fasl in seinen Dienst nahm, den Mann, der der Nachwelt die Einzelheiten überlieferte.

Abul Fasls zwei Werke, die *Akbar-nama* oder »Geschichte Akbars« (im gedruckten englischen Text 2506 Seiten) und die *Ain-i-Akbari* oder »Erlasse Akbars« (noch einmal 1428 Seiten) ergeben zusammen sicherlich den vollständigsten Bericht, den je irgend jemand von den Angelegenheiten eines bestimmten Hofes zusammengetragen hat. Trotz oder vielleicht gerade wegen seines sogenannten Analphabetentums interessierte sich Akbar leidenschaftlich für Bücher. Wo andere prächtige Bibliotheken von Manuskripten sammelten, schuf er nur eine, die um 1630 24000 Bände umfaßt haben soll [44]. Er ließ Kopien von bestehenden Werken anfertigen und wunderbar illustrieren. Er richtete eine Übersetzungsabteilung in Fatehpur Sikri ein mit einem eigenen Raum, der für Übersetzer vorbehalten war, die Texte aus dem Turki der timuridischen Chroniken, aus dem Sanskrit der hinduistischen Klassiker und selbst aus dem Latein der christlichen Evangelien, die durch portugiesische Jesuiten an den Hof gekommen waren, ins Persische übertrugen [13, 125]. Und für seine eigene Biographie beauftragte er nicht nur, was ganz normal war, Abul Fasl mit einer vollständigen Chronik, sondern organisierte auch die Niederschrift von Primärquellen.

Zur selben Zeit, als Abul Fasl den Auftrag erhielt, »mit der Feder der Wahrhaftigkeit den Bericht über die glorreichen Ereignisse und über unsere gebietserweiternden Siege zu schreiben« [10], erging eine Anweisung an die älteren Mitglieder des Staates, die die Ereignisse selbst miterlebt hatten, ihre Memoiren zu verfassen. Humajuns Schwester Gulbadan begann ihren Band mit den Worten: »Ein Befehl wurde ausgegeben – schreibt nieder, was ihr alles über die Taten Baburs und Humajuns wißt« [6]. Ihr Band ist einer der drei erhaltenen Memoirenbände dieser Art, die anderen beiden stammen von Humajuns persönlichen Dienern Dschauhar und Bajasid; letzterer hatte einen Schlaganfall erlitten und diktierte einem Schreiber Abul Fasls in Lahore einen ziemlich zusammenhanglosen Bericht über das, was geschehen war. Ähnliche Anweisungen gingen hinaus in die Provinzen, daß jeder mit wichtigen Informationen über lokale Ereignisse an den Hof kommen und sie Schreibern vortragen solle, und Abul Fasl setzte nach seinen eigenen Worten selbst »seinen Fuß in die schreckliche Wildnis der Nachforschungen« [11] und zog alte Leute befragend und Kopien von Dokumenten und Berichten sammelnd umher [10]. Um ihn bei der Registrierung der laufenden Ereignisse zu unterstützen, errichtete Akbar eine Abteilung für Archivierung, in der immer zwei Schreiber Dienst taten, die minuziös jedes kleinste Detail des Hoflebens festhielten – nicht nur die abgewickelten Geschäfte, sondern zusätzliche

Wohnraum innerhalb des Harems in Fatehpur Sikri im sogenannten Palast Dschodh Bais

Akbars Sitz oben auf der Säule

tägliche Informationen wie, was Babur aß und trank, wie lange er im Harem war, die genauen Zeiten seines Schlafens und Wachens, seine Bemerkungen, die auf der Jagd getöteten Tiere, abgeschlossene Wetten, wer kam, wer ging, Hochzeiten, Geburten, gelesene Bücher, ausgeführte Übungen, der Tod von Pferden, die Ergebnisse beim Schach und bei Kartenspielen, von den »außerordentlichen Vorkommnissen« [11] ganz zu schweigen.

Ein Engländer, der sich in der frühen Jahren der folgenden Regierung am Hof der Moguln aufhielt, bemerkte, daß der Kaiser »Schreiber hat, die abwechselnd alles niederschreiben, was er tut, so daß in seinem Leben nichts geschieht, was nicht notiert wird, nein, nicht einmal so etwas wie sein Austreten, und wie oft er mit seinen Frauen schläft und mit welchen; und all das geschieht zu dem Zweck, daß, wenn er stirbt, aus diesen Schriften über alles, was er getan und gesagt hat, nur was wert ist, festgehalten zu werden, in den Chroniken berichtet werden kann« [35]. Abul Fasl schuf sich auch einen Ausschuß, der ihm bei der Auslegung all dieses Materials helfen sollte, aber unglücklicherweise fand er, daß die meisten Mitglieder »die Neigung hatten, sich zurückzuziehen und wie ein Seidenwurm ein Netz um sich zu spinnen, daß sie in den Maschen ihrer eigenen Schlußfolgerungen verfangen und nur für sich allein die Kenntnis der Wahrheit in Anspruch nahmen, während sie listig wie die Füchse ihre eigenen Ansichten anzubringen versuchten« [11].

Die *Akbar-nama* war eine fortlaufende Chronik, und Abul Fasl, der drei Jahre vor Akbar starb, war nicht in der Lage, sie ganz zu vollenden; aber nach nur sieben Jahren (und fünf Entwürfen) [11] hatte er seine Ain-i-Akbari verfaßt, eine erstaunliche Kombination aus geographischem Lexikon, Almanach, naturwissenschaftlichem Wörterbuch, Regel- und Verfahrens-Sammlung und statistischem Digest. Offensichtlich stammt vieles nicht unmittelbar aus Abul Fasls eigenen Untersuchungen – er muß die Fakten und Zahlen unterschiedslos so übernommen haben, wie er sie von den verschiedenen aufgegliederten Abteilungen des Staates bekam –, aber es gelang ihm ein großartiges Meisterstück an Koordination. Um nur eine oberflächliche Vorstellung von der Weite des Themenkreises zu geben: Das Buch umfaßt sowohl Vorschriften zur Schätzung des Verlustes an Holzspänen und Anordnungen zum Einölen der Kamele und Einspritzen des Öls in ihre Nüstern wie auch Details von der Art, wie 16 Luntengewehre mit Hilfe einer Kuh auf einmal gereinigt werden können [11]; gewichtigere akademische Passagen bringen Erklärungen zu Dingen, so zu verschiedenen Alphabeten und vergleichender Etymologie, zum Ursprung der verschiedenen Systeme der Zeitrechnung auf der Welt, sowie mathematische Methoden, um die Beschaffenheit und Größe der Erde zu berechnen [11]. Über den Tisch und die Küche des Kaisers erfahren wir, um allein einen der vielen Abschnitte über den Hof heranzuziehen, daß er gerne nur eine Mahlzeit am Tage einnahm, daß sein Essen auf dem Weg vom Topf zum Teller von drei verschiedenen Stellen auf Gift hin gekostet wurde, wonach jede Speise mit dem Siegel des Küchenmeisters, des *Mir bahawal*, versehen wurde, das sich ebenso auf jedem Sack, der Brot, Quark, saure Gurken, frischen Ingwer oder frischen Lemonen enthielt, befinden mußte, ehe dieser auf dem langen, von Wächtern begleiteten Zug zur königlichen Tafel gelangte. Wir erfahren, daß Karawanen mit Melonen und Trauben fast das ganze Jahr hindurch aus den Gebieten eintrafen, in denen diese Früchte gerade geerntet wurden, daß täglich, in endlosem Konvoi, von den Bergen zwischen dem Pandschab und Kaschmir her eine Schiffsladung Eis die Hauptstadt erreichte, daß Akbar, wo immer er sein mochte, nur Wasser aus dem Ganges trank, es aber erlaubte, daß Regenwasser zum Kochen genommen wurde [11]. Die Liste könnte fast ins Unendliche fortgesetzt werden, da beinahe 1500 Seiten der Berichterstattung dem Kaiser, seinen Ländereien und den verschiedenen Abteilungen seiner Staatsverwaltung gewidmet sind.

Eine der interessantesten Abteilungen in Fatehpur Sikri war die der Maler. Akbar hatte von seinem Vater die beiden persischen Maler Mir Sajid Ali und Abdus Samad übernommen; aber die zahlreichen Maler, die ihnen am Atelier des Hofes unterstanden, waren fast alle Hindus, die in der Malerschule von Gudscherat ausgebildet worden waren. Der sich

Die Mittelsäule in Akbars Diwan-i-khas *zu Fatehpur Sikri*

daraus entwickelnde mogulische Stil ist somit eine Verbindung persischer und indischer Traditionen und in fast jeder Hinsicht eine Vervollkommnung beider. Die Abteilung der Maler stand in enger Verbindung mit der Bibliothek, da zu jener Zeit nahezu ihre gesamte Arbeit in der Illustration von Manuskripten bestand, und dies geschah im wesentlichen auf der Basis der Arbeitsteilung. Jeder Künstler entwickelte seine eigene besondere Fähigkeit – sei es der erste Entwurf oder das Kolorieren oder das Hinzufügen von Details in eine Landschaft oder einen Gesichtsausdruck – mit dem Ergebnis, daß oft drei oder vier Künstler an einem Bild arbeiteten. Der Leiter pflegte dann unten die Namen der beteiligten Künstler hinzuschreiben. Am Ende jeder Woche wurde normalerweise das Werk, das gerade erst fertiggestellt worden war, zu Akbar gebracht, damit er seine Zustimmung oder seinen Kommentar abgebe, und er verteilte dann Belohnungen oder paßte die Gehälter der Künstler dementsprechend an [11, 87, 92]. Zum Glück für die Kunstgeschichte haben sich weder die Perser noch die Moguln auch nur im entferntesten an die Sure im Koran, die figurale Kunst verbietet, gehalten. Mohammed hatte verkündet, daß, wer die Schöpfermacht Gottes parodiere, indem er von einem Lebewesen ein Bildnis anfertige, am Tage des Gerichts dem Bilde Leben verleihen müsse, und wenn dies nicht gelinge, er ihm sein eigenes Leben abzutreten habe, ein Verbot, das die Künstler in den strengeren islamischen Kulturen zwang, sich einzig auf die Kalligraphie und auf abstrakte Verzierungen zu verlegen.
Wie in der Architektur erreicht der mogulische Stil in der Malerei seinen Höhepunkt erst nach Akbar. Die Malereien seiner Zeit sind voll von vorzüglichen Details, aber im allgemeinen fehlt ihnen das Gefühl für die Zusammenschau, das die Bilder, die sein Sohn Dschahangir in Auftrag gab, so sehr auszeichnete. Der Grund mag teilweise darin liegen, daß ein so großer Teil der Malerei unter Akbar Illustrationen zu Geschichten sind, und erzählende Darstellungen neigen dazu, mit Details vollgestopft zu werden. Dies erweist sich jedoch auch als Vorteil, indem wir auf diese Weise sehr viele Bilder zu zeitgenössischen Ereignissen besitzen, von denen wir annehmen dürfen, daß sie die allgemeine Atmosphäre und die gegenständlichen Details genau wiedergeben, auch wenn sie nur in der Abgeschlossenheit des Ateliers von Fatehpur Sikri gemalt wurden. Akbars Handschriften sind voll von Darstellungen intimer Ereignisse: Feiern am Hofe, Gärten, die angelegt, Festungen, die gerade gebaut oder gestürmt werden, Verbündete, die man willkommen heißt, Besiegte, die sich unterwerfen, daneben ganz allgemein die übliche Anhäufung von Schlachtszenen.
Die beiden großen Bücher Abul Fasls strotzen von Details über Akbars weitreichende Reformen des Verwaltungsapparates. Natürlich gehört zu den ersten Errungenschaften, die jeder königliche Panegyriker seinem Herrn zuschreibt, daß dieser eine neue und stabile Regierungsform geschaffen habe. Die nüchternen Fakten zeigen jedoch, daß verschiedene »Neuerungen« Akbars bereits in früheren Stadien indischer Geschichte existierten. So war zum Beispiel die Einrichtung der Moguln, Neuigkeiten-Schreiber (Wir würden heute Journalisten bzw. Korrespondenten sagen. Anm. d. Übers.) einzustellen, die regelmäßig ausführliche Berichte aus allen Teilen des Reiches zu liefern hatten, im 13. Jahrhundert unter Balban berühmt gewesen. Auch Akbars Versuche, die Abgabenforderungen an die Bauern durch Vergrößerung der Anbaugebiete zu reduzieren, waren von Ghijas-ud-din Tughluq im 14. Jahrhundert vorweggenommen worden; und den Bau guter Straßen mit Karawansereien in regelmäßigen Abständen, die ein rasch funktionierendes Postsystem ermöglichten, hatte man verschiedentlich schon Ghijas-ud-din, Babur und Scher Schah zugeschrieben [74, 4]. Tatsächlich dürfte Ghijas-ud-dins Postsystem, wenn es in der Praxis so gut funktionierte wie nach dem Plan, dem zwei Jahrhunderte danach von Akbar errichteten haushoch überlegen gewesen sein. Der Herrscher der Tughluqs hatte auf den Hauptverbindungsstraßen alle 1100 Meter Hütten für die Läufer und ihre Familien errichten lassen. Wenn eine Botschaft des Kaisers durchkam, lief jeder Mann so schnell er konnte bis zur nächsten Station, wobei er einen mit Glocken versehenen Stab mit sich trug, so daß der nächste Mann durch das Läuten eine Vorwarnung erhielt, um sich zur Fortsetzung des Staffellaufs

bereitzuhalten. Dieses System war insofern wirtschaftlich, als dazu nur Wege statt guter Straßen nötig waren, und selbst wenn man bei Tag großzügig fünf Minuten für die 1100 Meter jedes Läufers annimmt und bei Nacht die doppelte Zeit, war es technisch möglich, eine Nachricht in 24 Stunden 150 Meilen weit zu befördern [74]. Im Vergleich dazu wurden von Akbars kaiserlicher Post offiziell 78 Meilen als Tagesleistung erwartet [109]. Scher Schah legte in seiner kurzen Regierungszeit von fünf Jahren (1540–1545) viele Grundsteine, auf die Akbar bauen konnte, wie bei der Durchorganisierung der Steuereintreibung, der Stärkung der Regierungsgewalt in den Provinzen, der Versorgung mit sicheren Straßen (zu jener Zeit verstand man unter einer sicheren Straße eine, die frei von Räubern war) und der Entschädigung der Bauern für die Zerstörung ihrer Ernte durch seine Heere [9]. Aber selbst wenn es vieles von Akbars Reformwerk schon vorher gegeben hatte, so bleibt ihm immer noch das Verdienst, die vergleichsweise ruhige 50jährige Regierungszeit genützt zu haben,

Abul Fasl präsentiert Akbar das Manuskript seines Buches (ca. 1605)

um die Veränderungen innerhalb eines einheitlichen Systems, das ihn lange überleben sollte, fest zu verankern. Dabei gelang es ihm, Hindustan von einer Militärdiktatur zu einem Staatswesen zu machen, das von einem weitverzweigten Beamtenapparat verwaltet wurde [111].

Akbars Reich war in Kronländer – Gebiete, in denen die Abgaben der Bauern durch Akbars eigene Verwalter eingebracht wurden und so direkt in die kaiserliche Schatzkammer wanderten – und in sogenannte *Dschagirs* eingeteilt, Gebiete, die als nichterbliche Lehen an Adlige vergeben waren, die die Verantwortung für die Einbringung der Abgaben in ihrem Gebiet trugen. Das war im Prinzip keine Bewirtschaftung auf Pachtbasis. Die Einkünfte aus dem *Dschagir* stellten das genehmigte Gehalt des Adligen dar, und kaiserliche Aufsichtsbeamte achteten darauf, daß alles, was eventuell darüber hinaus eingebracht wurde, dem Staatsschatz zufiel, oder, wobei sie zurückhaltender waren, da jedes unverschuldete Defizit durch zentrale Fonds ausgeglichen wurde [118]. Das Einkommen des jeweiligen Adligen hing von seinem militärischen Rang ab – die Gesellschaftsstruktur war immer noch militärisch, und jeder, der in Akbars Diensten stand, besaß einen militärischen Rang, sogar die Maler in Fatehpur Sikri – und dieser Rang fand seinen Ausdruck und seine Bezahlung entsprechend der Anzahl berittener Truppen, die der Offizier im Kriegsfall aufzubieten hatte. Die besondere Form der Inflation in der mogulischen Gesellschaft bestand darin, daß die Adligen dazu tendierten, mit der Zeit immer weniger Soldaten aufmarschieren zu lassen, und allmählich, da niemand – außer in Kriegszeiten – bereit war, daraus eine Affaire zu machen, wurde ein ständig sich verringernder Teil der festgesetzten Zahl als normal angesehen; als auch dieser Teil noch kleiner wurde, erhöhte der Kaiser nominell jeden Rang und damit das tatsächliche Einkommen, um die gleiche Truppenstärke im Heer aufrechtzuerhalten. Akbar griff hier mit Rationalisierungsmaßnahmen ein und konnte eine Zeitlang die Entwicklung drosseln. Er führte einen doppelten Rang ein: einen *Zat*-Rang, der das Gehalt des Inhabers regelte, und einen *Sawar*-Rang, der die Zahl der Berittenen festlegte, die er zu stellen hatte, für die es jetzt auch einen besonderen Zuschuß gab. Diejenigen, die nur auf dem Papier Soldaten waren, wie etwa die Maler und Dichter oder die mittleren Dienstgrade der Beamten in Ministerien, hatten nach wie vor nur einen Rang, der lediglich ihr Gehalt bestimmte. Die Adligen jedoch hatten nunmehr zwei Rangpositionen inne, zum Beispiel tausend *Zat* und fünfhundert *Sawar*, das heißt, sie bekamen das Gehalt für das Rangäquivalent von 1000 Pferden und mußten bei der Parade 500 vorweisen. Die niedrigen Offiziersränge wurden in bar ausgezahlt, während die Adligen oder *Amirs* – zu Akbars Zeit grob gesagt jeder mit einem *Zat*-Rang von 500 Pferden oder darüber – in der Regel ein *Dschagir* erhielten, aus dessen Einkünften sie ihr eigenes Gehalt beziehen mußten [107, 111].

Der *Dschagirdar* oder Inhaber eines *Dschagirs* wohnte nicht unbedingt in seinem eigenen Gebiet oder hatte nicht einmal irgendwelche offizielle weltliche Machtbefugnis, die über die Tributeintreibung hinausging. Es gab in jeder einzelnen Provinz eine vollständige Hierarchie von Verwaltungsbeamten, die die Verwaltungsstruktur im Zentrum exakt widerspiegelten und nur ihrem Pendant im Zentrum verantwortlich waren. Die vier Hauptministerien sowohl im Zentrum wie in jeder der Provinzen wurden jeweils geleitet vom *Diwan*, der für die Finanzen verantwortlich war, vom *Mir Bakhschi*, der sich um das Militärwesen kümmerte, vom *Mir Saman*, der für Fabriken, Lagerhäuser, Transportwesen und Handel zuständig war, und vom *Sadr* oder *Qasi*, zwei getrennten Ämtern, deren Funktionen sich oft überschnitten, und die religiöse und Rechtsfragen bearbeiteten [108]. Die höheren Provinzialbeamten waren in der Regel selbst Inhaber von *Dschagirs*, und obwohl ihre *Dschagirs* manchmal in der Provinz lagen, die sie verwalteten, hielten sie sich im allgemeinen ebensooft anderswo im Königreich auf. Darüber hinaus war es gang und gäbe, nicht nur die Verwalter der Provinzen alle paar Jahre in ein anderes Gebiet zu versetzen, ähnlich wie heutzutage die Diplomaten, sondern auch, in regelmäßigen Abständen, den Lehensträgern einen *Dschagir* in einer anderen Gegend des Reichs zuzuweisen. Das hatte den Vorteil, die zentrale Macht abzusichern, indem mögliche Rebellen daran gehindert wurden, sich eine starke Hausmacht in ihrem Gebiet zu verschaffen; der Nachteil war, daß niemand, weder ein *Dschagirdar* noch ein Provinzverwalter, große Lust verspürte, seinen eigenen Distrikt zu entwickeln, da er ja bald woanders sein würde. Es lag in seinem eigenen egoistischen Interesse, soviel Profit wie möglich aus dem Gebiet zu ziehen, da er ja sicher war, es bald wieder zu verlassen, noch bevor seine Unbeliebtheit eine gefährliche Schwelle erreicht hatte. Als Folge davon waren die Kronländer die am besten verwalteten Teile des Reichs.

Im mogulischen Verwaltungsapparat kam das Geld erfreulich schnell in die kaiserliche Schatzkammer zurück. Wer darauf hoffte, bei Hof Karriere zu machen, sah sich vor die Notwendigkeit gestellt, dem Kaiser für jede Sprosse auf der Leiter des Aufstiegs und ebenso bei zahlreichen alljährlichen Anlässen ein wertvolles Geschenk zu machen; auch wurde der Großteil des Besitzes eines verstorbenen Adligen im allgemeinen mit den verschiedensten treffenden Begründungen eingezogen. Aber es war nur durch weitere Eroberungen und Annexionen möglich, den Vorrat an einziehbaren Gütern zu vergrößern, was sich schließlich aus praktischen Gründen nicht endlos weiterführen ließ. Ein anderes Mittel war die Steigerung der Agrarproduktion im Reich. Letzteres konnte, so Akbars Überlegung, eigentlich nicht zu schwer sein. In Indien gab es zu jener Zeit bedeutend mehr fruchtbares Land als tatsächlich bebaut wurde [118]. Die üblichen Methoden, die Abgaben einzubringen,

Akbar – eine ungewöhnliche Zeichnung (ca. 1605)

bewirkten, daß die Bauern davor zurückschreckten, mehr Land zu übernehmen, da sie mit ziemlicher Sicherheit von den Steuereintreibern zu noch höheren Zahlungen gepreßt wurden, wenn sie reicher zu werden schienen. Deshalb erteilte Akbar seinen Beamten Anweisungen, jede nur mögliche Maßnahme, wie zum Beispiel die Gewährung von Darlehen, zu ergreifen, um die Bauern zur Übernahme brachliegenden Landes in der Nähe ihrer Dörfer anzuspornen [111]. Wie bei so vielen seiner Reformen verhinderte die Bestechlichkeit der kleineren Beamten an Ort und Stelle den vollen Erfolg der neuen Methode [13], aber ein Gegenbeispiel, um Akbars Bemühungen erst gerecht zu werden, liefert das Königreich Golkonda im Süden von Akbars Reich. Das damalige System in Golkonda bestand darin, daß die Steuereintreiber auf Auktionen das Recht ersteigerten, in bestimmten Distrikten die Steuern durch landwirtschaftliche Arbeit zu erwirtschaften. Um nun die ohnehin schon übersteigerte Höhe seines Angebots zu übertreffen und somit Profit zu machen, quetschte der siegreiche Eintreiber seine Bauern erbarmungslos aus. Konnte er sein Angebot nicht einhalten, so wurde er selbst ausgequetscht, oder die zentralen Steuerbehörden liehen ihm manchmal zur Überbrückung Geld zu fünf Prozent pro Monat (also 60 Prozent pro Jahr), bis er in der Lage war, genügend Druck auf die Bauern auszuüben, damit sie mehr einbrachten [117]. Unter Akbar erreichten die Bauern Hindustans tatsächlich einen Lebensstandard, der, obwohl erbärmlich genug, immerhin einen Gipfel darstellte, von dem sie während der nächsten zwei Jahrhunderte allmählich zurückfielen [84].

Einige Beispiele aus dem weitgespannten Reformwerk Akbars zeigen den allgemeinen Trend seiner Bemühungen, eine rationelle Verwaltung zu erzielen. Auf dem Gebiet der Steuereintreibung übernahm Akbar ein System, bei dem die Bauern Naturalabgaben leisteten, aber unter der erfahrenen Leitung von Akbars Diwan, Radscha Todar Mal, wurde es nun allmählich in ein System verwandelt, bei dem sie mit Geld zahlten. Zunächst war es ein Betrag, der proportional dem Wert ihrer Ernte jenes Jahres entsprach, und dann, um noch rationeller zu sein, eine Summe, die sich nach dem Zehnjahresdurchschnitt richtete, wobei ein Steuernachlaß für schlechte Jahre im System eingebaut war. Abul Fasl gibt 44 Druckseiten aus Listen wieder, die den jährlichen Ertrag von etwa 50 Ernteerzeugnissen in 7 Provinzen und über einen Zeitraum von 19 Jahren aufführen [10, 11]. Akbar ging auch bei den Abgaben vom Mond- zum Sonnenjahr über mit der Begründung, daß es gegenüber den Bauern ungerecht sei, in jedem Mondjahr (354 Tage) besteuert zu werden, wenn sie nur jedes Sonnenjahr ernteten [10]. Man unternahm Schritte, sowohl die Herstellung wie den Vertrieb von Stoffen zu verbessern, und die Kürzung bestimmter Steuern für Kaufleute erfolgte ausdrücklich mit dem Ziel, den Handel anzuregen, was auch als einer der Gründe für Akbars ausgedehntes Straßenbauprogramm angegeben wurde. Als der Kaiser nach Kaschmir reisen wollte, wurden »3000 Steinmetze, Bergleute und Steinklopfer sowie 2000 Leute zum Graben ausgeschickt, um das Auf und Ab der Straße zu ebnen«. Bei einer anderen Gelegenheit wurde der Khaiberpaß zum erstenmal durch eine Brücke über den Indus, die zu ihm hinführte, für Fahrzeuge mit Rädern zugänglich gemacht, was Akbars Nachbarn nördlich von Kabul beträchtlich beunruhigte [11, 10]. Um die Musterung von Truppen wirklichkeitsgerechter zu gestalten, führte Akbar die Kennzeichnung der Pferde durch Brandzeichen wieder ein, eine vorher von Scher Schah praktizierte Maßnahme, wodurch verhindert werden sollte, daß etwa eine Rosinante aus dem Basar Tag für Tag als geliehenes Reittier und Passepartout eines jeweils anderen Soldaten wiedererschien, und dem gleichen Zweck diente eine von Akbar veranlaßte Namensrolle für die Soldaten selbst, in der ein jeder kurz beschrieben war [11, 107]. Wir haben mehrere solche Beschreibungen, die etwa 100 Jahre später entstanden, und eine recht typische lautet: »Qamr Ali, Sohn des Mir Ali, Sohn des Kabir Ali, weizenfarbenes Gesicht, breite Stirn, nichtzusammengewachsene Augenbrauen, Schafsaugen, vorstehende Nase, Bart und Schnurrbart schwarz, rechtes Ohr durch Schwerthieb verloren« [109]. Auf sozialem Gebiet machte Akbar große Anstrengungen, Kinderheiraten zu verbieten, *Sati* (die Verbrennung von Hinduwitwen zusammen mit ihren toten Männern) abzuschaffen, das Glücksspiel in geregelte Bahnen zu lenken, die Prostitution durch Beschränkung auf bestimmte Stadtviertel zu überwachen, das Chaos indischer Längen- und Gewichtsmaße zu vereinheitlichen und ein leistungsfähigeres und liberaleres Erziehungssystem einzuführen [11, 110, 116].

Der Apparat für all dies erforderte eine erhebliche Zunahme der Beamtenschaft, und die üblichen tragikomischen Possen der Bürokratie waren am Hof der Moguln genauso frustrierend wie anderswo auch. Bevor ein neuernannter Offizier seine Bezüge erhalten konnte, mußte folgende Prozedur durchgeführt werden: Nachdem der Kaiser die Ernennung vorgenommen hatte und sie in den täglichen Hofbericht eingetragen war, wurde aus diesem ein Auszug angefertigt und von drei Beamten unterzeichnet, bevor er dem Offizier zuging, der die Zweitschriften zu erstellen hatte und eine verkürzte Fassung anfertigen mußte, die von vier Beamten signiert und von einem Minister gesiegelt wurde. Die Kurzfassung ging an die Militärbehörde, die nun eine die Truppen des Offiziers beschreibende Urkunde anforderte. Sobald diese vorlag, wurde eine Gehaltsanweisung ausgestellt und in die Akten aller beteiligten Behörden eingetragen, bevor sie an das Finanzministerium ging, wo ein Konto angelegt und dem Kaiser zwecks Genehmigung vorgelegt wurde. Nach der formellen Billigung wurde eine Zahlungsanweisung ausgestellt und der Reihe nach dem Finanzminister, dem Oberbefehlshaber und dem Obersten Zahlmeister unterbreitet. Dieser schrieb die letzte Verfügung aus, die, nachdem sie sechs Leute aus drei Behörden unterschrieben hatten, vom Schatzamt als Vollmacht für die Auszahlung des Gehalts akzeptiert werden konnte [116]. Es war aber zumindest ein Beamtenwesen, das einem Talent den Aufstieg ermöglichte. Schah Mansur, der später als Akbars Diwan mit dazu beitrug, viele der Reformen Todar Mals im Abgabensystem durchzuführen, hatte sich zuerst als einer der Beamten der Abteilung für Parfümerie hervorgetan [10, 62].

Im Alter von dreiundzwanzig Jahren kam Abul Fasl in Fatehpur Sikri an, um in Akbars Dienst einzutreten – im selben Jahr, nämlich 1574, in dem auch ein anderer, ebenso brillanter junger Mann, Badauni [13, 10], dort eintraf. Von früher Kindheit an hatte Abul Fasl den elf Jahre älteren Badauni gekannt, da Badauni in Agra unter Abul Fasls Vater, Scheich Mubarak, studiert hatte [134]. Jeder von ihnen erregte sofort Akbars Aufmerksamkeit, jeder schien für eine äußerst vielversprechende Laufbahn bestimmt, und sie sollten auch tatsächlich die beiden bedeutendsten Geschichtsschreiber der Zeit werden. Aber ihre Wege trennten sich sehr rasch, und der riesengroße Unterschied zwischen ihrer Laufbahn und ihren Büchern symbolisiert deutlich die Kluft, die sich in der zweiten Regierungshälfte Akbars auftat und die diese Jahre den orthodoxen Moslems unter Akbars Untertanen als Jahre des Verderbens erscheinen ließ. Viele dieser Moslems glaubten, der Herrscher sei ein Hindu geworden. Badauni war strenggläubiger Sunnit, Abul Fasl hingegen ein Freidenker wie sein älterer Bruder Faisi und sein Vater, Scheich Mubarak. Die Berufung der drei Angehörigen dieser mit Begabungen gesegneten Familie in Positionen am Hof zeigte für die streng orthodoxen und bislang sehr mächtigen Mitglieder der *Ulama*, der religiösen Hierarchie, eine Wende an, die nichts Gutes verhieß.

Scheich Mubarak und seine beiden Söhne wurden sehr rasch die einflußreichste Gruppe am Hofe Akbars, hauptsächlich, weil ihr Eklektizismus so mit dem seinen in Einklang war. Der Scheich selbst nahm die führende Stellung unter den Theologen des Palastes ein. Faisi, sein ältester Sohn, wurde Hofdichter. Und Abul Fasl stürzte sich mit Lust und Liebe auf die vielen Aufgaben, durch die er das Vertrauen des Kaisers noch mehr gewinnen sollte. Je mehr die Angelegenheiten in Fatehpur Sikri den eleganten und sorglosen Weg über Abul Fasl und Faisi gingen, desto mehr fühlten sich Badauni und seinesgleichen ausgeschlossen. Badauni behauptet, Abul Fasl wegen seiner bekannten häretischen Äußerungen eines Tages Vorwürfe gemacht zu haben und über die kühle Antwort »Ich möchte einige Tage zum Vergnügen im Tal der Ungläubigkeit einherwandern« [13] in Wut geraten zu sein, obwohl diese Geschichte der politischen Ernsthaftigkeit, die hinter Abul Fasls Wunsch stand, die religiöse Basis des Regimes zu verbreitern, mehr als unrecht tat. Es ist von beißender Ironie, daß den beiden rivalisierenden Intellektuellen in jungen Jahres jeweils der Rang eines Befehlshabers über 20 Berittene verliehen wurde und sie sich in dieselbe Aufgabe teilen mußten, nämlich die Markierung der Pferde zur Musterung zu beaufsichtigen. Abul Fasl machte sich mit Eifer an die Sache und brachte es nach Badaunis Worten fertig, »mit Hilfe seiner

Intelligenz und seiner opportunistischen Fähigkeiten« aus dieser Stellung zu den höchsten Positionen des Reiches aufzusteigen, »während es mir in meiner Unerfahrenheit und Einfalt nicht gelang, weiterhin im Militärdienst zu bleiben« [13]. Badauni sank bald bis zum offiziellen Rang eines bloßen Übersetzers ab. Akbar beauftragte ihn mit der vier Jahre in Anspruch nehmenden Aufgabe, das klassische Werk der Hindus, das Mahabharata, ins Persische zu übersetzen, und kümmerte sich dabei charakteristischerweise nicht um Badaunis Bigotterie; wie bei ihm zu erwarten war, hielt er das Werk für nichts als »unreife Absurditäten, die die 18000 Kreaturen wohl in Staunen versetzen mögen ... aber es ist mein Schicksal, an solchen Werken arbeiten zu müssen« [13]. Badauni kommt in Abul Fasls Buch kaum vor, umgekehrt nimmt aber Abul Fasl in dem Werk Badaunis eine hervorragende Stelle ein als der »Mann, der die Welt in Brand setzte«, und der »übertrieben diensteifrig und opportunistisch war, offen seinen Unglauben erkennen ließ und ständig die Launen des Kaisers studierte, ein Schmeichler über alle Maßen« [13]. Die Bücher beider Männer geben zusammen ein ideales Gespann von Kommentaren zur Herrschaft ab. Badaunis Buch, verschroben, fanatisch, schonungslos ehrlich mit sich selbst wie mit anderen, ist sehr viel lesbarer und, vom modernen Standpunkt aus, bedeutend besser geschrieben. Es wurde im geheimen kompiliert und erst 1615 entdeckt, nachdem sowohl Akbar wie Badauni tot waren. Abul Fasls Buch, in dem eine bloße Aufzählung von Akbars guten Fähigkeiten sich über mehrere Seiten erstrecken kann [10], war vom Kaiser in Auftrag gegeben und ihm nach Abschluß jedes Kapitels vorgelesen worden – und zweifellos später immer wieder. Und doch wird man von der bloßen, selbstsicher gehandhabten Überfülle seiner blumenreichen persischen Metaphern mitgerissen, und das Buch kann sogar überraschend lebendig sein, so zum Beispiel, wenn ein frommer Mann »30 Jahre lang in einer unbeachteten Ecke auf einer Matte Glück gesammelt hat« [10]. Der Unterschied zwischen den beiden Geschichtswerken ist der zwischen einem brillanten Tagebuch und einer überaus prächtigen ornamentalen Schriftrolle.

Akbars eigener Hang zu religiöser Spekulation wurde nicht allein durch die Familie Scheich Mubaraks bestärkt, sondern auch durch weitverbreitete geistige Strömungen, die es damals in Indien gab. Innerhalb des Islams hatte es lange eine Tradition freidenkerischen Mystizismus gegeben, den sogenannten Sufismus, der im Gegensatz zu den starren Eigenheiten der Orthodoxie stand; und im vorangegangenen Jahrhundert waren in Indien ähnliche Bewegungen innerhalb des Hinduismus dazugekommen, besonders die Bhakti-Bewegung und die Anfänge der Sikh-Religion, die sich beide vom Kastensystem abkehrten und den Glauben an einen persönlichen Gott beinhalteten [126]. Bis zum Jahre 1575 war Akbars Interesse an vergleichender Religionswissenschaft so stark geworden, daß er ein eigens dafür bestimmtes »Haus der Anbetung«, ein *Ibadat-khana*, baute, um darin religiöse Diskussionen abzuhalten. Das Gebäude, das heute nicht mehr steht, war die erweiterte, verlassene Zelle eines Einsiedlers. Es lag hinter der Moschee von Fatehpur Sikri, und Akbar ging normalerweise am Donnerstagabend nach den Gebeten in der Moschee dorthin – der mohammedanische Tag wird so berechnet, daß er zur Zeit der Abenddämmerung und nicht um Mitternacht beginnt, und so war der Donnerstagabend für Akbar und seine Mullahs der Abend des heiligen Tages, des Freitags.

Wie in seinem *Diwan-i-khas* hatte er auch hier vor, in der Mitte zu sitzen und die Argumente von allen Seiten in sich aufzunehmen. Er war zutiefst schockiert – und in akademischen Angelegenheiten unerfahren genug, um überrascht zu sein – als die gelehrten Geistlichen, die er zur Teilnahme geladen hatte, sich sofort darüber in die Haare gerieten, wer wo sitzen solle, aber das wurde schließlich dadurch geregelt, daß man die rivalisierenden Gruppen auf die vier Seiten des Gebäudes aufteilte. Die Diskussionen zogen sich bis spät in die Nacht hin; viele Wohlgerüche wurden der Luft beigemischt; und Akbar hatte wie immer bei derlei Gelegenheiten einen Haufen Geld vor sich, womit er die überzeugendsten und elegantesten Beiträge zu belohnen hoffte. Aber auch hier wurde er enttäuscht. Badauni berichtet, daß die

Scheichs warten darauf, Akbar in Adschmir begrüßen zu können, das weiterhin ein wichtiger Wallfahrtsort der Moguln blieb (ca. 1615)

Folgende Doppelseite: Ein Ausschnitt aus einer der Tigerjagden Akbars (ca. 1590)

جهانگیر

Akbars Sohn Dschahangir teilt sich mit Christus in ein Fenster – mogulische Alben waren oft wie erlesene Einklebebücher komponiert (ca. 1620)

gelehrten Doktoren sich innerhalb kürzester Zeit gegenseitig als »Narren und Ketzer« bezeichneten, daß die Argumentation rasch über subtile Differenzen zwischen den Sekten hinausging und die Grundfesten des Glaubens zu unterminieren drohte, bis die Teilnehmer aus gegenseitigem Haß zu echten Juden und Ägyptern wurden« [13]. Die Grundlage von Akbars Glauben, die vielleicht schon ein wenig erschüttert waren, wurden durch diese Auftritte sicher noch stärker ins Wanken gebracht. Derart heftige Meinungsverschiedenheiten innerhalb der mohammedanischen Glaubensgemeinschaft, auf die die Diskussionen in jenem Stadium beschränkt waren, scheinen für ihn den Islam selbst in Zweifel gezogen zu haben, und er ging einen Schritt weiter und stellte die Sache den Gelehrten anderer Religionen zur Debatte. Schließlich bezog er Hindus, Dschains, Anhänger Zarathustras, Juden und sogar eine kleine Gruppe ein, die eine herausragende und äußerst interessante Rolle im Hofleben von Fatehpur Sikri spielen sollte, nämlich drei Jesuitenpatres aus der portugiesischen Kolonie von Goa.

Die Portugiesen hatten sich, noch bevor Babur 1526 eintraf, an der Westküste Indiens niedergelassen, aber ihre Handelsgeschäfte mit indischen Potentaten hatten sich in der Hauptsache auf ihre Nachbarn in Gudscherat beschränkt. 1579 schickte Akbar einen Gesandten zu den portugiesischen Behörden in Goa, bekundete sein Interesse an der christlichen Religion und bat darum, einige gelehrte Patres »mit den Hauptbüchern des Alten Testaments und dem Neuen Testament« an seinen Hof zu senden. Den Jesuiten erschien dies als eine Möglichkeit, der Christenheit einen neuen Kaiser Konstantin zu schenken, eine vom Himmel geschickte Gelegenheit, ein ganzes Reich von Heiden von der Spitze nach unten zu bekehren. Und Akbar hoffte, neben seinem ursprünglichen Interesse an vergleichender Religionswissenschaft, daß ein diplomatischer Kontakt mit den Portugiesen dazu beitragen könnte, »diese wilde Rasse zu zivilisieren« [10]. Alles schien auf freundliche Beziehungen hinzudeuten, und als solche erwiesen sie sich schließlich auch.

Im Februar 1580 erreichte eine aus drei Patres bestehende Mission Fatehpur Sikri. Es waren Rudolf Aquaviva, ein italienischer Aristokrat, dessen Onkel General der Societas Jesu wurde, Anton Monserrate, ein Spanier, der später einen vollständigen Bericht über seine Erfahrungen im Land des Moguls hinterließ, und Francis Henriquez, ein Perser, der vom islamischen Glauben übergetreten war und als Dolmetscher fungierte. Das Trio wurde sofort in die religiösen Debatten hineingezogen, und mit dem Mut von Männern, die ganz offiziell den Märtyrertod ins Auge gefaßt hatten – den Aquaviva später, wenn auch nicht von Mogulhand, erleiden durfte und daraufhin 1893 seliggesprochen wurde – legten sie sich sogleich mit solcher Vehemenz mit dem Islam an, daß Akbar sie schließlich beiseitenehmen und zur Vorsicht mahnen mußte. Aber sie waren ohnedies weniger daran interessiert, Akbars frömmelnde Mullahs zu überzeugen, als den Kaiser selbst für ihren Gott zu gewinnen, und hier schienen sie die zufriedenstellendsten Fortschritte zu erzielen [122].

Akbar behandelte die »nazarenischen Weisen«, wie Abul Fasl sie nannte [10], immer mit der größten Liebenswürdigkeit. Er hatte es gern, wenn sie nahe bei ihm saßen und nahm sie oft zu privater Unterhaltung beiseite; er schickte ihnen Speisen vom königlichen Tisch; als Monserrate krank war, besuchte er ihn, und er hatte sich sogar der Mühe unterzogen, einen besonderen portugiesischen Gruß für diesen Anlaß zu erlernen. Manchmal konnte man ihn auf öffentlichen Plätzen, den Arm um Pater Aquaviva gelegt, gehen sehen. Auf religiöser Ebene arbeitete er ebenso mit ihnen zusammen. Er war bereit, ihre geweihten Bücher und heiligen Bilder zu küssen; er kam, um die Krippe zu sehen, die sie für ihr erstes Weihnachtsfest in Fatehpur Sikri gebaut hatten, und als er ihre kleine Kapelle betrat, nahm er seinen Turban ab. Er bestellte Abul Fasl dazu, ihnen Persisch beizubringen und ließ es zu, daß Monserrate Hauslehrer seines Sohnes Murad wurde, der damals ungefähr elf Jahre alt war, ja, er tolerierte sogar die Worte »Im Namen Gottes und Jesus Christi, des wahren Propheten und Gottessohnes« vor jeder Übung, die der Prinz machte. Er gestattete den Patres zu predigen, Bekehrungen durchzuführen und für einen am Hof verstorbenen Portugiesen ein großes Begräbnis mit einer Straßenprozession mit Kruzifix und Kerzen abzuhalten; sogar den Tadel der Jesuiten wegen seiner vielen Frauen nahm er ihnen nicht übel [122].

Es überrascht nicht, daß die Missionare sich ermutigt fühlten, aber sie sollten bald enttäuscht werden. Sie hatten die Faszination, die für Akbar von allen Religionen ausging, fälschlicherweise als eine Neigung zu der ihren gedeutet. Anscheinend sprach Akbar das Christentum ebenso an wie irgendeine andere Religion, obwohl er unter anderem darüber enttäuscht war, daß Christus etwas so Unwürdiges wie eine Kreuzigung zugelassen haben sollte, und er fand, daß Jesus, wenn er nun einmal »da oben« war, seine besonderen Kräfte hätte benutzen sollen, um herunterzukommen. Es ist verschiedentlich die Meinung vertreten worden, daß Akbar bewußt darauf hoffte, im Christentum eine Religion zu finden, mit deren Hilfe er die Feindseligkeiten zwischen den einzelnen Glaubensgemeinschaften des Reiches hätte lösen können, indem er den christlichen Glauben von oben her den Moslems und Hindus gleichermaßen aufzwang, so wie es tatsächlich die Jesuiten selbst auch gewollt hatten. Aber er war ein zu schlauer Politiker, um zu glauben, daß er feierlich eine neue Religion für Indien verkünden konnte, und es ist wahrscheinlich, daß sein Interesse am Christentum fast ganz seiner persönlichen Vorliebe für spekulatives Denken entsprach. Typisch für ihn ist es, daß seine eigene Religion, als er sich schließlich doch zu einer durchrang, sich als eine sehr allgemeine Formel herausstellen sollte, deren Hauptwesensmerkmal ein unbestimmter Nimbus von Göttlichkeit um seine eigene Person war, und daß er sich so wenig darum bemühte, sie in seinem Freundeskreis zu verbreiten. Die Verkündigung dieser neuen Religion im Jahre 1582, die als *Din-i-Ilahi*, als »Religion Gottes«, bekannt ist, ließ die Patres schließlich erkennen, daß ihre Bemühungen fehlgeschlagen waren. So kehrten sie nach Goa zurück, aber auf Akbars Bitten hin folgten ihnen andere Gruppen von Missionaren, und noch bei verschiedenen späteren Gelegenheiten hatten die Christen Anlaß zu großen Hoffnungen, um dann wieder enttäuscht zu werden. Während der nächsten Regierung wurden im Jahre 1610 drei Enkel Akbars sogar öffentlich inmitten großer Festlichkeiten als Christen getauft und den Jesuiten zur Erziehung übergeben; die Freude der Patres wurde jedoch durch das unmittelbar folgende Gerücht getrübt, daß sie sich nur deswegen in den Schoß der christlichen Kirche begeben hatten, weil sie hofften, einige christliche Damen für die verschiedenen königlichen Harems zu erwerben, und drei oder vier Jahre später »verschmähten« die Prinzen »das Licht und kehrten zu ihrem Auswurf zurück«, wie es ein Schriftsteller der Jesuiten ausdrückte [122, 40]. Als so nichtssagend hatte sich die *Din-i-Ilahi*-Religion erwiesen, daß sich ganz am Ende von Akbars Leben jede religiöse Gruppe immer noch Hoffnungen auf den Kaiser machte, und von den im Jahre 1605 um sein Totenbett Stehenden wurde ein Wettstreit ausgetragen, um herauszufinden, wessen Gott die Ehre haben würde, als letzter auf seinen Lippen zu sein. Selbst dies blieb ungewiß; die Christen glaubten, daß er als Mohammedaner und viele Mohammedaner, daß er als Hindu gestorben sei [122].

Wenn die Jesuiten zu Unrecht geglaubt hatten, Akbar würde sich dem Christentum nähern, so waren die Moslems sicher zu Recht davon überzeugt, daß er sich vom orthodoxen Islam entfernte. Daß er sich so verhielt, geschah in hohem Maße aus politischen Erwägungen. Das Grundprinzip eines mittelalterlichen islamischen Staates verlieh den Mullahs sehr große Macht, da man meinte, daß der richtige Weg für jede Handlung im Koran oder in einer oder zwei herkömmlichen Auslegungen zu finden war. Der Herrscher mußte sich somit an das Buch halten, und das Buch wurde von jenen am besten interpretiert, die ihr Leben der Religionswissenschaft gewidmet hatten. Wie wenig geeignet die orthodoxen Mullahs waren, Akbar hilfreichen Rat zu erteilen, wie er die konfessionell gemischten Religionsgemeinschaften in Indien führen sollte, kann an der Haltung des hochintelligenten und talentierten Badauni abgelesen werden. Der Mann, den Badauni am meisten bewunderte, war Husain Khan, in dessen Diensten er seine frühen Jahre verbracht hatte, und die Tat Husain Khans, die Badauni am meisten beeindruckte, ist äußerst aufschlußreich. Als Badauni als Statthalter Akbars in Lahore war, saß er eines Tages mit öffentlichen Angelegenheiten beschäf-

Links: Zwei Jesuiten, Rudolf Aquaviva und Francis Henriquez, nehmen an der Debatte im Ibadat-khana *teil (ca. 1605)*

Rechts: Stiche mit christlichen Motiven, die, von den Jesuiten mitgebracht, später in ein mogulisches Album eingeklebt wurden

tigt, als ein Fremder eintrat. Da der Statthalter annahm, es handle sich um einen Mohammedaner, stand er »mit seiner gewohnten liebenswürdigen Unterwürfigkeit« auf, um ihn zu begrüßen. Aber es stellte sich heraus, daß der Mann ein Hindu war. Husain war über seine kleine, falsch angebrachte Geste der Höflichkeit so beschämt, daß er allen Hindus befahl, in Zukunft einen sichtbaren Stoffflecken auf einem ihrer Ärmel zu tragen, damit ein derartiger Fehler nie wieder vorkommen könne [13]. Doch waren nach den strengsten Maßstäben des orthodoxen Islam Badauni und Husain im Recht. Es war seit altersher eine strenge Forderung, daß *Dhimmis* bestimmte Kleidungsstücke zur Unterscheidung tragen sollten [134].

Akbar benützte die unwürdigen Zwistigkeiten zwischen mohammedanischen Theologen in der *Ibadat-khana* als Gelegenheit, die Macht des Priestertums einzuschränken. 1579 erschien das berühmte *Mahsar* oder Unfehlbarkeitsdekret, in dem festgelegt wurde, daß bei einem Gelehrtenstreit über die Auslegung irgendeiner Koranstelle in Zukunft Akbar das entscheidende Wort sprechen würde, welche der kontroversen Auffassungen zu akzeptieren sei; darüber hinaus sollte jeder Schritt, wenn Akbar sich zum Wohl des Staates dafür entschied, von allen anerkannt werden, es sei denn, es konnte ein Widerspruch zum Koran nachgewiesen werden. Das Dekret entsprach insofern folgerichtiger islamischer Theorie, als es das Buch über alles erhob, aber es stellte zumindest auf dem Papier eine einigermaßen bestürzende Umwälzung in der Beziehung zwischen der *Ulama*, der Gruppe gelehrter Männer, und der weltlichen Macht dar – wenn es auch in der Praxis nicht viel bedeutete, da sich sowohl Akbar wie der äußerst orthodoxe Aurangseb willens und in der Lage zeigten, ihren *Qasi*, den Ratgeber in religiösen und rechtlichen Fragen, zu entlassen, als er sich weigerte, eine Handlungsweise gutzuheißen [13, 49]. Das Unfehlbarkeitsdekret wurde von verschiedenen Theologen unterschrieben, aber nur einer von ihnen, Abul Fasls Vater, Scheich Mubarak, setzte seinen Namen begeistert darunter, wie eine Bemerkung unter seiner Signatur bezeugt [13]. Da das Dekret wahrscheinlich in der Hauptsache Mubaraks Idee war, markierte es für den Scheich und seine beiden Söhne einen entschiedenen Schritt nach vorn im Hinblick auf die Macht am Hof und war für die Orthodoxen ein ernsthafter Schlag – insbesondere in Zusammenhang mit anderen Anzeichen über die Richtung, in die Akbars Gedanken um diese Zeit gingen. 1579 setzte er dem Brauch ein Ende, jedes Jahr Riesensummen zur Verteilung an die Armen nach Mekka und Medina zu schicken; 1580 gab er seine alljährliche Pilgerreise nach Adschmir auf; 1584 lehnte er das moslemische Zeitsystem ab, das die Ereignisse von der Flucht des Propheten von Mekka nach Medina, von der Hegira an datierte, und ersetzte es durch eine neue Zeitrechnung, die mit seiner eigenen Thronbesteigung begann (Abul Fasl erläutert, daß Akbar es »von ominöser Bedeutung« fand, von der Hegira an zu zählen, vermutlich wegen der Erwähnung der Flucht). Schließlich hatte er die Stirn gehabt, damit anzufangen, in der Moschee selbst zu predigen und die Chutba zu lesen, obwohl er beim allerersternmal nach der Hälfte aufhören mußte, als er zu zittern anfing, weil er anscheinend wieder einmal einen seiner quasi-mystischen Anfälle hatte [10, 11, 13]. Zusammen mit dem Unfehlbarkeitsdekret war dieser persönliche Auftritt in der Moschee für die Orthodoxen vielleicht der beleidigendste von allen. Er bedeutete, daß Akbar sich selbst den Status eines gelehrten Theologen zuerkannte. Den nächsten Schock erlitten sie, als er diesen Prozeß noch eine Stufe weiterzutreiben schien und sich schlicht als göttlich hinstellte.

Die *Din-i-Ilahi,* Akbars neue, auf einem vagen und mystischen Liberalismus beruhende Religion, ließ es im besten Fall im unklaren, wie breit der Herrscher die Trennungslinie zwischen sterblich und göttlich sehen wollte. Die neue Zeitrechnung, die von seiner Thronbesteigung an zählte, wurde als die »Göttliche Ära« bezeichnet. Und er entfachte helle Empörung, als er sich entschloß, auf seine Münzen den zweideutig aufzufassenden Ausdruck »Allahu akbar« prägen zu lassen; die Zweideutigkeit rührt daher, daß »akbar« sowohl »groß« heißt, wie es auch der Name des Kaisers ist, so daß die Worte entweder »Gott ist groß« oder »Akbar ist Gott« bedeuten konnten. Dies erschien verschiedenen modernen Historikern als die eklatanteste Anmaßung der Göttlichkeit, aber es braucht nicht so gewesen zu sein. Als ein Scheich Akbar beschuldigte, die zweite Bedeutung im Sinne gehabt zu haben, erwiderte er gekränkt, daß ihm diese Idee überhaupt nicht gekommen sei. Seine Entgegnung scheint etwas weit hergeholt, und die Tatsache, daß er seinen eigenen Namen und seine Titel von den Münzen hatte entfernen lassen, um sie durch diese Formel zu ersetzen, legt nahe, daß es ihm nicht entgangen war, daß sie sowohl seinen Namen wie den Gottes einschloß [13, 78]. »Allahu akbar« ist aber auch eine islamische Urbeschwörung – es war, um zwei extreme Beispiele anzuführen, der Schlachtruf der Truppen Timurs und das Wehgeschrei der Frauen während des Feuers in der Al Aqsa Moschee in Jerusalem am 21. August 1969 [1, The Times, 22. Aug. 1969] – und es ist sehr wahrscheinlich, daß Akbar sich über die Zweideutigkeit eher amüsierte, als daß er den Satz als eine ernstzunehmende Aussage über seine eigene Person ansah.

Alle diese Schritte unternahm Akbar mit der energischen Unterstützung, wenn nicht sogar Führung durch Scheich Mubarak und seine Söhne. In Abul Fasls Biographie Akbars finden sich überall Epitheta, die dessen Göttlichkeit nahelegen; dem Herrscher werden auch verschiedene Wunder zugeschrieben, darunter sogar das des Regenmachens. In all seinen Schriften legt Abul Fasl das Hauptgewicht auf die religiöse Toleranz – er war ein Mann, der das, was er predigte, auch tat, indem er eine Hindufrau, eine aus Kaschmir und eine aus Persien hatte – und innerhalb eines Absatzes bezeichnet er die Mohammedaner Kaschmirs als »engstirnige Konservative von blindem Traditionsgeist« und preist hingegen die Hindupriester der Provinz, weil sie nicht »die Sprache der Verleumdung gegen Andersgläubige« erhoben. Sein ausdrückliches Ziel, das er sich mit dem Studium und der Beschreibung hinduistischer Kultur und Philosophie gesetzt hatte, war es zu erreichen, daß die »Feindseligkeit ihnen gegenüber abnehmen« und das weltliche Schwert vom Blutvergießen abgehalten werden möge« [10, 11].

Akbars fortschreitende Entwicklung vom orthodoxen Islam zu seiner eigenen vagen Religion hin gehörte ohne Zweifel zu der bewußten Bemühung, als Repräsentant aller seiner Untertanen zu erscheinen – so kam beispielsweise die Vorstellung der Radschputen von ihren Radschas der Abul Fasls von Akbar sehr nahe, nämlich sowohl Mensch wie Gott zu sein – und das Ganze paßte zu der allgemeinen Politik, die die Übernahme von Festen der Hindus und Parsen sowie seine zunehmende Abstinenz von Fleischspeisen nach Hindu-Art einbezog [11, 10]. Zugleich wurde aber ein persönliches Bedürfnis damit erfüllt. Er fühlte sich zur Mystik hingezogen, liebte die einsame Kontemplation, war begierig nach jedem Schlüssel zur Wahrheit, und wenn jene Wahrheit ihn etwa mit der Göttlichkeit in Berührung bringen sollte, so hatte es dafür immer schon Beispiele in seiner Familie gegeben. Humajun hatte sich in einer mystischen Identifizierung seiner selbst mit dem Licht und durch das Licht mit Gott gefallen; Timur pflegte von sich selbst konventioneller als dem »Schatten Allahs auf Erden« zu sprechen [92, 56]. Akbars religiöse Haltung scheint eine glückliche Mischung zwischen seinen persönlichen Neigungen und seiner Staatspolitik gewesen zu sein.

Es braucht wohl nicht eigens erwähnt zu werden, daß die Ablehnung durch orthodoxe Moslems rasch zunahm. Sie sahen in Akbars Maßnahmen einen unmittelbaren Angriff auf den Islam. Überall gab es Gerüchte über gewaltsam geschlossene, ja sogar zerstörte Moscheen. Man glaubte, daß die Haremsangehörigen nun tatsächlich die Worte »es gibt keinen Gott außer Allah, und Akbar ist sein Prophet« nachsprachen. Als Akbar, um den Alkoholismus zu zügeln, ein Weingeschäft in der Nähe des Festungstores eröffnete, in dem nur die Besitzer ärztlicher Rezepte einkaufen durften, flüsterte man sich zu, daß der Wein, der als solcher schon anstößig genug war, auf Befehl des Kaisers mit Schweinefleisch vermischt worden sei. Das uralte literarische Spiel, Chronogramme zu erfinden, die im normalen Gebrauch aus Glückwünschen zu einem bestimmten Anlaß bestanden und so ausgeklügelt angeordnet waren, daß die Summe der Buchstabenwerte genau das Jahr des Ereignisses ergeben sollte, wurde nun im Untergrund wieder aufgenommen mit Elaboraten wie »Veröffentlichung über die Häresie« und »Verfall der Gelehrsamkeit«, um so das Datum der Maßnahmen des Kaisers anzugeben. Selbst ganz unbedeutende Meinungsäußerungen Akbars wurden als bewußt gegen den Koran gerichtet ausgedeutet. Badauni war hell empört, als er entdeckte, daß Akbar es für vernünftiger hielt, vor dem Geschlechtsverkehr statt danach ein Bad zu nehmen. Mohammed hatte genau das Gegenteil gesagt [13].

Im Augenblick befanden sich die Orthodoxen also auf dem Rückzug, aber selbst unter Akbar gab es Anzeichen für einen Umschwung, der die Beziehungen zwischen den Religionsgemeinschaften am Ende des Jahrhunderts in einem noch schlechteren Zustand zurücklassen sollte, als Akbar ihn vorgefunden hatte. An der Spitze der mohammedanischen Kritik an Akbar stand ein orthodoxer Sunnit, der, wie jedermann wußte, der Maxime Mohammeds anhing, daß »alles Neue, das in meine Religion eingeführt wird, zu verdammen ist«; der Scheich konnte bei Akbar wenig erreichen und wurde von Dschahangir ins Gefängnis gesteckt. Sein Sohn und Enkel betrieben jedoch seine Sache weiter, und ihnen gelang es, sich allmählich an den Thron heranzuarbeiten [120]. Badauni beschreibt Husain Khan, den er am meisten bewunderte, als einen Mann, der nie ein Gebet versäumt, mit keiner Frau außer seinen drei ihm gesetzmäßig angetrauten Ehefrauen irgend etwas zu tun hatte, und – obgleich außerordentlich reich – mit allem, was dazugehörte, in großer Armut lebte, und fügt hinzu, daß Husain »Nüsse als eine Art berauschende Speise betrachtete« [13]. Diese Beschreibung liest sich, als ob sie geradezu für Aurangseb maßgeschneidert worden wäre, den letzten Großmoguln, in dessen fast 50jähriger Regentschaft von 1658–1707 die religiöse Bigotterie ständig zunahm und der Zusammenbruch von Akbars Reich sich ankündigte. Auf lange Sicht trug eher Badauni und nicht Abul Fasl den Sieg davon.

Ich bin deshalb mit einer gewissen Ausführlichkeit auf Akbars Religionspolitik und deren Ergebnisse eingegangen, da es dieser Versuch einer Synthese sowohl hinsichtlich seiner eigenen Person wie der Gesellschaft seiner Zeit ist, der seine Regentschaft angesichts der

Unruhen in neuerer Zeit zwischen den beiden indischen Religionsgemeinschaften heute in so besonders faszinierendem Licht erscheinen läßt. Die Historiker haben sich viele Gedanken darüber gemacht, ob Akbars neue Religion, die *Din-i-Ilahi*, eine Lossagung vom Islam oder lediglich eine Ablehnung seiner Starrheiten unter Beibehaltung der wesentlichen Geisteshaltung bedeutete. Diese Frage erscheint gleichermaßen unbedeutend wie unlösbar – in dem Sinne, daß Akbar sich selbst wahrscheinlich darüber nicht klar war noch sich darum kümmerte, in welcher Beziehung er zu irgendeiner Religion stand. Für die Orthodoxen bedeutet die Ablehnung irgendeines Teils der Religion die Ablehnung des Ganzen. Wenn man diese Einstellung als solche erst einmal von sich weist, bleibt das Ganze unbedroht, bis alle Teile verlorengehen, und Akbar behielt sicherlich immerhin einen Glauben an Gott bei, der mindestens so stark war wie der an sich selbst, wenn er nicht überhaupt damit identisch war. Vom Standpunkt des späten 16. Jahrhunderts aus wie auch in heutiger Sicht war Akbars geistige Odyssee nicht wegen ihrer Wirkung auf sein Verhältnis zu Gott sondern zu den leidenschaftlichen und unbeständigen Religionsgemeinschaften Indiens bedeutungsvoll.

Die gleichzeitigen Rebellionen der Afghanen in Bengalen und von Akbars Halbbruder Hakim in Kabul im Jahre 1580 stellten die letzte ernsthafte Bedrohung des Reichs dar. Während der verbleibenden 25 Jahre der Regentschaft waren Akbar und seine Generale eifrig darauf bedacht, Unruhen in den bestehenden Hoheitsgebieten zu unterdrücken – besonders Bengalen erforderte nahezu unablässige Wachsamkeit – und einige wichtige neue Gebiete dazugewinnen. Die Einnahme von Umarkot, seiner Geburtsstätte, im Jahre 1592 war ein besonders erfreulicher Sieg und Teil der Einverleibung von ganz Sind in das Reich; Belutschistan, weiter westlich gelegen, und Kandahar folgten bald darauf; die wichtigste Eroberung war aber zweifellos die Kaschmirs im Jahre 1586. Die Mogulherrscher verliebten sich geradezu in Kaschmir. Akbar stattete dem Tal trotz der mühsamen Reise dreimal einen Besuch ab und nannte es gern seinen privaten Garten. Weil die Reise so schwierig war, ließ er dabei den Großteil seines Harems in Scher Schahs Festung in Rohtas zurück und zog auf eigens für ihn errichteten Straßen nordwärts. Es war ein Gradmesser für die Sicherheit des Reichs, daß der Kaiser nun lange Reisen zu einer Stätte zu unternehmen vermochte, von der er unmöglich schnell zurückkehren konnte. Wenn er sich einmal im Tal befand, entspannte er sich fast wie ein Erholungsreisender, machte Bootsfahrten, jagte Wasservögel und sah zu, wieviele Männer sich in eine hohle Platane, eine *Chenar*, hineinzwängen konnten (es waren 34), oder er beobachtete zusammen mit seinem ältesten Sohn Selim, wie die Safranfelder abgeerntet wurden. Selim sollte als späterer Kaiser Dschahangir von noch größerer Zuneigung zu Kaschmir besessen sein als Akbar [10, 16, 13].

Weniger erfolgreich war der Versuch, nach Süden in den Dekkan vorzustoßen, ein Feldzug, den Akbar während der letzten 12 Jahre seiner Regentschaft ohne handfeste Ergebnisse unternahm und der, von seinen Nachfolgern weitergeführt, für den Mogulstaat zu einer immer größer werdenden und schließlich lähmenden Bürde wurde. Hindustan, wie die Ebenen Nordindiens heißen, hat als Reich natürliche Grenzen: vom Mündungsdelta des Indus bis zu dem des Ganges erstreckt sich dieses weite Land ohne geographische Barrieren in seinem Inneren, die ein großes Heer vom schnellen Vormarsch abhalten könnten, dafür verfügt es mit dem Meer im Westen und Osten, mit den bogenförmig verlaufenden Gebirgszügen des Hindukusch und des Himalaya im Norden und dem zerklüfteten Landstrich des Dekkan im Süden über eigene sichere und natürliche Grenzen. Bis 1595 stand das ganze Gebiet unter Akbars Kontrolle. Ein moderner Volkswirtschaftler hätte im Hinblick auf die innere Entwicklung das Reich nun als vollständig angesehen. Aber Akbar betrachtete es aus der Sicht seiner Zeit als die Aufgabe seines Herrschers, auf Eroberungen auszugehen, und vom Wesen des mogulischen Wirtschaftssystems her bestand eine echte Notwendigkeit zur Expansion. Nicht weniger wirklich waren die Schwierigkeiten, diese im Dekkan durchzuführen.

Vom Jahre 1593 an war das Mogulheer unter dem Oberbefehl von Prinz Murad im Dekkan

Dschahangir auf Bootsfahrt in Kaschmir (frühes 18. Jahrhundert)

in Aktion. Um diese Zeit hatten Akbars drei Söhne alle das Erwachsenenalter erreicht (Selim war 24, Murad 23, Danijal 22 Jahre), und sie waren seit einigen Jahren an verantwortliche Stellen sowohl in der Heerführung wie der Regierung herangeführt worden. Aber die fast gänzliche Erfolglosigkeit des Heers im Dekkan ließ sich zu einem großen Teil auf

Murads Trunksucht zurückführen, eine Familienschwäche, die Akbar zwar bei sich selbst zu unterdrücken vermochte, die bei seinen drei Söhnen aber bis zur Dipsomanie ausartete – was teilweise vielleicht eine Flucht vor den strengen Anforderungen eines höchst einschüchternden Vaters war. Im Jahre 1599 befand sich dann Murad in einer solchen Verfassung, daß Akbar Abul Fasl schickte, damit er ihn als Befehlshaber ablöse. Abul Fasl traf Anfang Mai im Hauptquartier des Prinzen ein, der bereits am 12. Mai in einem fortgeschrittenen Stadium von Delirium tremens starb. Abul Fasl stellte in der demoralisierten Armee wieder einigermaßen die Disziplin her und rückte zum Angriff auf Ahmednagar vor [10].

Das plötzliche Auftreten Abul Fasls als mit großen Vollmachten ausgestatteter General bedarf der Erklärung. An verschiedenen Stellen in der *Akbar-nama* berichtet Abul Fasl von seiner Enttäuschung, als er sich freiwillig zum Heeresdienst in einer gefährlichen Mission meldet und nicht genommen wird [10], und als er krank ist und fast stirbt, behauptet er, daß seine Bereitwilligkeit, diese scheinheilige Welt zu verlassen, nur dadurch beeinträchtigt wird, gehen zu sollen, ohne jemals die Gelegenheit gehabt zu haben, sich in der Schlacht zu bewähren [10]. Dem modernen Leser mögen solche Beteuerungen hohl vorkommen, aber Abul Fasl meinte das, was er sagte, wahrscheinlich ernst, da er wußte, daß der Weg zum Aufstieg in der Mogul-Gesellschaft unweigerlich über das Schlachtfeld führte, und daß die höchsten Stellungen bei Hof praktisch alle erfolgreichen Soldaten vorbehalten waren. Wie Dschauhar, der Wasserträger Humajuns, rückte er zuerst aus seiner Vertrauensstellung an der Seite des Kaisers zu verschiedenen untergeordneten Aufgabenbereichen in der Verwaltung auf. 1581 wurde er damit betraut, die Meinungen der Offiziere des Heeres zu einem bestimmten Feldzug nach Kabulistan zu erforschen, 1585 erhielt er den Rang eines mit 1000 *Zat* Besoldeten, zeigte sich 1586 in den Kriegsräten von überzeugender Beredsamkeit, hatte 1589 auf der Reise nach Kaschmir die Köche unter seiner Aufsicht, wurde 1592 in den Rang von 2000 *Zats* erhoben und 1598 von Akbar sogar mit einem Kriegselefanten beschenkt, als er mit einer 3000 Mann starken Streitmacht auszog, um Murad mitzuteilen, daß er nach Agra zurückkehren müsse und daß sein Bruder Danijal unterwegs sei, um sein Kommando zu übernehmen [10]. Durch Murads Tod innerhalb weniger Tage nach Abul Fasls Ankunft war die Armee vorübergehend ohne Befehlshaber, eine Lücke, die Abul Fasl begierig ausfüllte. Er machte sich mit dem bei ihm üblichen Eifer an die neue Aufgabe, traf ausgezeichnete Vorkehrungen für die sichere Rückkehr von Murads Harem nach Agra, rief gesellschaftlich weit über ihm Stehende zu sich, die ihm im Lager aufwarten sollten, und war überrascht, wenn sie das nicht taten [10]. Dann marschierte er so rasch gegen Ahmednagar, um es zu belagern, daß Danijal es für nötig befand, ihm zu schreiben: »Eure Energie beeindruckt alle. Euer Wunsch ist es, Ahmednagar zu nehmen, bevor wir dort sind, aber Ihr müßt von einer solchen Absicht ablassen« [10]. Aber schon nur ein Jahr später eroberte Abul Fasl mit seinen eigenen Truppen tatsächlich eine andere Festung, Maligarh, kletterte dabei sogar selbst eine Leiter hoch, und allmählich fanden sich Gesandte ein, die ihm, als dem Vertreter Akbars, die Unterwerfung benachbarter Fürsten anboten. 1601 sah er sich schließlich mit dem Kommando in einer regelrechten Schlacht betraut, als seine 3000 Mann starke Streitmacht es fertigbrachte, durch – wie er zu verstehen gibt – sein persönliches Eingreifen einen 5000 Mann starken Feind fast ganz zu besiegen: »Die siegreichen Krieger waren nahe daran zu verlieren. Aber der Chronist nahm die Sache in die Hand, und der Feind wurde zersprengt« [10]. Alles das war sehr berauschend, besonders für einen Mann der Feder, aber es war auch höchst gefährlich. Der zweitmächtigste Mann im Reich, Akbars ältester Sohn Selim, betrachtete Abul Fasls Erfolge mit besonders neidischen Blicken.

Akbar scheint über seinen ältesten Sohn äußerst verärgert gewesen zu sein, zugegebenermaßen oft mit gutem Grund – so als Selim drei Gesetzesbrecher auf besonders ausgefallene und sadistische Weise hinrichten ließ [10], oder wenn er sich ständig weigerte, das Kommando über Feldzüge in entfernte Teile des Reiches zu übernehmen, weil er anscheinend entschlossen war, dem Zentrum nahe genug zu bleiben, um bereits eine starke Stellung innezu-

Teich im Mogulgarten zu Vernag in Kaschmir mit Fischen, die von jenen abstammen, die von Dschahangir und Nur Dschahan gefangen und beringt wurden

haben, wenn sein Vater starb. Aber Akbars Feindseligkeit hatte auch etwas Übersteigertes und Besessenes an sich. Abul Fasl erzählt eine sehr aufschlußreiche Geschichte über einen Streit zwischen den beiden auf der Reise nach Kaschmir im Jahre 1589. Selim hatte den Befehl erhalten, den Harem mitzubringen, der sich Akbar anschließen sollte, aber er entschied, daß die Straße zu gefährlich wäre und kam somit allein. Akbars Reaktion grenzte an Hysterie. Er weigerte sich, den Prinzen zu sehen und faßte den überstürzten Plan, auf dem, wie er sehr wohl wußte, gefährlichen Pfad fast ohne Begleitung die ganze Nach durchzureiten, um die Damen selbst zu holen. Hier findet sogar Abul Fasl einmal keine Erklärung für das Verhalten seines Herrn und drückt sein Erstaunen darüber aus, daß er so verärgert gewesen sein sollte [10].

Die Folge dieser Antipathie war, daß Akbar seine anderen Söhne ganz offen bevorzugte, und Selim verbrachte die letzten fünf Jahre der Regentschaft in einer schier permanenten Rebellion gegen seinen Vater. Verglichen mit den späteren Aufständen mogulischer Prinzen im 17. Jahrhundert war das eine vergleichsweise harmlose Angelegenheit. Man kann das Ganze vielleicht genauer so beschreiben, daß Selim mit einer großen Armee ziellos im Land umherzog, sich in mehr oder weniger halbherziger Weise als Kaiser ausgab, während er sich Akbars Befehlen widersetzte, seine Truppen zu einem vernünftigeren Zweck einzusetzen. Vater wie Sohn vermieden vorsichtig, irgendeinen nicht wiedergutzumachenden Schritt zu tun, und selbst, als Selim 1602 mit einer 30000 Mann starken Streitmacht von Allahabad gegen Agra zog, konnte Akbar ihn wieder zum Gehorsam überreden, ohne daß es zu einem offenen Zusammenstoß gekommen wäre. Allerdings sah die Lage für Akbar in diesem Augenblick ernst genug aus, um seinen geliebten Abul Fasl aus dem Dekkan zurückzurufen, damit er ihn berate. Es war bekannt, daß Abul Fasl Selim feindlich gesinnt war, den er als verkommen und unzuverlässig betrachtete, und Selim war besorgt, wie weit die Handlungen seines Vaters von diesem Mann bestimmt werden könnten, dessen ohnehin bereits weitreichender persönlicher Einfluß nun durch seine militärischen Erfolge und durch einen neuen offiziellen Rang von 5000 *Zat* noch wachsen sollte [10]. Deshalb schmiedete Selim den Plan, Abul Fasl auf seinem Weg nach Norden, nach Delhi, meuchlings ermorden zu lassen, und er gibt das in seiner Autobiographie ungerührt zu; er erzählt, wie er Bir Singh Deo, dem Radscha von Ortschha, in der Nähe von dessen Gebiet Abul Fasl vorbeikommen sollte, eine Nachricht übersandte, »daß er auf jegliches Entgegenkommen meinerseits rechnen könne, wenn er diesen Volksverhetzer aufhalte und töte« [16]. Der kleine, unbewaffnete Trupp des Scheichs wurde am 12. August 1602 von 500 gepanzerten Reitern überwältigt. Abul Fasl war vor dem Überfall gewarnt worden und hatte sogar im letzten Augenblick eine Chance, vom Kampfplatz wegzugaloppieren, aber er spielte seine neue Rolle bis zum letzten durch, und mit tollkühnem Mut weigerte er sich, seinen Kurs zu ändern und wies jeden nüchternen Vorschlag zu fliehen mit Verachtung zurück. Sein Kopf wurde Selim in Allahabad übersandt, und in der Überlieferung erhielt diese ohnehin widerwärtige Geschichte noch das Detail hinzugefügt, daß der Prinz das Haupt entehrt habe, indem er es in den Abtritt warf [10, 12].

Die eigentlich zu erwartende harte Vergeltungsmaßnahme Akbars gegenüber Selim für diesen brutalen Mord wurde dadurch abgeschwächt, daß Danijal, sein jüngster und letzter Sohn, rasch dieselbe Entwicklung wie Murad nahm. Es war klar vorauszusehen, daß Danijals Alkoholismus Akbar bald mit nur einem Sohn zurücklassen würde, und somit wurde, einer fest begründeten Mogultradition folgend, von den älteren Damen der Familie eine Versöhnung mit Selim erwirkt. Während Humajun und Kamran miteinander um Kabul kämpften, war deren Tante Khansada in diplomatischer Mission zwischen den beiden hin- und hergeeilt und hatte versucht, sie zu einer Einigung zu bewegen; in gleicher Weise wurde Akbar nun von seiner Mutter Hamida und seiner Tante Gulbadan bedrängt, seinem Sohn zu vergeben. Eine andere hochangesehene Dame, Selima, die sowohl Akbars Frau wie auch seine Base war und mit Gulbadan auf einer Pilgerreise nach Mekka sieben

Südliches Eingangstor zu Akbars Grabmal in Sikandra

Der Thron, den Selim benutzte, als er sich in Allahabad zum Kaiser ausrief, an seinem jetzigen Standort auf der Terrasse der Festung von Agra

mühselige Jahre verbracht hatte [10], erbot sich, Selim in Allahabad aufzusuchen, um ihn zu überreden, zu seinem Vater nach Agra zu kommen. Das gelang ihr, und sie brachte ihn in das Haus seiner Großmutter Hamida. Diese alte Dame, vor 60 Jahren Humajuns schüchterne kindliche Braut, war nun der sehr energische und mächtige Mittelpunkt der königlichen Familie. Zu jedem familiären Ereignis gab sie in ihrem Haus stets großartige Feste, insbesondere zu den Eheschließungen der Söhne Akbars und den zufriedenstellend häufigen Geburten seiner Enkel, und so inszenierte sie nun eine bewegende Versöhnung zwischen ihrem Sohn und Enkel, dem gegenwärtigen und dem zukünftigen Kaiser. Akbar kam in ihr Haus, worauf sie Selim bei der Hand nahm und ihn zwang, sich seinem Vater zu Füßen zu werfen. Der Kaiser, der zweifellos durch Selims Geschenk von 350 Elefanten, was einer teilweisen Entwaffnung entsprach, besänftigt war, hob ihn liebevoll auf und setzte dem Prinzen seinen eigenen Turban auf, eine Geste, die schon immer als Zeichen besonderer Zuneigung betrachtet wurde. Unter diesen besonderen Umständen konnte dies ebenso als eine Bestätigung Selims als Erbe aufgefaßt werden [10, 16].

Diese Versöhnung fand im April 1603 statt. Genau ein Jahr später starb Danijal im Dekkan an Trunksucht, sogar unter noch melodramatischeren Umständen als sein Bruder Murad. Akbar hatte Wächter geschickt, die den Alkohol von ihm fernhalten sollten, aber die eigenen Diener des Prinzen schmuggelten Wein in sein Zelt, manchmal in Gewehrläufen eingefüllt, manchmal in Kuhdärmen unter ihren Kleidern versteckt. Seine letzte und tödliche Dosis war ein doppelt gebrannter Branntwein, den einer seiner Anhänger in einem rostigen Gewehrlauf erzeugt hatte – obschon der Rost lediglich ein ohnehin unvermeidliches Ende schneller herbeigeführt haben kann [10]. Doch wenngleich Selims Stellung als einziger überlebender Sohn nun gesichert war, begann sein Verhalten in Allahabad wieder einmal hart an Rebellion zu grenzen. Bei einer nochmaligen Versöhnung begrüßte Akbar seinen widerspenstigen Sohn in der Öffentlichkeit herzlich, war aber diesmal doch so verärgert,

daß er ihn in der privaten Atmosphäre des Harems ins Gesicht schlug, ihn danach im Palast einsperrte und ihm sowohl Alkohol wie Opium verbot. Auf die dringenden Bitten der Damen hin wurde er jedoch nach zehn Tagen wieder freigelassen [10].
Selims fortwährend gleichbleibende Verhaltensweise war vielleicht sowohl Ursache wie auch Auswirkung einer neuen Situation, da nämlich jetzt viele Leute seinen eigenen ältesten 17jährigen Sohn Khusrau öffentlich als Thronfolger unterstützen. Die Rivalität zwischen Sohn und Enkel beherrschte das Hofleben während Akbars letztem Lebensjahr und erreichte in einer heftigen Szene bei einem Elefantenkampf einen Höhepunkt. Akbar, der offensichtlich auf ein Omen wartete, arrangierte höchst undiplomatisch einen Wettkampf zwischen dem stärksten Elefanten Selims und Khusraus. Der Kaiser verfolgte den Kampf von seinem hochgelegenen Balkon aus; neben ihm saß sein Lieblingsenkel Khurram, ein jüngerer Bruder Khusraus; »der zärtliche Monarch liebte Enkel mehr als Söhne« hatte Abul Fasl früher geschrieben [10]. Selims Elefant siegte, aber zwischen seinen und Khusraus Anhängern brach ein offener Kampf aus, so daß Akbar den 13jährigen Khurram hinunterschickte, um den beiden Prinzen zu sagen, er wünsche, daß dieses unwürdige Verhalten ein Ende nehme. Das Kind, das diesen königlichen Tadel seinem eigenen Vater und dem älteren Bruder übermittelte, war der spätere Schah Dschahan, der sich, ehe er die Königswürde erlangte, mehrere Jahre lang in wilder Rebellion gegen seinen Vater auflehnte und verdächtigt werden sollte, seinen Bruder ermordet zu haben. Die Szene barg mehr Omen in sich, als ihre Mitwirkenden erkennen konnten [64].
Nicht ganz einen Monat nach diesem Vorfall starb Akbar am 15. Oktober 1605. Während seines dreiwöchigen Ringens mit der tödlichen Krankheit, deren Symptome Diarrhoe und innere Blutungen waren, entwickelte sich die Diskussion über die Nachfolge günstiger für Selim. Khusrau wurde von den beiden mächtigsten Adligen im Reich unterstützt, von denen der eine sein Onkel, der andere sein Schwiegervater war, nämlich Man Singh von Amber, dessen Schwester Selim geheiratet hatte, und Akbars Ziehbruder Asis Koka. In einer bis

Lebensgroße Statue, die in der Nähe von Akbars Grabmal in Sikandra steht und angeblich sein Lieblingspferd darstellt (frühes 17. Jahrhundert)

dahin noch nie dagewesenen Versammlung von Adligen, die nur einberufen worden war, um diese Angelegenheit zu diskutieren, sahen die beiden, daß die Mehrheit gegen sie war. Und Akbar wollte, obwohl er vielleicht persönlich Khusrau bevorzugte, keinen Bürgerkrieg dadurch riskieren, daß er seine persönliche Meinung kundtat. Als Selim den Vater an seinem Todestag aufsuchte, wurde seine Nachfolge durch ein formelles Zeichen bestätigt: der Kaiser bedeutete ihm, er möge die königlichen Gewänder anlegen, den Turban aufsetzen und sich mit Humajuns Schwert, das am Fußende des Bettes hing, umgürten [64, 62, 63].

Enttäuschungen innerhalb seiner Familie hatten die letzten Lebensjahre Akbars verdunkelt. Seine Gebete um einen Sohn waren dreifach erhört worden, und er selbst hatte mehr erreicht, als er sich möglicherweise erhofft haben konnte, nur um jetzt seine Erfolge durch die Ironie des Schicksals unterhöhlt zu sehen, daß keiner seiner Söhne fähig oder wert schien zu erben, was er errichtet hatte. Zweifellos lag der Fehler zum Teil bei ihm, denn wenn alle Söhne Alkoholiker sind, so sieht das nach mehr als bloßem Zufall aus. Seine Persönlichkeit war geradezu überwältigend machtvoll und selbstbezogen – schwierige Wesenszüge in einem Vater. Er scheint seine Söhne, von den Bedürfnissen der Dynastie abgesehen, menschlich kaum je gebraucht zu haben, was bedeutete, daß sie ihm zwischen den beiden dynastisch wichtigen Augenblicken ihrer Geburt und seines Todes vergleichsweise unwichtig waren. Tatsächlich ist es ein hervorstechendes Merkmal der Berichte über sein Leben, daß die engen gefühlsmäßigen Familienbeziehungen, die für die Regierungszeiten anderer Moguln so kennzeichnend sind, fehlen. Bei Dschahangir und Schah Dschahan spürt man immer den Einfluß der Lieblingsfrau und die stark ausgeprägte Bevorzugung einiger Kinder gegenüber anderen. Obwohl es in Akbars Regierungszeit auch solche Bevorzugungen gab, scheint einzig die herzliche Zuneigung zu seiner Mutter eine herausragende Rolle zu spielen. Seine engsten freundschaftlichen Beziehungen richteten sich auf Höflinge wie Abul Fasl oder Birbal. Diese besondere Seite der Persönlichkeit des Kaisers kann in Verbindung mit einem gesicherten und immer luxuriöseren Milieu sehr wohl dazu geführt haben, daß die Prinzen sich mehr und mehr in die Zügellosigkeit treiben ließen. Und gerade die Unverwundbarkeit Akbars, die ausgesprochene Unwahrscheinlichkeit, ihn vom Thron stürzen zu können, führte vielleicht zur Vergeudung von Energien, die spätere Prinzengenerationen zur Rebellion führen sollten.

Hinzuzufügen wäre, daß Akbar nach bestem Wissen alles tat, um seine Söhne zu guten Herrschern auszubilden. Er vermittelte ihnen ganz überlegt bereits in früher Jugend Erfahrungen in der Handhabung sowohl militärischer wie administrativer Befehlsgewalt [10], und Abul Fasl schrieb einen ausgezeichneten Brief Akbars ab, in welchem dieser seine Vorstellungen von der Verantwortung eines Herrschers entwirft und den er dem 21jährigen Murad bei seiner Ernennung zum Statthalter von Malwa übersandte. Ein Abschnitt faßt die Quintessenz seiner Theorie zusammen: »Laß es nicht zu, daß Religionsunterschiede mit Politik vermischt werden, und wende bei Vergeltungsmaßnahmen keine Gewalt an. Schmücke den Geheimen Rat mit Männern, die ihre Arbeit verstehen. Wenn Entschuldigungen vorgebracht werden, nimm sie an« [10]. Indem er diese Theorie in der Praxis anwendete und die Entschärfung von Gegensätzen mit aller Macht unterstützte, ehemalige Gegner lieber zu starken Verbündeten als schwachen Feinden machte, fähige Offiziere auswählte und ihnen die Ausführung seiner Pläne anvertraute, hatte Akbar innerhalb eines halben Jahrhunderts von einem bloßen Stützpunkt im Nordwesten aus ganz Hindustan unter seine Kontrolle gebracht. Und es war eine neuartige und dauerhafte Kontrolle. Als Abul Fasl die segensreichen Taten seines Lebens aufzählt, reiht er den »Reichtum des Zeitalters und die allgemeine Sicherheit der Zeit« [11] ganz oben ein. Es überraschte nicht, daß beide Männer dieses Gefüge durch den offensichtlich schwachen Charakter Selims gefährdet sahen. Was Akbar nicht wissen konnte und was zu glauben Abul Fasl sich sicherlich geweigert hätte, war, daß der Prinz als Kaiser unter dem Namen Dschahangir weit davon entfernt sein würde, ein katastrophaler Herrscher zu sein.

Dschahangir sitzt auf dem Thron – und zieht die Gesellschaft eines Mullahs der des Sultans der Türken oder Jakobs I. von England vor (Gemälde von Bitschitr, ca. 1620)

پادشاه صورت و معنی است از لطف اله
شاه نور الدین جهانگیر ابن اکبر بادشاه
گرچه در صورت شهان دارند درپیش قیام
لیک در معنی بدرویشان کند دایم نگاه

Dschahangir

Nach einer Woche der Trauer um seinen Vater bestieg Dschahangir am 24. Oktober 1605 den Thron in Agra und verkündete, sein Name als Kaiser würde – um eine Verwechslung zwischen ihm und einem vor nicht allzu langer Zeit lebenden Sultan der Türkei, Selim II., zu vermeiden – Dschahangir sein, »Eroberer der Welt« [16].

Schulmeisterlich veranlagte Historiker haben dazu geneigt, Dschahangir als einem verderbten, rückgratlosen und für den Einfluß von Frauen empfänglichen Menschen schlechte Zensuren zu erteilen, aber er gehört zu den sympathischsten der Großmoguln und war zumindest in kultureller Hinsicht einer der fähigsten. Gewiß ersteht für einen modernen Forscher keine andere Gestalt aus seiner Familie so lebendig und anschaulich. Dafür gibt es zwei ganz besondere Gründe, die beide direkt aus Dschahangirs eigener Begabung und Kraft herrühren. Der erste ist, daß er ein Tagebuch hinterließ, das genauso frisch und unmittelbar ist wie die Autobiographie seines Urgroßvaters Babur, und der zweite, daß unter seiner direkten Anleitung die Hofmaler unübertroffene Gipfelleistungen erreichten, besonders in der Porträtmalerei, so daß die Persönlichkeit des Herrschers selbst in einem breiten Spektrum subtil realistischer Charakterstudien vor unseren Augen ersteht.

Es ist ein höchst ungerechter Unglücksfall der Geschichte, daß Baburs Memoiren so berühmt und die Dschahangirs nahezu unbekannt sind. Freilich kommt Babur, der in einer Periode schrieb, in der andere Chroniken spärlich vertreten waren, zusätzliche Bedeutung als einziger Quelle für viele Fakten und Daten zu, aber in anderer Hinsicht steht Dschahangir ihm zumindest nicht nach. War Baburs Autobiographie beträchtliche Zeit nach den beschriebenen Ereignissen aus seinen Notizen kompiliert, so hat Dschahangir – mit weitaus größerer Unmittelbarkeit – einen von Tag zu Tag fortschreitenden Bericht über die von ihm gewonnenen Erkenntnisse in der Natur, der Wissenschaft und der Kunst hinterlassen. Er verband eine starke ästhetische Haltung dem Leben gegenüber mit einer leidenschaftlichen Besessenheit, das, was er sah, zu sezieren, zu analysieren und aufzuzeichnen. Eine derartige Kombination hat stets einen faszinierenden Effekt, und bei der Lektüre von Dschahangirs Tagebuch folgt man mit großer Sympathie seinen Hoffnungen und Aufregungen.

Ein Beispiel mag die besondere Ausstrahlung seines Tagebuchs verdeutlichen, und zwar handelt es sich dabei um eine fortlaufende Geschichte, die sich aus über mehrere Monate verstreuten Abschnitten zusammensetzt. Ein Kranichpaar, das im Alter von nur einem Monat gefangen worden war, hatte fünf Jahre lang Dschahangir auf seinen Reisen begleitet und hauste innerhalb einer kleinen Einfriedung, die immer neben seinem Zelt aufgestellt wurde. Eines Tages berichtete der für die Vögel – Dschahangir nannte sie Laila und Madschnun – zuständige Eunuch, daß sich die beiden in seiner Anwesenheit gepaart hätten. Dschahangir, der überzeugt war, daß dies noch niemand eingehend beobachtet und aufgezeichnet hatte, befahl, daß er bei den geringsten Anzeichen eines Liebesspiels gerufen werden sollte. Das Ergebnis war, daß er, nachdem man ihn eines Morgens in der Dämmerung im Laufschritt an den Schauplatz geholt hatte, schreiben konnte: »Nachdem das Weibchen seine Beine ausgestreckt hatte, beugte es sich ein wenig nach hinten; das Männchen hob dann einen Fuß vom Boden und legte ihn auf ihren Rücken und nachher den zweiten Fuß, und indem er sich sofort auf ihrem Rücken niederließ, paarte er sich mit ihr. Er stieg dann herunter und ging einmal um das Weibchen herum.« Der Herrscher fügte hinzu (und das ist ein Gradmesser für die Unmittelbarkeit des Tagebuchs): »Es ist möglich, daß sie ein Ei bekommen und ein Junges hervorbringen werden« [16]. Eine kleine Weile später bauten die Vögel ein Nest, und das Weibchen legte zwei Eier. Dschahangir hielt fest, wie die Kraniche sich regelmäßig beim Brüten abwechselten, wobei einer mit einem scharfen Schnabelhieb auf den Rücken des anderen andeutete, daß die Ablösung fällig war. Doch mußte der Kaiser später seine Aussage über die Regelmäßigkeit modifizieren, nachdem die Vögel plötzlich ihre Pflicht über zwei erheblich längere Abschnitte hinweg ausgeübt hatten, aber das war bei regnerischem und kaltem Wetter gewesen, und er schloß daraus, daß diese Änderung der gewohnten Routine den Zweck hatte, die Menge feuchter Luft, die an die

Dschahangir schreitet über den Erdball, umarmt Schah Abbas von Persien – und schiebt ihn ganz nebenbei ins Mittelmeer (Gemälde von Abul Hassan, ca. 1620)

Eier geriet, auf ein Mindestmaß zu beschränken. Später gibt es große Aufregung, als beide Eier ausgebrütet sind, eines nach 34, das andere nach 36 Tagen, und jedes Küken etwa die Größe eines einmonatigen Jungfasans hat. Die Mutter fütterte sie mit Wander- oder Feldheuschrecken aus ihrem Schnabel. Die Vögel wuchsen wohlbehalten heran (allerdings erst, nachdem Dschahangir das Männchen hatte einsperren lassen, das angefangen hatte, die Küken mit den Füßen im Schnabel zu halten, so daß ihr Kopf nach unten hing), und bald schon lockten die Schreie der neuen Familie wilde Kraniche an, von denen einer gefangen und vor seiner Freilassung von Dschahangir persönlich beringt wurde [16].

Der von Mansur auf Anweisung Dschahangirs gemalte Truthahn (1612)

Diese Ereignisse sind im Tagebuch insofern ungewöhnlich, als sie eine zusammenhängende Folge darstellen, aber es finden sich auf jeder Seite Beispiele für ähnliche Interessen und Experimente. So wird z. B. ein Meteorit, während er noch heiß ist, ausgegraben, und Dschahangir läßt daraus Schwerter anfertigen; da ist über die Sezierung der Luftröhre von Vögeln berichtet, über die einer Schlange mit einem Hasen im Bauch, oder der Eingeweide eines Löwen, um zu untersuchen, ob irgendeine physische Erklärung für seinen großen Mut gefunden werden könne [16]. Jeder außergewöhnlich große Gegenstand wird gemessen und aufgezeichnet, wie etwa ein großer Pfirsich, den man dem Kaiser angeboten hatte, oder ein indischer Feigenbaum [16]. Da gibt es Diskurse über siamesische Zwillinge, über Albinovarianten bei Tieren, über den Ursprung und die Bedeutung von Ortsnamen und über die Trächtigkeitsperiode von Elefanten [16]. Als Dschahangir hörte, daß Bitumen angeblich beim Heilen von Knochen helfe, ließ er einem Huhn ein Bein brechen, fand aber, daß der Heilungsprozeß keineswegs gefördert wurde, wiewohl er anmerkt, daß die Substanz vielleicht schon abgestanden war [16]. Eine lange Erzählung über den Stein der Weisen führt ihn zu dem instinktiven Schluß: »Meine Vernunft akzeptiert diese Geschichte in keiner Weise. Mir scheint es ganz und gar ein leerer Wahn zu sein« [16]. Aber soweit wie möglich

Falke (Mansur zugeschrieben, ca. 1620). »Was kann ich über die Schönheit und Färbung dieses Falken schreiben? Da gab es viele schöne schwarze Musterungen auf jedem Flügel und auf dem Rücken und an den Seiten. Da er etwas Außergewöhnliches war, befahl ich Mansur, sein Aussehen zu malen und zu erhalten«, heißt es in Dschahangirs Memoiren

pflegt er seine Ansichten mit Beweisen zu untermauern, so, wenn er eine gängige Theorie über den Grund, warum Widder mit ihren Köpfen aufeinander losgehen – nämlich weil Würmer in den Hörnern eine Reizung auslösen – verwirft, indem er darlegt, daß »derselbe Wurm auch im Horn weiblicher Schafe auftritt, und da das Weibchen nicht kämpft, ist diese Aussage eindeutig unwahr« [16]. Es ist typisch für seinen rationalen Skeptizismus, daß er beim Besuch eines Grabes, an dem sich angeblich Wunder ereignen, den Wärter als erstes fragt: »Was ist der wahre Sachverhalt?« [16].

Um sich bei der Aufzeichnung seiner Eindrücke helfen zu lassen, setzte Dschahangir sein Atelier von Malern ein, von denen einige ihn überallhin begleiteten. Als er selbst eine ausgezeichnete verbale Beschreibung eines ihm dargereichten Truthahns (von den Kehllappen unter seinem Schnabel »könnte man sagen, er habe sich selbst mit roten Korallen verziert«) gegeben hat, weist er Künstler an, diesen zu malen, mit der Bemerkung, »König Babur hat in seinen Memoiren wohl das Aussehen und die Gestalt mehrerer Tiere beschrieben, aber niemals den Malern befohlen, von ihnen Bilder anzufertigen. Da mir diese Tiere sehr fremdartig vorkamen, beschrieb ich sie und ordnete an, daß Maler sie in der *Dschahangir-nama* [d. h. seinem Tagebuch] zeichnen sollten, so daß das durch die Kunde über sie hervorgerufene

Erstaunen noch verstärkt werden möge« [16]. Auf ähnliche Weise ließ Dschahangir einen alten Mann, Inajat Khan, der kränker aussah als irgendein anderer, den er je gesehen hatte, vor die Maler tragen, damit solch ein Bild des Todes festgehalten werden konnte. Und wirklich starb der Gebrechliche schon am nächsten Tage [16].

Der sterbende Inajat Khan, 1618 für Dschahangir gezeichnet

Dschahangir erbte seine Neugier vom Vater, und es sind mehrere derartige Anlässe in der *Akbar-nama* aufgeführt, bei denen Akbar Nachforschungen über verschiedene Phänomene und Kuriositäten anstellte [10]. Doch fühlte sich Akbar von Geheimnissen angezogen, die eine Spur des Metaphysischen in sich bargen, und war eher mehr als weniger angenehm berührt, wenn die Ergebnisse eines Experiments auf göttliche Einflußnahme hindeuteten. So schien zum Beispiel ein Versuch, Kleinkinder aufzuziehen, ohne daß sie ein gesprochenes Wort hörten, enttäuschend, als die Kinder sich als stumm erwiesen, denn hätten sie Worte hervorgerufen, so wären sie mit Sicherheit göttlich inspiriert gewesen [10]. Was Dschahangir auszeichnet, ist sein ungestümer empirischer Rationalismus, der sich mit beinahe ekstatischer Empfänglichkeit für schlichte Naturgegebenheiten verbindet, wenn er etwa einen in voller Blüte stehenden Baum bewundert und dann, als er näher hinsieht, ebensosehr eine einzelne Blüte an diesem Baum bestaunt [16]. Der Kaiser hätte sich in starkem Einklang mit den naturwissenschaftlich interessierten Gentlemen gefunden, die viele tausend Meilen entfernt und etwa 30 Jahre nach seinem Tode in London zusammentraten, um die Royal Society zu gründen.

Daß Dschahangir diesen Interessen so viel Zeit widmen konnte, verdankte er den stabilen Verhältnissen, die er von Akbar übernommen hatte. Die ersten 17 Jahre seiner Regierungszeit waren in der Tat eine Periode beispielloser Ruhe in den zentralen Provinzen – abgesehen von einer einzigen frühen Störung. Das war die Rebellion seines Sohnes Khusrau, die Dschahangir mit ungewöhnlicher Entschlossenheit niederwarf. Nach seiner Thronbestei-

gung im Oktober 1605 hatte der neue Herrscher in kluger Vorsicht seine beiden mächtigsten Gegner geteilt, indem er eine Versöhnung mit Khusrau zustande brachte und ihn bei Hof an seiner Seite hielt, während er Man Singh, des Jungen Onkel mütterlicherseits, als Gouverneur ins ferne Bengalen sandte. Aber ein Leben, das einer Gefangenschaft gleichkam, war natürlich nicht nach dem Geschmack Khusraus, und so ritt er sechs Monate später, im April 1607, unter dem Vorwand, Akbars Grabstätte im fünf Meilen entfernten Sikandra aufsuchen zu wollen, aus dem Fort Agra und zog dann, unterwegs Anhänger um sich scharend, nach Norden und Westen an Delhi vorbei auf Lahore zu. Er belagerte Lahore gerade recht erfolglos, als die kaiserliche Armee aus Agra eintraf und ihn mühelos besiegte. Der Prinz und seine beiden engsten Gefährten wollten über den Fluß Tschinab fliehen, aber die dort diensttuenden Bootsleute verweigerten ihnen ihre Hilfe. Hierauf versuchten sie, sich mit einer Fähre selbst hinüberzuretten, doch liefen sie dabei in den Untiefen der Flußmitte auf Grund und saßen, jämmerlich der Gefangennahme harrend, dort fest. Sie wurden in einem Garten außerhalb Lahores vor Dschahangir geführt. Wie bei derartigen familiären Anlässen zu Humajuns Zeiten flossen auf beiden Seiten Tränen, aber bei Dschahangirs Vergeltung gab es keine Halbherzigkeiten. Die beiden Gefährten des Prinzen wurden in die feuchten Häute eines frisch geschlachteten Ochsen und Esels, an denen sich noch Kopf und Ohren befanden, eingenäht, in dieser Kostümierung mit dem Gesicht zum Schwanz auf Esel gesetzt und so den ganzen Tag lang zur Schaustellung durch die Stadt geschickt. Die heiße Sonne bewirkte, daß die Häute trockneten und sich zusammenzogen. Einer der Männer starb, weil er durch die Einschnürung erstickte. (Diese schauerliche Scharade war nicht Dschahangirs Erfindung, sondern seit langem in Indien üblich und soll der Überlieferung zufolge zuerst bei Mohammed, dem ersten islamischen Eroberer von Sind, und zwar schon im Jahre 714, angewendet worden sein.) Khusrau selbst wurde gezwungen, auf einem Elefanten eine Straße entlangzureiten, die mit Pfählen gesäumt war, auf denen je einer seiner Anhänger lebendig aufgespießt war [16, 64, 74].
Es war ein gräßliches Szenarium, das sich Dschahangir hatte einfallen lassen, und es erhärtet die Behauptung, er sei auf eine dekadente und launische Art grausam gewesen. Ein an seinem Hof zu Besuch weilender Engländer fand, daß der Herrscher »mit zuviel Vergnügen am Blutvergießen« das Schauspiel zu beobachten beliebte, wie die Elefanten unter seinem Balkon zum Tode Verurteilte zertrampelten – eine durchaus herkömmliche Hinrichtungsart in Indien [40]. Gewiß hatte Dschahangir wie viele andere Potentaten mit solch uneingeschränkter Macht eine sadistische Ader, aber das phantasiereiche Bemühen, für Verbrechen die dazu passenden Strafen zu finden, eignete nicht nur ihm allein. Ja, es war vielmehr so verbreitet, daß es beinahe als allgemein anerkannte Form königlicher Erfindungsgabe gilt. Wenn Timur einen Feigling zwang, barfuß und in Frauenkleidern durch das Lager zu rennen, oder wenn Akbar einem Mann, der ein Paar Schuhe gestohlen hatte, die Füße abhacken ließ, so gehört das in die gleiche Kategorie wie die Tatsache, daß Dschahangir einen Diener, der eine chinesische Porzellantasse zerbrochen hat, nach China schickt, um eine neue zu holen, oder daß er einen Mann, der seine Mutter getötet hat, dazu verurteilt, von Schlangen zu Tode gebissen zu werden [56, 10, 41]. Und Greuel seitens der Moguln waren selten, verglichen mit deren islamischen Zeitgenossen in Teilen Südindiens oder der Türkei, oder mit Christen in vielen anderen Weltgegenden zu jener Zeit.
Khusraus Rebellion war in weniger als einem Monat niedergeschlagen worden, und der Prinz selbst verbrachte nun ein Jahr in Ketten. Er wurde dabei mit dem königlichen Feldlager während eines Feldzugs Dschahangirs nach Kandahar, das wieder einmal gerade von den Persern bedroht war, und nach Kabul mitgeführt. Aber kaum hatte man Khusrau aus den Ketten entlassen, als er auch schon wieder eine Verschwörung mit dem Ziel, Dschahangir im August oder September 1607 bei der Jagd meuchlings zu ermorden, anstiftete [16]. An die 400 Adlige und Höflinge waren angeblich darin verwickelt, aber Dschahangir vermied es klugerweise, bis in alle Einzelheiten Nachforschungen anzustellen, die vielleicht so

viele durch die Enthüllung ihrer Untreue zu festen Gegnern gemacht hätten. Er begnügte sich mit der Hinrichtung der vier Rädelsführer und gab diesmal allerdings wirklich Anweisungen, Khusrau zu blenden. Die Tat wurde, ob nun absichtlich oder nicht, auf eine Weise ausgeführt, daß der Prinz später sein Sehvermögen teilweise wiedererlangte, aber sein Leben war von da an recht trostlos [64]. Er blieb ein Gefangener, der mit dem Hof umherzog, und wurde einige wenige Male zur Versöhnung vor seinen Vater geführt – ohne Erfolg, weil der unglückliche Prinz auf Dschahangir deprimierend wirkte. Nicht überraschend, aber zum Ärger Dschahangirs, »zeigte seine Erscheinung keinerlei Zeichen von Offenheit und Glücklichsein, und sein Geist war immer voller Trauer und niedergeschlagen« [16].

Der bedeutendste Vorgang während der ersten Hälfte von Dschahangirs Regierungszeit war der gleichzeitige Aufstieg von Mehrunissa – deren offizieller Titel erst Nur Mahal, »Licht des Palastes«, und später Nur Dschahan, »Licht der Welt«, wurde – und von Dschahangirs drittem Sohn Khurram, der bald unter dem Namen Schah Dschahan, »Beherrscher der Welt«, bekannt werden sollte. Mehrunissa war die Tochter eines Persers, Ghijas Beg, der vor ihrer Geburt gekommen war, sein Glück im Dienste der Moguln zu versuchen. Er hatte an Akbars Hof Karriere gemacht, und bei Dschahangirs Thronübernahme waren ihm ein hohes Amt und der Titel Itimad-ud-daulah, »Säule der Regierung«, verliehen worden. Seine Tochter heiratete einen Perser, Scher Afkun, den Dschahangir nach Bengalen versetzte, und als ihr Gemahl im Jahre 1607 starb – die spätere Überlieferung führte seinen Tod, ohne daß zeitgenössische Beweise dafür vorlagen, auf einen Mordanschlag Dschahangirs zurück – wurde sie als junge Witwe von 30 Jahren an den Hof gebracht, wo man für sie eine Stellung als Hofdame für eine von Akbars Witwen, Selima, fand.

Ein von Humajun eingeführtes alljährliches Ereignis am Hofe war der Fantasie-Basar, bei dem die Damen, einschließlich der Gemahlinnen der Adligen, Verkaufsstände wie in gewöhnlichen Basaren errichteten. Der Herrscher ging dann von Stand zu Stand, um dort einzukaufen – eine ungewöhnliche Situation, die beiden Seiten das Vergnügen erlaubte, feilschende Fischweiber zu mimen bzw. sich mit solchen abzugeben, und zugleich, was in einer Haremsgesellschaft ebenso ungewöhnlich war, heimlichen Flirt zu betreiben. In dieser prickelnden Situation nun war es, daß Dschahangir im März 1611 Mehrunissa zum erstenmal traf, etwa vier Jahre nach ihrer Ankunft am Hofe. (Vielleicht war diese Zeitspanne auch der Anlaß für die spätere Überlieferung – die wiederum nicht belegt ist –, daß sie seinen Avancen vier Jahre lang widerstand.) Zwei Monate später, gegen Ende Mai, heiratete er sie und gab ihr den Namen Nur Mahal. Sie war eine energiesprühende und vielseitig begabte Dame, so z.B. eine vollendete Dichterin, und sie entwarf Stoffmuster und Kleider, Ornamente und sogar Teppiche in einem ganz persönlichen Stil, der die Mode viele Jahre lang bestimmte. Als draufgängerische Jägerin pflegte sie in einem geschlossenen *Howdah* auf einem Elefanten reitend Tiger zu erlegen, wobei sie einmal nur sechs Kugeln benötigte, um vier Tiger zu töten. Sie stand im Rufe, eine große Schönheit zu sein, und indische Alben aus dem folgenden Jahrhundert sind voll mit ihren Porträts, obwohl man solche Bildnisse nur als verallgemeinernde Idealbilder verstehen darf, da kein Künstler die Königin mit eigenen Augen hatte sehen dürfen [64, 16, 113, 115].

Der Herrscher wurde von tiefer Liebe zu ihr ergriffen. Zusammen mit dem ohnehin schon hohen Rang ihres Vaters am Hofe sicherte ihre neue Stellung ihrer Familie eine einzigartige Machtposition in den Angelegenheiten des Reiches. Auch ihr Bruder, Asaf Khan, erhielt einen hohen Rang und eine Vertrauensstellung unter den offiziellen Beratern des Herrschers, die nur noch von der seines Vaters übertroffen wurde, der nun der Erste Minister war. Ihre Familie entwickelte sich beinahe zum verlängerten Arm der Herrscherfamilie. Itimad-ud-daulah wurde von Dschahangir das besondere Ehrenrecht eingeräumt, den königlichen Harem zu betreten, ohne daß sich die Damen zu verschleiern hatten, und der Herrscher und Nur Dschahan pflegten auszugehen, um in Asaf Khans Haus zu speisen, und dabei über Hunderte von Metern extra ausgelegten Samts und Brokats zu schreiten [16, 40].

Eines der vielen Gemälde, die angeblich Nur Dschahan darstellen (18. Jahrhundert)

Diese Sonderstellung der Familie sollte auch über die folgenden Generationen hin erhalten bleiben. Nur Dschahans Nichte heiratete Schah Dschahan und war seine berühmte Königin Mumtas Mahal. Asaf Khan diente Schah Dschahan als Erster Minister, und in diesem Amt löste ihn sein Sohn, Schaista Khan, ab, der auch ein enger Vertrauter Aurangsebs wurde. Um auch zu den Errungenschaften der Familie beizutragen, entdeckte Nur Dschahans Mutter das Rosenöl und wurde dafür von Dschahangir mit einer Perlenkette belohnt [48, 75, 16]. Aber als wahres Sinnbild ihrer Macht im Reich – die Familie stellte zwei Erste Damen des Reiches hintereinander und drei aufeinanderfolgende Erste Minister, und das alles innerhalb von 70 Jahren, nachdem Ghijas Beg mittellos aus Persien angekommen war – kann die erstaunliche Tatsache gelten, daß die beiden vollendetsten mogulischen

Grabmäler nicht den Großmoguln gewidmet sind sondern dem persischen Abenteurer und seiner Enkelin. Das Grabmal von Itimad-ud-daulah, ein kleines Juwel aus Mosaik, *Pietra dura* und Gitterwerk, steht in Agra am Nordufer der Dschamna; etwa drei Meilen flußabwärts befindet sich am anderen Ufer das Tadsch Mahal, das von Schah Dschahan für Mumtas Mahal errichtet wurde. Beide sind zugleich Monumente für die Mobilität der mogulischen Gesellschaftsordnung.

Dschahangir mit seinem Weinbecher auf einer seiner Goldmünzen (1611)

Während des Großteils von Dschahangirs Regierungszeit bestand das Beraterquartett, dessen Stimme den Herrscher so leicht beeinflussen konnte, aus Nur Dschahan und ihrem Vater, ihrem Bruder und Prinz Khurram. Obwohl dieser nur Dschahangirs dritter Sohn war, erwies er sich dank seiner Begabung und der fanatischen Bewunderung von seiten seines Vaters sehr bald als der wahrscheinlichste Thronfolger. Bei der Thronbesteigung seines Vaters im Jahre 1605 war er erst 13 Jahre alt, also vier Jahre jünger als Khusrau und zwei Jahre jünger als Parwis, die seine Halbbrüder waren. Khusrau verdarb sich durch seine Rebellionsversuche schnell seine Chancen, während Parwis anscheinend von Anfang an als ein Nichts angesehen wurde, zudem erhielt er auch wenig Gelegenheit, sich als etwas anderes zu erweisen. Khurrams Karriere schien jedoch aus einer nicht enden wollenden Serie von aufsehenerregenden Erfolgen zu bestehen. 1608 wurde ihm das Gebiet von Hissar Firos übertragen und das Recht, ein rotes Zelt aufzuschlagen; beides gehörte traditionsgemäß zum gesetzlichen Erben [64, 65]. 1612 heiratete er Asaf Khans Tochter, Ardschumand Banu, die später als Mumtas Mahal bekannt werden sollte und der der Prinz die folgenden 19 Jahre, bis sie im Jahre 1631 starb, in inniger Liebe zugetan blieb, nachdem sie ihm 14 Kinder geboren hatte. 1614 konnte er zum erstenmal seine glänzende Begabung sowohl als General wie als Diplomat beweisen, als er ausgeschickt wurde, das Gebiet von Mewar, also Udaipur, zu erobern, eine Aufgabe, an der Akbar gescheitert war und die Dschahangir als Prinz abgelehnt hatte. Durch rücksichtslose Verwüstung des offenen Landes, durch die sein eigenes Heer in beträchtliche Versorgungsschwierigkeiten geriet, die jedoch dem Feind noch erheblich mehr zu schaffen machten, brachte Khurram den Rana so weit, daß er bereit war, über Abmachungen mit sich reden zu lassen, und dann besaß Khurram die Klugheit, vergleichsweise günstige Bedingungen zu stellen: Der Rana brauchte kein Gebiet abzutreten, ein bloßes Treuebekenntnis gegenüber dem Großmogul sollte genügen, und er mußte nicht einmal persönlich Dschahangir seine Aufwartung machen, sondern konnte seinen Sohn schicken. Der Rana akzeptierte diese Vorschläge. Auch Dschahangir, der in Adschmir wartete, nahm sie an und schrieb selbstgefällig in sein Tagebuch: »Mein hochfliegendes Streben begehrte immerzu, so weit wie möglich die alten Familien nicht auszulöschen« [16]. Khurram brachte den Sohn des Rana, Karan Singh, an den Hof nach Adschmir, und Dschahangir überschlug sich geradezu, den Radschputenprinzen mit Geschenken zu überhäufen und es ihm möglichst angenehm zu machen, da dieser »ungeschlacht war, nie an Festen teilgenommen und in den Bergen gelebt hatte« [16]. Für den jungen Mogulprinzen war das eine aufregende Zeit. Sein Vater versäumte keine Gelegenheit, sich dazu zu beglückwünschen, daß die Unterwerfung des führenden Adelshauses von Radschasthan in seiner Regierungszeit endlich gelungen war [16], aber jedermann wußte, wem das Verdienst eigentlich gebührte.

1616 wurde Khurram der Oberbefehl über die Streitkräfte im Dekkan übertragen; er löste dort seinen Bruder Parwis ab, überredete sehr rasch die verschiedenen Herrscher im Dekkan, in Verhandlungen einzutreten und schien so einen weiteren kurzen und erfolgreichen Feldzug vollbracht zu haben. In Wirklichkeit trugen die ausgehandelten Bedingungen wenig dazu bei, die Grenzen der Moguln nach Süden zu sichern, aber sie bewirkten jedenfalls, daß Khurram große Reichtümer an Juwelen und Waren übergeben wurden. Als er zurückkehrte, um sie seinem Vater zu Füßen zu legen, war dies ein außerordentlich überwältigendes Schauspiel. Dschahangir kam von seinem *Dscharoka*, dem Balkon, herunter, um ein Tablett voller Juwelen und ein weiteres voller Goldmünzen über dem Haupt seines Sohnes

auszuschütten; er verkündete, der Name des Prinzen sei hinfort Schah Dschahan, und ein Stuhl wurde nahe dem Thron aufgestellt, um ihm die bisher nie dagewesene Huld zu gewähren, sich in des Herrschers Gegenwart niederzusetzen. Sein Rang wurde auf die unerhörte Höhe von 30 000 *Zat* und 20 000 *Sawar* angehoben, und in den Privatgemächern des Kaisers veranstaltete Nur Dschahan, deren beständige Bemühungen, Khurram zu fördern, nun so aufsehenerregende Früchte getragen hatten, eine Siegesfeier für den Prinzen und seinen gesamten Harem, deren Kosten sich auf 300 000 Rupien beliefen [16, 40, 64].
Ein vornehmer und höchst redegewandter Ausländer weilte am Mogulhof und war Zeuge des Aufbruchs Khurrams nach dem Dekkan wie auch seiner triumphalen Rückkehr ein Jahr danach. Es war Sir Thomas Roe, Englands erster offizieller Gesandter in Indien und mithin von genügend hohem Rang, um am täglichen Hofleben persönlich teilzunehmen – im Gegensatz zu den meisten Europäern, die im 17. Jahrhundert die Großmoguln besuchten und über sie berichteten. Seine Erlebnisse führen den Leser durch eine Vielfalt königlicher Veranstaltungen und Unternehmungen am Höhepunkt der Regierungszeit Dschahangirs, also zu einer Zeit etwa um die Mitte der Periode der größten mogulischen Erfolge, die sich ungefähr von der Erbauung Fatehpur Sikris durch Akbar in den siebziger Jahren des 16. Jahrhunderts bis zu Aurangsebs Flucht aus Delhi und nach dem Dekkan 1681 erstreckte. Seine Abenteuer sind es wert, bis in Einzelheiten verfolgt zu werden.
Sir Thomas Roe war mit Beglaubigungsschreiben von Jakob I. abgesandt worden, um vom Großmogul einen Handelsvertrag für die erst kürzlich entstandene East India Company zu erlangen. Bereits sieben Jahre zuvor hatte er in einem anderen Engländer, William Hawkins, einen Vorläufer in ähnlicher Mission, wenngleich auf niedrigerer Ebene, gehabt. Hawkins erfreute Dschahangir durch seine Beherrschung des Türkischen, wodurch er ihm ohne den Umweg über einen Dolmetscher über den Westen berichten konnte. So wurde er auch recht eng in das Leben am Hof einbezogen, und er hinterließ einen Bericht, der insofern recht nützlich ist, als er den von Roe stützt, obwohl nur ein kleiner Teil davon erhalten blieb. Die Portugiesen hatten schon lange mit dem einträglichen Geschäft begonnen, Baumwollstoffe und Indigo aus Indien zu importieren, und auch die Holländer waren den Engländern um eine Nasenlänge voraus. Aber der einzige Punkt, der die Moguln beeindruckte, war die Beherrschung der Meere. Indien sah keine große Notwendigkeit für einen Handel mit Europa, aber die Moslems benötigten den Schutz von (und das hieß auch vor) europäischen Schiffen für diejenigen, die auf Pilgerfahrt nach Arabien segelten. Bis vor kurzem waren die Portugiesen die Herren des Arabischen Meeres gewesen, und die Pilger hatten nur mit von den Portugiesen gekauften Pässen reisen können, die kleine gedruckte Darstellungen Marias und Jesu trugen. Für die orthodoxeren muß es eine äußerst schmerzliche Notwendigkeit gewesen sein, sich ausgerechnet auf der Fahrt nach Mekka der Götzenbildnerei beugen zu müssen [13, 6]. In dieser Hinsicht kam Roe zu einem günstigen Zeitpunkt, weil nämlich kürzlich zweimal englische Schiffe die Portugiesen in indischen Gewässern gründlich besiegt hatten, und er konnte mit einiger Berechtigung Dschahangir darauf hinweisen, daß »zum Nachteil seiner Untertanen mein Herr, der König, Herrscher über alle diese Meere und Häfen sein würde« [40].
Roe landete im Alter von 35 Jahren bei Surat und stürzte sich sofort mit Macht auf die Tätigkeit, die seine Energie während seines gesamten Aufenthalts in Indien am meisten in Anspruch nehmen sollte, nämlich den Kampf um eine seinem königlichen Herrn angemessene Ehrerbietung. Prioritäts- und Protokollfragen spielten in der Diplomatie des 17. Jahrhunderts eine noch größere Rolle als heutzutage. In einer am Hofe Schah Dschahans besonders beliebten Geschichte ging es darum, wie der Herrscher versucht hatte, einen hochmütigen persischen Gesandten durch einen Trick dazu zu bringen, sich bei der Annäherung tief zu verbeugen, indem er beim Eingang in die Audienzhalle nur einen kleinen geflochtenen Torbogen offen ließ; der Gesandte jedoch übte Vergeltung, indem er sich beim Bücken umwandte und es somit fertigbrachte, mit dem Hinterteil voran vor den Kaiser zu treten [48].

Dschahangirs zwölf Goldmünzen mit den Tierkreiszeichen (ca. 1620). »Es kam mir nun der Gedanke, daß statt des Monatsnamens die Figur des Tierkreiszeichens geprägt werden sollte .... Das war meine eigene Neuerung: Es war noch nie vorher gemacht worden«, vertraute er seinen Memoiren an

Links: Sir Thomas Roe
Rechts: Sein Kaplan Edward Terry

Roes Verrenkungen waren kaum weniger kindisch. Seine erste, zugegebenermaßen verständliche Sorge war, den Zollbeamten davon abzuhalten, in seinen Taschen herumzuwühlen; dann bestimmte er, daß die Leibesvisitation an seinem Gefolge »nicht durch Untersuchung, sondern nur durch Umarmung« erfolgen könne. Er weigerte sich, den Herren vom Empfangskomitee entgegenzugehen, ehe sie nicht standen, anstatt auf ihren Teppichen zu sitzen, und er und der Gouverneur von Surat verhandelten mehrere Tage über die Frage, wessen Pflicht es sei, den anderen zuerst zu besuchen [40]. Als er endlich unmittelbar vor einen der königlichen Prinzen, nämlich Parwis, der sich damals in Burhanpur aufhielt, gelangte, marschierte Roe mit einer beträchtlichen Portion Mut durch eine Gasse berittener Truppen und Höflinge, weigerte sich dabei, ihrem Befehl, sich bis zum Boden zu verbeugen, nachzukommen und bestand dann darauf, entweder die drei Stufen zum Prinzen hinaufsteigen zu dürfen oder aber unten einen Stuhl zur Verfügung gestellt zu bekommen, ehe die Unterhaltung beginne. Man bedeutete ihm, daß beides nicht in Frage komme, aber sie einigten sich schließlich darauf, daß Roe sich nonchalant gegen die den Baldachin des Prinzen stützende silberne Säule lehnen dürfe, eine Stellung, die er als seiner Würde angemessen akzeptieren konnte. Darüber hinaus versprach ihm Parwis, ihn noch am selben Abend an einen Ort zu führen, wo sie noch ungezwungener miteinander sprechen könnten. Unglücklicherweise beschenkte ihn Roe nun mit einer Kiste voll Flaschen, und am Abend war der Prinz zu betrunken, um mit ihm zusammenzutreffen [40].
In Burhanpur logierte Roe in einem öffentlichen *Sarai* und war von seiner Unterkunft angewidert: »Vier Kammern wie Backöfen, kein bißchen größer, oben rund, aus Backsteinen in einer Wand« [40]. Hier holte er sich ein Fieber, das ihn beinahe das Leben kostete, und danach schleppte er sich, immer noch sehr hinfällig, weiter nach Adschmir, wo Dschahangir hofhielt. Er wurde auf seiner Reise aufgemuntert durch eine zufällige Begegnung mit Tom Coryat, einem exzentrischen Engländer, der drei Jahre lang vom Mittelmeer hierher zu Fuß gegangen war und jetzt den Plan verfolgte, Tamerlans Grab in Samarkand zu küssen und von dort aus via »Prester Jhac in Äthiopien« (*Jhac* meint *Jack*, die umgangssprachliche Form

Tom Coryat, der schrieb: »Seitdem ich an diesen Hof kam, bin ich schon auf einem Elefanten geritten, nachdem ich eines Tages, in der Hoffnung auf Gottes Einverständnis, beschlossen hatte, in meinem nächsten Buch ein gedrucktes Bild erscheinen zu lassen, auf dem ich auf einem Elefanten reite«

von *John*, und *Prester John* war im Mittelalter ein legendärer christlicher Priester und König von Abessinien. Anmerkung d. Übers.) wieder heimzukehren [40]. Aber er starb noch in Indien, im Jahre 1617, und liegt in Surat begraben. Nur seine offensichtliche Skurrilität hatte ihm bislang das Leben gerettet. Roes Kaplan, Edward Terry – zwar selbst unvorsichtig genug, Mohammed als Rädelsführer der islamischen Religion zu bezeichnen [41] – berichtet mit einer gewissen Ehrfurcht von einer privaten Demonstration Coryats gegen den Islam. Coryat hatte es satt, zu hören, »wie ihre strenggläubigen Mullahs jeden Tag fünfmal zur Spitze jener hohen Türmchen emporsteigen, von wo aus sie verkünden: ›la alla illa alla, mahomet Resul-alla‹, was heißt: ›Es gibt keinen Gott außer dem einen Gott, und Mohammed ist sein Prophet‹«, und so erklomm er eines Tages eine hochgelegene Stelle gegenüber der Moschee und rief zurück: »›La alla illa alla, Hasaret Eesa Benalla‹, was bedeutet: ›Kein Gott außer einem Gott und Christus, dem Herrn, dem Gottessohn‹, und er fügte weiter hinzu, daß »Mohammed ein Betrüger war«, wofür er, wie Terry gesteht, sehr wohl hätte umgebracht werden können, »aber er wurde hier für einen Irren gehalten und folglich in Frieden gelassen« [41]. Die Geschichte ist insofern gut möglich, als Coryat auf seinen Reisen zusammen mit dem Türkischen und Persischen auch das Arabische gelernt hatte und später auf Persisch eine Bettelrede an Dschahangir hielt, sehr zum Unbehagen Sir Thomas Roes, der wie immer auf die Würde seines Landes bedacht war [39].

Roe kam am 23. Dezember 1615 in Adschmir an. Er war schon wieder krank und konnte, was Dschahangir etwas ärgerte, nahezu drei Wochen lang dem Herrscher nicht seine Ehrerbietung bezeugen, aber am 10. Januar präsentierte er sich um vier Uhr nachmittags beim täglichen *Durbar*. Er fand den Herrscher hoch unter einem Baldachin sitzend, mit zwei Dienern, die unterhalb auf den Häuptern hölzerner Elefanten standen, um ihm zuzufächeln; eine Stellung hoch über der Menge war typisch für alle königlichen Auftritte in der Öffentlichkeit und verband den Gesichtspunkt der Würde mit dem der Sicherheit. Die Beamten und Höflinge standen noch weiter unten, in genau abgemessenen Entfernungen vom Thron, die Ranghöchsten innerhalb einer inneren Umfassung und der nächste Grad innerhalb einer zweiten Reihe, alle auf einer leicht erhobenen Plattform, um die sich diejenigen, die weniger bedeutend waren, auf drei Seiten auf ebener Erde gruppierten. Roe bemerkte, daß das Arrangement genau das eines Theaterkönigs war, der hoch oben auf dem hinteren Teil der Bühne eines öffentlichen Theaters in London saß [40] (Tafel 30).

Schah Dschahan im Durbar auf dem erhobenen balkonartigen Thron, der Roe an einen Theaterkönig in einem Londoner Theater erinnerte (gemalt von Bitschitr, ca. 1650)

Roe hatte sich vorsichtshalber schon im vorhinein die Erlaubnis erwirkt, die Grußform seines eigenen Landes zu verwenden, und so »machte er«, sich dem Throne nähernd, an drei verschiedenen Stellen »eine Ehrenbezeigung«, vermutlich eine Verbeugung und eine schwungvolle Gebärde mit der rechten Hand wie ein sich unterwerfender Osric (Figur in Shakespeares »Hamlet«. Anm. d. Übers.) [40]. Die normale Huldigung am Mogulhofe, der *Kornisch,* war im Grunde wirklich nicht besonders entwürdigend. Man erwartete vom Höfling, sich zu verbeugen und dabei die Innenfläche der rechten Hand gegen die Stirn zu drücken, was bedeuten sollte, daß sein Haupt »in der Hand der Demut« war und dem Herrscher dargeboten wurde. Akbar hatte für die Schüler seiner neuen Religion den vollständigen Fußfall bei privaten Zusammenkünften eingeführt, aber er selbst hatte ihnen verboten, ihn bei öffentlichen Versammlungen auszuführen, um bei den Orthodoxen nicht Anstoß zu erregen [11]. Hawkins beschreibt jedoch eine sehr ausgeklügelte und ziemlich demütigende Folge von Selams, die man von den Adligen verlangte, die nach langer Abwesenheit an den Hof zurückkehrten, und während Dschahangirs Regentschaft scheint der Fußfall die konventionelle Dankesbezeugung für jede außergewöhnliche königliche Gunst gewesen zu sein [35, 24]. Kein Zweifel, Roe befürchtete, in eine dieser beiden Kategorien eingestuft zu werden.

Der nachmittägliche Durbar war nur einer der verschiedenen Auftritte, die das Tagesprogramms des Kaisers bildeten, ein Programm, das so starr festgelegt war, daß Roe sein Leben als »so regelmäßig wie eine Uhr, die zu festen Stunden schlägt«, beschreibt [40]. Selbst wenn einzelne Herrscher die Stunden änderten, zu denen ihre Uhr schlug, so blieben die Bestandteile des Tagesablaufs für den König von Akbar bis Schah Dschahan dieselben. Vor Sonnenaufgang spielten Musikanten auf, um den Hof zu wecken, und im Augenblick des Sonnenaufgangs präsentierte sich der Kaiser auf seinem *Dscharoka-i-darschan,* dem »Balkon des Erscheinens«. Dieser Balkon war hoch oben an der Außenwand jedes Forts oder Palastes angebracht, und das gemeine Volk konnte sich unten versammeln, um einen Blick auf seinen Herrscher zu werfen. Der Brauch, daß sich der Herrscher jeden Tag der Öffentlichkeit zeigte, um ihr die beruhigende Gewißheit zu geben, daß er am Leben und bei Gesundheit war und im Königreich Ruhe und Frieden herrschte, war schon alt, aber es war eine von Akbars recht typischen Neuerungen, sein Erscheinen mit der aufgehenden Sonne zeitlich abzustimmen (aber sowohl Akbar wie Dschahangir legten sich nach dieser frühen Mühe wieder für zwei Stunden schlafen) [108, 11, 35]. Der Idee nach war dieses öffentliche Auftreten eine Gelegenheit für die kleinen Leute, persönliche Anliegen unmittelbar an ihren Kaiser heranzutragen, und nachfolgende Herrscher ersannen mannigfaltige, mehr symbolische als praktische Methoden, durch die ihre Untertanen ihre Aufmerksamkeit erregen konnten. Humajun ließ eine Trommel aufstellen, auf die diejenigen, die Gerechtigkeit suchten, schlagen durften; Dschahangir ließ von seinen Privatgemächern im Fort zu Agra eine goldene Kette auf den Erdboden hinab, die beim Schütteln kleine Schellen zum Klingen brachte, und Schah Dschahan verwendete dazu manchmal eine Schnur, die vom *Dscharoka* hinabhing und an die man Bittschriften heften konnte, die ihn so ohne das Dazwischentreten von Beamten erreichten [10, 16, 105]. Aber dieser Aspekt des *Dscharoka* dürfte nur im Falle einer Massendemonstration wirksam gewesen sein, wie beispielsweise 1641, als sich eine riesige Menge von Hungersnot gepeinigter Menschen vor Schah Dschahan in Lahore zeigte und ihn zu recht weitreichenden Hilfsmaßnahmen bewegte. Wie schwierig es für gewöhnliche Sterbliche war, ihre Sache dem Kaiser vorzutragen, zeigt die Geschichte einer Gruppe von Klägern, die so weit gingen, sich als Gaukler auszugeben, um bis zur Person des Herrschers vorgelassen zu werden [111].

Ausschnitt aus dem Mosaik am südlichen Toreingang zu Akbars Grabmal in Sikandra, das in der Regierungszeit Dschahangirs erbaut wurde

Mittags kehrte Dschahangir zum *Dscharoka* zurück, um Elefantenkämpfen beizuwohnen oder eine Parade abzunehmen, und um vier Uhr nachmittags erschien er nach den Schlägen auf die große Trommel vor der versammelten Hofgesellschaft, im *Diwan-i-am*, der »Halle der öffentlichen Audienz«, wo Roe ihn zum erstenmal sah. Hier wurde der mehr öffentliche Teil der Staatsgeschäfte, wie Ernennungen und Aufwartungen, erledigt, während Ringkämpfer und Akrobaten stets bereitstanden, um im Bedarfsfalle die Pausen zu füllen. Der Kaiser zog sich dann zu einer mehr privaten Zusammenkunft der höchsten Beamten zurück, bei der die eigentlichen staatspolitischen Entscheidungen erörtert und gefällt wurden. Dieses private Konsilium hieß *Ghusl-khana* – wörtlich »Badezimmer« – und leitete sich angeblich von Scher Schahs Gewohnheit ab, dort Rat zu halten, während er sein Haar nach dem Bade trocknete [64, 11].

Unter Dschahangir neigte der *Ghusl-khana* dazu, sich im Verlauf des Abends in eine private Gesellschaft zu verwandeln. Die Teilnehmer mußten zwar von einer Wache am Eingang ihren Atem auf Alkohol hin beschnüffeln lassen, aber die Erledigung der Geschäfte wurde oft »verhindert durch eine Schläfrigkeit, die durch die Dünste des Bachus von Seiner Majestät Besitz ergriffen hat« [40, 41]. Zuweilen legte sich der Herrscher, während die Versammlung noch andauerte, plötzlich nieder, um für die Nacht einzuschlafen (was in einem warmen Klima, wo die Menschen zwischen bequemen Kissen auf einem Teppich saßen, weniger überraschend ist als es klingen mag), worauf sofort die Kerzen gelöscht wurden, und es verstand sich von selbst, daß die Gäste tastend ihren Weg nach draußen suchten [40, 35]. An den nüchternen Abenden wurden auf diesen Versammlungen in angeregter, ja oft hitziger Debatte ernste Staatsangelegenheiten erledigt. Roe liefert faszinierende Berichte über Fälle, bei denen er sich mit einiger Schwierigkeit durch einen spanischen Dolmetscher verständlich machte und sich vor dem Herrscher in wütende Wortgefechte nach zwei Seiten hin einließ, nämlich mit Asaf Khan und Prinz Khurram, und wie er Dschahangir überraschend bereitwillig fand, seinen Lieblingssohn öffentlich zu tadeln, wenn er meinte, dieser habe dem Botschafter Unrecht getan [40].

Ein Hauptzankapfel zwischen Roe und dem Prinzen war die Tatsache, daß bei mehr als einer Gelegenheit Khurrams Beamte die Gepäckkisten Roes beschlagnahmt hatten, die im wesentlichen mit Geschenken für den Kaiser angefüllt waren (wahrscheinlich der Grund dafür, daß er in Dschahangir solch einen geneigten Zuhörer fand). Geschenke spielten im Alltagsgeschäft der Mogulregierung eine außerordentlich große Rolle, obwohl der Reiz der Neuheit den Herrscher ebenso beeindrucken konnte wie Luxus; eine ungewöhnliche Schachtel mit einer Glaswand, eine weiße Porzellantasse, ja sogar ein Fisch, den Dschahangir ausgerechnet elf Monate lang nicht gekostet hatte – das alles wurde zu verschiedenen Zeiten sehr gnädig in Empfang genommen [16]. Roe berichtet, daß sogar im täglichen öffentlichen Durbar diejenigen, die mit Dschahangir zu sprechen wünschten, hoch emporstreckten, was immer sie als Geschenke gebracht hatten, worauf er sie dann nach ihrem Anliegen befragte; viele von ihnen mußten schon mehreren der Hofbeamten Geschenke gegeben haben, um überhaupt dem Kaiser selbst eines reichen zu können [40, 35, 42]. Roes Einfluß wuchs ganz erheblich, als sich die Nachricht von einem kürzlich in Surat eingelaufenen englischen Schiff verbreitete, das vielleicht einiges nette »Spielzeug« für den Hof enthielt, und Dschahangir selbst fragte ganz ohne Scham, wieviel für ihn dabei sei [40, 35]. Was er sich am meisten wünschte, war ein englisches Pferd, und er rechnete vor, daß, wenn sechs verladen würden, mindestens eines die Reise überstehen könnte, und, »käme es abgemagert, so würde er es wieder fett machen« [40]. Im allgemeinen war Dschahangir darüber erstaunt, daß sein Bruder auf dem englischen Thron ihm solch billige Geschenke, wie Roe sie zutage förderte, sandte, und Roe schickte einen erbosten Brief an die East India Company, in dem er sich über den Schund an Ware, mit dem man ihn beliefert hatte, beschwerte: verblichener Samt, schimmlig gewordene Lederbehältnisse, und Spiegel, von denen die Silberschicht abgeblättert war und der Leim des Rahmens sich gelöst hatte. Er fügte später hinzu, daß er

Mercators zusammengeschrumpfte Version Indiens, aus der Ausgabe, die Roe Dschahangir schenkte

nun sein eigenes persönliches Hab und Gut aufbrauchen müsse, um den Schein zu wahren [40]. Einen bescheidenen Erfolg erzielte er mit einer englischen Kutsche, die, in Stücke zerlegt, hertransportiert worden war, obwohl Dschahangir die ursprüngliche Polsterung sofort durch viel reicheren Brokat ersetzen und die Messingnägel gegen silberne auswechseln ließ [40, 41].

Eine Zeitlang schien Roe den Herrscher mit der neuesten Ausgabe der Landkarten Mercators sehr erfreut zu haben. Wenn Dschahangir ausritt, so war es Sitte, daß jeder, an dessen Haus er vorbeikam, draußen stand und ihm ein Geschenk anbot. Roe, der einmal überrascht feststellte, daß der Herrscher bei ihm vorbeikommen würde, hatte kein Geschenk parat, aber er wählte aus seiner Habe diesen Band Landkarten, »die ich mit der Entschuldigung, nichts Würdigeres zu haben, überreichte, aber einem großen König bot ich die Welt an, von der er einen so großen und reichen Teil besaß« [40]. Nicht lange danach wurden sie ihm zurückgegeben, und Terry glaubte, daß es für einen Mann, der in seinem Herrschertitel beanspruchte, die Welt erobert zu haben, ein zu großer Schock war, entdecken zu müssen, wieviel noch übrigblieb – obwohl er zwar hinzufügt, daß Mercator das Reich der Moguln auf seiner Landkarte tatsächlich ungebührlich zusammenschrumpfen läßt [41].

Die einzigen Dinge, mit denen Roe Dschahangir wirklich beeindrucken konnte, waren seine englischen Gemälde, da die europäische Kunst seit einigen Jahren am Mogulhofe sehr bewundert wurde. Abul Fasl stellte fest, daß die Künstler Europas viel größere Könner als die Indiens wären, und im Jahre 1602 wurde ganz Agra so stark beeindruckt von einem

Eine bunte Ansammlung europäischer Gemälde – mit teils weltlichen, teils religiösen Motiven – über dem auf dem Thron sitzenden Dschahangir (Ausschnitt aus einem Gemälde von Pajag, ca. 1650)

großflächigen Bild der Madonna, das die Jesuitenpatres auf ihrem Altar hatten, daß Akbar sie bat, es zum Palast zu bringen und es dann selbst, ohne sich von irgend jemandem helfen zu lassen, davontrug, um es seiner Mutter und seinen Frauen und Töchtern zu zeigen. Dschahangir ließ seine Maler westliche Drucke studieren und ihre christlichen Sujets auf Wände in seinen Palästen und sogar im Grabmal seines Vaters in Sikandra kopieren, und europäische Stiche findet man in kunstvoll gemalte Seiten mehrerer Alben des siebzehnten Jahrhunderts geklebt [11, 107, 122]. Als Dschahangir 1616 bei den Neujahrsfeiern auftrat, war die Nische hinter seinem Thron mit Porträts der englischen Königsfamilie geschmückt, obwohl ein Mangel an gebührender Unterscheidung zwischen solch weit entfernten Leuten dazu geführt hatte, daß sie einträchtig neben einer »Londoner Bürgersfrau« und der Gräfin von Somerset hingen, der eben zu jenem Zeitpunkt der Prozeß wegen der Ermordung Sir Thomas Overburys bevorstand. Und ein ähnlicher Mangel an Unterscheidungsvermögen

auf der anderen Seite brachte Sir Thomas Roe gar noch mehr in Verlegenheit, als nämlich von der East India Company ein Gemälde eintraf, das Venus und einen Satyr darstellte, und vor das Dschahangir ständig zurückkehrte und verlangte, daß man ihm die Allegorie erkläre, bis Roe zu der Überzeugung gelangte, daß er »die Moral verstand als Verächtlichmachung der Asiaten, die der nackte Satyr repräsentierte, der von derselben Hautfarbe und ihnen nicht unähnlich war und von Venus, einer Weißen, an der Nase gehalten wurde, so daß es schien, daß sie ihn als Gefangenen mit sich führte« [40].
Dschahangir interessierte sich besonders für die Porträtminiaturen, die zu Roes persönlicher Habe gehörten, weil der Herrscher selbst das westliche Konzept der Miniatur in das Hofleben eingeführt hatte – ein großzügig eingefaßtes realistisches Konterfei, das sowohl als Erinnerung wie als Juwel getragen werden konnte. Von einer Miniatur der Gattin Roes war er so hingerissen (Roe weigerte sich allerdings höchst diplomatisch, ihm das Kleinod zu schenken), daß er fünf Kopien davon machen ließ und verkündete, daß diejenigen seiner

Miniatur einer europäischen Dame, von einem mogulischen Künstler kopiert (frühes 17. Jahrhundert)

Frauen, die eine Vorrangstellung einnahmen, sie tragen würden. Auch schenkte er Roe ein kleines Bildnis seiner selbst, das in Gold gefaßt und mit einer daranhängenden Perle versehen war, ein schmeichelhaftes Geschenk, insofern als sogar hohe Adlige am Hofe gewöhnlich nicht mehr als ein Goldmedaillon mit dem Haupt des Kaiser erhielten, das im Turban getragen und auf eigene Kosten mit einer Fassung versehen werden mußte [40, 16].
Ein neuer Vorstoß Dschahangirs bestand darin, Münzen und Medaillen zu prägen, die sein eigenes Porträt trugen – ein zusätzlicher Verstoß gegen das Bilderverbot des Koran, da Münzen etwas Öffentlicheres als bloße Bilder darstellen. Akbar hatte sein Münzrecht sehr ernst genommen, den Künstler Abdus Samad zum Beauftragten dafür ernannt und Mün-

Das Prinzip der europäischen Miniatur auf ein mogulisches Kinderporträt angewendet (spätes 17. Jahrhundert)

zen hergestellt, die zu den kostbarsten der Welt aus dieser Zeit gehören; aber von einer oder zwei geringfügigen Ausnahmen abgesehen hatte er das Bild seiner Münzen auf kalligraphische Darstellungen beschränkt [78, 89, 62]. Dschahangir verwendete zuerst Bildnisse, indem er das Tierkreiszeichen an die Stelle des Monatsnamens treten ließ [16], und wagte sich später nicht nur zu Selbstporträts vor, sondern sogar gelegentlich zu Porträts, auf denen er ein Weinglas hält (Tafeln 28 und 29).

Die außerordentlich hohe Qualität sowohl der Gemälde wie der Münzen aus Dschahangirs Regierungszeit war die unmittelbare Folge des persönlichen Interesses, das der Kaiser dafür zeigte. Er, der in Fatehpur Sikri aufgewachsen war, als sich Akbars Ateliers einer großen Betriebsamkeit erfreuten, studierte mit aufmerksamem Auge die Maltechnik. Er behauptete feststellen zu können, welcher Meister in einem Gesicht das Auge und die Braue und welcher den Rest gemalt habe – obwohl sich diese Fähigkeit mehr auf die Gemälde aus der Regierungszeit seines Vaters bezog, da unter Dschahangir das arbeitsteilige System, daß nämlich mehrere Künstler ein Bild bearbeiteten, auszusterben begann. Das erbrachte zwar einen geringeren Umfang an Produktion, aber dafür ein höheres künstlerisches Niveau [16, 89]. Es waren Dschahangirs besondere Ansprüche, die zum neuen Realismus in der Malerei führten. Während Akbar Massenszenen verlangte, von denen sich viele vor langer Zeit und in weiter Ferne ereignet hatten, wollte Dschahangir oft eine geradezu photographisch wirklichkeitsgetreue Wiedergabe der Wunder der Tier- und Pflanzenwelt, und diese einfachere und genauere Themenstellung führte wiederum zu einem verfeinerten Gefühl für die Anlage der Entwürfe. Auf eben diese Weise zwang auch sein Interesse an der Porträtkunst seine Maler, sich mit den tiefergehenden Problemen der Charakterisierung auseinanderzusetzen – er sandte einen Maler bis nach Isfahan, damit dieser ein getreues Porträt von Schah Abbas bringe, und pflegte es oft Leuten zu zeigen, die diesen seinen großen Rivalen gesehen hatten, um die Genauigkeit prüfen zu lassen [87]. Darüber hinaus scheint er selbst einen neuen Stil politischer Allegorie in der Kunst erfunden und seine Künstler damit beauftragt zu haben, der, wenn auch noch so selbstbeweihräuchernd und eitel, einige der großartigsten Gemälde der Zeit hervorbrachte. Eines dieser Bilder verherrlicht angeblich einen neuen Geist des Friedens mit seinem persischen Nachbarn, Schah Abbas, macht aber in Wirklichkeit Mercators deprimierende Abbildung der Größe des Mogulreiches wieder wett, indem es dem Löwen Dschahangirs gestattet, sich quer über Persien und die Türkei auszubreiten und dabei das arme persische Lamm ins Mittelmeer zu stoßen (Tafel 27). Ein anderes gibt vor, zu zeigen, wie der demütige Herrscher die Gesellschaft einfacher, heiliger Männer der großer Potentaten vorzieht, aber ermöglicht es, daß der Sultan der Türkei in wohltuender Entfernung von und unter dem Thron plaziert wird, und Jakob I. von England sogar noch weiter weg – ein Platz, der zweifellos der Minderwertigkeit seiner Geschenke entspricht, doch konnte sich Roe mit der Tatsache darüber hinwegtrösten, daß der König von Portugal oder Spanien nicht einmal erscheint (Tafel 26). Und ein drittes ist ein elegantes Wunschbild vom Tode Malik Ambars, des Abessiniers, dessen Guerillatruppen mit so schöner Regelmäßigkeit Dschahangirs Streitkräften im Dekkan zu schaffen machten. Diese realistische Malerei im Dienste geheimnisvoller Symbolkombinationen – wie der Weltkugel, die auf einem Ochsen ruht, der wiederum auf einem Tisch steht – bot eine Fülle schöpferischer Möglichkeiten, die bislang in mogulischen Gemälden noch nicht ausgenützt worden war. Eine weitere, zwar weniger wichtige, aber für die Datierung von Bildern nützliche Neuerung Dschahangirs war die Verwendung des Nimbus oder Heiligenscheins, der sein Haupt zu umgeben hatte. Dieser war von ihm aus den Gemälden und Drucken entlehnt worden, die die Jesuiten gebracht hatten, doch hatte man ihn im Osten bereits lange zuvor als heidnisches Symbol der Heiligkeit angewendet, und von dort war er nach Byzanz und somit nach Europa gewandert, während er in Indien und Persien ausstarb. Nach seiner Wiedereinführung durch Dschahangir wurde er stets in späteren mogulischen Gemälden verwendet, um die Gestalt des Herrschers zu schmücken [89].

Dschahangir gibt Malik Ambar (in seiner Phantasie) den Rest (Gemälde von Abul Hassan, ca. 1620)

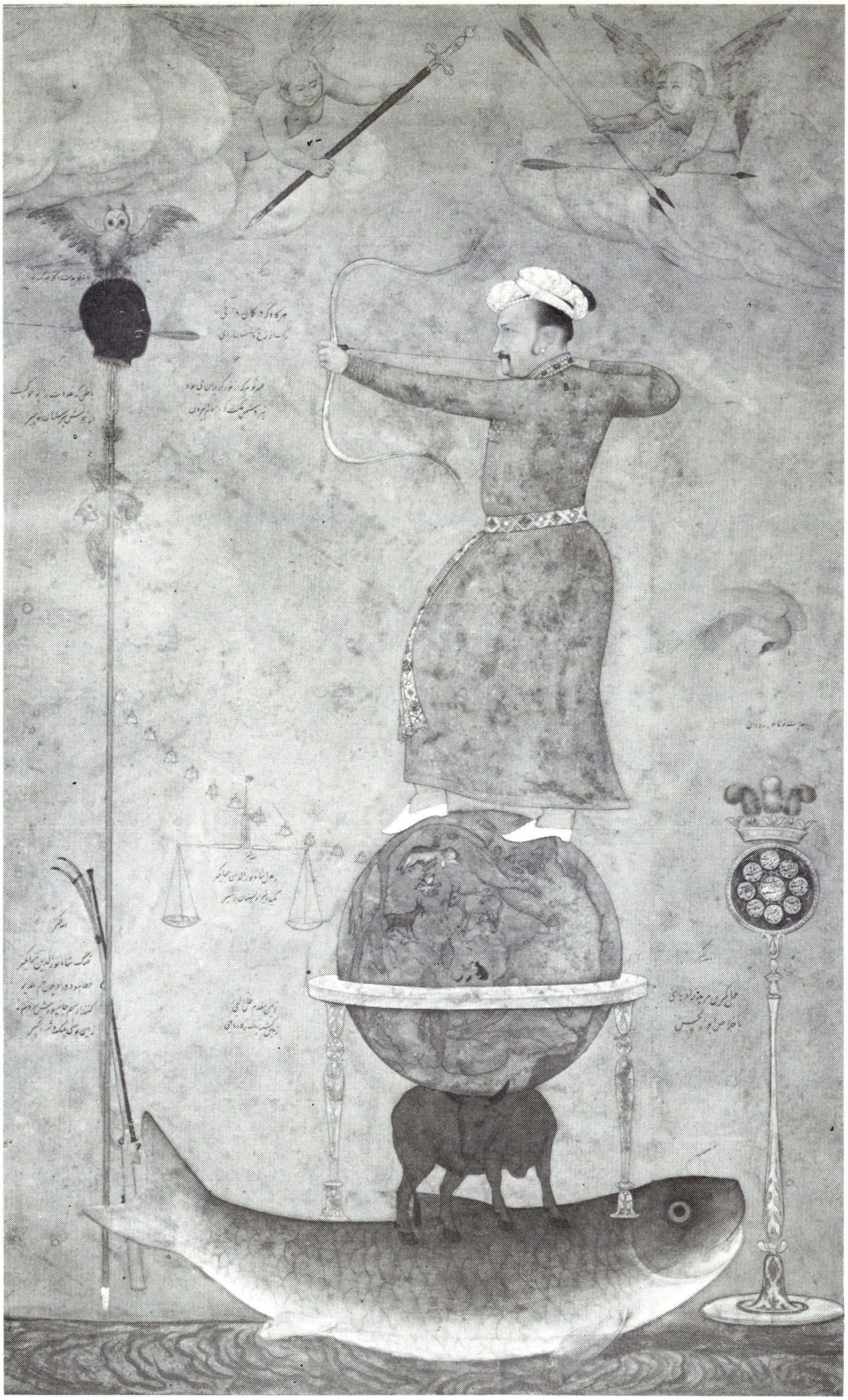

Im November 1616 zog Dschahangir südwärts nach Mandu, um den Kampftätigkeiten im Dekkan näher zu sein. Roe begleitete ihn und hat uns großartige Beschreibungen des königlichen Feldlagers und von Dschahangirs prachtstrotzender Abschiedszeremonie hinterlassen. Der Gesandte, emsig wie immer, »schubste« sich durch die Menge der Höflinge, um im Augenblick des Aufbruchs dicht bei Dschahangir zu stehen, und da war auch er wirklich einmal beeindruckt:

»Der König stieg die Treppe herab, begleitet vom Beifallsruf ›Heil dem König‹, der wie Kanonendonner schallte. Am Fuße der Treppe, wo ich mich zu ihm gesellte und drängelte, um neben ihm zu bleiben, brachte jemand einen mächtigen Karpfen, ein anderer eine Schüssel voll weißen Materials, das wie Stärke aussah, in welches er seinen Finger legte; dann berührte er den Fisch und rieb einen Finger an seiner Stirn, eine Zeremonie, die gewöhnlich Glück vorbedeutete. Dann kam ein anderer und gürtete ihm Schwert und Schild um, die überall mit großen Diamanten und Rubinen besetzt waren, was zu den güldenen Gürteln paßte. Ein anderer hängte seinen Köcher mit dreißig Pfeilen und seinen Bogen in ein Behältnis, und zwar in dasselbe, das ihm vom persischen Gesandten geschenkt worden war. Auf dem Haupte trug er einen reichverzierten Turban mit einem Federbusch aus dem Kopfgefieder eines Reihers; es waren nicht viele, aber lange Federn. Auf einer Seite hing ein ungefaßter Rubin herunter, groß wie eine Walnuß, auf der anderen Seite ein ebenso großer Diamant, in der Mitte ein Smaragd von der Form eines Herzens, aber viel größer. Seine Schärpe war umkränzt mit einer Kette großer Perlen, Rubine und durchbohrter Diamanten. Um den Hals trug er eine Kette äußerst vorzüglicher Perlen, drei Doppelreihen (so groß, wie ich sie noch nie sah); an seinen Ellbogen diamantenbesetzte Armbinden und an seinen Handgelenken drei Reihen mit Schmuck verschiedener Art. Seine Hände waren bloß, aber an nahezu jedem Finger ein Ring; seine Handschuhe, englischer Herkunft, steckten in seinem Gürtel; sein güldenes Wams ohne Ärmel auf einem schönen *Semian,* fein wie Batist; an seinen Füßen ein Paar mit Perlen bestickte Halbstiefel, die vorne spitz zuliefen und aufwärts gekrümmt waren« [40].

Und um das Entzücken des Gesandten noch zu erhöhen, fuhr der Kaiser in einer der englischen Kutsche bereits nachgebildeten Kopie, von einem englischen Diener begleitet, und bald folgte ihm Nur Dschahan in der Originalkutsche mit ihren neuen Bezügen und den Silbernägeln nach [40].

Der Herrscher gab Anweisungen, das Lager in Adschmir abzubrennen, damit die Händler und der Troß, die dort seit drei Jahren gelebt hatten, gezwungen waren, mit ihm zu ziehen. Einmal berechnet Dschahangir in seinem Tagebuch, daß, um eine sehr große Streitmacht unterwegs in unfruchtbaren Landstrichen zu versorgen, Getreidehändler mit mindestens 100000 Lastochsen zur Begleitung des Lagers veranlaßt werden müßten [40, 16]. Dschahangirs Gefolge war in diesem Fall nicht so groß wie sonst – die Hauptstreitmacht hatte Schah Dschahan bei sich – aber Terry, der das königliche Lager beschrieb als eine »ambulans republica«, eine »Republik zu Fuß«, behauptete, daß es unterwegs zwölf Stunden dauerte, bis die ganze Marschkolonne irgendeinen Punkt passiert hatte, und Roe schätzte, daß der Zug, wenn er zur Nacht anhielt, sich über ein Gebiet von zwanzig Meilen Umfang erstreckte und »beinahe jeder beliebigen Stadt in Europa an Größe gleichkommen konnte« [41, 40]. Tatsächlich war alles wie eine Stadt organisiert, mit regulären Straßen, in denen jeder Adlige oder Händler seine eigene Parzelle hatte, in der er sein Zelt aufschlug, so daß das Lager an jedem Ort gleich aussah und die Leute sich sofort orientieren konnten – ein von Timur, wenn nicht sogar aus noch früherer Zeit stammendes System. Der König selbst wie auch die Adligen waren mit Zelten doppelt ausgestattet, so daß man das eine immer vorausschicken konnte, damit es bei ihrer Ankunft für sie bereitstand; es schien, als würde eine ganze Stadt Bockspringen spielen [40, 28, 11]. Britische Vizekönige in Indien sollten sich später auf genau dieselbe Weise durch das Land bewegen.

Im Mittelpunkt des Lagers befand sich des Herrschers eigener Bezirk, der praktisch einer kleinen Festung aus bemaltem Holz und Zeltleinwand glich. Zu Zeiten Akbars war diese »nie kleiner als 100 Yards im Quadrat«, und Roe fand, daß die Dschahangirs beinahe 300 Yards, also rund 270 Meter im Durchmesser aufwies. Die äußere Umzäunung bestand aus hölzernen Wänden, die bemalt, manchmal auch mit scharlachfarbenem Sacktuch be-

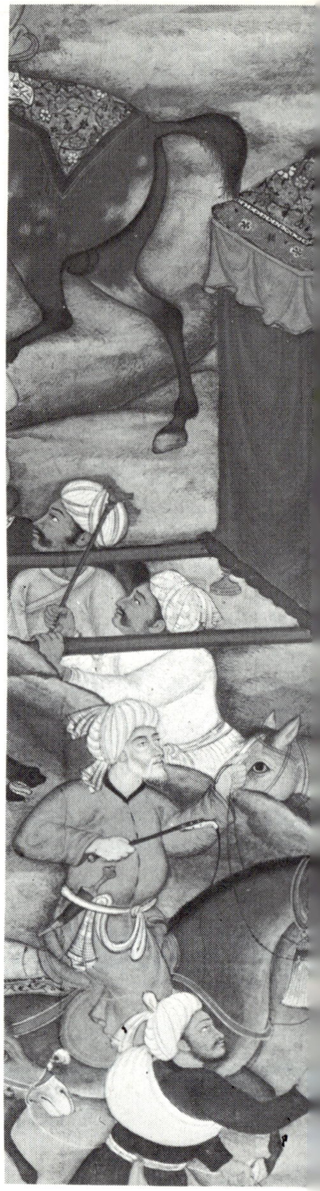

Eine Dame reist in einem geschlossenen Palankin; ihre Dienerinnen reiten verschleiert neben ihr her (ca. 1590)

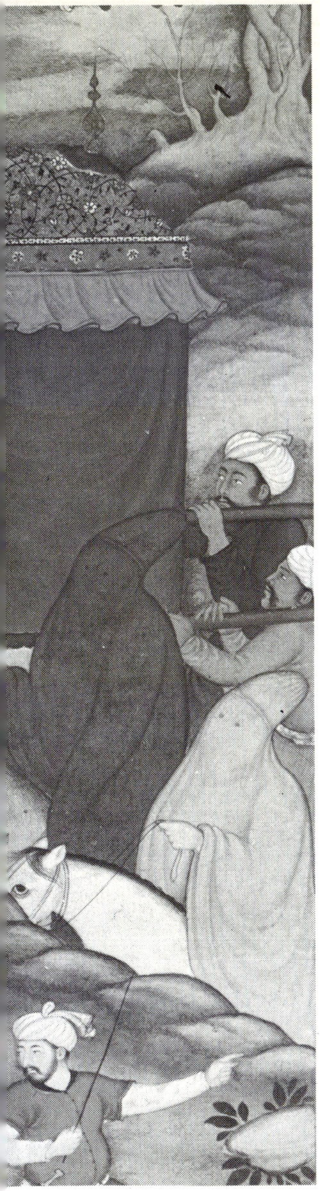

deckt waren und von Lederriemen zusammengehalten wurden. Dann gab es ein hübsches Torhäuschen und Tore, die fest verriegelt werden konnten. Im Innern befanden sich alle die normalen Baulichkeiten, die man üblicherweise in einem königlichen Palast antraf, ein öffentlicher Audienzsaal, ein Privataudienzsaal und eine mobile Moschee (Timur führte eine wunderschön bemalte aus Holz mit sich herum) und in einer angrenzenden Umfriedung ein großer Privatbezirk für den Harem. Es gab sogar ein *Dscharoka*-Fenster in der Außenwand, wo der Herrscher seinen üblichen öffentlichen Auftritt durchführen konnte. Alle gewohnten Aktivitäten des Hoflebens, wie etwa, daß Gelehrte oder Künstler ihr Werk, der Beurteilung harrend, präsentierten, liefen weiterhin ab, ganz wie zu Hause in Agra [11, 40, 28, 10, 16].

Beträchtlicher Komfort wurde für selbstverständlich gehalten. Dschauhar wies einmal auf die mißlichen Engpässe hin, in die Humajuns kleine Schar nach einer Flucht aus einer Schlacht geraten war, indem er sagte, es habe nicht einmal ein eigenes Zelt für den Abtritt des Kaisers gegeben, Akbar führte einen großen, von einem Elefanten geschleppten Karren ein, der verschiedene Baderäume enthielt, und in den Straßen von Timurs Lager gab es sogar öffentliche Badehäuser, die vollständig ausgerüstet waren – bis zu Wasserboilern [7, 11, 28]. Das Interieur von Pavillons des Herrschers oder seiner Adligen muß äußerst luxuriös und attraktiv gewesen sein mit seiner Überfülle von üppigen Teppichen unter der hellen Zeltleinwand, und den Hofmalern gelingt es wirklich, in ihren Miniaturen sehr viel von dieser Großartigkeit anschaulich zu machen. Abul Fasl vermerkt einmal, daß, um allein die Königszelte zu transportieren, 100 Elefanten, 500 Kamele, 400 Karren und 100 Träger erforderlich waren, und Roe beschrieb das Lager als »eines der Wunder meines kleinen Erlebnisschatzes« [11, 40].

Es gab damals verschiedene Transportmittel, mit denen der Herrscher oder seine Adligen, wenn sie gerade nicht zu Pferde ritten, bequem zwischen den einzelnen Stationen reisen konnten. Der Palankin war eine bedeckte Sänfte, die auf langen Stangen auf den Schultern von vier oder sechs Männern getragen wurde. In ihm hatte der Insasse genügend Platz, sich in voller Länge zurückzulehnen und auszustrecken. Dank der Geschicklichkeit der Träger in unwegsamem Gelände galt er als die am wenigsten schmerzhafte Transportmethode für einen Verletzten. In einem Typ von Wagen, der von Ochsen gezogen wurde, gab es sehr üppige Polsterung und genügend Raum, daß vier Personen sitzen oder zwei liegen und schlafen konnten. Und nach Dschahangirs eigenen Worten war das Sichschlafenlegen in dem *Howdah* eines Elefanten so bequem, daß man ohne jegliche Unannehmlichkeiten Tag und Nacht hindurch reisen konnte. Alle drei Transportmittel wurden auch für den Harem verwendet, obwohl die Damen zweifellos als kostbare und exklusive Fracht am besten in glorreicher Entfernung waren, wenn sie auf Elefanten in goldenen *Howdahs* ritten, deren Fenster mit goldenem Netzwerk bedeckt waren, so daß sie sehen, aber nicht gesehen werden konnten. Dem Elefantentreiber hatte man ein Tuch über den Kopf geworfen, und weit voraus zogen berittene Eunuchen und Lakaien, die mit Stöcken von großer Reichweite den Weg von männlichen Zuschauern freimachten. Diese Aufpasservorhut fand an ihrer Arbeit viel Gefallen, und es war bekanntermaßen äußerst gefährlich, sich von ihr erwischen zu lassen – in der zweiten Jahrhunderthälfte passierte das einmal dem französischen Arzt Bernier, und er mußte sein Schwert ziehen, um entkommen zu können [41, 16, 40, 49, 48, 45, 50, 52].

Nach einer vier Monate dauernden geruhsamen Reise erreichte das Lager am 6. März 1617 die Hügelfestung von Mandu. Roe gehörte noch immer zur Begleitung – sein unangenehmstes Erlebnis auf der Reise war es gewesen, an »einem mit den Köpfen von 300 Männern beladenen Kamel, das vom Statthalter von Kandahar als Geschenk für den König geschickt worden war«, vorbeizukommen –, und er ließ sich nun in einer kleinen verlassenen Moschee nieder, um die Miete für eine bessere Unterkunft zu sparen [40]. Er und Terry führten beileibe kein bequemes Leben. Es herrschte schrecklicher Wassermangel in der Festung, und die Löwen strichen um ihre Moschee herum und schleppten ihre Tiere fort [41, 184]. Dschahangir aber ließ es sich sehr gut gehen und besichtigte diesen angenehmen Ort. Er besuchte die schöne Freitagsmoschee, ein hervorragend schlichtes und würdevolles Bauwerk aus dem frühen 15. Jahrhundert (Tafel 9). Dann bereitete es ihm großes Vergnügen, das Grabmal eines Mandu-Herrschers, Nasir-ud-din, umzustürzen, der so brutal gewesen war, seinen eigenen Vater umzubringen, und als beim Gedanken daran seine Entrüstung wuchs, beschloß er, noch einen Schritt weiter zu gehen und ließ die Leiche des Übeltäters ausgraben und in den Fluß werfen. Er hatte ein reizendes Picknick mit seinen Damen im Sommerhaus von Nilkanth, das 40 Jahre zuvor von einem der Generale Akbars auf einem Abhang in der Südwestecke der Festung errichtet worden war [16].

Das Nilkanth-Sommerhaus in Mandu, wo Dschahangir 1617 ein Picknick mit seinen Damen abhielt

In Mandu sah Roe, wie der Herrscher an seinem Geburtstag gegen eine Anzahl verschiedener edler Metalle und Steine aufgewogen wurde, eine Zeremonie, die er, sehr zu Dschahangirs Verärgerung, das Jahr zuvor in Adschmir versäumt hatte, weil ihm durch einen Boten die falsche Zeit ausgerichtet worden war [40]. Der Herrscher saß auf der einen von zwei goldenen Waagschalen, während Säcke von Gold auf die andere gelegt wurden, um ihn auszuwiegen, dann geschah dasselbe mit Silber, Juwelen, kostbarem Tuch und Nahrungsmitteln. Roe war davon nicht beeindruckt, weil die edlen Metalle nicht zu sehen waren (»da sie sich in Säcken befanden, konnten es ebensogut Kieselsteine sein«), und er argumentiert, daß es, da die Säcke später wieder nach drinnen getragen wurden, nicht eben wahrscheinlich war, daß dieses Gut für Wohlfahrtszwecke verteilt wurde, wie das geschehen sollte. Es ist jedoch unwahrscheinlich, daß sich der Großmogul auf solch einen leicht zu enthüllenden Betrug einließ, der ja Armut verraten hätte [40, 11, 35]. Die Zeremonie des Auswiegens stammte her von einem *Tuladana* genannten Brauch der Hindus und soll zwar nach allgemeiner Ansicht von Akbar in den Kalender der Moguln eingeführt worden sein, aber es ist sicher, daß Humajun bereits 1533 gegen Gold aufgewogen wurde [11, 59]. Von Akbar an gab es jährlich zwei Gewichtsnahmen, eine für den solaren Geburtstag in der Öffentlichkeit und eine für den lunaren Geburtstag, gewöhnlich in der intimen Atmosphäre des Harems. Solarer und lunarer Geburtstag des Herrschers fielen nur am Tage seiner Geburt zusammen, nach welchem sie sich jedes Jahr um weitere elf Tage voneinander entfernten. Leibesfülle kostete den Herrscher Geld, konnte aber bei einem Bürger diesem gelegentlich zugute kommen, beispielsweise, als Dschahangir Ustad Mohammed Naji mit Rupien aufwog, um ihn für sein Flötenspiel zu belohnen, oder dem Astrologen Dschotik Raj sein eigenes Gewicht für eine tatsächlich eingetroffene Weissagung schenkte. Es stellte sich heraus, daß der behäbige Astrologe um 200 Rupien mehr als der Musiker wog [16].

Nach dem Auswiegen, dem Roe beiwohnte, streute Dschahangir imitierte Früchte aus Silber unter seine Höflinge. Roe war verblüfft, sowohl über das folgende würdelose Zusammenklauben auf dem Fußboden wie über das außerordentlich dünne und deshalb billige Silber [40], eine Einzelheit, die jedermann vertraut sein wird, der reines Blattsilber auf gewöhnlichen Süßigkeiten und Speiseeis im heutigen Indien gegessen hat. Die mogulische Macht- und Prachtentfaltung hatte inzwischen solche Ausmaße angenommen, daß Dschahangir sogar auf dem Wege durch öffentliche Straßen häufig Rupien vom Pferdesattel oder dem *Howdah* aus nach rechts und links in die Menge verstreute.

Das andere große alljährliche Fest am Mogulhof, das Roe ebenfalls miterlebte, war *Naurus*, das Neujahrsfest, das Akbar 1582 von den Persern übernommen hatte [10]. Es wurde der Hauptanlaß für neue Rangerhebungen und Ehren und war eine besonders ergötzliche Festlichkeit, weil es dank dem persischen Kalender immer in den Frühling fiel. Es konnte verschieden lang, von sechs bis zu neunzehn Tagen, dauern [115, 64], und jeden Abend gab ein anderer Adliger in seinem Haus oder Zelt eine Gesellschaft, an der Dschahangir teilnahm und bei der das Geschenkeverteilen sehr im Schwange war – eine Einrichtung, von der der Kaiser stark profitierte, da es nämlich Sitte war, daß sein Gastgeber ein reiches An-

gebot von Geschenken ausbreitete und Dschahangir sie alle annahm, wonach er höflich diejenigen, die er nicht haben wollte, ihrem ursprünglichen Besitzer zu präsentieren pflegte. In einigen Fällen wich die Prozedur etwas davon ab, war aber fast ebenso einträglich: Dschahangir nahm dann alle Stücke, bestand aber darauf, sie zu kaufen, worauf die Beamten seines Schatzamtes den Preis auf die Hälfte des Wertes zu veranschlagen pflegten [35]. Sänger und Tänzerinnen sorgten für beinahe ununterbrochene Unterhaltung während der Festtage – »Ich sah, was man sehen konnte«, sagte Roe, »Geschenke, Elefanten, Pferde und viele Huren« [40]. Die Frauen der Adligen zogen in den herrscherlichen Harem, damit sie mit den Damen des Kaisers feiern und alle zusammen durch Gitterwerk hindurch den großen Hauptdurbar mitverfolgen konnten, bei dem der Kaiser in seiner allerprächtigsten Aufmachung erschien. Roe fand den Thron und dessen Umgebung bei dieser Gelegenheit zwar eindrucksvoll, doch zugleich vulgär, da man versuchte, zu viele kostbare Dinge auf einmal vorzuzeigen »wie eine Dame, die zusammen mit ihrem Goldgeschirr auch ihre bestickten Hausschuhe auf das Büffet gestellt hat« [40] – eine etwas unfreundliche Reaktion, da dies immerhin der Ort war, an dem man die Bilder der englischen Königsfamilie erblicken konnte und diese gewiß mehr als jeder andere Gegenstand an Stelle der bestickten Hausschuhe fungierten.

Roe segelte schließlich am 17. Februar 1619 von Surat zurück in seine Heimat. Seiner Meinung nach war sein Aufenthalt weitgehend ein Fehlschlag gewesen – er hatte längst sein ursprüngliches Ziel eines formellen Vertrags mit Dschahangir aufgegeben und sich mit verschiedenen Konzessionen begnügt, die sich in Form eines Schutzbriefes oder Firmans von Schah Dschahan allein auf den Hafen Surat bezogen –, aber die reichste Ernte seiner Reise war ein Tagebuch, das einen hervorragend lebendigen Einblick in das Alltagsleben am Hofe des Großmoguls gewährt. Für Roe, der 35 Jahre alt war, als er in Indien eintraf, und 38, als er abreiste, war dies lediglich die erste einer ganzen Reihe diplomatischer Missionen, die ihn nacheinander in die Türkei, nach Schweden und als Vertreter Englands zu Friedenskonferenzen nach Hamburg, Regensburg und Wien führten [40].

Roe hatte nicht lange gebraucht, um herauszufinden, welche Macht Nur Dschahan besaß. Er schrieb nach Hause an Prinz Charles, den künftigen Karl I., daß die Lieblingsfrau des Königs »ihn beherrscht und ihn ganz nach ihrem Belieben wie ein Uhrwerk aufzieht«, und er klärte den Gouverneur der East India Company darüber auf, daß »das gesamte Rechtswesen oder die Erledigung irgendeiner Sache oder öffentlichen Angelegenheit entweder ruht oder aber abhängig ist von ihr, die unzugänglicher ist als irgendeine Göttin oder ein Mysterium heidnischen Unglaubens« [40]. Das Bild einer heidnischen Göttin, die zu edel ist, als daß sie von Männeraugen erblickt werden durfte, war recht passend, da alles, was Roe von dieser mächtigen Frau je gesehen hatte, die gelegentlich in der Ferne vorbeifahrende Karosse gewesen war. Aber zu ihrem großen persönlichen Einfluß auf Dschahangir hinter den Kulissen kam noch, daß zu dieser Zeit ihre Stimme in der öffentlichen Beratung durch ihren Bruder Asaf Khan direkt vernehmbar war – er erscheint beinahe häufiger als irgend jemand anderer in Roes Blättern – und durch ihren Vater, Itimad-ud-daulah, den Premierminister. Im Januar 1622 starb jedoch Itimad-ud-daulah, und dieser Tod ereignete sich zu einem Zeitpunkt, als sich die Beziehungen zwischen Nur Dschahan und den beiden anderen Mitgliedern ihrer bisherigen Junta, Schah Dschahan und Asaf Khan, allmählich abgekühlt hatten. Als sie gewahr wurde, daß ihr besonderer Schützling Schah Dschahan ständig und aufsehenerregend in eigener Sache erfolgreicher wurde, scheint ihr bewußt geworden zu sein, daß es für sie, wenn ein solch starker Charakter den Thron erbte, nach dem Tode ihres Gemahls keine einflußreiche Rolle mehr geben würde. Die Lage wurde noch verschärft, als Dschahangir 1620 plötzlich erkrankte und beinahe starb, und von da an sollte sein schlechter Gesundheitszustand, der ohnehin schon von Alkohol, Opium und Asthma angegriffen war, die Geschäfte am Hofe maßgeblich beeinflussen [64]. Nur Dschahans Protektion verlagerte sich deshalb auf einen jüngeren Prinzen, Schahrijar, dessen

Mit feinen Einlegearbeiten versehener Eckturm am Grabmal Itimad-ud-daulahs in Agra

schon von Natur unscheinbares Wesen aus ihrer Sicht noch durch seine vergleichsweise geringe gesellschaftliche Geltung unterstrichen wurde, da er nur der Sohn einer Sklavin oder Konkubine war. Im April 1621 wurde der Prinz unter üppigstem Pomp und Zeremonienzauber mit Nur Dschahans Tochter aus erster Ehe, Ladili Begam, in Agra vermählt. Dieses Ereignis, das nur neun Monate vor Itimad-ud-daulahs Tod stattfand, schuf – oder offenbarte vielmehr – eine deutliche Spaltung innerhalb der mächtigen Familie des Alten. Ein Prinz, Schahrijar, war nun Nur Dschahans Schwiegersohn, ein anderer, Schah Dschahan, bereits Schwiegersohn ihres Bruders Asaf Khan. Es schien klar, daß eine Enkelin Itimad-ud-daulahs Königin würde. Aber wer König sein sollte, darüber vertraten seine Kinder von nun an einander entgegengesetzte Ansichten.

Nach Itimad-ud-daulahs Tod veranlaßte Nur Dschahan die Errichtung eines erlesenen Grabmals in Agra aus weißem Marmor, das schon sechs Jahre später, 1628, vollendet war. Im Gegensatz zum viel größeren Tadsch Mahal, mit dem es sich hinsichtlich der künstlerischen Qualität durchaus messen kann, beruht die Ausstrahlung dieser Grabstätte nicht so sehr auf ihrer Silhouette als vielmehr auf ihrer Ausschmückung. Sie gleicht einer glitzernden Schatulle, verziert mit Einlegearbeiten verschiedenster Stile, deren jeder eine Weiterentwicklung früherer Techniken darstellt und noch Größeres ankündigt. Ihre beiden Hauptneuerungen – die ausgiebige Verwendung weißen Marmors als Material und der Einlegearbeit als Dekorationsmittel – sollten die Wesensmerkmale der Hochblüte mogulischer Baukunst werden. Selbst eine schlichte Sandsteinmauer wie die des zum Grabmal führenden, flußaufwärts gelegenen Torweges ist nunmehr mit eleganten Formen und Mustern von Einlegearbeit in weißem Marmor überzogen, die die Oberfläche weitaus gelungener beleben als die kunstvoll gemeißelten Reliefs der Palastbauten in Fatehpur Sikri oder die einfache geometrische Einlegearbeit von weißem Marmor in rotem Sandstein, die man in den Eingängen der Moschee von Fatehpur Sikri sehen kann. Geometrische Muster in nicht nur roten und weißen, sondern in Steinen verschiedenster Farben waren auch in Indien schon seit einigen Jahrzehnten bekannt gewesen; man hatte derlei Arbeiten beispielsweise in Scher Schahs Moschee im Purana Quila in Delhi gesehen, die in den vierziger Jahren des 16. Jahrhunderts erbaut worden war, und in jüngerer Zeit am Südtor der Grabstätte Akbars in Sikandra. Das Grabmal Itimad-ud-daulahs jedoch entwickelt diese Technik fort in etwas unendlich Subtileres.

Die Oberfläche des Toreingangs in Sikandra (Tafel 31) ist, obwohl außergewöhnlich schön, ein vergleichsweise grobschlächtiges Werk, nämlich mosaikartig aus vorgeformten und auf flachem Untergrund aneinandergefügten Steinen zusammengesetzt. Die Außenseite des Grabmals Itimad-ud-daulahs (Tafel 32) geht statt dessen aus von einer glatten Marmorfläche, in die geometrisch angelegte Vertiefungen geschlagen wurden; in diese Vertiefungen sind genau passende Formen sehr verschiedenartiger Gesteine eingelassen, die in ihrer Körnung so ausgewählt wurden, daß ein Maximum an struktureller Wirkung entsteht. Im unteren Teil derselben Mauer wird diese Einlegetechnik bei einer beträchtlich schwierigeren Aufgabe angewendet, indem nämlich unsymmetrische und gekrümmte Steinstücke in eine Marmoroberfläche eingefügt werden, um so freistehende Figuren aus Schnörkelverzierungen und Blumen zu schaffen. In den Nischen von Itimad-ud-daulahs Grabstätte und auf den kleinen Türmen rund um das Obergeschoß erforderte die Arbeit sogar noch mehr Feingefühl, da Halbedelsteine wie Lapislazuli, Onyx, Jaspis, Topas und Karneol in verwickelte Muster eingelegt wurden, eine handwerkliche Leistung, die wegen der Härte der dabei verwendeten Materialien der Arbeit des Juweliers näherkommt als der des Steinmetzen [97]. Es ist die Technik, die in ihrer europäischen, im 16. Jahrhundert in Florenz entwickelten Spielart als *Pietra dura* bezeichnet wird. Man hat oft zu beweisen versucht, daß Konzept und Kunstfertigkeit von Florenz nach Indien gekommen sein mußte [92]. Aber die florentinische *Pietra dura* ist fast ausschließlich figural und neigt dazu, konventionelle, mit anderem Material gefertigte Bilder zu imitieren (die einzigen unverwechselbar italienischen *Pietra-*

dura-Täfelungen in Indien finden sich in der Nische hinter dem Thron im *Diwan-i-am* zu Delhi; sie sind beträchtlich jüngeren Datums und wurden möglicherweise sogar schon fertiggeformt von Florenz hergebracht [99]), während die indische Spielart – selbst wenn sie Blumen oder andere erkennbare Gegenstände mit einschließt – im wesentlichen dekorativ bleibt und als unmittelbare Verfeinerung der früheren Verwendung gemusterten Mosaiks angesehen werden darf. Diese Verfeinerung wurde noch weiterentwickelt und sollte zusammen mit Reliefarbeiten in einfachem weißem Marmor zu einem der Glanzpunkte mogulischer Architektur während der Herrschaft Schah Dschahans werden (Tafel 40 und 41).

Marmor-Innenhof und Marmorsarkophag auf Akbars Grabmal in Sikandra

Das andere vergleichsweise bedeutende Bauwerk aus Dschahangirs Regierungszeit, Akbars Grabmal zu Sikandra, ist weniger gelungen. Ja, das Grab selbst ist eine Art Monstrosität, was möglicherweise der persönlichen Intervention Dschahangirs zu verdanken ist, der es zum erstenmal besuchte, als die Arbeiten daran schon drei Jahre lang in Gang gewesen waren und dann seinen Architekten befahl, vieles vom bereits Gebauten niederzureißen und von neuem anzufangen, da es »sich nicht mit meiner Vorstellung, wie es sein sollte, deckte« [16]. Die ersten drei Geschosse sind aus rotem Sandstein, etwa im Stile von Fatehpur Sikri, aber auf ihnen ruht ein weißer Marmorhof, der das feingemeißelte Grab in sich birgt. Der Hof selbst ist außerordentlich schön und deutet in Richtung auf die ausgiebigere Verwendung weißen Marmors beim Grabmal Itimad-ud-daulahs und bei späterer Mogularchitektur, aber in seiner gegenwärtigen Anordnung ist er ausgesprochen disharmonisch. Andererseits ist das Südtor, das zum Grab hinführt, architektonisch ein voller Erfolg (Tafel 25), ganz abgesehen von der Lieblichkeit seines Oberflächenschmucks. Es bringt das Beste von Akbars Baukunst zur Vollendung und stellt einen Übergang zu der Schah Dschahans dar. Der Toreingang selbst ist in dem Stil von Akbars massiverem und berühmtem Siegestor gehalten, das unter dem Namen »Buland Darwasa« bekanntgeworden ist und sich an der Südfront der Moschee von Fatehpur Sikri befindet, aber er weist erheblich besser geglückte Proportionen als sein Vorläufer auf, und die bezaubernden weißen Minarette, die ihn umgeben, stellen eine Neuerung dar, die beinahe ohne Abwandlung rund um das Tadsch Mahal wiedererscheinen sollte.

Mit dem Tode Itimad-ud-daulahs und den wachsenden Interessenkonflikten zwischen Nur Dschahan auf der einen Seite und Asaf Khan und Schah Dschahan auf der anderen hatte sich ihre Machtclique aufgelöst. Aus diesem Grund herrschte sie während der letzten fünf Lebensjahre des dahinsiechenden Dschahangir noch weitaus direkter vom Innern des Harems aus. Direkt vom Innern des Harems aus zu regieren klingt wie eine contradictio in adjecto, und eben dies hat, zusammen mit anderen Einzelheiten aus Nur Dschahans Leben – wie etwa ihre Jagdleidenschaft – oft zu der Behauptung geführt, daß sie gegen das Gebot der Absonderung der Frauen von der Öffentlichkeit durch den Harem verstoßen und sich ganz normal an der Erledigung öffentlicher Angelegenheiten beteiligt habe [64, 113]. Hierfür scheinen jedoch keine Beweise vorzuliegen. Sie schoß Tiger von einem verhüllten *Howdah* auf einem Elefanten aus, und nur der Lauf ihrer Muskete war den neugierigen Augen der Öffentlichkeit ausgesetzt [16]. Im Jahre 1626 ritt sie sogar in die Schlacht, aber sie saß dabei in einer Elefantensänfte, einem abgeschlossenen, zwischen zwei Elefanten baumelnden Transportmittel, und erteilte auch weiterhin ihre Befehle auf dem üblichen Weg über ihre Eunuchen [16A, 45]. Einmal, als Roe in einem Garten weilte, um die Ankunft Dschahangirs abzuwarten, wurden gründlichste Vorsichtsmaßnahmen getroffen, um zu verhindern, daß Nur Dschahan, die der Kaiser in einem offenen Wagen mitgenommen hatte, von irgend jemand gesehen werden konnte: »Plötzlich ergingen Anweisungen, alle Lichter zu löschen, der König war gekommen und fuhr auf einem offenen, von Ochsen gezogenen Wagen mit seiner Nur Mahal herein, wobei er selbst lenkte und kein Mann in der Nähe war« [40]. Bei solcher Vorsicht erscheint es äußerst unwahrscheinlich, daß Nur Dschahan nicht auch verschleiert war, und der Herrscher fuhr sie geradewegs zu ihren Gemächern, bevor er sich wieder sehen ließ.

Der Irrtum beruht anscheinend auf der Annahme, der Harem sei nichts weiter als ein vergoldeter Käfig voller schöner, aber untätiger Frauen, in dem nur der Hahn im Korb zu sehen oder hören war. Zweifellos verwendete man dort viel Zeit darauf, sich schön herzurichten oder das eigene hübsche Gesicht in dem Spiegel von zwei bis drei Zentimetern Durchmesser zu bewundern, den jede Dame an ihrem rechten Daumen trug [50, 49]; der Harem war aber auch ein Ort geschäftlicher Betriebsamkeit und tückischer Intrige, vieles davon reichte in die Außenwelt hinein, und Männer von genügend hohem Rang konnten aus einiger Entfernung durchaus den Damen ihre Aufwartung machen und sich um deren Hilfe bemühen.
Freilich, wenn das Anliegen eines Mannes einen Besuch weit hinein in die Privatgemächer notwendig machte, wenn beispielsweise ein Arzt eine kranke Patientin aufsuchen mußte, so waren die getroffenen Vorsichtsmaßnahmen recht gründlich. Zwei europäische Ärzte, die in der zweiten Hälfte des 17. Jahrhunderts im Dienste der königlichen Familie standen, haben ihre Erfahrungen beschrieben. Als François Bernier einen Besuch bei einer Dame machen mußte, die »so schwerkrank war, daß man sie nicht zum Außentor transportieren konnte, bedeckte«, so sagt er, »ein Kaschmirschal meinen Kopf und hing wie ein langer Tischläufer bis zu meinen Füßen hinunter, und ein Eunuch führte mich an der Hand, als wäre ich ein Blinder« [48]. Und Niccolo Manucci, ein Quacksalber und Autodidakt, dessen vage Erinnerungen an die europäische Medizin es ihm ermöglichten, sich nach mogulischen Maßstäben als Fachmann auszugeben, berichtet über die Vorkehrungen, wenn der Arzt die Patientin erreichte und man den Schal über seinem Kopf entfernte. Sie lag dann dem Auge entrückt hinter einem Vorhang. Mußte ein Aderlaß vorgenommen oder eine kleinere Wunde versorgt werden, so erschien der entsprechende Arm beziehungsweise das Bein durch den Vorhang. War eine noch eingehendere Begutachtung nötig, durfte der Arzt seine Hand durch den Vorhang strecken, und Manucci beschreibt die erregenden Gefahren und die Notwendigkeit, das Gesicht nicht zu verziehen, wenn die Patientin nur simulierte, um Besuch zu erhalten: »Es gibt einige, die von Zeit zu Zeit krank spielen, einfach damit sie sich mit dem sie aufsuchenden Arzt unterhalten können und von ihm den Puls befühlt bekommen. Letzterer streckt seine Hand durch den Vorhang; sie ergreifen sie, küssen sie und beißen sie sanft. Einige legen sie, was mir mehrmals passiert ist, aus Neugier auf ihre Brust; ich tat, als bemerkte ich es nicht, um den Vorgang vor den anwesenden Matronen und Eunuchen zu verbergen und ihren Argwohn nicht zu wecken« [49].
Natürlich waren viele unzutreffende Gerüchte und viel Klatsch über das angeblich ausschweifende Leben des Harems im Umlauf, und es kann durchaus sein, daß Manucci hier den Tatsachen einiges hinzufügt, um noch zu diesem Gerede beizutragen. Er wiederholt zum Beispiel das Detail, daß die Eunuchen es nicht gestatten, Rettiche, Gurken oder ähnliche Gemüsesorten, die ich nicht benennen kann«, in den Harem zu bringen. Es ist dies ein lustig-obszöner Leckerbissen, der alle Merkmale eines beliebten Gerüchtes aus dem Basar trägt, das schon 50 Jahre zuvor von Tom Coryat noch bereichert worden war, der nach Hause geschrieben hatte, daß »bei allen Dingen, die man hineinbringt und die männliche Formen haben, zum Beispiel Rettiche, in diesem Volk die Eifersucht so groß und die Schlechtigkeit so häufig ist, daß sie geschnitten und eingekerbt werden aus Angst davor, daß sie zu einem unnatürlichen Zweck mißbraucht werden« [49, 39].
Wollte ein Mann hochkommen, schreibt Bernier, so »machte er jedes Jahr wertvolle Geschenke an einen Wesir, einen Eunuchen, eine Dame aus dem Serail und an jede andere Person, ohne deren Einfluß am Hofe er nicht auszukommen glaubte« [48]. Die bedeutenderen unter den Adligen ließ man bis zum Haremstor vor, wo sie einen Eunuchen damit beauftragen konnten, einer bestimmten Prinzessin ihre Ehrerbietung zu übermitteln oder eine Abschiedsbotschaft zu überbringen, wenn sie auf einen Posten in weiter Ferne berufen worden waren. Die Prinzessin pflegte dann, falls sie gut aufgelegt war, einen Edelstein oder einen Schmuckgegenstand als Zeichen ihrer Hochschätzung zu schicken, und wenn das Geschenk wervoll war, so konnte der Emir sicher sein, daß sie sich beim Herrscher mit

Einlegearbeit in weißem Marmor am Grabmal Itimad-ud-daulahs in Agra

warmen Worten für ihn einsetzen würde. Ebenso pflegte, wenn sich eine Prinzessin außerhalb des Harems wohlbehütet hinter dem goldenen Gitterwerk ihres Palankins befand, ein Adliger, der ihr seine Ehrerbietung kundzutun wünschte, in einiger Entfernung vom Pferde zu steigen und der Annäherung des Zuges zu harren. Auch hier übersandte sie ihm durch einen Eunuchen ein Geschenk, oder sie befahl gelegentlich, wenn er nämlich sein Ansehen falsch eingeschätzt hatte, ihn durch Schläge zu vertreiben [49].

Die Prinzessinnen waren mit dem Charakter und der äußeren Erscheinung der verschiedenen Adligen wohlvertraut, weil es viele Hofereignisse gab, die sie durch ihre schützenden Gitter wie üblich ungesehen mitverfolgen konnten. Von ihrem verborgenen Beobachtungsposten aus übten sie manchmal sogar während einer Debatte im Rat direkten politischen Druck aus. Einmal erörterten Dschahangir und seine Ratgeber, was mit Asis Koka, Khusraus Schwiegervater, geschehen solle. Er hatte gegen Dschahangirs Thronfolge opponiert und war neuerdings in Gegenwart des Herrschers mit unverhüllter Frechheit aufgetreten. Einige Adlige rieten Dschahangir nun, ihn hinrichten zu lassen, andere empfahlen Gnade. Auf einmal vernahm man die Stimme Selimas, einer der ältesten Witwen Akbars, aus dem abgeschirmten Hintergrund. Die Frauen, so sagte sie, seien für Begnadigung. Dschahangir müsse in den Harem kommen, um ihr Anliegen anzuhören, wenn nicht, so würden sie herauskommen. Er ging hinein, ihre Stimme gab den Ausschlag, und Asis Koka wurde begnadigt [108].

Roe schildert auf recht reizvolle Weise das Gefühl, die Augen verborgener Frauen zu spüren, die alle bedeutenden Ereignisse mitverfolgten. Als er der Abreise des Königs aus Adschmir beiwohnte, saß Dschahangir in seinem *Dscharoka,* und zwei seiner Frauen befanden sich hinter einem Fenster nach der einen Seite, verborgen durch eine provisorische Rohrwand, um den Ablauf der Ereignisse zu beobachten. Aber sie waren doch so neugierig, daß sie das Rohr immer wieder auseinanderbogen, um einen besseren Ausblick zu haben. »Ich sah erst ihre Finger und, nachdem sie ihre Gesichter nah herandrückten, ein Auge, und nun ein weiteres; manchmal konnte ich das ganze Gesicht erkennen. Ihre Gesichter waren gleichmäßig weiß mit glatt hochgekämmtem Haar, aber selbst wenn ich kein anderes Licht gehabt hätte, hätten ihre Diamanten und Perlen genügt, sie zu sehen. Als ich hinaufblickte, zogen sie sich zurück und waren so fröhlich, daß ich glaubte, sie lachten über mich« [40].

Die Damen des Harems waren auch außerordentlich reich, und zwar nicht nur an Juwelen. Jede bekam eine monatliche Zuwendung, und eine bloße Exkonkubine Dschahangirs, die nun Nur Dschahan als Zofe diente, hatte angeblich ein Vermögen von 160000 Rupien zum Zeitpunkt eines Skandals, in dem sie beim Liebesspiel mit einem Eunuchen entdeckt wurde, worauf »ein anderer Kapaun, der sie liebte, ihn tötete« [40, 41, 11, 16]. Die älteren Damen bezogen ihr Einkommen nicht nur aus Zuwendungen und den üppigen Geschenken des Herrschers, sondern auch aus ihnen zugewiesenen *Dschagirs* und manchmal sogar aus Nebeneinkünften wie Zollgebühren; und mit Hilfe eines Stabes von Finanzbeamten, der im Kleinen des Herrschers eigenes Finanzministerium widerspiegelte, beteiligten sie sich am Geschäftsleben und Handel. Dschahangirs Mutter besaß ein großes Schiff, das für sie im Handelsverkehr zwischen Surat und dem Roten Meer eingesetzt war, und im Jahre 1614 gab es eine politische Krise, als es von den Portugiesen aufgebracht wurde. Nur Dschahan betrieb ähnliche Geschäfte und spezialisierte sich auf den Indigo- und Tuchhandel. Und im späteren Verlauf des Jahrhunderts setzte Schah Dschahans Tochter Dschahanara die Tradition fort, wobei es hieß, sie habe enorme Gewinne erzielt [115]. Aus der Abgeschlossenheit des Harems heraus zu regieren bedeutete für Nur Dschahan nichts anderes als die Ausdehnung ihrer normalen Aktivitäten innerhalb des Harems nach außen.

Schah Dschahan stand 1620 immer noch in hohen Gunsten. Damals nahmen seine Streitkräfte die auf steilen Abstürzen errichtete Festung in Kangra ein, ein Auftrag, den man speziell ihm zugewiesen hatte, nachdem andere daran gescheitert waren, und ein Sieg, der

Dschag Mandir, die Insel im See bei Udaipur, auf der sich Schah Dschahan 1623 während seiner Rebellion aufhielt

Dschahangir ganz besonders erfreute, weil es seinem eigenen Vater nicht gelungen war, das Fort einzunehmen [16]. Im Jahre 1618 hatte Dschahangir außerdem seinem Lieblingssohn eine sehr hohe persönliche Ehrung zuteil werden lassen; er hatte beschlossen, daß seine Aufzeichnungen über die ersten zwölf Jahre seiner Regierungszeit von Schreibern zu einem vollständigen Band zusammengefaßt werden sollten, und er überreichte dem 26jährigen Schah Dschahan feierlich das erste Exemplar dieses Manuskripts, das so viele glühende Lobeshymnen über ihn enthielt. Als Dschahangir dieses Ereignis im zweiten Band seines Tagebuchs aufzeichnete, schrieb er, daß er Schah Dschahan als »den in jeglicher Hinsicht ersten unter meinen Söhnen« betrachtete und hoffte, daß die Überreichung »ein günstiges Vorzeichen« sein würde [16]. Das war es aber gerade nicht. Noch ehe der zweite Band beendet war, zeigte sich, daß der Lieblingssohn bei einer sich lang hinziehenden Rebellion seine Hand im Spiel hatte; der Held, der im ersten Band von Khurram zum Schah Dschahan aufgestiegen war, sank im zweiten zurück zu einem bloßen Khurram und schließlich zu Bi-daulat, »dem Schuft«. Aber es war für die Unmittelbarkeit von Dschahangirs Tagebuch typisch, daß anscheinend nicht eine einzige Bemerkung über seinen Sohn im nachhinein geändert wurde. Es wäre auch für den Vater schwierig gewesen, die Lobpreisungen im ersten Band zu streichen, da das erste Exemplar in Händen seines Feindes war und andere an Itimad-ud-daulah und Asaf Khan verschenkt worden waren [16]. Aber die überschwenglichen Benennungen setzen sich bis weit in den zweiten Band fort und blieben auch in den später folgenden Tagen der Enttäuschung unangetastet. Dschahangir scheint wirklich außergewöhnlich entschlossen gewesen zu sein, historische Aufzeichnungen unzensiert stehenzulassen. Die beiden großen Geschichtsbücher über die Regierungszeit Akbars sind uns mitsamt der umfänglichen Kritik an seinem, Dschahangirs, Charakter und Benehmen als Kronprinz überliefert. Es wäre auch hier zugegebenermaßen für Dschahangir schwierig gewesen, Änderungen an einem Buch vorzunehmen, das schon so weithin bekannt war wie Abul Fasls *Akbar-nama*. Aber das Manuskript des Geschichtswerkes von Badauni, das eine Fülle von ausgewählten Beleidigungen bietet, wie beispielsweise, daß der Prinz »prahlte, eine reife Traube zu sein, als er noch nicht einmal eine unreife Traube war« [13], wurde erst aufgefunden, als Dschahangir bereits lange an der Macht war, nämlich 1615, und die offizielle Zensur beschränkte sich anscheinend auf halbherzige Versuche, Buchhändler an seiner Verbreitung zu hindern [125].

Schah Dschahan wurde ganz allmählich in die Rebellion getrieben, und das scheint eine unmittelbare Konsequenz der neuerlichen Taktik Nur Dschahans gewesen zu sein, die ihn auf die Seite drängen wollte. Im Jahr 1620, als der Hof in Lahore weilte, brachen im Dekkan wieder Unruhen aus. Der Abessinier Malik Ambar, der das Heer der Nisam-Schah-Könige von Ahmednagar befehligte, demonstrierte sowohl in der Politik wie in der Kriegsführung ein Musterbeispiel jener Guerillataktik, die den Moguln im Dekkan das ganze 17. Jahrhundert hindurch zu schaffen machen sollte. Wie nach ihm Schiwadschi manipulierte er die mächtigen Herrscher des Dekkan in einer Folge wechselnder Allianzen sowohl gegeneinander wie gegen das Reich, und setzte dazu seine flinken Marathen-Reiter ein, die in diesen gebirgigen Gebieten den weitaus stärkeren, deshalb aber auch unbeweglicheren Mogulheeren gnadenlos zusetzten. Dschahangir befahl Schah Dschahan, nach Süden zu marschieren und das Gebiet wieder einmal unter Kontrolle zu bringen, aber der Prinz zeigte deutlichen Widerwillen, sich auf den Weg zu machen. Es gab dafür viele Gründe. Er wußte, daß die Aufgabe nahezu unerfüllbar war, und nachdem man ihn ja bereits drei Jahre zuvor mit den höchsten Ehren dafür ausgezeichnet hatte, das Problem offensichtlich gelöst zu haben, schien es kaum recht reizvoll, all das noch einmal von vorne zu beginnen. Dschahangirs Gesundheitszustand war nun viel schlechter als vorher, und beim ersten Feldzug hatte er den Hof nach Mandu hinunter verlegt. Sich im Dekkan auf Kriegszug zu begeben, während der dahinsiechende Herrscher in Lahore beinahe 1000 Meilen weit entfernt war und überdies bekanntermaßen dazu neigte, wenn irgend möglich noch weiter nordwärts nach Kaschmir zu ziehen – das mußte als nahezu selbstmörderisches Fernbleiben vom Mittelpunkt der Ereignisse erscheinen. Und es mag wohl bereits zu spüren gewesen sein, daß Nur Dschahan, ohnehin weit entfernt, die Sache des Prinzen bei Hofe zu fördern, nunmehr anfing, aktiv gegen ihn zu arbeiten.

Schah Dschahans Schutzmaßnahme bestand darin, daß er darauf drang, seinen älteren Bruder Khusrau mitzunehmen, den er unzweifelhaft als Hauptrivalen ansah. Diese jämmerliche Figur, die nun schon an die 13 Jahre halbblind als Gefangener am Hofe des Vaters verbracht hatte, erfreute sich nichtsdestoweniger beträchtlicher Anhängerschaft und Beliebtheit – teils gerade wegen seines offenkundigen Mißgeschicks, teils weil er über echten Charme und Verstand verfügte, teils aber auch, weil die vielen Adligen, denen die dominierende Rolle Nur Dschahans ein Dorn im Auge war, in ihm den natürlichen Kandidaten für die Thronfolge sahen. Nur Dschahans Untertanentreue wechselte, aber nicht – obwohl es diesbezügliche Gerüchte gegeben hatte – hin zu Khusrau. Bei ihren neuen Plänen für Schahrijar hoffte sie wahrscheinlich darauf, daß einer seiner Rivalen in die Fänge des anderen geriet. Dschahangir erlaubte die Überführung Khusraus in Schah Dschahans Obhut; später sagten einige allerdings, dies sei nur in einem Anfall von Trunkenheit geschehen. Es sollte das letzte Mal sein, daß der Herrscher diese beiden Söhne sah [64, 65].

Schah Dschahan erzielte im Dekkan abermals einen raschen Erfolg, wenn auch nur in dem Sinne, daß er rasch seine Feinde derart einschüchtern konnte, daß sie einen Vertrag unterzeichneten, der sie zwar für einige Zeit unterwarf, aber nicht unterdrückte. Seine Leistung brachte ihm die üblichen Ehrenbezeugungen und Geschenke ein, aber darauf folgte im August 1621 die Nachricht, daß Dschahangir wieder einmal schwer erkrankt sei. Schah Dschahan scheint allem Anschein nach darauf mit der Ermordung seines gefangengehaltenen Bruders reagiert zu haben. Dschahangir vermerkte in seinem Tagebuch zwar nur die knappe Mitteilung: »Zu dieser Zeit kam von Khurram ein Bericht, daß Khusrau am Achten des Monats an einer Kolik gestorben und in die Gnade Gottes eingegangen war«, aber die Indizien legen den Schluß überzeugend nahe, daß die Kolik zuallermindest von Schah Dschahan herbeigeführt wurde [16, 64, 65]. Der künftige Kaiser sollte, bevor er auf dem Thron sicher war, noch einen weiteren Bruder ermorden, und damit eine Familientradition schaffen, die die Geschichte der Moguldynastie während ihres ganzen Verfalles befleckte, die es jedoch – obwohl unter ihren Zeitgenossen durchaus nicht unüblich – während des ersten Jahrhunderts der Mogulherrschaft auffallenderweise nicht gegeben hatte.

Die direkte Folge von Ereignissen, die zum offenen Aufruhr Schah Dschahans führten, begann mit der unheilträchtigen Nachricht aus dem Westen, daß Schah Abbas auf Kandahar zu marschierte, um es einzunehmen. Kandahar war die reiche Handelsstation auf der Karawanenroute von und nach Indien und ein ständiger Zankapfel zwischen Persien und den Moguln. Dschahangir plante, ein riesiges Heer zu mobilisieren, um dieser Gefahr zu begegnen, und im März 1622 erhielt Schah Dschahan den Befehl, mit seinen Truppen aus dem Dekkan anzurücken, um es zu verstärken. Er erwiderte, er zöge es vor, in Mandu die Regenzeit abzuwarten und wolle auch dann nur kommen, wenn man ihm versichere, er allein erhalte den Oberbefehl über das Heer, wobei die Provinz Pandschab in seinem Rücken ebenfalls unter seiner Kontrolle stehen müsse. Da er sich nämlich in den vorhergegangenen 18 Monaten eine beachtliche Machtbasis im Süden geschaffen hatte, war er nicht gesonnen, diese nun aufzugeben und genauso weit nach Westen geschickt zu werden, es sei denn, er konnte sicher sein, über genügend Truppen zu verfügen, um sich den Thron zu erkämpfen, im Fall daß Dschahangir starb und Nur Dschahan Schahrijar auf den Thron setzte. Seine schlimmsten Befürchtungen schienen sich damals zu bestätigen, als seine *Dschagirs*, darunter Hissar Firos, der traditionelle *Dschagir* des offiziellen Thronfolgers, der 14 Jahre zuvor dem jungen Schah Dschahan so vielsagend verliehen worden war, allmählich Schahrijar übertragen wurden [64]. Nur Dschahan war es ein leichtes, Dschahangir davon zu überzeugen, daß die Antwort bezüglich Kandahars ein klarer Beweis beginnenden Aufruhrs

war, und der Sohn erfuhr eine strenge Zurechtweisung, die ihm verbot, persönlich die Gegenwart seines Vaters aufzusuchen, ihn aber anwies, seine Truppen unverzüglich nach Kandahar zu entsenden. Voller Bestürzung schickte Schah Dschahan einen Botschafter, der seine Abbitten übermitteln sollte, aber Dschahangir weigerte sich, ihn anzuhören. Die nächste Nachricht, die bei Hofe eintraf, war, daß der Prinz – der inzwischen völlig überzeugt war, daß Nachgiebigkeit seiner Sache ebenso schaden würde wie Rebellion – von Mandu nach Norden gegen Agra marschiere, wo er hoffte, den Reichsschatz zu erbeuten, der für den Kandaharfeldzug gerade nach Lahore geschafft wurde [16, 64]. Dschahangir selbst rückte jetzt nach Süden vor und war somit gezwungen, sein Hauptaugenmerk von Kandahar abzuwenden, das mittlerweile in die Hände der Perser gefallen war, und er klagte in seinem Tagebuch: »Was soll ich über meine Leiden sagen? In Schmerz und Schwäche, in einer warmen Luft, die meiner Gesundheit äußerst abträglich ist, muß ich doch immer noch reiten und aktiv sein, und in diesem Zustand weiter gegen einen ungehorsamen Sohn vorgehen« [16]. Von nun an fühlte er sich zu krank, sein Tagebuch selbst zu schreiben, deshalb überantwortete er die Teile, die reine Tatsachen betrafen, einem Assistenten und fügte seine eigenen persönlichen Anmerkungen per Diktat hinzu.
Der nominelle Oberbefehl über das Heer gegen den rebellischen Bruder wurde Parwis übertragen. Aber der wirkliche Anführer des Reichsheeres war Mahabat Khan, ein begabter General, der in den späteren Jahren der Regentschaft Dschahangirs eine äußerst überraschende Rolle spielen sollte. Er war seit des Herrschers Knabenjahren ein enger Freund Dschahangirs gewesen, aber in der letzten Zeit hatte seine offene Gegnerschaft zu Nur Dschahans Einfluß ihm eine Reihe von Kommandos auf entlegensten Vorposten eingebracht. Nun machte die kritische Lage im Reich seine Fähigkeiten unentbehrlich, und er wurde zurückberufen. Nahezu drei Jahre lang verfolgten er und Parwis Schah Dschahan in einer mehrere tausend Meilen langen Schleife, hinunter durch Radschasthan und in den Dekkan, dann nach Osten und wieder hinauf durch Orissa nach Bengalen, den Ganges entlang zurück auf Agra zu und dann noch einmal hinunter in den Dekkan. Jedesmal, wenn es zu einer Schlacht oder einem Scharmützel kam, hatte Schah Dschahan zwar das Nachsehen, aber er war für das Verfolgerheer zu beweglich, und es erwies sich als unmöglich, ihn festzunageln. Die ganze Zeit hindurch begleiteten ihn seine Frau und seine Kinder, und ihre Suche nach Verbündeten brachte sie in neue merkwürdige Allianzen mit alten Feinden. Angesichts des gemeinsamen Feindes, der mogulischen Reichsmacht, vereinigte Schah Dschahan seine Streitkräfte für kurze Zeit mit denen seines alten Widersachers im Dekkan, Malik Ambar. Und 1623 genoß er auch vier Monate lang in Udaipur die Gastfreundschaft Karan Singhs, des Fürsten von Mewar, den er neun Jahre zuvor unter so viel Triumphgepränge mitgenommen hatte, damit er seinem Vater am Hofe huldige. Karan Singh, der jetzt der Rana von Mewar war, brachte seinen auf der Flucht befindlichen Gast im Gul Mahal unter, einem gewölbten Pavillon, der erst kurz zuvor auf der schönen Insel Dschag Mandir im See bei Udaipur fertiggestellt worden war [81] (Tafel 33).
Ende 1625 hatte sich für Schah Dschahan der Kreis seines Fluchtweges wieder geschlossen, und er suchte zum zweitenmal Schutz im Dekkan. Es war klar, daß er an einem toten Punkt angelangt war, und nun bat er um Frieden. Trotz seiner schwachen Position bot man ihm überraschend milde Bedingungen an. Er sollte zwei Festungen, die er eingenommen hatte, übergeben und seine zwei jungen Söhne Dara Schukoh und Aurangseb als Geiseln an den Hof senden. Er selbst würde zum Gouverneur des Balaghat ernannt werden, einem weit entfernten Gebiet im heutigen Madhia Pradesch. Die Milde der Bedingungen spiegelte möglicherweise die Befürchtung Nur Dschahans wider, daß diese lange Verfolgungsjagd ihrer Sache allmählich schaden könnte, indem sich zuviel Macht in Parwis' und Mahabat Khans Händen konzentrierte. Schah Dschahan nahm die Bedingungen dankbar an, und als ihm der herrscherliche Erlaß Anfang März 1626 durch einen Boten überbracht wurde, warf er sich zu Boden und legte ihn als Zeichen des Respektes auf sein Haupt. Die beiden Prinzen

Dara Schukoh und Aurangseb, die zehn beziehungsweise acht Jahre alt waren und später erbitterte Feinde werden sollten, reisten zusammen mit überreichen Geschenken für den Kaiser an den Hof. Sie wurden der Obhut Nur Dschahans übergeben – eine höchst beunruhigende Zukunftsaussicht von der politischen Situation her gesehen, aber Schah Dschahan konnte, wie Humajun mit dem Säugling Akbar, sich anscheinend auf eine Familientradition verlassen, daß ihnen kein Leid zustoßen würde. Er selbst war zu vorsichtig, als daß er das Reich betreten hätte, deshalb zog er sich nach Nasik zurück, anstatt seinen Gouverneursposten in Balaghat anzutreten [64, 65].
Um Mahabat Khans Macht zu untergraben, hatte Nur Dschahan bereits Vorkehrungen getroffen, ihn als Parwis' Berater abzusetzen und als Gouverneur in das entlegene Bengalen zu schicken, und zur gleichen Zeit beschuldigte sie ihn aufs schwerste der Unehrlichkeit im Umgang mit staatlichen Geldern. Die Reaktion des Generals auf eine derartige Pression war dieselbe wie die Schah Dschahans: er ging zum Angriff über, und für eine kurze Zeit erwies er sich als ein weitaus erfolgreicherer Rebell als der Prinz. Scheinbar um sich zu rechtfertigen, brach er nach Lahore auf und erreichte im März 1626 den Hof, als dieser auf dem Wege nach Kabul am Ostufer des Flusses Dschihlam sein Lager aufgeschlagen hatte; aber zur großen Bestürzung des Kaisers und seiner Umgebung kam er mit einer Streitmacht von 5000 Radschputen an. Trotz dieser Machtdemonstration, die bislang friedvoll gewesen war, übersandte man ihm eine verächtliche Botschaft, die ihm untersagte, bei Hofe zu erscheinen, bis er vorgeladen werde. Asaf Khan war sogar so unvorsichtig, den Hauptteil des kaiserlichen Heeres über den Fluß zu verlegen und damit die königlichen Zelte unter nur leichter Bewachung am Ostufer zurückzulassen. Da schlug Mahabat Khan zu, und zwar aus der Überlegung heraus, daß es, wenn Nur Dschahan und Asaf Khan in der Lage gewesen waren, praktisch durch die Person des Kaisers zu regieren, eigentlich keinen Grund gab, warum er nicht dasselbe tun sollte. Er postierte 200 Radschputen am Ende der aus Booten gebildeten Brücke, um zu verhindern, daß irgend jemand vom Westufer her den Fluß wieder überquerte, und ritt dann ins königliche Lager [64].
Mutamid Khan, der Schreiber, der Dschahangirs Tagebuch fortsetzte, als der Kaiser sich zu schwach dazu fühlte, befand sich an jenem Tag bei der Leibgarde und hat einen Augenzeugenbericht hinterlassen. Von einer Staubwolke in der vom Hochsommer ausgetrockneten Ebene eingehüllt, begleitet von etwa 200 ihre Speere und Schilde schwingenden radschputischen Fußsoldaten, ritt Mahabat Khan in das Lager ein. Sie versuchten, in das Bad einzudringen, wo sie den Kaiser zu finden hofften, und rissen die Bretter nieder, die es umgaben, als Dschahangir Khan aus einer anderen Tür heraustrat. Mahabat Khan überredete ihn dazu, den königlichen Paradehengst zu besteigen und ihn zu seinen eigenen Zelten zurückzubegleiten. Später verlangte er von ihm – damit die Volksmenge leichter erkennen konnte, daß der Herrscher anscheinend aus freien Stücken mitging – in das *Howdah* eines Elefanten überzuwechseln, und Dschahangir fügte sich alldem. Sie kamen wohlbehalten bei Mahabat Khans Zelten an, und die Entführung schien ein vollkommener Erfolg zu sein, bis es Mahabat Khan einfiel, daß es höchst unklug von ihm gewesen war, Nur Dschahan und Schahrijar zu übersehen. Also brachte er den Kaiser dazu, ihn in feierlicher Prozession wieder zurückzubegleiten, damit er seine Familie um sich versammle. Aber sowohl Gemahlin wie Sohn waren verschwunden. Die Radschputen vom Brückenkopf hatten keinen Befehl erhalten, jedermann an der Flußüberquerung in Ost–West-Richtung zu hindern, und so war Nur Dschahan in Verkleidung, nur von einem Eunuchen begleitet, hindurchgeschlüpft, um sich ihrem Bruder auf der anderen Seite anzuschließen. Entsetzt über den Verlust Dschahangirs ließen Bruder und Schwester am darauffolgenden Morgen einen äußerst schlecht durchdachten Angriff über den Fluß vortragen, und sie wurden gründlich besiegt und auseinandergerissen. Nur Dschahan ließ sich hierauf gefangennehmen, um wieder zu ihrem Gemahl zu gelangen, Asaf Khan aber flüchtete mit unwürdiger Hast in die Sicherheit der großen Festung, die Akbar in Attok errichtet hatte – wo er bald dazu über-

redet wurde, sich zu ergeben, als Mahabat Khan in friedlichem Verein mit Dschahangir und Nur Dschahan das Fort erreichte. Und in dieser Weise, mit dem Kaiser und dessen allmächtigen Verwandten in der Hand eines seiner Generale, setzte das königliche Feldlager – wie eine hohle Parodie seines einstigen Selbst – seine unterbrochene Reise nach Kabul fort [16A].

Es ist schwer zu verstehen, was sich Mahabat Khan von diesem Erfolg erhoffte, oder für wie lange er sich ihn erhoffte, zumal er seinen königlichen Gästen beträchtliche Freiheiten einräumte, aber er verstand es, ein paar Monate lang Herr der Lage zu bleiben, und als dies zu Ende ging, geschah es erstaunlicherweise ohne allzu große Umwälzungen. Nur Dschahan hatte heimlich fortwährend ihre Anhängerschaft im Lager ausgebaut, zugleich aber Dschahangir dazu ermuntert, sich allen Anordnungen Mahabat Khans gefügig zu zeigen, damit dieser sich in dem Glauben wiegte, seine unorthodoxe Stellung werde allmählich akzeptiert. Auf dem Rückweg von Kabul, als sich das Lager nahe Rohtas befand, war Nur Dschahan schließlich so weit. Dschahangir kündigte seinen Wunsch an, ihre Streitkräfte in Augenschein zu nehmen, und er bat Mahabat Khan, einige Meilen weiterzumarschieren, damit die beiden Heeresteile nicht aus Anlaß dieser großen Parade in Streit gerieten. Daß er und Nur Dschahan eine solche Parade überhaupt veranstalten und einen derartigen Wunsch äußern konnten, verdeutlicht die Lage: Mahabat Khan hätte sie niemals lange unter seiner Kontrolle gehabt. Und daß er den Vorschlag nicht nur annahm, sondern die paar Meilen vorausmarschierte und dann geradewegs weiter, und zwar mit einer solchen Geschwindigkeit, daß das Ganze nur als Flucht gedeutet werden konnte, beweist, daß er wußte, seine Zeit war um. Verfolgungstrupps wurden ausgesandt, aber es gelang ihnen nicht, ihn zu fangen. Gerade die Wunderlichkeit jeder Episode dieser Saga in den letzten Lebensmonaten des kranken Kaisers legt die Vermutung nahe, daß Mahabat Khan keinen vorbereiteten Plan durchführte. Als er Dschahangir ungeschützt fand, improvisierte er seine kühne Entführungsaktion, als er Herr der Situation war, improvisierte er die recht laxe Methode, mit der er seinen Willen durchsetzte, und als er sich in einer ungünstigen Lage fand, improvisierte er wiederum seinen überhasteten Abzug. All das war ein höchst seltsames Zwischenspiel gewesen, aber es gereicht der Vernunft der Beteiligten zur Ehre, daß es mit vergleichsweise wenig Melodrama oder gar Blutvergießen einsetzte, durchgeführt wurde und endete [16A].

Mahabat Khan schlug die Richtung nach Süden ein und schloß bald ein Bündnis mit Schah Dschahan (es gab kaum ein Gegnerpaar in dieser Welt wechselnder Gefolgschaftstreue, das sich nicht früher oder später Seite an Seite wiederfand), doch der Kaiser wandte sich nach Norden, die einzige Gegend, wo er nun als Kranker überhaupt noch Erleichterung finden konnte. Schon mehrere Jahre hindurch hatte er beinahe jährlich eine Reise nach Kaschmir unternommen, das seit den frühesten mit seinem Vater erfolgten Besuchen seine Lieblingsprovinz gewesen war. Er hatte dort ein Naturparadies vorgefunden, aber er und sein Hof hatten viel dazu beigetragen, es auch zu einem künstlichen Paradies zu machen: Die Mogulgärten, die zu den bedeutendsten Glanzpunkten Srinagars gehören, verdanken ihre Entstehung einzig und allein seinem Enthusiasmus.

Das kennzeichnende Merkmal eines Mogulgartens ist das Wasser, das von Terrasse zu Terrasse fällt, über marmorne Hänge gleitend, die mit muschelförmig ausgemeißelten Schalen versehen sind, damit es plätschert und in Strahlen auseinanderschießt, sich wie ein Blatt durchsichtigen Eises über ein Felsgesims wölbt, in den Boden stürzt, um aus unterirdischen Fontänen wieder hervorzubrechen und zu sprühen, oder aber auf seinem Weg um einen eleganten Pavillon, der nur über die niedrigen Brücken aus Stein zu erreichen ist, die auf der Wasseroberfläche zu schwimmen scheinen, Ruhe findet in einem tieferen Teich. Im Idealfall sorgte eine Quelle für den Wasservorrat, aber wenn es keine Quelle gab, wußten sich die Moguln auch anders zu helfen. In einem Garten in der Nähe von Agra waren 32 Ochsenpaare ständig an der Arbeit, das Wasser aus Brunnenschächten zu pumpen, damit

die Zierbrunnen ihr Spiel nicht unterbrechen mußten [16]. Kaschmir bot schräg abfallende Hügel und nach den Schneefällen des Winters Wasservorrat in Hülle und Fülle, und all das in einer höchst majestätischen Natur.
Vor den beiden großen Gärten in Srinagar, dem Schalimar Bagh und dem Nischat Bagh, breitet sich ein See aus, und hinter ihnen erheben sich schroffe Hügel, die noch im Frühjahr schneebedeckt sind. Der von Dschahangir angelegte Schalimar Bagh zeichnet sich durch eine Reihe von Sommerpavillons aus, die, auf elegant gemeißelten schwarzen Säulen stehend (Tafel 34), von Teichen umgeben sind, und in denen sich nur über Trittsteine zu erreichende Sitzgelegenheiten befinden. Die Schönheit des nahen Nischat Bagh beruht mehr auf seiner Lage, er fällt von den Hügeln zum See in einer Reihe von Terrassen ab, die mit den riesigen Tschenar-, das heißt Platanenbäumen geschmückt sind. Er wurde von Asaf Khan angelegt, und Dschahangir zeigte sich etwas schmerzlich überrascht, daß ein bloßer Untertan etwas derartig Prachtvolles zustande bringen sollte. Etwa 40 Meilen weiter südlich, in Vernag, findet sich das mitreißendste Beispiel einer für die Zwecke eines Mogulgartens gebändigten Quelle. Der Fluß Bihat hat hier seinen Ursprung. Er steigt in einem breiten Quellteich von etwa 14 Meter Tiefe (laut Dschahangirs sorgfältiger Messung) auf und ist von einem lieblichen Türkisblau. Dschahangir erbaute eine rechteckige Anlage kleiner, mit Kuppeln versehener Pavillons um den Teich, und als sie vollendet waren, gab er dort ein Fest, bei dem er seinen Gästen mit Alkohol und wohlschmeckenden Pfirsichen aufwartete, die für diesen Anlaß von schnellen Läufern aus Kabul herbeigeschafft worden waren. Dieser Teich wimmelt von großen Fischen, und Dschahangir und Nur Dschahan steckten einigen von ihnen Goldringe in die Nase. Als François Bernier Vernag 40 Jahre später besuchte, entdeckte er, daß die größten Fische immer noch ihre Goldringe trugen. Ihre Nachkommen, diese allerdings schmucklos, kann man hier heute noch besichtigen [16, 48, 35].
Aber in jenem Jahr, 1627, konnte selbst Kaschmir dem Kaiser wenig helfen. Sein Asthma wurde immer noch bedrückender, er verlor seinen Appetit, und obgleich er den Sommer verhältnismäßig gut überstanden hatte, erwies sich die Herbstreise in den Süden nach Lahore als zuviel für ihn. Er gab sich zwar immer noch alle Mühe, am Sport Vergnügen zu finden, und er hatte für einen ganzen Tag eine Jagd angesetzt, die er vom Hochsitz aus verfolgte, wobei Treiber das Wild dorthin treiben sollten, wo er, seine Muskete auf einer Mauer im Anschlag haltend, saß. Unglückseligerweise fiel jedoch einer der Jagdgehilfen von einer Klippe und starb, und Dschahangir, in dessen Umgebung der gewaltsame Tod zu anderen Zeiten als ein recht normales Ereignis galt, war durch dieses Unglück zutiefst verstört. Er betrachtete es als Ankündigung des Todesengels, der seinetwegen gekommen war. Nun hatte er keine Ruhe mehr und war sogar außerstande, ein Glas Wein auszutrinken, nach dem er verlangt hatte, was den Leuten um ihn einen tiefen Eindruck vom Ernst seines Zustandes vermittelte. Drei Tage nach dem Jagdunfall, am 28. Oktober 1627, starb er [16A, 17, 64].
Es war zweifellos eine Schwäche Dschahangirs, daß er so leicht von anderen zu beeinflussen war – und in der Tat kann man die seltsamen Monate, in denen er weiterherrschte und gleichzeitig Gefangener Mahabat Khans war, lediglich als die logische Fortführung, die »reductio ad absurdum«, seiner vielen Jahre auf dem Thron ansehen, in denen Nur Dschahan im Hintergrund die Fäden in der Hand hielt. Aber man sollte auch hinzufügen, daß die Unordnung im Reich gegen Ende seiner Regierungszeit nicht unmittelbar das Ergebnis seiner Machtentsagung war, sondern schon in der Problematik der Thronfolge unter dem mogulischen System angelegt war, oder, wie es ein Europäer ausdrückte, daß sie erwuchs »aus dem Fehlen guter Gesetze hinsichtlich des Erstgeburtsrechts« [52]. Es war einer der größten Glücksfälle für die Moguldynastie gewesen, daß zwei Herrscher hintereinander, Akbar und Dschahangir, ohne starke Rivalen in der Verwandtschaft auf den Thron gelangten, und daß ihrer beider Regierungszeit sich zusammen gerade über jene 70 Jahre erstreckte, während derer sich das Reich festigte. Der Tod jedes nachfolgenden Moguls

sollte nunmehr von noch tiefergreifenden Umwälzungen als der Rebellion von Dschahangirs Lieblingssohn begleitet werden.

Eine der schwarzen Säulen in Dschahangirs Schalimar Bagh zu Srinagar

Unruhen verdüsterten seine fünf letzten Regierungsjahre, aber während der vorhergehenden zwölf Jahre waren Nur Dschahan und ihre Clique auch schon so mächtig gewesen, also zu einer Zeit, da das Reich im ganzen gesehen gut regiert war und sich in einem ungewöhnlich ruhigen Zustand befand. In jeder Hinsicht wurde Akbars Politik fortgeführt, und wenn es einmal einen Fehler gab, der vielleicht in der Verwischung der Machtverhältnisse an der Spitze gründete, so war es, weil gute Politik mit zu geringer Energie betrieben wurde. Dschahangirs Tagebuch ist voll von Ideen, wie er die soziale Gerechtigkeit und die Funktionstüchtigkeit der Verwaltung verbessern könnte, und dabei versucht er zumeist, den liberalen Ideen seines Vaters zu folgen oder sie gar zu übertreffen [z. B. 16], aber bei ihrer Verwirklichung war er weniger erfolgreich. Akbar hatte zumindest etwas von dem Riesenberg an behördlicher Korruption abgetragen, und unter seinen Beamten wurden ständig die Bargeldreserven erhöht, um dem Reich einen starken Rückhalt zu verleihen; unter Dschahangir wuchs die Korruption wieder an, und die Reserven schmolzen dahin [118].

Die Erinnerung an den Vater beherrschte den Kaiser Dschahangir ebenso stark, wie schon der Kronprinz Selim von Akbar beherrscht worden war. Nie probierte er eine neue Frucht ohne den Wunsch, sein Vater möchte doch noch am Leben sein, um den Genuß mit ihm zu teilen. Seine größte Freude bei der Unterwerfung Udaipurs oder der Einnahme der Festung Kangra war, daß sein Vater das nicht vermocht hatte. Absichtlich empfing er den Jünger der Religion Akbars recht huldvoll, führte in seinem Tagebuch noch einmal, diesen voll zustimmend, die Prinzipien der *Din-i-Ilahi* und die Notwendigkeit auf, »hinsichtlich der Religionen den Grundsatz universellen Friedens zu befolgen«; auch setzte er Akbars Donnerstagabenddiskussionen fort [16]. Den Jesuiten kam er mindestens so weit entgegen wie Akbar, und sein Lieblingsheiliger war ein Hinduasket namens Dschadrup, den er besuchte, wann immer es ihm möglich war, um mit ihm in dem »engen und dunklen Loch«, das in einen Hügel hineingeschlagen war und wo der Eremit ohne Matte oder Feuerstelle und bis auf den Lendenschurz nackt, wohnte, lange Gespräche zu führen [16]. Aber Dschahangirs religiöse Einstellung war weitgehend eine Sache seines Gefühlslebens, während die Akbars politisch bestimmt gewesen war. Seine Toleranz anderen Religionen gegenüber kam aus der bereitwilligen Aufnahmefähigkeit seines Geistes, aber ein Anfall ästhetischen Ekels konnte ihn darin auch sehr inkonsequent werden lassen. So war er beispielsweise beim Besuch des Sees von Puschkar, einer den Hindus heiligen Stätte, zutiefst angewidert vom Anblick einer Götzenfigur, »einer aus schwarzem Stein gehauenen Figur, die vom Hals aufwärts die Gestalt eines Schweinekopfes aufwies, und der übrige Teil des Körpers war wie der eines Menschen«. Also befahl er seiner Umgebung, diese »abscheuliche Form zu zerschlagen« und sie ins Wasser zu werfen, bei dieser Gelegenheit widerlegte er obendrein den örtlichen Aberglauben, der See habe keinen Grund unter sich, indem er nachwies, daß er »nirgendwo tiefer als zwölf Ellen« war [16].

Als Beispiel dafür, wie weit Dschahangirs Haltung zu religiösen Fragen seinen Zeitgenossen als direkte Fortsetzung der Linie seines Vaters erschien, ist es interessant, daß Roe ihn in Worten beschreibt, die sich lesen, als bezögen sie sich auf Akbar: »Seine Religion ist seine eigene Erfindung, denn er beneidet Mahomet und sieht vernünftigerweise keinen Grund, warum er nicht ein ebenso großer Prophet wie jener sein soll, und er bezeichnet sich deshalb als solchen ... er hat viele Jünger gefunden, die ihm schmeicheln oder Gefolgschaft leisten«. Und Roe fügt hinzu, daß »alle Arten von Religionen willkommen und frei sind, denn der König gehört keiner an« [40].

Dschahangirs ständiges Laster war seine Alkohol- und Opiumsucht, ein Familienmakel, bei dem er bei weitem nicht den extremsten Fall darstellte – seine Brüder Murad und Danijal waren beide an der Trunksucht gestorben, noch bevor Dschahangir sein Erbe antrat, und 1626 erging es seinem Sohn Parwis ebenso, so daß mit Schah Dschahan und Schahrijar nur

Folgende Doppelseite:
Ausschnitt aus der großflächigen, aus der Mitte des 17. Jahrhunderts stammenden Kachelarbeit entlang der Außenmauer der Festung von Lahore

zwei Söhne übrigblieben, die um die Thronfolge streiten konnten. Aber Dschahangir war zweifellos der süchtigste unter den Herrschern. In seinem Tagebuch bringt er mit charakteristischer Freimütigkeit seine eigene Fallstudie als Alkoholiker zu Papier; mit dem ersten süßen Becher gelben Weins im Alter von 17 Jahren fing es an und ging dann weiter, bis er gegen die Wirkung des Weins völlig abgestumpft war, dann ging er zu Arrak über, und als auch dieser seine Wirkung verloren hatte, zu doppelt destilliertem Branntwein, von dem er in seinen späten zwanziger Jahren 20 Becher am Tag leerte. Aber er hatte auch die Charakterstärke, sich an den Rat eines Arztes zu halten, der besagte, daß ihm diese Lebensweise binnen sechs Monaten den Tod bringen würde, und so reduzierte er allmählich seine Tagesration auf sechs Becher einer Mischung aus zwei Dritteln Wein und einem Drittel Arrak, ein Quantum, das er, wie er behauptet, für den Rest seines Lebens eingehalten habe. Dem wurde noch mit einer Tagesration Opium im Gewicht von 14 Körnern nachgeholfen [16].
Dschahangir konnte ungeheuer unberechenbar und grausam sein – besonders unter Alkoholeinfluß, so zum Beispiel, als er eines Abends seine Gefährten anwies, mit ihm zu trinken, dies aber am nächsten Morgen vergessen hatte und die weniger Mächtigen unter ihnen äußerst brutal dafür bestrafte, daß sie sich so hatten gehenlassen [40] – aber zumeist war er ungewöhnlich milde, und europäische Berichte beschreiben ihn als »sanft, weich und gutmütig« oder »sanft und lässig-elegant« [40]. Roe war von der Liebenswürdigkeit sehr beeindruckt, die ihm Dschahangir immer entgegenbrachte, und des Herrschers beachtlicher Charme wird wieder und wieder in den Aufzeichnungen des Gesandten deutlich, wie beispielsweise einmal, als Dschahangir ein diplomatisches Gespräch über die Frage, ob er ein Porträt von sich an Roe oder durch Roe an Jakob I. schenken solle, mit der Feststellung beendete: »Euer König verspürt kein Verlangen danach, aber Ihr, deswegen sollt Ihr es haben« [40]. Und gewiß ist er der warmherzigste, der am stärksten von Emotionen geleitete der Großmoguln; seine Reaktionen auf den Tod eines Enkelkindes und auf die wundersame Unversehrtheit eines anderen nach einem Sturz aus großer Höhe würde man in jedem Tagebuch als ergreifende Stelle anerkennen [16], und wenn sein überströmendes Gefühl zuweilen in krasseste Sentimentalität ausartet, wie etwa bei dem großflächigen Trinkbecken für Tiere, das in Scheikhupura zur Erinnerung an einen Lieblingshirsch errichtet wurde, so können wir uns wenigstens am architektonischen Ergebnis erfreuen (Tafel 36). Von Edward Terry stammt die vielleicht überzeugendste und bündigste Aussage über seinen Charakter: »Was nun die Veranlagung jenes Königs anbetrifft, so schien er mir stets aus Extremen zusammengesetzt zu sein, denn manchmal war er barbarisch grausam, und zu anderen Zeiten schien er außerordentlich gerecht und sanftmütig« [41].
Die Ereignisse im königlichen Lager jagten sich, nachdem der Herrscher gestorben war. Asaf Khan griff nun mit unerwarteter Tatkraft und diplomatischem Geschick zu, und so geschah es tatsächlich einmal, daß seine Schwester Nur Dschahan überlistet wurde. Da sich weder Schah Dschahan noch Schahrijar im königlichen Lager befanden, brachte er mit Überredungskunst die Mehrheit der Adligen dazu, zusammen mit ihm Dawar Baksch, Khusraus jungen Sohn, als Herrscher auszurufen, der aus der Haft befreit wurde, um diese Ehre zu empfangen. Dieser rein taktische Zug hatte nämlich zur Folge, daß Schahrijar, der sich in Lahore befand und damit einige tausend Meilen näher als der sich im Dekkan aufhaltende Schah Dschahan war, nun als Usurpator gegen die Streitkräfte des Reiches kämpfen mußte, anstatt diese im Kampf gegen Schah Dschahan um sich scharen zu können. Der glücklose Scharijar hatte sich bis vor kurzem mit dem Lager in Kaschmir befunden, und Schah Dschahans Thronfolge hätte sich problematischer entwickelt, wenn sein Rivale beim Tode des Kaisers an Nur Dschahans Seite gewesen wäre. Aber Schahrijar war von einer Art Aussatz befallen worden, wodurch ihm sämtliche Haare einschließlich der Koteletten, Augenbrauen und Wimpern ausfielen. Verstört über sein Aussehen hatte er während des Sommers die königliche Gesellschaft verlassen und war nach Lahore zurückgegangen, da man ihm geraten hatte, sich in die wärmere Luft des Pandschab zu begeben, so wie sein

Jagdschlößchen und Wasserspeicher, die Dschahangir in Scheikhupura zur Erinnerung an einen Lieblingshirsch baute

Vater sich in die kühlere Luft Kaschmirs zurückgezogen hatte. Hier erhielt er nun Nur Dschahans Eilbotschaft, er solle seine Streitmacht mobilisieren – praktisch ihre letzte politische Aktion, da Asaf Khan sie umgehend in ihre Gemächer einsperrte und ihr die Obhut über die beiden Söhne Schah Dschahans, Dara Schukoh und Aurangseb, entzog. Schahrijars zusammengewürfelte Söldner hatten wenig Aussicht, sich gegen die Berufssoldagroßes, aber unerfahrenes Heer zu sammeln, mit dem er den Streitkräften des Reiches entgegentreten wollte, die unter Asaf Khan und Dawar Baksch nach Süden vorrückten. Schahrijas zusammengewürfelte Söldner hatten wenig Aussicht, sich gegen die Berufssoldaten unter Asaf Khan durchzusetzen, als sie ihnen drei Meilen außerhalb von Lahore gegenüberstanden, und ein paar Tage später wurde der arme, kahle Schahrijar aus seinem Versteck in der Festung hervorgeholt. Asaf Khan warf ihn ins Gefängnis und befahl bald darauf, ihn zu blenden [16A, 65].

Dschahangir mit einem Porträt seines Vaters (ca. 1605) und mit einem Bild der Jungfrau Maria (17. Jahrhundert)

Unmittelbar nach Dschahangirs Tod hatte Asaf Khan Schah Dschahan benachrichtigt, und nun traf eine Botschaft des Prinzen ein – der mit Mahabat Khan unterwegs nach Norden, auf Agra zu, war –, die besagte, daß es »gut wäre, wenn Dawar Baksch, der Sohn, und der nichtsnutzige Bruder Khusraus [gemeint war Schahrijar] und die beiden Söhne Danijals alle aus der Welt geschickt würden«. Asaf Khan veranlaßte weisungsgemäß die Ermordung des Bruders, zweier Neffen und zweier Vettern des neuen Kaisers. Schah Dschahans blutbefleckte Fußstapfen zum Thron waren ein Präzedenzfall, der ihm später von seinem eigenen Sohn, Aurangseb, vorgehalten wurde, um ein ähnliches Vorgehen zu rechtfertigen, und der sich das ganze 18. Jahrhundert hindurch als ein Musterbeispiel für Vorgänge in der königlichen Familie erweisen sollte [16A, 19, 71].
Am letzten Tag des Jahres 1627 wurde Schah Dschahan zu Lahore in Abwesenheit als Kaiser ausgerufen, und am 24. Januar 1628 beendete er seine Reise vom Dekkan nach Agra und bestieg den Thron. Von den Persönlichkeiten, die das Hofleben während der Krankheitsjahre Dschahangirs bestimmt hatten, wurde Asaf Khan mit der Stellung des Ersten Ministers belohnt und Mahabat Khan zum Gouverneur von Adschmir ernannt. Nur Dschahan, die zuviel Charakter hatte, um sich zu einem Zeitpunkt, da ihre Niederlage ein-

deutig war, herauszureden, akzeptierte den aufgezwungenen Ruhestand samt einer Pension von jährlich 200000 Rupien und beschäftigte sich mit der Errichtung eines Grabmals für ihren Gatten in Lahore. Sein Stil leitet sich von dem Grabmal ab, das sie in Agra für ihren Vater erbaut hatte, und es ist größer, aber weniger vornehm als sein Vorbild – vor allem heute, da im letzten Jahrhundert ein Marmorpavillon auf seinem Dach entfernt wurde. Aber es weist andererseits einige prächtige *Pietra-dura*-Arbeiten rund um den Sarkophag auf. Nur Dschahan überlebte ihren Gemahl um 18 Jahre und entwarf ein ähnliches, jedoch kleineres Grabmal für sich selbst in der Nähe. Zwischen dem ihren und dem Dschahangirs erhob sich dasjenige Asaf Khans. Heute trennt eine Eisenbahnlinie sie von ihrem Bruder und ihrem Gatten auf der anderen Seite und spiegelt so wirklichkeitsgetreu die Verlierer- und die Siegerseite im ersten der mogulischen Thronfolgekriege wider.

Schah Dschahan

Die erste der beiden Familientragödien, die Schah Dschahans Leben überschatteten, spielte sich in den frühen Jahren seiner Regentschaft ab. Im Februar 1628, nur einen Monat, nachdem er Agra erreichte, hatte es ein fröhliches Wiedersehen mit den beiden Prinzen Dara Schukoh und Aurangseb gegeben, die zusammen mit Asaf Khan heil aus Lahore angekommen waren. Weder er noch seine Gemahlin, Ardschumand Banu, die vom Zeitpunkt der Krönung ab den Namen Mumtas Mahal, »Die Auserwählte des Palastes«, trug, hatten die beiden Knaben gesehen, seit diese zwei Jahre zuvor als Geiseln zu Nur Dschahan entsandt worden waren. In den folgenden 18 Monaten lebte Schah Dschahan – von einem kurzen Feldzug nach Gwalior abgesehen – in großem Stil in Agra und erfreute sich gemeinsam mit seiner Familie einer Sorglosigkeit und Sicherheit, die sie mehr als sechs Jahre lang nicht gekannt hatten. Aber gegen Ende des Jahres 1629 kam es zu den üblichen Unruhen im Dekkan, der inzwischen zum gewohnten Sammelplatz für Andersdenkende aus dem Reich geworden war, und im Dezember machte sich Schah Dschahan wieder einmal auf den Weg nach Süden. Mumtas Mahal begleitete ihn, wie sie es auch bei den Feldzügen, die er als Prinz unternommen hatte, schon immer getan hatte. Er konnte eine Reihe von Erfolgen gegen den Rebellen Khan Dschahan und gegen die Königreiche von Ahmednagar und Bidschapur für sich verbuchen. In der Nähe von Burhanpur starb jedoch am 7. Juni 1631 Mumtas Mahal unerwartet bei der Geburt ihres 14. Kindes. Von den vorausgegangenen 13 Kindern waren vier Söhne und drei Töchter am Leben. Der älteste Sohn, Dara Schukoh, war 1615 geboren worden, und der dritte Sohn, Aurangseb, am 23. Oktober 1618 [71, 65, 75]. Mumtas Mahal war Schah Dschahan eine ebenso einflußreiche Gefährtin wie Nur Dschahan es für seinen Vater gewesen war; während aber Nur Dschahan eine dominierende Rolle gespielt hatte, wirkte sie im wesentlichen als Helferin und Beraterin. Er war dafür bekannt, daß er alle Staatsgeschäfte mit ihr durchsprach, und wenn Staatsdokumente schließlich abgefaßt waren, pflegte er sie in den Harem zu schicken, damit sie das königliche Siegel anbrachte [115]. Ihr Tod hinterließ einen tiefen Riß in seinem Dasein; es hieß, er habe zwei Jahre lang das Leben eines Tieftrauernden geführt und jedwedes Wohlleben und jegliche Eitelkeit, das Ausgehen in prächtigen Gewändern, reichliches Essen oder Musik abgelehnt [99]. Auf der größeren Bühne der Staatsgeschäfte schien sich ebenfalls ein Wandel zu vollziehen. War er bisher mehr ein Mann der Tat gewesen, so zog er es von nun an vor, seinen Söhnen das Kommando bei Vorstößen zu überlassen, während er selbst im Zentrum blieb, in Agra, Delhi oder Lahore, und sich mit seiner zweiten großen Liebe, der Architektur, beschäftigte. Das kann durchaus reiner Zufall gewesen sein, da Mumtas Mahal zu einer Zeit starb, als ihre Söhne gerade das Alter erreichten, wo sie sowieso nominell zu Führern von Feldzügen ernannt worden wären. Nichtsdestoweniger war das erste große Bauwerk, dem sich der Kaiser nun widmete, das Monument für seine Frau, dessen Name eine umgangssprachliche Abkürzung des ihren ist – das Tadsch Mahal (Tafel 37).

Schon im Alter von 15 Jahren war Schah Dschahan an Architektur interessiert gewesen, und es hatte seinen Vater sehr beeindruckt, als er die ihm zugewiesenen Quartiere in Kabul hervorragend wiederherstellte [65]. Er sollte an den vielen eindrucksvollen architektonischen Projekten unter seiner Regierung aktiv teilnehmen. Für das Tadsch legte man ihm verschiedene Entwürfe vor, die dann nach seinen eigenen Vorstellungen abgeändert wurden. Die sich so ergebenden neuen Ideen probierte man in Form von Holzmodellen aus [99]. Jahrelang war strittig, welchem Architekten der endgültige Plan zuzuschreiben sei. Eine Zeitlang war es Mode, die Behauptung eines Augustinerpaters, Sebastien Manrique, zu akzeptieren, daß der Entwurf von Geronimo Veroneo, einem venezianischen Goldschmied und Juwelier, stamme [46]. Manrique hatte dies vom Testamentsvollstrecker Veroneos erfahren, aber es ist trotzdem eine höchst unwahrscheinliche Geschichte; wahrscheinlich ist vielmehr, daß Veroneo durchaus zu Beratungen über weniger bedeutende Einzelheiten der Ausschmückung herangezogen wurde, und das genügte bei späterem Gerede innerhalb seines eigenen Kreises, ihm als alten Freund den gesamten Entwurf zuzuschreiben. Ein

Das Tadsch Mahal von den umliegenden Feldern aus gesehen

Das mogulische Grabmal im Stil noch nicht voll entfaltet, in voller Blüte, und schon am Verwelken – das Grabmal Humajuns, das Tadsch Mahal und das Grabmal Dilras Banus in Aurangabad

etwas aussichtsreicherer Konkurrent ist ein gewisser Ustad Isa Afandi, über den man lediglich weiß, daß er entweder aus der Türkei oder aus Schiras kam; er wird in späteren persischen Quellen als der Architekt bezeichnet. Wiederum ein anderer Kandidat ist Ustad Ahmad aus Lahore. Wahrscheinlich ist jedoch, daß es nicht einen einzigen Architekten gab, sondern daß Steinmetzmeister und andere Handwerker die Ideen des Kaisers, der die verschiedenen ihm vorgelegten Entwürfe zur Klärung seiner eigenen Vorstellungen benützt hatte, unmittelbar in Werkmodelle und Zeichnungen übertrugen.

Das Tadsch war die logische Fortsetzung und Synthese verschiedener Elemente, die es in der Mogularchitektur bereits gab. Die Methode, Gärten rechteckig und durch steinerne Wasserläufe aufgeteilt anzulegen, hatte Babur aus Kabul mitgebracht. Die Vorbilder für die schlanken, seitlich gelegenen Minarette fanden sich im Tor von Akbars Grab, die der herrlichen Einlegearbeiten in weißem Marmor im Grabmal Itimad-ud-daulahs. Und die äußere Form, mit der schwellenden Kuppel über einer gewölbten Nische, entstammt ursprünglich persischen Vorstellungen, entwickelte sich aber in Indien sehr eigenständig und erreichte im Tadsch höchste Perfektion. Entstehung und Verfall dieser Form überspannen etwa ein Jahrhundert. Bei Humajuns eindrucksvollem, aber unbeholfen wirkendem Grabmal, das 1564 begonnen wurde, ist sie noch nicht voll entfaltet, bei der graziösen Linienführung des Tadsch (1632–48) steht sie in vollkommener Blüte, und bei dem Grabmal, das Aurangseb 1678 für seine Frau in Aurangabad vollenden ließ, lang und dünn, beinahe im gotischen Stil, aber mit mehr Liebreiz als ihm normalerweise zugestanden wird, ist sie schon wieder am Verwelken. Es ist wirklich so, daß die einzigen Architekten des Tadsch Mahal Schah Dschahan und die mogulische Tradition sind.

Die Arbeit daran begann Anfang 1632, und ein englischer Reisender, Peter Mundy, fand schon zu einem späteren Zeitpunkt im selben Jahr, daß »das Gebäude begonnen ist, die Arbeit unter außerordentlichen Mühen und Kosten vorangeht und mit ungewöhnlicher Sorgfalt verfolgt wird; Gold und Silber werden wie gewöhnliches Metall eingeschätzt und Marmor wie bloßer Stein« [45]. 1643 war der Bau schon so weit gediehen, daß der jährliche Gedenkgottesdienst für Mumtas Mahal zum erstenmal dort abgehalten werden konnte, und bis zum Jahre 1648 war das Tadsch ganz fertig, obwohl die Arbeit an den Nebengebäuden bis 1653 weiterging [92,99].

In der Zwischenzeit war der Kaiser schon mit anderen, sogar noch größeren Projekten beschäftigt. Die zentrale Achse seines Reiches war die Straße, die von Lahore durch Delhi nach

Die Außenmauer von Schah Dschahans neuer Festung in Delhi und seine darübergelegenen Privatgemächer

Agra lief, eine durchgehende und schöne, von Bäumen gesäumte, vierhundert Meilen lange Prachtstraße, die Tom Coryat in höchsten Tönen pries, nachdem er sie in voller Länge im Jahre 1615 in 20 Tagen zurückgelegt hatte; sie wurde auch später immer wieder von Besuchern aus Europa bewundert [39, 48, 47]. Während seiner Regentschaft ließ Schah Dschahan in jeder dieser bedeutenden Städte einen herrlichen Marmorpalast errichten. Dazu wurden viele der bereits bestehenden Gebäude in Akbars Festungen in Agra und Lahore niedergerissen. 1648 verlegte Schah Dschahan seine Hauptstadt offiziell von Agra nach Delhi, wo er außerdem noch eine ganz neue Stadt mit dem Namen Schahdschahanabad gründete (der Teil, der heute als Alt-Delhi bekannt ist, im Gegensatz zu Sir Edwin Lutyens Neu-Delhi). Und zwischen dieser neuen Stadt und dem Fluß baute er sich eine Festung, die eine dicke Mauer aus rotem Sandstein umgibt, deren Vorbild die seines Großvaters in Agra ist.

Das Tadsch Mahal von seinen Gärten aus gesehen

Schah Dschahans Bauwerke in Lahore sind stark verändert oder zerstört worden, doch in Delhi sind die bedeutenderen Teile in ausgezeichnetem Zustand erhalten; auch in Agra ist der ganze Komplex immer noch zu sehen und bietet einen vollkommenen Rahmen zur Rekonstruktion des Tagesablaufs des Großmoguls. Mit dem wachsenden Pomp im Reich und mit deutlichem Wechsel von einem oft im Zeltlager verbrachten Leben zu nahezu ständiger Residenz in einer der drei wichtigsten Städte scheinen Schah Dschahans Tage sogar noch ausgefüllter mit festgelegten öffentlichen Verpflichtungen gewesen zu sein als die Dschahangirs und Akbars.

Schah Dschahan erwachte etwa eine Stunde vor der Morgendämmerung in seinen marmornen Gemächern auf der Ostseite der Festung von Agra, von wo aus sein Blick über die Dschamna hinweg bis dorthin reichte, wo, eine Meile entfernt, sich über den Sandbänken das Tadsch Mahal erhob. Nach den Waschungen ging er die weißen Terrassen und Pavillons mit den vergoldeten bengalischen Dächern, wo einige seiner Frauen wohnten (Tafel 45), entlang und weiter, vorbei an dem achteckigen Turm, dem Saman Burdsch, mit den für die Königin vorgesehenen privaten Gemächern, bevor er sich nach links wandte und die engen Treppen hinaufstieg, die zur vielleicht winzigsten Moschee der Welt führen, der Mina Masdschid, die nur eine Fläche von wenigen Quadratmetern bedeckt, aber aus dem feinsten weißen Marmor erbaut ist. Hier sprach der Kaiser ganz allein seine Morgengebete. Bis zum Sonnenaufgang ließ er die Gebetsperlen durch seine Finger gleiten und mußte dann nur wenige Schritte zurück zur äußeren Palastmauer gehen, um sich dem Volk im *Dscharoka-i-darschan* zu zeigen. Während das Volk zu ihm hinaufstarrte, vergnügte er sich damit, auf erst vor kurzem gefangene Elefanten hinunterzuschauen, die auf dem offenen Platz zwischen Festung und Fluß vorgeführt wurden, oder ebendort Elefantenkämpfe zu beobachten – die niedere Mauer am Rand, die jetzt diesen Platz teilweise versperrt, wurde von Aurangseb hinzugefügt. Von hier aus ging der Kaiser an der kleinen Moschee vorbei wieder zurück zum ersten wichtigen Geschäft des Tages im *Diwan-i-am*, der Halle der öffentlichen Audienzen [27, 65, 85].

Dort standen sämtliche Staatsbeamten und alle anderen, die mit dem Hof zu tun hatten, in genauer Rangfolge zwischen den Säulen aufgereiht, und sie warteten zweifellos schon seit einiger Zeit auf den Augenblick, da kurz vor acht Uhr der Kaiser, von verborgenem Trommelwirbel und Trompetenschall begleitet, in der Thronnische im rückwärtigen Teil der Halle erschien. Um jene zu schmücken und diesem feierlichsten aller öffentlichen Auftritte noch größeren Glanz zu verleihen, gab Schah Dschahan seinen berühmten Pfauenthron in Auftrag, den er 1648, als er seine Hauptstadt nach Delhi verlegte, von Agra nach dem dortigen *Diwan-i-am* bringen ließ. Steingitter ermöglichten es den Damen, jede wichtige Angelegenheit zu beobachten, ohne gesehen zu werden. Eine Treppenflucht führte vom Boden der Halle zum Thron empor, aber nur einem oder zwei der altgedienten Hofbeamten war es gestattet, sie zu benützen; als 1654 ein Attentäter versuchte, diese Treppen hinaufzustürmen, wurde er, ehe er noch den Fuß über die erste setzen konnte, von Dienern niedergemacht [47, 27, 65].

In dieser öffentlichen Audienz wurden Ernennungen ausgesprochen, Berichte von verschiedenen Behörden entgegengenommen, eilige Nachrichten von Statthaltern der Provinzen

vorgebracht, Pferde und ausgewählte Elefanten zur Besichtigung vorgeführt. Aufzeichnungen, die aus der nachfolgenden Regierung erhalten sind, enthüllen, daß sogar ziemlich unbedeutende und intime Einzelheiten aus dem Leben des Herrschers und seiner wichtigsten Adligen für wert erachtet wurden, öffentlich am Hof berichtet und wiedergegeben zu werden, wie ausgeführte Aderlasse, eingenommene Abführmittel oder Träume [130]. Am Mittwoch waren die Hofgeschäfte Rechtsangelegenheiten gewidmet (unter Dschahangir war es der Dienstag, unter Akbar der Donnerstag gewesen) [110]. Urteile wurden schnell über jene gefällt, die schwere Verbrechen begangen hatten, aber es scheinen stets weniger Kläger mit ihren Problemen oder Rechtshilfeersuchen zu kommen, als Schah Dschahan selbst erhoffte [24]. Seine Beamten erklärten, daß der Grund dafür das ausgezeichnete Rechtssystem im ganzen Reich sei, mit dessen Hilfe der Bürger sein Recht vor jedem der Gerichtshöfe, von denen es vier verschiedene Arten gab, fordern könne; auf der lokalen Ebene blieb die alte hinduistische Einrichtung der Kasten- und Dorf-*Pantschajats* bestehen, und auf jeder der nächsten Ebenen gab es dreierlei Gerichtshöfe, einen für Finanz- und Steuerangelegenheiten, dem in den Provinzen der Provinz-*Diwan* oder Finanzminister und im Zentrum der Ober-*Diwan* vorstand, dann einen für Religionsfragen unter dem Provinz- beziehungsweise Ober-*Qasi,* und schließlich einen für allgemeine Angelegenheiten unter dem Provinzstatthalter und im Zentrum unter dem Kaiser selbst. In der Praxis war es jedoch schwierig zu entscheiden, welcher Fall an welches Gericht zu verweisen war, da man das gesamte moslemische Recht sowohl im weltlichen wie im religiösen Bereich als aus dem Koran und von einigen wenigen seit langem allgemeingültigen Kommentaren zum Koran abgeleitet verstand, wofür der *Qasi* und seine *Ulama* die anerkannten Experten waren. Die Beamten Schah Dschahans führten somit die mangelnde Zahl von Klägern, die vor dem Herrscher erschienen, darauf zurück, daß jeder, der mit dem Bescheid eines kleinen lokalen Gerichtshofs unzufrieden war, seinen Fall dem *Diwan, Qasi* oder Statthalter der Provinz vortragen konnte, und wenn er dann immer noch unzufrieden war, dem Ober-*Diwan* oder -*Qasi* in der Hauptstadt: »Welche Fälle, außer denen, die sich auf Bluttaten und Religion bezogen, konnten bei all dieser Rechtsfürsorge noch Gegenstand einer Vorsprache bei Seiner Majestät sein?« [24]

Der wahrscheinliche Grund war, daß die meisten Kläger, die möglicherweise aus einem unmittelbaren Gespräch mit dem Kaiser Nutzen gezogen hätten, eine Klage gegen einen Beamten vorbringen wollten, und somit blockierte die Beamtenschaft ihren Weg. Und der Hof des Kaisers war ein zu einschüchternder Ort, als daß man sich leichten Herzens dorthin wagte. Hawkins hatte die Schar von Beamten am Fuß von Dschahangirs Thron so beschrieben: »Unmittelbar vor dem König steht einer seiner höchsten Verwaltungsbeamten, zusammen mit dem Obersten Henker, der von 40 Henkern begleitet ist, die auf dem Kopf eine besondere, sich von allen anderen deutlich unterscheidende gesteppte Kappe tragen und die auf den Schultern eine Axt mit sich führen; dann gab es andere mit allen möglichen Peitschen, auch sie bereit zu tun, was immer der König befahl« [35]. Und wenn der König eine Bestrafung anordnete, wurde diese häufig an Ort und Stelle ausgeführt.

Nach rund zwei Stunden im *Diwan-i-am* zog sich der Kaiser wieder in seine privaten Gemächer zurück, um vor seinem Ältestenrat im *Diwan-i-khas,* der Halle privater Audienzen, auf der Südseite einer offenen Terrasse oberhalb des Flusses aufgesucht zu werden. Dort wurden, im Gegensatz zu den offiziellen Bekanntmachungen im *Diwan-i-am,* wichtige Staatsangelegenheiten voll ausdebattiert und ausländische Botschafter und wichtige Besucher empfangen und in aller Ausführlichkeit angehört; wenn ein mächtiger Beamter sich gegen Beschwerden verteidigen mußte, tat er es an dieser Stelle. Hier war der Angelpunkt der Macht im Reich, und dementsprechend sind die beiden *Diwan-i-khas* die auserlesensten Verwaltungsgebäude Schah Dschahans. Die Marmorsäulen sind mit wunderbaren Reliefs gemeißelter oder mit Halbedelsteinen ausgelegter Blumenmuster geschmückt (Tafeln 40 und 41). Vor diesem passenden Hintergrund wurden auch kurz zuvor vollendete Kunst-

Schah Dschahan hält einen Turbanjuwel in der Hand (Gemälde von Abul Hassan, 1617). Das Bild ist am Rand mit einer handschriftlichen Bemerkung Schah Dschahans versehen: »Ein gutes Porträt meiner selbst in meinem 25. Lebensjahr«.

werke, wie Gemälde oder Stickereien, zusammen mit Plänen neuer oder projektierter Bauwerke dem Kaiser zur Prüfung vorgelegt. Selbst die alltäglichen endlosen Tierparaden gingen weiter, aber auf einer angemesseneren, verfeinerten Ebene – nur so elegante Tiere wie Jagdgeparden oder Falken wurden in dieser schönen Umgebung vorgeführt.

Während anscheinend eine private Ratsversammlung, die *Ghusl-khana*, Akbar und Dschahangir genügt hatte, zog sich Schah Dschahan aus seinem prächtigen *Diwan-i-khas* zu einer sogar noch exklusiveren Runde in den *Schah Burdsch*, den königlichen Turm, zurück; dorthin begleiteten ihn nur die Prinzen und drei oder vier hohe Stabsoffiziere, von denen jeder gehen mußte, sobald seine eigene Angelegenheit erledigt war [65, 27]. Wenn dann diese allergeheimste Staatsratssitzung zu Ende ging, war auch die Mittagszeit überschritten, und Schah Dschahan kehrte wieder in seine Privatgemächer im Harem zurück, wo er, mit gekreuzten Beinen auf prächtigen Teppichen sitzend, eine Mahlzeit einnahm (»ihre ganze Prachtentfaltung findet auf dem Fußboden statt«, sagte Terry über die Ausstattung der mogulischen Häuser) [41]. Zum Schutz der Teppiche wurden große bestickte Lederdecken ausgebreitet und mit weißen Baumwolltüchern bedeckt, auf denen man eine nahezu unendliche Vielfalt von Gold- und Silbergefäßen ausbreitete. Sogar Terry hatte, als er mit einem Adligen speiste, 50 verschiedene Eßgeschirre zu seiner persönlichen Auswahl vor sich stehen und legte Wert darauf, von jedem einzelnen Gebrauch zu machen [41].

Wenn Schah Dschahan sich gewaschen hatte und zum Essen bereit war, reichten die Eunuchen die Eßgefäße abwechselnd zwei schönen Mädchen, die zu seinen beiden Seiten knieten

Die Stufen zu Schah Dschahans Diwan-i-khas in Agra

und ihm vorlegten. Der Kaiser aß nahezu ausnahmslos innerhalb des Harems, und so sind natürlich die Beschreibungen dieser Prozedur rar – der Augustinerpater Sebastien Manrique behauptet allerdings, im Jahre 1641 in Lahore Augenzeuge eines Banketts gewesen zu sein, als Schah Dschahan bei seinem Schwiegervater Asaf Khan zu Gast war. Er berichtet, daß ihn ein Eunuch unter beachtlichen Risiken durch unterirdische Gänge auf eine hoch oberhalb des Saales gelegene Galerie geschmuggelt und ihn instruiert habe, ja keinen Laut von sich zu geben, sondern sich vielmehr in einen anderen Raum zurückzuziehen, wenn er gezwungen sein sollte, sich von »unwiderstehlicher und hartnäckiger Müdigkeit zu befreien«. Dieses Bankett war eine familiäre Angelegenheit und wahrscheinlich typisch für jeden besonderen Anlaß innerhalb des königlichen Harems. Außer Asaf Khan und seinen drei Gästen – dem Kaiser, seinem Sohn Dara Schukoh und seiner Tochter Dschahanara – waren nur die Damen aus Asaf Khans Harem und seine Eunuchen anwesend, und natürlich der impertinente Manrique. Er schreibt, daß er vier Stunden zugesehen habe, und er hinterläßt eine faszinierende Beschreibung der reichen Ausstattung, der Gold- und Silbergefäße, der Waschungszeremonien, des Protokolls und der Reihenfolge des Ablaufs, der ständigen Musik und der Preislieder auf die Siege des Kaisers, der Tänzerinnen und der Überreichung dreier großer goldener Schalen voller Edelsteine an den Ehrengast [46]. Reisebeschreibungen jener Zeit sind grundsätzlich mit einiger Vorsicht zu werten, da es üblich war, vom Hörensagen Bekanntes als persönliche Erfahrung auszugeben. Sollte aber Manrique sich diese Szene aus dem, was er gehört hatte, selbst zusammengereimt haben, dann hat er das mit ungewöhnlich feinem Spürsinn getan, und viele seiner Details wirken überzeugend. Angehörige des niederen Adels aßen ebenfalls normalerweise innerhalb ihres Harems; sie luden aber gelegentlich Gäste zu einem Mahl ein, das im vorderen Teil ihres Hauses stattfand und ähnlich verlief, wobei die Speisen jedoch ausnahmslos von Männern aufgetragen wurden. Wenn Europäer wie Roe und Terry oder der holländische Handelsvertreter in Agra, Francis Pelsaert, manchmal eingeladen wurden, dann war es zu Essen dieser Art [40, 41, 42].

Nach seinem Mittagsmahl hielt Schah Dschahan eine kurze Siesta und befaßte sich anschließend mit allerlei Geschäften oder Problemen, die seine älteren Damen oder die Beamten des Harems vorbrachten. Genau wie in irgendeinem seiner Gerichtshöfe – nur daß er sich hier in von Wohlgerüchen erfüllter Luft zurücklehnte und einzig von Frauen und Eunuchen umgeben war – saß er nun zu Gericht über Angelegenheiten des Harems, verteilte wohltätig große Summen an Damen außerhalb des Harems, indem er mittellosen Mädchen oder Witwen und Waisen, von deren Leid Kunde durch das Nachrichtensystem der Frauen bis an das königliche Ohr gedrungen war, eine Mitgift oder Pensionen aussetzte. Damen aus den Harems des höheren Adels besuchten häufig den kaiserlichen Harem und blieben dort manchmal, von den königlichen Prinzessinnen verschwenderisch bewirtet, bis zu einem Monat lang [115, 65, 27].

Wenn Schah Dschahan die Wünsche der Damen erfüllt hatte, soweit es seine finanziellen Möglichkeiten erlaubten, war es fast drei Uhr geworden und nunmehr an der Zeit, an den öffentlichen Gebeten teilzunehmen – in Agra in seiner schönen weißmarmornen Perl-Moschee, der Moti Masdschid, und in Delhi in der riesigen Dschami Masdschid, mit deren Bau er 1644 begann. Nach den Gebeten gab es weitere Verwaltungsarbeit im *Diwan-i-khas* zu erledigen – wo, wenn es nötig war, riesige Kerzenleuchter Licht spendeten –, und dann folgte um halb acht Uhr eine letzte halbstündige Sitzung im *Schah Burdsch*. Nach diesem anstrengenden Tag von beinahe zwölfstündigen Regierungsgeschäften zog sich Schah Dschahan in den Harem zurück, wo seine Frauen sein Abendmahl musikalisch begleiteten. Um zehn Uhr lag er im Bett. Hinter einem Wandschirm auf einer Seite seines Gemaches begannen nun Vorleser, die wegen des angenehmen Klangs ihrer Stimme ausgewählt worden waren, ihn mit Reisebeschreibungen, Viten der Heiligen oder geschichtlichen Büchern einzulullen. Ganz besonders liebte er es, Auszüge aus der *Babur-nama*, den anregenden

Die Verwendung weißen Marmors – der Baustil der Regierungszeit Schah Dschahans: Das Grabmal Scheich Salim Tschischtis in Fatehpur Sikri

Memoiren seines Urgroßvaters, zu hören. Und dieser geregelte Ablauf wurde jeden Tag eingehalten, außer am Freitag, an dem er nicht hofhielt [65, 27].

Provinzgouverneure, Generale auf Feldzügen und Prinzen, wenn sie fern der Hauptstadt waren, lebten sämtlich nach einem Regelmaß, das – wenn auch weniger kompliziert – dem des Kaisers ähnlich war. Der französische Reisende Jean-Baptiste Tavernier besuchte eines Abends im Jahre 1652 Mir Dschumla, der später ein führender General im Dienst der Moguln wurde, damals aber Oberbefehlshaber der Streitkräfte des Königs von Golkonda war, in seinem Zelt. Tavernier hinterließ eine sehr lebendige Beschreibung, wie der große Mann am Abend auf äußerst unkonventionelle und lässige Art genau dieselben Angelegenheiten erledigte, mit denen der Kaiser in seiner Hauptstadt unter so großem Zeremoniell beschäftigt war. Mir Dschumla saß mit zwei Sekretären auf einem Teppich. Zwischen seinen Zehen und den Fingern seiner linken Hand hielt er Dokumente und Briefe, die er nacheinander nahm und zurücksteckte, während er seinen Sekretären Antworten diktierte oder selbst welche schrieb. Die Sekretäre lasen dann die Briefe vor, und er versiegelte sie. Während dieser Vorgänge wurden vier Verbrecher zum Eingang seines Zeltes gebracht. Mir Dschumla nahm eine halbe Stunde lang keine Notiz von ihnen, ließ sie dann aber hereinbringen und konnte sie nach verschiedenen Fragen dazu überreden, ihre Vergehen zu bekennen, was eine wichtige Bedingung der moslemischen Gesetze ist. Nach ihrem Bekenntnis kümmerte er sich eine weitere Stunde lang nicht um sie, während der er mit seiner Korrespondenz fortfuhr und nacheinander Beamte kamen, »um mit großer Demut ihre Ehrenbezeigungen zu machen, und deren Gruß er nur mit einer Neigung des Kopfes erwiderte«. Dann war es soweit, daß ein Mahl serviert werden sollte, und so wandte er seine Aufmerksamkeit den vier Gefangenen zu. Den einen verurteilte er dazu, daß seine Hände und Füße abgeschlagen werden und er in einem Acker zu Tode bluten sollte, den anderen, daß sein Bauch aufgeschlitzt und er in ein Abwasser geworfen werde, und die beiden übrigen zum Tod durch Enthaupten. Die Urteile wurden ausgeführt, während Tavernier und einige andere Offiziere mit ihm beim Abendessen saßen, wonach er Tavernier eine Audienz gewährte und ihm einen Paß und Begleitschutz nach Golkonda gab [47].

Das Königreich Golkonda war freilich ein barbarischerer Staat als das Mogulreich. Unter den Moguln war vorgesehen, daß jedes Todesurteil erst vom Kaiser bestätigt werden mußte, bevor es ausgeführt werden konnte; in der Praxis nahmen aber Statthalter der Provinzen und Generale das Recht oft selbst in die Hand [105, 111]. Jener Regierungsabend Mir Dschumlas wäre einige Jahre später, als er im Dienst der Moguln stand, nicht wesentlich anders verlaufen, und Tavernier läßt uns einen seltenen kurzen Blick auf einen im Feld befindlichen Empfänger all der Erlasse, Dekrete und Briefe werfen, die den würdevollen Sitzungen in Schah Dschahans *Diwan-i-am* und *Diwan-i-khas* entsprangen.

Das Tadsch und die kaiserlichen Privatgemächer in Delhi und Agra mit ihrem weißen Marmor bildeten den Höhepunkt der Mogularchitektur, aber das war keineswegs die einzige Stilrichtung unter Schah Dschahans Regentschaft. Die schönen und bilderreichen, *Kaschi* genannten Fliesenarbeiten, die sich an der äußeren Festungsmauer in Lahore einige hundert Meter weit und bis zu beachtlicher Höhe entlangziehen, sind eine höchst imposante Leistung ganz anderer Art (Tafel 35). Diese Kacheln von Lahore, die zur selben Zeit auch in der nahegelegenen Moschee von Wasir Khan verwendet wurden, sind innerhalb der Entwicklung mogulischer Kunst so etwas wie eine Kuriosität, und man führt sie häufig auf die verhältnismäßig enge Nachbarschaft des Pandschab zu Persien zurück; doch sind sie mit ihren Elefanten, Vögeln und Blumen den Kacheln an der Außenmauer des Palastes von Gwalior geistig viel näher verwandt als den abstrakten Dekorationen an persischen Moscheen und Akademien. In Lahore befindet sich auch Schah Dschahans Schalimar Bagh, der besterhaltene Garten der Moguln außerhalb von Kaschmir. Dort wird zwar ebenfalls die Schönheit des weißen Marmors für einen imposanten Pavillon und Wasserfall eingesetzt, aber eines der auffallendsten Merkmale ist doch die riesige rote Mauer, die den Garten umgibt und die nur durch eine Vielfalt von kleinen dekorativen Nischen in dem spezifisch mogulischen Stil unterbrochen wird, den Akbar bei den Toren der Festung von Agra eingeführt hatte. Pavillons und Mauer zusammen machen den Schalimar zum am stärksten von der Architektur beherrschten Garten, wie es dieser am meisten der Architektur zugewandten Regierungsepoche angemessen ist. Aber trotz dieser variantenreicheren Schöpfungen und obwohl weißer Marmor gelegentlich vor der Mogulzeit sowohl für Hindu- wie für Moslembauten gebraucht worden war, ließ die überreiche und anhaltende Verwendung dieses Materials für repräsentative Bauten es praktisch zu Schah Dschahans höchstpersönlichem Architektur-Stilmerkmal werden. Und der Marmor symbolisierte in perfekter Weise – was zweifellos beabsichtigt war – den Reichtum seines Reichs, besonders wenn dieser noch durch die Zurschaustellung seiner Juwelen unterstrichen wurde.

Mit Blendnischen geschmückte Mauer im Schalimar Bagh zu Lahore

Dschahangir war von Terry als der »größte und reichste Herr über kostbare Steine auf der ganzen Welt« bezeichnet worden [41], und Schah Dschahan hatte seinen Vater darin noch weit übertroffen. Er war von Edelsteinen so fasziniert, berichtet Manrique, daß er sogar, als nach dem Bankett 12 Tänzerinnen mit all den Lockmitteln lasziver und fantasieanregender Kleidung, unanständigen Bewegungen und Gesten vor ihm erschienen, kaum ein Auge zu ihnen erhob, sondern fortfuhr, die Juwelen, die ihm Asaf Khan geschenkt hatte, zu begutachten [46]. Bei seiner Thronbesteigung hatte er den berühmten Pfauenthron in Auftrag gegeben, der von einem von zwölf Smaragdsäulen getragenen Baldachin überwölbt wurde und auf dem oben zwei Pfauen zu beiden Seiten eines Baumes saßen, der mit Rubinen, Diamanten, Smaragden und Perlen besetzt war [17, 47, 80A]. Als angemessen für ein Geschenk, das man in die heilige Stadt Mekka schicken konnte, hielt er einen riesigen, mit Edelsteinen besetzten Kerzenhalter für das Grab des Propheten. Man berichtete, ein Experte würde 14 Jahre benötigen, um alle im persönlichen Besitz des Kaisers befindlichen Juwelen zu erfassen und zu schätzen. Und man war sich allgemein einig darüber, daß er ein beachtlicher Kenner kostbarer Steine war und zuweilen ein genaueres Urteil über die Qualität eines bestimmten Steines abgeben konnte als berufsmäßige Juweliere [18, 49, 47].

Aber schon waren Marmor und Perlen nicht viel mehr als eine hohle Zurschaustellung. Ein Historiker, der in der Regierungszeit Aurangsebs schrieb, verkündete stolz, daß sich die kaiserlichen Steuereinnahmen von der Regierungszeit Akbars und bis zu Schah Dschahan mehr als verdreifacht hätten, fügte aber, offensichtlich ohne die darin enthaltene Implikation zu erfassen, auf der nächsten Seite hinzu, daß die Ausgaben im selben Zeitraum auf das Vierfache angestiegen seien [24]. Schah Dschahan tat, was er konnte, um die auffälligste Erscheinungsform der Inflation zu unterdrücken – die ständig wachsende Anzahl Adliger, die mit immer höheren Rängen belohnt wurden, während sie einen immer niedrigeren Prozentsatz ihrer offiziellen Truppenstärke aufrechterhielten. Akbar hatte ebendiesen Mißbrauch zeitweilig dadurch kuriert, daß er ihn anerkannte und seinen Adligen zu den Bezügen für ihre Truppen ein persönliches Gehalt zubilligte; aber die amtlichen und die tatsächlichen Stärkeziffern der stehenden Truppen hatten sich unter Dschahangirs Regentschaft wieder auseinanderentwickelt. Schah Dschahan versuchte, das Heilmittel seines Großvaters noch einmal anzuwenden, indem er anerkannte, daß die Adligen nicht die volle amtlich für sie vorgesehene Truppenstärke zur Verfügung stellen mußten, gleichzeitig aber festsetzte, daß man auf einer gewissen Höhe – einem Drittel im eigenen Dschagir des Adligen und einem Viertel anderswo – bestehen würde [117, 107]. Doch damit wurde der Prozeß lediglich eine Zeitlang aufgehalten, und in der Zwischenzeit blieb ein viel schlimmeres Übel bestehen.

Seit Akbar hatte sich das Reich nur wenig ausgedehnt, und die fortwährenden Versuche, nach Süden, in den Dekkan, vorzustoßen, entzogen der Staatskasse eher Geld, als daß sie das Gegenteil taten, obwohl zu gewissen Zeiten, wie bei den Feldzügen von 1636 bis 1637, ein beträchtlicher Schatz nach Norden wanderte [71]. Daher war es klar, daß aus den bestehenden Gebieten mehr Abgaben gezogen werden mußten. Schah Dschahan und seine

Finanzminister erreichten das nicht, indem sie die landwirtschaftliche Produktion steigerten oder den Handel belebten, selbst wenn sie Lippenbekenntnisse zu diesen Idealen ablegten, sondern vielmehr dadurch, daß sie immer grausamere Methoden der Steuereintreibung durch die *Dschagirdars* zuließen. Die Forderungen der Abgabenbehörden, noch verstärkt durch den illegalen Wucher ständig skrupelloser werdender Provinzstatthalter und beamten, fielen auf sie selbst zurück [117, 114]. Das ganze 17. Jahrhundert hindurch hielt eine ständige Landflucht an. Und jeder – außer den Adligen und ein oder zwei sehr reichen Kaufleuten – der ein kleines Vermögen ansammeln konnte, hielt es für sicherer, dieses lieber zu verstecken als es zu verbrauchen oder zum Vergnügen auszugeben und dabei das Risiko einzugehen, Ausbeuter auf sich aufmerksam zu machen [48]. Wirtschaftlich betrachtet repräsentierte Schah Dschahans Pfauenthron, wenn er auch offensichtlich dazu bestimmt war, seine Juwelen zu zeigen, nicht aber sie zu verstecken, genau diese Art der Stagnation wie das versteckte Gold des Händlers. Von den Geldgebern des antiken Rom bis zu modernen Touristen, die die goldenen Armreife selbst der niedrigsten Klassen bestaunen, haben Beobachter in Indien immer wieder ihre Verblüffung darüber ausgedrückt, wie wertvolle Metalle in das Land fließen, dort zu allen möglichen Zwecken verwendet und manchmal, im wahrsten Sinn des Wortes, vergraben werden. Und niemals war diese verschwenderische Stagnation offensichtlicher als unter der Regentschaft Schah Dschahans. Als das Mogulreich zu noch größerer Pracht aufzusteigen schien, hatte es seine Blüte schon hinter sich.

Schah Dschahan erlegt einen Löwen (Kamee, Mitte 17. Jahrhundert) ▷

Juwelenhändler mit ihren Waren (Ausschnitt aus der Umrandung eines Gemäldes, Mitte 17. Jahrhundert)

Dazu begannen auch die Feindseligkeiten zwischen den Sekten wieder aufzuflammen, was in einem Land, wo die Mehrheit der Bevölkerung einer Religionsgemeinschaft angehörte, die so lange Zeit von der Minderheit einer anderen Religion regiert worden war, vielleicht unvermeidlich ist. Schah Dschahan war zu zwei Dritteln Hindu – sowohl seine Mutter wie seine Großmutter waren Radschputenprinzessinnen gewesen, so daß von seinen vier Großeltern nur der Freidenker Akbar von Geburt Moslem war –, aber anders als sein Vater und Großvater heiratete er keine Hindufrauen. Seine Mutter, unter dem Namen Manmati oder Dschogat Gosawini bekannt, war 1619 gestorben [16]. So blieb sein Leben als Kaiser frei von hinduistischer Beeinflussung. Und nach dem Tod seiner schiitischen Ehefrau Mumtas Mahal schienen die orthodoxen Sunniten der *Ulama*, denen durch den religiösen Eklektizismus der beiden vorhergehenden Herrscher so viel angetan worden war, endlich einen Kaiser ganz für sich zu haben. Zweifellos hatte sich der Druck der orthodoxen Moslemhierarchie am Hof soweit verstärkt, daß es, kurz gesagt, für Schah Dschahan nun politisch vorteilhaft war, sich auf ihre Seite zu schlagen, aber die bei ihm von Natur aus vorhandene Charakterstrenge läßt vermuten, daß dies auch seiner Neigung entsprach. Ganz gewiß war jedes seiner beiden frühesten durch religiöse Erwägungen motivierten Dekrete auf eine ganz typische Weise selbstverleugnend. Er verbot den durch seinen Vater eingeführten Brauch, daß die Höflinge eine Miniatur des Herrscherporträts an ihrem Turban trugen, und er hob

Folgende Doppelseiten:
Links: Säulen mit Einlegearbeiten aus Halbedelsteinen im Diwan-i-khas *zu Agra*
Rechts: Einlegearbeit aus Halbedelsteinen im Diwan-i-khas *zu Delhi*

Der aus dem 17. Jahrhundert stammende Palast Bir Singh Deos in Ortschha

eine Form der Huldigung auf, die manchmal an Akbars und Dschahangirs Hof geübt worden war und bei der die Stirne wie beim Gebet den Boden berührte, was deshalb nach Anbetung des Herrschers als Gott aussah. Sein Sohn Aurangseb sollte sogar noch weitergehen und aus demselben Grund das morgendliche Auftreten vor dem Volk in der *Dscharoka* abschaffen [24, 26, 65].

1632 unternahm Schah Dschahan einen Schritt, dessen Orthodoxie nun schon aggressivere Züge zeigte: Er befahl die Zerstörung aller neuerbauten Hindutempel im ganzen Reich. Viele wurden ordnungsgemäß zerstört, besonders in Benares, und der Kaiser legte als nächstes einen Bann auf jedes weitere Gebäude; eine lange Traditionskette moslemischer Juristen, wenn auch nicht Mohammed selbst, hatte verfügt, daß es den *Dhimmis*, den Ungläubigen, erlaubt sein sollte, bestehende Andachtsstätten zu behalten, nicht jedoch neue zu bauen [17, 65, 45, 69]. Die späteren Jahre seiner Regierung brachten dann wieder eher weniger Unterdrückung. Schah Dschahan selbst erfreute sich an Hindumusik und -dichtkunst und förderte sie, und tatsächlich wurde seine Regierung so etwas wie ein Goldenes Zeitalter der Hindu-Literatur; einmal tadelte er sogar seinen übereifrigen, orthodox eingestellten Sohn Aurangseb, daß er eine antihinduistische Politik verfolge [126, 65, 130]. Es ist möglich, daß der alternde Kaiser zunehmend von den Ideen seines ältesten und Lieblingssohns Dara Schukoh beeinflußt war, eines Ästheten, der dem religiösen Eklektizismus Akbars und Dschahangirs folgte und eifrig die mystische Philosophie der Hindus studierte. Er übersetzte selbst die Upanischaden ins Persische und gelangte in seinen Glaubensvorstellungen zu einer Art Pantheismus, was natürlich orthodoxe Moslems entsetzte, ja, er stiftete sogar ein Steingeländer für den bedeutenden Hindutempel, der erst kurz zuvor von Bir Singh Deo in Mathura erbaut worden war [69, 124]. Der Befehl von 1632, die Tempel zu zerstören, war also so etwas wie eine Anomalie in Schah Dschahans Regierung. Aber er erwies sich, zusammen mit den Aktivitäten, für die Prinz Aurangseb getadelt werden mußte, als unheilschwangerer Vorgeschmack dessen, was kommen sollte.

Zur Zeit des Befehls zur Zerstörung der Tempel war auch der erste Großangriff auf die Christen erfolgt. Die Portugiesen hatten schon lange zuvor eine Handelsniederlassung in Hooghli, einem Hafen, der etwas nordwestlich des heutigen Kalkutta lag, an einem der vielen Wasserwege, die zusammen die Mündung des Ganges bilden. Doch sie ergänzten ihre Handelstätigkeit durch Piraterie, durch den Verkauf Einheimischer in die Sklaverei oder durch deren gewaltsame Bekehrung zum Christentum, sowie durch Steuern auf vorbeifahrende Schiffe, was dem Mogulhafen Satgaon, der weiter stromaufwärts lag, beachtlichen wirtschaftlichen Schaden zufügte. Zudem erwies sich die portugiesische Heiligenverehrung für den Geist der Jahre kurz nach 1630 als Herausforderung. In dieser Hinsicht war der Protestantismus der Engländer und Holländer ein beträchtlicher Vorteil. Die Portugiesen, so schrieb ein moslemischer Historiker, »hatten Figuren von außerordentlicher Geschmacklosigkeit in Holz, Malerei und Wachs aufgestellt, aber in den Kirchen der Engländer, die auch Christen sind, gibt es keine zur Verehrung aufgestellten Figuren« [26]. Um ihre Sünden noch zu vermehren, hatten sich die Portugiesen von Hooghli Schah Dschahan auf ewig zum Feind gemacht, indem sie sich weigerten, ihm zu helfen, als er während seiner Rebellion gegen seinen Vater in Bengalen war, und indem sie es später unklugerweise unterließen, ihm zur Thronbesteigung ein Geschenk zu übersenden.

Schah Dschahan befahl daher seinem Statthalter in Bengalen, Qasim Khan, diese lästigen Fremden aus der Welt zu schaffen. Qasim Khan errichtete eine Barriere aus Booten über den Fluß, um die Portugiesen, die bedeutend bessere Seeleute waren als die Moguln, daran zu hindern, über das Wasser zu kommen, und machte sich anschließend daran, die Stadt zu belagern. Drei Minen wurden unterhalb der Festungsanlagen angebracht, von denen zwei von den Portugiesen gefunden und entschärft wurden, die dritte aber gelangte unter ein großes Gebäude, ohne entdeckt zu werden. Die Mogularmee massierte sich dann gegenüber der Mine, was die beabsichtigte Wirkung hatte, daß die meisten der Portugiesen sich in dem

Teil der Stadt zusammenzogen, wo die Mine lag, die daraufhin in die Luft gejagt wurde und ungeheuer viele Menschenleben kostete. Nachdem die Portugiesen ein brennendes Floß der Moguln auf die Barrikaden hingelenkt hatten, gelang es vielen von ihnen, über das Wasser zu entkommen. Ungefähr 4000 aber, hauptsächlich Frauen und Kinder, wurden gefangengenommen und mußten einen elf Monate dauernden mühseligen Marsch nach Agra durchmachen, wo die Überlebenden Schah Dschahan vorgeführt wurden, der ihnen die Vorteile der Konversion zum Islam erklärte. Die Mehrzahl hatte zu diesem Zeitpunkt keine Lust mehr zu widersprechen. Die Männer erhielten in Agra Arbeit, und die Frauen und Kinder wurden in verschiedene Harems verteilt. Einige wenige jedoch, die Priester eingeschlossen, erlitten lieber Gefangennahme, Auspeitschungen und Spießrutenlaufen durch den Basar, wo sie mit Schmutz beworfen wurden, als daß sie ihren Glauben verleugneten. Aber wie bei der antihinduistischen Politik derselben Epoche kühlten sich auch hier die Dinge bald ab. Innerhalb von einem oder zwei Jahren standen die Jesuiten von Agra, die selbst kurz nach 1630 verfolgt worden waren, wieder genügend hoch in der Gunst, um ihren gefangenen Glaubensbrüdern aus Hooghli helfen zu können. Und tatsächlich lebte gegen Ende des Jahrzehnts die Christengemeinde von Agra trotz der Zerstörung ihrer Kirche fast wieder unter normalen Umständen [17, 26, 46, 48, 122, 65].
Alle anderen wichtigen Feldzüge während der Regierungszeit Schah Dschahans wurden den königlichen Prinzen anvertraut. 1635 wurde Aurangseb, der dritte Sohn des Kaisers, der erst 16 Jahre alt war, zum Befehlshaber einer Armee ernannt, die Dschudschar Singh, den rebellischen Radscha von Ortschha, unterwerfen sollte. Dschudschar Singhs Vater war Bir Singh Deo gewesen, der Radscha, dem Dschahangir wegen der Ermordung Abul Fasls

Eine Gesellschaft von Mullahs zu Gast bei Schah Dschahan (doppelseitiges Gemälde, ca. 1650)

verpflichtet war, und der dadurch eine besondere Favoritenrolle während Dschahangirs Regentschaft eingenommen hatte. Er war ständig mächtiger und reicher geworden und hatte sich prächtige Paläste in Ortschha und Datia in seinem etwa hundert Meilen südlich von Agra gelegenen Territorium bauen lassen. Bir Singh Deo war einige Monate vor Dschahangir gestorben, und sein mit einem reichen und mächtigen Erbe versehener Sohn, der keine besondere Loyalität gegenüber dem neuen Kaiser empfand, begann, sich ein höchst ungern gesehenes Gehabe von Unabhängigkeit anzumaßen. 1635 schien eine Strafexpedition unvermeidlich, und das Mogulheer bahnte sich unter Aurangseb langsam einen Weg durch das dichtbewaldete Land in Richtung auf Ortschha, einem schönen Palast auf einem von Affen heimgesuchten Vorsprung, der durch eine große Schleife im Fluß Detwa entstanden war (Tafel 42). Dschudschar Singh setzte dem Mogulheer unablässig schwer zu, war aber nicht stark genug, um es aufzuhalten, und er wurde weit in den Süden hinein verfolgt, bis ihn wilde Gond-Stammesleute gegen eine Belohnung ermordeten. Ende 1635 konnte Schah Dschahan in der ersten Eroberung seines frühreifen Sohnes, im Palast von Ortschha, wohnen, in dessen Nähe er den massiven Tempel Bir Singh Deos zerstören und an seiner Stelle eine Moschee errichten ließ [17, 71, 65].

Schah Dschahan traf hart südlich von Ortschha auf Aurangseb, und nun marschierten sie gemeinsam weiter in den Dekkan, zu dessen Vizekönig Aurangseb ernannt wurde. Der Kaiser wollte etwas Ordnung in dieses seit langem unruhige Gebiet bringen, ehe er seinen Sohn mit einer so schwierigen Stellung betraute, und seine Präsenz mit einer Riesenarmee brachte Bidschapur schnell so weit, daß es einen Vertrag unterschrieb, während Golkonda eine symbolische Unterwerfung anbot. Im Juli 1636 marschierte Schah Dschahan wieder nordwärts. Für die nächsten acht Jahre blieb Aurangseb Vizekönig des Dekkan, eine Stellung, die er sehr erfolgreich bekleidete; 1637 stieg er in einen Rang von 1200 *Zat* und 7000 *Sawar*, dann 1639 zu 15000 *Zat* und 9000 *Sawar* auf. Um so mehr überrascht daher, daß er 1644 unehrenhaft aus seiner Stellung entlassen wurde und Rang und Sold verlor [71].

Seine Entlassung erfolgte im Sommer 1644 während eines Besuches bei seiner älteren Schwester Dschahanara, die seit dem Tod ihrer Mutter Mumtas Mahal als Erste Dame fungiert hatte, aber im März 1644 beinahe umgekommen wäre, als ihr schönes Musselingewand an einer Kerze Feuer fing. Zwei ihrer Mädchen hatten sich auf sie geworfen, um das Feuer zu ersticken und waren an den Brandwunden gestorben; Dschahanara selbst schwebte vier Monate lang zwischen Leben und Tod. Während dieser Zeit erschien Schah Dschahan nur ganz kurz beim täglichen Durbar im *Diwan-i-am* und verbrachte die meiste Zeit im Gebet an ihrem Bett. Ihre Brüder kehrten von ihren verschiedenen Posten zurück, um bei ihr zu sein, und in dieser gespannten Atmosphäre wurde Aurangseb entlassen und gedemütigt. Aber bis zum Herbst war sie außer Lebensgefahr. Im späten November fand aus Anlaß ihrer Genesung eine große Feier im Palast statt, und bei der allgemeinen Vergabe von Ehren und Geschenken wurde Aurangseb wieder in seinen alten Rang eingesetzt [71].

Der Grund für Aurangsebs plötzliche Entlassung scheint die bittere Feindschaft zwischen ihm und seinem ältesten Bruder Dara Schukoh gewesen zu sein, ein entscheidender Faktor in den verbleibenden Jahren von Schah Dschahans Regierungszeit, der nun zum erstenmal spürbar hervortrat. Ein solcher Zusammenstoß war wahrscheinlich zwischen den beiden talentiertesten und ehrgeizigsten Prinzen unvermeidlich, er wurde aber durch Schah Dschahans Vorgehen noch verschärft, der anscheinend aus seinen eigenen Erfahrungen während Dschahangirs Regentschaft die falsche geschichtliche Lehre gezogen hatte. Einst selbst ein Lieblingssohn, der sich gegen seinen Vater erhoben hatte, war nun seine Hauptsorge, seinen eigenen Lieblingssohn Dara Schukoh daran zu hindern, sich gegen ihn zu erheben. Und da er wußte, daß sein eigenes Motiv zur Rebellion das Gefühl gewesen war, weit weg vom Hof durch jene bedroht zu sein, die versuchten, seinen Vater gegen ihn zu beeinflussen, sah er die Lösung nun darin, Dara fast ständig an seiner Seite zu halten und ihn in der kultivierten und gesicherten Atmosphäre des Hofes mit Zuneigung, Reichtümern und

Ehren zu verwöhnen [18A]. Der Schluß, den der Kaiser aus seiner eigenen Jugend hätte ziehen sollen, wäre gewesen, daß ein Prinz, der hinausgeschickt wird, um wertvolle Erfahrungen im Kommando und der Kriegsführung zu sammeln (wie das ja auch bei ihm der Fall gewesen war), am besten imstande ist, an der Spitze einer Armee zurückkehren, um die Krone an sich zu reißen. Nicht der mit seinen Büchern in Agra beschäftigte Dara Schukoh, sondern der ungeliebte Aurangseb, der sich im Dekkan auf einem Feldzug befand, hatte die Möglichkeit, sich Schah Dschahans eigenen Erfolg zum Vorbild zu nehmen.

Inzwischen schien alles zu Dara Schukohs Gunsten zu stehen, und anscheinend waren es Aurangsebs Klagen über den Einfluß seines Bruders, die im Sommer 1644 zu seiner Entlassung führten. Nachdem man Aurangseb, als der Scheitelpunkt von Dschahanaras Krankheit überschritten war, in Gnaden wieder aufgenommen hatte, wurde er zu Beginn des Jahres 1645 nach Gudscherat gesandt, um die Regierung zu übernehmen, und seine Fähigkeit, diese unruhige Provinz unter Kontrolle zu bringen, beeindruckte Schah Dschahan so sehr, daß er ihm Ende 1646 die Leitung des Feldzugs im weit entfernten Transoxanien übertrug, wo Murad Bakhsch, der jüngere Bruder, kurz zuvor versagt hatte. Schah Dschahan, leidenschaftlicher Leser der *Babur-nama*, war wie sein ganzes Herrscherhaus von dem fernen und schwer zu erringenden Wunschziel Samarkand geblendet, und so hatten ihn lokale Unruhen in Transoxanien ermutigt, zu hoffen, daß er dort eingreifen und siegen könne, wo Babur einen Fehlschlag erlitten hatte. Das erwies sich jedoch als eitler und kostspieliger Wunschtraum. Im Frühjahr 1646 war der 22jährige Murad Bakhsch mit einem Heer von 50000 Mann bis Badaghschan, zweihundert Meilen nordöstlich von Kabul, vorgestoßen, aber nach einem erfolgreichen Feldzugssommer verlangten sowohl er wie seine Armee danach, in das angenehmere Winterklima Indiens zurückzukehren, ohne ihr Ziel Samarkand erreicht zu haben – ein Jahrhundert vorher hatte Babur eben diesem Problem, nur mit umgekehrten Vorzeichen, gegenübergestanden, als seine Gefolgsleute sich aus dem indischen Sommer nach Kabul zurückziehen wollten. Als Schah Dschahan seinem Sohn befahl, in Badaghschan zu bleiben, verließ Murad sein Heer und begab sich allein zurück nach Lahore. Dies war der Zeitpunkt, da Schah Dschahan Murad seinen Rang aberkannte, ihm den Zutritt zum Hof verbot und Aurangseb dazu berief, den Befehl über die verlassene Armee zu übernehmen. Dieser traf im Frühjahr 1647 dort ein. Ein weiterer Sommer noch mühsamerer Feldzüge folgte, in denen das Mogulheer keine dauerhaften Erfolge gegen die Guerillataktik der Usbeken erringen konnte, aber in diesem Sommer geschah es auch, daß Aurangseb den denkwürdigsten Beitrag zu seinem späteren Ruf von Frömmigkeit und Mut leistete: Die Stunde des Abendgebets fiel gerade mitten in eine wütende Schlacht, da breitete der Prinz ruhig seinen Teppich aus und kniete unbewaffnet mitten im Kampfgetümmel zum Beten nieder. Im Herbst führte er, fast zu spät, sein Heer unter dem Verlust einer großen Zahl von Männern und Tieren über die verschneiten Pässe des Hindukusch nach Kabul. Der zweijährige Feldzug hatte den Mogulschatz ein Vermögen gekostet und fast nichts eingebracht. Es war der letzte und teuerste Tribut an den Zauber Samarkands und der erste der schweren Rückschläge Schah Dschahans als Kaiser [17, 18, 71, 65].

Eine weitere Serie von Unglücken folgte bald in Zusammenhang mit dem ewigen Problem Kandahar an der Westgrenze. Von Schah Abbas war Kandahar 1623 erobert worden, als Dschahangirs Aufmerksamkeit gerade durch Schah Dschahans Rebellion abgelenkt wurde, aber 1638 hatte der persische Statthalter aus persönlichen Gründen geheime Verhandlungen mit den Moguln aufgenommen und ihnen die Festung wieder übergeben. Nun, im Februar 1649, wiederholte Schah Abbas II. den Triumph seines Urgroßvaters, der 26 Jahre zurücklag, indem er Kandahar erfolgreich belagerte und wiedereroberte. Aurangseb wurde aus Multan, wo er jetzt Statthalter war, herbeigerufen, um ein großes Heer zu führen und die Festung wiedereinzunehmen, doch schickte man ihn ohne genügende Ausrüstung für eine Belagerung vor, und so konnte er gegen die überlegene Artillerie der Perser keine Fortschritte erzielen. Die Perser waren in der Schießkunst den Moguln immer noch voraus, da

Schah Dschahan überreicht Dara Schukoh einen Edelstein als Geschenk (ca. 1650)

sie von ihren türkischen Nachbarn im Westen regelmäßig nützliche Lektionen erteilt bekamen. Aurangseb mußte am Ende des Jahres den Rückzug antreten, ohne etwas erreicht zu haben. Kandahar aber, inzwischen ein traditioneller Zankapfel zwischen den beiden rivalisierenden Reichen, war jetzt zu einer Prestigefrage geworden, und Schah Dschahan machte sich sofort daran, für die Rückeroberung eine tauglichere Streitmacht aufzustellen. Diese neue Armee stand erst im Jahr 1652 bereit – das Gießen großer Kanonen, das Einlagern von Nachschub, das Sichern der Kommunikationslinie zurück nach Kabul und andere Vorbereitungen solcher Art hatten soviel Zeit in Anspruch genommen. Wieder wurde Aurangseb als Befehlshaber eingesetzt, aber diesmal stand seine Macht mehr auf dem Papier. Ein System von Läufern, die Botschaften innerhalb von vier Tagen nach Kabul und zurück brachten, wo Schah Dschahan sie erwartete, ließ keinen Zweifel daran, daß der Kaiser selbst alle wichtigen Entscheidungen treffen würde. Und wieder erwies sich die Belagerung als vollkommener Fehlschlag. Die Moguln besaßen nun ihre großen Kanonen, konnten sie aber nicht wirkungsvoll einsetzen; sie waren nicht gut genug hergestellt, um längeren Gebrauch ohne Risse zu überstehen, und einige explodierten sogar, nachdem unerfahrene Kanoniere sie mit zu starker Ladung versehen hatten.

Zu Ende des Sommers war Aurangseb sehr zur Freude von Daras Anhängern erneut in Ungnade gefallen, und er wurde nun wieder ganz in den Dekkan zurückgeschickt. Im darauffolgenden Jahr sollte ihm aber Genugtuung zuteil werden. Dara hatte damit geprahlt, daß er Kandahar in einer Woche einnehmen könne. 1653 machte er sich auf zu einem seiner seltenen Auftritte auf dem Schlachtfeld und setzte sich mit einer noch größeren und besser ausgerüsteten Streitmacht in Marsch; dabei profitierte er zusätzlich davon, daß er über angeheuerte Kanoniere aus Europa verfügte. Trotz dieser Vorteile versagte er ebenso kläglich. Die Moguln sollten Kandahar nie mehr besetzen, und ihr dreimaliges Scheitern in einem Unternehmen, für das sie soviel eingesetzt hatten, war ein schwerer Schlag für ihr militärisches Prestige. Von nun an fürchteten sie ständig eine Invasion durch Persien. Diese ließ noch 80 Jahre auf sich warten, aber sie bedeutete eine ständige Bedrohung [17, 18, 71, 65].

Aurangseb traf zu Beginn des Jahres 1653 wieder im Dekkan ein, und als er hier zum zweitenmal als Vizekönig amtierte, bewies er seine großen Fähigkeiten in der Regierung wie in der Kriegsführung wirkungsvoller als je zuvor. Aber es war zugleich, ohne daß er etwas dazu tat, eine Zeit wachsender Entfremdung zwischen ihm und seinem Vater oder, genauer gesagt, zwischen ihm und dem Bruder an der Seite seines Vaters. Ein fast unablässiger Strom von Maßregelungen kam von Delhi nach Süden; die Bitten des Prinzen um mehr Geld zur Verwaltung von Provinzen, die durch jahrzehntelange Kriegsführung verarmt waren, wurden als persönliche Habgier ausgelegt, seine Empfehlungen wiederholt nicht beachtet oder seine Anordnungen widerrufen; er wurde beschuldigt, Gegenstände, die als Tribut an das Reich hätten angesehen werden müssen, sich selbst als Geschenke angeeignet und sogar die besten Mangofrüchte von Schah Dschahans Lieblingsbaum im Dekkan zurückbehalten zu haben, bevor er die Ernte zum kaiserlichen Tisch entsandte; er und seine Familie sahen sich bei der regelmäßigen Vergabe reichlicher Geschenke auffallend vernachlässigt; seine angebliche Unfähigkeit wurde bei Hof offen diskutiert und einmal sein Bruder Schah Schudscha gefragt, ob er das Vizekönigtum, in dem Aurangseb, wie es hieß, versagt habe, übernehmen würde. Daß die Kluft sich vergrößerte, zeigte auch die Tatsache, daß der Prinz während seiner früheren achtjährigen Verbannung viermal nach Norden zu Besuch an den Hof seines Vaters eingeladen worden war, aber nicht einmal in diesen fünf Jahren zwischen 1653 und 1658. Kränkender als all das war aber, daß die beiden Hauptfeldzüge Aurangsebs in den Dekkan gegen die ungeheuer reichen Königtümer Golkonda und Bidschapur auf Befehl Schah Dschahans nach unmittelbarer Intervention Dara Schukohs und seiner Partei abgebrochen wurden, und zwar jedesmal gerade in dem Augenblick, da ein erfolgreicher Abschluß nahezu sicher schien [71, 69].

Als Vorwand für Aurangsebs Invasion in Golkonda hatte der interessante Fall eines per-

sischen Abenteurers und Sohn eines Ölkaufmanns, Mir Dschumla, gedient, der wie viele seiner Landsleute in die Königreiche der Schiiten im Dekkan gekommen war, um sein Glück zu machen. Er häufte als Edelsteinkaufmann rasch ein beträchtliches Vermögen an, und seine große Fähigkeiten in der Verwaltung führten dazu, daß er Erster Minister bei Abdullah Qutb Schah, dem König von Golkonda, wurde, in dessen Diensten er den Karnatik eroberte, eine durch ihre berühmten Edelsteinminen ungewöhnlich begehrte Gegend. Als Kaufmann, der zum Eroberer geworden war, sorgte Mir Dschumla, was kaum verwunderlich ist, dafür, daß sein persönlicher Reichtum und seine Macht mit seinem Ansehen Schritt hielten, und der schwache Abdullah versuchte zu spät, ihn zu zügeln. Mir Dschumlas Antwort war, daß er seine Dienste und Besitzungen, zu denen er nun den Karnatik zählte, den Moguln anbot. Abdullah rächte sich, indem er Mir Dschumlas Sohn einsperrte, woraufhin Aurangseb, nachdem Schah Dschahan eilig zugestimmt hatte, Mir Dschumla und dessen Sohn mit dem Kommando über 5000 beziehungsweise 2000 Mogultruppen zu betrauen, im Januar 1656 den Feldzug begann, um einem der Seinen bezustehen [71].
Aurangseb schickte seinen eigenen Sohn Mohammed Sultan mit einer Einheit leichter Kavallerie voraus, und als diese näherkam, zog sich Abdullah aus seiner reichen neuen Stadt Haiderabad in das alte und nahezu uneinnehmbare Fort Golkonda zurück, das fünf Meilen weiter westlich gelegen ist. Als Folge konnte Mohammed Sultan, fast ohne auf Widerstand zu stoßen, die in der Stadt lagernden riesigen Schätze sicherstellen. Im Februar traf Aurangseb mit der Hauptarmee ein und schickte sich an, Golkonda zu belagern. Er hatte jetzt nur noch eines im Sinn, die volle Kapitulation dieses wohlhabenden Königreichs, aber in der Zwischenzeit war Dara Schukoh von Abdullahs Beauftragten in Delhi bestochen worden, sich für ihn beim Kaiser zu verwenden. Die Bestechung als solche mag Dara Schukohs eigener Neigung nur zu sehr entgegengekommen sein, da ein bedeutender militärischer Erfolg Aurangsebs höchst unwillkommen gewesen wäre, und so überredete er nun Schah Dschahan, Golkondas Angebot, für den Frieden eine hohe Abstandsumme zu zahlen, anzunehmen. Aurangseb erhielt den Befehl zum Rückzug, verbunden mit einer öffentlichen Maßregelung für die zugegebenermaßen ziemlich lässige Art, mit der er verschiedene frühere Befehle Schah Dschahans verzögert oder unter den Tisch hatte fallenlassen. Bis zum 17. Mai waren Aurangseb und der nun mit der Tochter des Königs von Golkonda verheiratete Mohammed Sultan wieder in Aurangabad, der Stadt, die Aurangseb als Vizekönig als seine Hauptstadt im Dekkan gegründet hatte [71].
Mir Dschumla war in der Zwischenzeit unterwegs nach Delhi, und sein Ansehen war so groß, daß er fast unmittelbar nach seiner Ankunft im Juli 1656 zum Ersten Minister des Mogulreichs ernannt wurde. Es hieß, daß Schah Dschahan wollte, daß dieser berühmte General für ihn auszöge, um noch einmal zu versuchen, Kandahar zurückzuerobern, das sich mittlerweile des fast symbolischen Ranges von Samarkand erfreuen konnte, daß aber der unerhörte Reichtum der von Mir Dschumla präsentierten Juwelen aus dem Dekkan dem Kaiser Appetit auf weitere Abenteuer im Süden machte – ein Vorgehen, das Mir Dschumla und Aurangseb, inzwischen bereits feste Verbündete, gemeinsam empfahlen [49, 48].
Eine Gelegenheit dazu bot sich im November desselben Jahres durch den Tod Mohammed Ali Schahs, des Königs von Bidschapur, zu dem Schah Dschahan seit dem Vertrag von 1636 freundschaftliche Beziehungen unterhielt. Die Krönung eines Erben, der noch ein Kind und einigen Gerüchten zufolge nicht einmal der Sohn seines Vaters war, schuf die sprichwörtlichen trüben Gewässer, in denen gewöhnlich die Nachbarn fischen. Mir Dschumla marschierte nach Süden, um sich Aurangseb anzuschließen, und sie rückten am 18. Januar 1657 gemeinsam von Aurangabad ab. Bidschapur war ein weit stärkeres Königreich als Golkonda, aber trotzdem kam man stetig gut voran. Im März wurde die mächtige Festung Bidar nach einer Belagerung eingenommen. Ende Juli fiel Kaliani. Doch dann wiederholte sich die Geschichte von Golkonda. Gesandte aus Bidschapur hatten mit Dara in Delhi Kontakt aufgenommen und wieder war er schnell überredet, Schah Dschahan zu bedrängen, vorzei-

Die Festung Golkonda

tig Frieden zu machen. Bald erhielten Aurangseb und Mir Dschumla Befehle, noch einmal eine von Bidschapur angebotene erkleckliche Abfindung anzunehmen und sich zurückzuziehen. Es läßt sich schwer sagen, wie lange Aurangseb es noch toleriert hätte, daß seine Unternehmungen ständig vereitelt wurden, aber nun befiel das Reich ein neues Unglück, wodurch sich die Lage ganz plötzlich zuspitzte [18 A, 71].

Im September erkrankte Schah Dschahan ernstlich an einer Harnverhaltung, die drei Tage dauerte und ihn, so fürchtete man, an den Rand des Grabes brachte. Nach dem Klatsch der Leute hatte man ihm schon immer ein sehr aktives Sexualleben zugetraut, und so tauchte sofort das Gerücht auf, die Ursache sei ein überstarkes Aphrodisiakum gewesen, das seine nachlassenden Kräfte hätte wiederbeleben sollen [49, 48]. Daß er nicht wie täglich in der Öffentlichkeit erscheinen konnte, führte – wie immer bei solchen Gelegenheiten – zu der Annahme, er sei tot; und Dara verschärfte die Situation dadurch, daß er jede Nachricht abwürgte und sogar verhinderte, daß Briefe an seine drei Brüder in ihren verschiedenen Kommandos in der Provinz gesandt wurden. Die Prinzen, die durch ihre eigenen Beauftragten lediglich die Tatsache erfuhren, daß ihr Vater krank sei, aber keine offizielle Information aus dem Zentrum erhielten, nahmen natürlich an, der entscheidende Augenblick sei gekommen, und daß Dara, wie es einer der Geschichtsschreiber Aurangsebs später formulierte, »sich bemühte, mit der Schere der Habgier die Gewänder der kaiserlichen Würde in eine Form zurechtzuschneiden, die seiner unwürdigen Person paßte« [22]. Tatsächlich jedoch ging es Schah Dschahan schon wieder besser; er hatte allerdings Dara die Regierungsgewalt übergeben, indem er ihn in den noch nie vorher dagewesenen Rang von 60000 erhob. Schah Dschahan zog sich nun nach Agra zurück – entweder weil er immer noch dachte, er sei dem Sterben nahe oder weil er über die günstige Gelegenheit froh war, seinen Lieblingssohn mit der Macht zu betrauen [23, 69, 71].

Jeder der drei jüngeren Brüder Daras begann nun mit fieberhaften Vorbereitungen für den Marsch auf Delhi und den Kampf um den Thron. Schah Schudscha, der Statthalter von Bengalen war, ließ sich sofort als Kaiser ausrufen. Nachdem er Münzen hatte prägen und die Chutba in dem stolzen, neuen, für sich gewählten Namen, nämlich Abul Faus Nasiruddin Mohammed, Timur III., Alexander II., Schah Schudscha Bahadur Ghasi, hatte lesen lassen, marschierte er westwärts, um sich als zweiter Alexander und dritter Tamerlan zu beweisen [71]. Murad Bakhsch, jetzt Gouverneur von Gudscherat, ließ den Finanzminister ermorden, den Schah Dschahan zur Aufsicht über seine Regierungsgeschäfte eingesetzt hatte, und plünderte die Stadt Surat, um sich die Geldmittel für eine größere Armee zu verschaffen. Dann ließ auch er sich als Kaiser ausrufen. Aurangseb, der bezeichnenderweise gewitzter war, ließ nach außen keinerlei Anzeichen der Rebellion durchblicken, war jedoch eifrig damit beschäftigt, die sehr nützliche Abfindung einzuziehen, die Bidschapur kurz vorher zugesagt hatte. Aber Dara wußte, daß von ihm die größte Gefahr drohte, und sein erster Schritt, ihn an die Kandare zu legen, war der Befehl an Mir Dschumla, mit seinem Heer nach Delhi zurückzukehren. Er hoffte, so die beiden Verbündeten aus den Feldzügen im Dekkan auseinanderzubringen und sich selbst im Zentrum mit einiger Unterstützung zu versehen, die er sehr notwendig brauchte, sowie mit einem genialen General. Mir Dschumlas Situation war schwierig; daß sich seine Familie in Delhi aufhielt, machte offene Illoyalität gefährlich, aber Aurangseb befreite ihn aus dem Dilemma, indem er ihn aufgrund irgendeiner gezielt falschen Beschuldigung mit seinem stillschweigenden Einverständnis verhaftete und dann seine Bewegungsfreiheit auf die Festung von Daulatabad bis zu einem Zeitpunkt beschränkte, an dem sie offener zusammenarbeiten konnten. In der Zwischenzeit war er in der Lage, Mir Dschumlas Heer für seine eigenen Zwecke zu verwenden, und er stand auch mit Murad in Verbindung, den er leicht davon überzeugen konnte, daß sie ihre Streitkräfte am besten zusammenlegten. Tatsächlich gibt es Anhaltspunkte dafür, daß schon 1652 ein geheimer Pakt zwischen den drei jüngeren Brüdern existierte, sich gegen Dara zu verbünden, wenn sich eine Möglichkeit dazu ergab [26, 49, 48, 19, 71, 69].

Man nahm später an, daß Aurangseb Murad versicherte, seine eigenen Ambitionen seien nur auf eine Eremitenklause gerichtet, er könne aber als frommer Mohammedaner den Freidenker Dara nicht als Kaiser tolerieren und wolle deshalb seinem Bruder zum Thron verhelfen, ehe er sich zu einem der Kontemplation geweihten Leben zurückziehe. Und es hieß, daß sie in ihren privaten Unterhaltungen als *Hasrat-dschi* (Eure Heiligkeit) und *Padischah-dschi* (Eure Hoheit) voneinander sprachen [48, 71]. Diese Geschichte ist vermutlich kaum mehr als ein späterer Tribut an die Gerissenheit und Verstellungskunst, mit der Aurangseb seinen Feldzug führte. Es mag Aurangseb dies als sein Bild in der Öffentlichkeit in dieser gefährlichen Zeit wohl gut gefallen haben, aber bestimmt hätte Murad einer solchen Scharade niemals Glauben geschenkt. Zwischen ihm und Aurangseb gab es eine schriftliche Übereinkunft, auf Grund deren Murad Afghanistan, Kaschmir, das Pandschab und Sind, Aurangseb dagegen den Rest des Reichs und – da sein Anteil Delhi und Agra einschloß – vermutlich den Kaisertitel haben sollte. Jedenfalls wurde die Beute, die sie nach ihrem ersten gemeinsamen Sieg forttrugen, im Verhältnis von zwei Dritteln für Aurangseb und einem Drittel für Murad geteilt – in jedem Fall kaum eine angemessene Aufteilung zwischen einem heiligen Mann und »Seiner Hoheit« [19, 71, 69].

Da Schah Schudscha als erster marschiert war, wurde ihm das Gros der Armee unter Daras Sohn Suleiman Schukoh zusammen mit dem Radschputengeneral Dschai Singh von Amber entgegengeschickt. Sie trafen im Februar 1658 in Bahadurpur in der Nähe von Benares auf Schudscha und schlugen ihn, worauf er den Ganges hinunter zurück nach Monghyr floh. Inzwischen war ein anderes, ebenfalls von einem Radschputen, Dschaswant Singh von Marwar, geführtes Heer nach Süden marschiert, um Aurangseb und Murad daran zu hin-

Eine Dame in einem Palast malt ein Porträt ihres Liebhabers (Illustration zu einer Raga, *einer musikalischen Tonart, 18. Jhdt.)*

dern, ihre Streitkräfte zusammenzulegen. Dies war aber nicht gelungen und das Heer am 15. April 1658 bei Dharmat von Aurangseb geschlagen worden, der die vereinte Armee befehligte. Während dieser Abenteuer hatten alle drei rebellierenden Prinzen Briefe an ihren Vater gesandt, um ihm zu versichern, daß ihr einziges Interesse darauf gerichtet sei, ihn pflichtgemäß am Krankenbett zu besuchen, und daß sie sich nur deshalb mit ihren Heeren näherten, weil sie fürchteten, daß Dara feindlich gesinnt sei. Schah Dschahan, der nun vollständig genesen war und den vielleicht seine eigenen schmerzlichen Erinnerungen an drei Jahre Familienkrieg verfolgten, wollte sich mit den Prinzen treffen und die Angelegenheit in Beratungen lösen. Dara aber war nach der Niederlage von Dharmat entschlossen, auszuziehen und seine Krone auf dem Schlachtfeld zu erringen [26, 71, 69].

Niccolo Manucci, ein italienischer Kanonier und Freizeitdoktor in Daras Diensten, hat einen Augenzeugenbericht vom Auszug der prächtigen Armee des Kronprinzen aus Agra am 18. Mai 1658 hinterlassen. Dichte Reihen von Elefanten bevölkerten, gemeinsam mit Schwadronen der Kavallerie, deren Lanzenspitzen in geordneten Reihen in der Sonne glänzten, das Feld, und im Mittelpunkt strahlte Daras Erscheinung auf seinem hochgewachsenen Elefanten. Aber Manucci schränkt selbst ein, daß die Mehrzahl der Soldaten in dieser Riesenarmee »nicht sehr kriegerisch war; es waren Metzger, Barbiere, Schmiede, Zimmerer, Schneider und dergleichen« [49]. Das Problem lag darin, daß der beste Teil der Armee mit Suleiman Schukoh im Osten stand. Dara plante, von Agra südlich nach Dholpur zu marschieren und dort jede Furt über den Tschambal besetzt zu halten, um Aurangseb und Murad an der Überquerung zu hindern, bis Suleiman Schukoh mit dem besser ausgebildeten Heer eingetroffen war [71].

Aber Aurangseb hatte keine Lust zu warten. Nach einer schnellen und mühseligen Reise etwa 40 Meilen flußabwärts erreichte er in Bhadaur eine wenig bekannte Furt, die noch unbewacht war, und konnte so auf Daras Uferseite in Stellung gehen. Dara entschied sich, teils von astrologischen Gründen bestimmt, teils aus Großtuerei, dafür, keine schnelle Abteilung unter einem seiner Befehlshaber zum Angriff gegen Aurangsebs Streitkräfte zu entsenden, während sie noch erschöpft waren, sondern zog sich in Richtung auf Agra zurück, um zu vermeiden, daß durch Aurangsebs fortgesetzten Marsch nach Norden seine Flanke umgangen wurde. Am 29. Mai trafen die beiden Armeen in der sandigen Ebene von Samugarh, acht Meilen östlich von Agra, aufeinander. Die Sonne brannte so heiß, daß die Haut durch die Rüstung Blasen bekam, und die Schlacht war so erbittert, daß Murad einmal völlig eingekreist war und ihm mehrere Pfeilwunden beigebracht wurden; das *Howdah,* von dem aus er kämpfte, war angeblich so dicht mit Pfeilen bestückt, daß es aussah wie ein Stachelschwein, und es wurde einige Generationen lang als eine ehrwürdige Kuriosität im Fort von Delhi aufbewahrt. Aber die Unerfahrenheit Daras und seiner Streitkräfte machte eine Niederlage unabwendbar, und Dara selbst scheint von Panik ergriffen worden zu sein, als sich der Lauf der Dinge gegen ihn zu wenden begann [26, 49, 71, 69].

Er floh die acht Meilen nach Agra zurück, das er im Zustand äußerster Erschöpfung ungefähr um neun Uhr abends erreichte. Zu beschämt, seinen Vater aufzusuchen, obwohl er eine freundliche Botschaft mit der Bitte darum erhalten hatte, blieb er bis etwa drei Uhr morgens in seinem Haus eingeschlossen. Dann war er soweit, daß er mit seiner Frau, seinen Kindern und Enkeln sowie einigen ausgewählten Sklavinnen auf Elefanten und mit einem kleinen Gefolge von engen Vertrauten auf Pferden die Stadt verließ. Schah Dschahan schickte mit Goldmünzen beladene Maultiere, die ihn begleiten sollten, und gab dem Gouverneur von Delhi den Befehl, seinem flüchtigen Sohn die Schatzkammer zu öffnen. Noch bevor der Morgen graute, waren sie lange unterwegs, und ihre Eile war durchaus gerechtfertigt. Manucci, der am nächsten Tag aus Agra herausgaloppierte, um sich Dara auf der Straße nach Delhi anzuschließen, sah seinen Weg bereits durch Schwadronen von Aurangsebs Truppen blockiert und mußte umkehren [26, 48, 49, 71].

Die siegreiche Armee traf zum Schrecken der Bewohner am 1. Juni vor der unbefestigten

Innenansicht der von Aurangseb in der Festung von Delhi erbauten Perl-Moschee

Stadt Agra ein. Schah Dschahan entsandte aus der sicheren Position in der Festung eine Abordnung, die Aurangseb in aller Freundschaft einladen sollte, ihn zu besuchen. Zudem beschenkte er seinen Sohn mit einem berühmten Schwert, das *Alamgir* hieß, was soviel wie »Eroberer des Universums« bedeutet (eine Stufe besser als *Dschahangir*, »Eroberer der Welt«), ein Name, der von Aurangseb später als offizieller Titel angenommen wurde, nachdem er Kaiser geworden war. Aurangseb schickte seinen Sohn Mohammed Sultan mit der Antwort zu Schah Dschahan, daß er ihn nur besuchen würde, wenn er die Festung an seine, Aurangsebs, Offiziere übergebe. Natürlich weigerte sich Schah Dschahan, und Aurangseb, der den Vorwand, daß er lediglich gekommen sei, um am Bett seines Vaters zu sein, ganz offen fallenließ, ging daran, den alten Kaiser zu belagern. Von nun an diente das Argument, Schah Dschahan sei von Dara entthront worden, um den Hinduismus zu verbreiten und die wahre Religion zu unterdrücken, und er, Aurangseb, habe es daher als frommer Moslem als seine Pflicht empfunden, das Königreich und den wahren Glauben zu schützen, ihm zur Selbstrechtfertigung; sollte Schah Dschahan nicht mit ihm zusammenarbeiten, müsse er die Konsequenzen tragen. Aurangseb brachte eine Kanone auf der Terrasse der Freitagsmoschee in Stellung und eine weitere in Daras Haus, aber die Wirkung, die sie bei Akbars prachtvoller Mauer aus rotem Sandstein erzielte, war gering. Dann schlug aber einer von Aurangsebs Ratgebern das bedeutend einfachere Mittel vor, das Tor zur Dschamna, durch das das gesamte für die Festung benötigte Wasser getragen wurde, zu besetzen. Aus den Brunnenschächten, die jahrelang nicht benützt worden waren, kam nur bitteres Wasser, und Schah Dschahan konnte es nur drei Tage lang ertragen, bis er kapitulierte. Die Tore wurden Aurangsebs Offizieren aufgetan, die sofort Besitz ergriffen vom Schatz und den Kriegsausrüstungen, die drei erfolgreiche Generationen angesammelt hatten [26, 48, 71, 69].

Schah Dschahan wurde in seine Marmorgemächer im Harem gesperrt; sein Enkel Mohammed Sultan war sein Bewacher und sein einziger Kontakt zur Außenwelt. Drei Tage später gab Aurangseb einer erneuten Bereitschaft, seinen Vater zu besuchen, Ausdruck, und er war tatsächlich schon auf einem Elefanten in einer triumphalen Prozession in Richtung auf das Fort unterwegs, als ihn ein Gerücht erreichte, daß Schah Dschahans Tatarensklavinnen, die noch beim Kaiser im Harem waren, ihn ermorden wollten, wenn er sich seinem Vater näherte. Aurangseb schien zu zögern, angesichts einer solchen Weiberdrohung zurückzustecken, aber fast im selben Augenblick erhielt er einen handfesteren Beweis der Haltung seines Vaters. Man zeigte ihm einen Brief Schah Dschahans an Dara, der abgefangen worden war und in dem der Kaiser seinem ältesten Sohn weiterhin Unterstützung versprach. Aurangseb ließ seinen Elefanten umdrehen und ritt in sein Quartier in Daras Haus zurück, wo er mit seinen Vorbereitungen zur Verfolgung des älteren Bruders fortfuhr [71].

Aurangseb zog am 13. Juni nordwärts, auf Delhi zu. Seiner Armee folgte zögernd, wie es schien, und in einigem Abstand, die Murads. Nachdem bereits so viel erreicht war, wurde der unvermeidliche Machtkampf zwischen den beiden Prinzen allmählich spürbar. Murads Eifersucht war sicher während der Tage in Agra gewachsen, wo Aurangseb eine so aktive Rolle gespielt hatte, während er immer noch an seinen Wunden von Samugarh litt und untätig zuschauen mußte. Andererseits wuchs wiederum Murads Heer schneller als das Aurangsebs, da die Bezahlung besser und die Disziplin weniger straff war. Die Prinzen wurden einander immer überdrüssiger. Es hielt sich das Gerücht, Murad sei gedrängt worden, Aurangseb in sein Zelt einzuladen und ihn dort zu überwältigen, am Ende aber war es Murad, der zuerst eingelullt wurde und am 25. Juni in Mathura die Gastfreundschaft seines Bruders akzeptierte [48, 49, 69]. Es war ein geselliger Abend in Aurangsebs Zelt. Aurangseb war ein zu gläubiger Mohammedaner, um Alkohol anzurühren, Murad aber trank, wie beabsichtigt, viel zu viel. Er wurde schläfrig und nahm Aurangsebs Vorschlag, er solle sich ausruhen, an. Eine junge Sklavin wurde zu ihm geschickt, ihn zu »schampunieren« (das Originalwort in Hindu bedeutet »massieren«), und von ihren Händen zärtlich

Schah Dschahan kurz vor dem Ende seiner Regierungszeit (ca. 1650)

Blick auf das Tadsch Mahal von den Privatgemächern der Festung von Agra aus

beruhigt, schlief er, von seinem eigenen Eunuchen Schahbas, der in voller Bewaffnung im Zelt Wache hielt, sicher behütet, ein. Aber Schahbas wurde durch einen Trick aus dem Zelt gelockt und lautlos erdrosselt. Als Murad erwachte, fand er sich seiner Waffen beraubt und umstellt. In derselben Nacht verließen vier Elefanten, von denen jeder genau das gleiche geschlossene *Howdah* trug, das Lager – in eine der vier Himmelsrichtungen, um jeglichen Versuch einer Verfolgung und Rettung zu erschweren. Der eine, der nach Norden unterwegs war, trug Murad in sein Gefängnis im Fort von Salimgarh auf einer Insel in der Dschamna bei Delhi. Nachdem Aurangseb dies erledigt hatte, ließ er sich – klug abgewartete acht Monate später als seine ungestümen Brüder – zum Kaiser ausrufen [26, 48, 49, 71, 69].

Für Aurangseb war typisch, daß er selbst dann, als er sich schließlich zum Kaiser ausrufen ließ, keine Zeit auf die für die meisten Herrscher so attraktiven konventionellen Machtsymbole wie das Prägen von Münzen und die Lesung der *Chutba* in seinem Namen verschwendete. Statt dessen eilte er nach einer kurzen Zeremonie, die am 21. Juli 1658 zu einer von den Astrologen als äußerst günstig bezeichneten Stunde stattfand, weiter, um seinen älteren Bruder zu verfolgen [26].

Da Schah Schudscha im Osten und Dara Schukoh im Westen neue Streitkräfte sammelten, mußte der neue Kaiser die nächsten Monate hin- und herpendelnd verbringen, um zu bewahren, was er erobert hatte. Von den beiden Brüdern erwies sich Dara als die unmittelbarere Bedrohung. Aus den kaiserlichen Schatzkammern in Delhi waren ihm ungeheure Reichtümer in die Hände gefallen, doch hatte er, als er sich mit Aurangsebs schnellem Vorstoß von Agra aus konfrontiert sah, den Rückzug aus der Stadt angetreten, noch ehe er seinen Reichtum dazu benutzen konnte, ein schlagkräftiges Heer aufzustellen. Genau dasselbe sollte sich in Lahore wiederholen. Hier fand er zusammen mit den Waffen, die Schah Dschahan für einen neuerlichen Versuch, Kandahar zu erobern, zusammengetragen hatte, noch mehr Schätze, aber er war noch kaum einen Monat in der Stadt, als Aurangseb sich schon wieder gefährlich näherte, und Dara entschloß sich zur Flucht. Mit all seinen Reichtümern und Waffen brach er flußabwärts in Richtung Sind auf. Bewußt oder unbewußt folgte er genau der Route, die Humajun eingeschlagen hatte, als er seinerzeit unter ganz ähnlichen Umständen vor dem neuernannten Scher Schah floh. Daras Reise war mindestens ebenso mühsam wie die seines Urgroßvaters, und ihr Ausgang noch viel schlimmer. Zu diesem Zeitpunkt verfügte er über ein großes, wenn auch nicht sonderlich erfahrenes Heer, und es wurde weithin erwartet, daß er sich in der Gegend um Multan seinem Bruder entgegenstellen würde.

Aber Aurangseb war ein Meister hinterlistiger Diplomatie; echte Briefe wurden in das Lager geschmuggelt, um die Illoyalen unter Daras Generalen zu verführen, während falsche Briefe geschickt Dara in die Hände gespielt wurden, um Zweifel an den Loyalen aufkommen zu lassen. Die sich daraus ergebende Atmosphäre der Unsicherheit ließ zusammen mit Daras anscheinendem Widerstreben, jemals dem Veteranenheer seines Bruders entgegenzutreten, die Desertionen lawinenartig zunehmen, und so setzte er seine Flucht mit einem stets kleiner werdenden Trupp weiter nach Süden fort. Wie einst Scher Schah, nachdem er Humajun so weit in die Wüste gejagt hatte, kehrte nun auch Aurangseb um, um sich den Angelegenheiten im Zentrum zu widmen, und überließ seinen Generalen die Verfolgung des Prinzen [26, 71].

Es war nun gegen Ende September, und Schah Schudscha befand sich wieder auf dem Vormarsch, den Ganges hinauf, von Bengalen in Richtung Agra, um, wie er vorgab, seinen Vater zu retten, was jetzt bedeutend einleuchtender war als damals, da Aurangseb sich dieses Vorwands bedient hatte [71]. Aurangseb berief Mir Dschumla aus seiner Scheingefangenschaft zu sich, und zu Beginn des Januars 1659 vereinigten sich die beiden alten Alliierten der Feldzüge im Dekkan wieder westlich von Benares, wenige Tage vor der Konfrontation mit Schah Schudscha bei Khadschwah. Anders als in den früheren Schlachten Aurangsebs in diesem Erbfolgekrieg standen diesmal die Aussichten sehr zu seinen Gunsten, und doch errang er nur einen äußerst knappen Sieg. Zum Teil lag das an der unsicheren Untertanentreue Dschaswant Singhs, des Radschas von Marwar, dessen Fähigkeit, sein Mäntelchen nach dem Wind zu drehen, zu einem immer wichtiger werdenden Faktor in den Ereignissen dieses Zeitraums wurde. Ihn hatte Aurangseb bei Dharmat besiegt, als Dschaswant Singh für Dara kämpfte, und es hieß, seine Flucht von diesem Schlachtfeld in Radschasthan würde als eine solche Schmach für sein Haus angesehen, daß seine Frau, eine Prinzessin aus Udaipur, ihm das Bett verweigerte, bis er seinen guten Namen zurückgewonnen hätte [67]. Seine folgenden Unternehmungen dürften ihre Gunst nicht wiederhergestellt haben. Als er nun für Aurangseb kämpfte und das Kommando auf dem rechten Flügel innehatte, sandte

Aurangseb beim Gebet (ca. 1660)

er eine Botschaft an Schah Schudscha, daß er in der Nacht vor der Schlacht die kaiserliche Armee von hinten angreifen werde, und Schah Schudscha solle, wenn er im feindlichen Lager Tumult höre, zur gleichen Zeit von vorn angreifen. Aber gerade Aurangsebs Ruf, ein Meister der Verschlagenheit zu sein, rettete ihn. Schah Schudscha nahm an, daß Dschaswant Singhs Brief Teil einer von Aurangseb gestellten Falle sei und unternahm selbst dann nichts, als er den plötzlichen Tumult im Lager hörte. Aber auch so war Dschaswant Singhs Verrat ein beträchtliches Unglück. Er und seine Radschputen rissen einen Großteil des Gepäcks der Armee an sich und eilten damit in Richtung Radschasthan, und angesichts des Wirrwars und der Gerüchte von einer plötzlichen Niederlage flohen auch sehr viele andere. Aber Aurangsebs beispielhafte Ruhe – er beendete wie üblich seine Gebete, bevor er auf die Krise reagierte – bewirkte, daß sich die Panik nicht weiter ausbreitete, und bei Anbruch des Tages waren seine Streitkräfte denen Schah Schudschas immer noch zahlenmäßig im Verhältnis von 2 : 1 überlegen. Durch eine raffinierte und unerwartete Taktik hätten sich die Aussichten beinahe zu Schah Schudschas Vorteil gekehrt, aber am Ende des Tages gaben doch die Zahlen den Ausschlag, und wieder einmal, wie elf Monate zuvor bei Bahadurpur, floh er den Ganges hinunter zurück. Aurangseb schickte Mir Dschumla aus, ihn zu verfolgen, aber nach einem 15 Monate andauernden Feldzug entkam der Prinz mit seiner Familie nach Arakan, ein östlich von Bengalen gelegenes und von barbarischen Piraten bewohntes Gebiet. Und von den Piraten wurden sie anscheinend ermordet. Doch gab es über ihr Schicksal keine verläßliche Nachricht, obwohl Aurangseb beträchtliche Anstrengungen unternahm, zu beweisen, daß sie tot waren, um die immer wieder aufflackernden Gerüchte zu beseitigen, daß Schah Schudscha bald zurückkehren und den Thron beanspruchen werde [26].

Dara Schukoh hatte sich von Sind her nach Osten gewandt, um sich durch die ausgetrocknete Salzwüste des Rann von Katsch zu kämpfen, und, als er beim Statthalter von Ahmedabad Verständnis für seine Sache fand, in Gudscherat noch eine weitere Armee aufgestellt. Jetzt erhielt er eine Einladung des wetterwendischen Dschaswant Singh, wieder nach Norden in Richtung Agra zu marschieren. Dort würde sich ihm der Radscha mit einer Armee von 20000 Radschputen zu einem Marsch auf Agra zur Rettung Schah Dschahans anschließen. Dara sagte bereitwillig zu, Aurangseb aber, der klugerweise die Zweckdienlichkeit für wichtiger erachtete als seine Entrüstung über Dschaswant Singhs Verrat von Khadschwah, bot Dschaswant schriftlich Vergebung und neue Ehren an, falls er sich seiner Treuepflicht besänne, andernfalls habe er mit schwerwiegenden Vergeltungsmaßnahmen zu rechnen. Der Radscha taxierte die Armeen der rivalisierenden Brüder und wechselte wieder einmal die Front. So fand sich Dara in der Nähe von Adschmir ohne die versprochene Unterstützung durch die Radschputen, während Aurangseb sich rasch von Norden her näherte. Er baute, die Stadt Adschmir im Rücken, eine starke Verteidigungsstellung im engen Paß von Deorai aus und wartete ab. Seine Stellung war außerordentlich gut gewählt, aber nach drei Tagen harter Kämpfe wurde sie von Aurangsebs Streitmacht überrannt. Als die Nacht über den dritten Tag, den 14. Mai 1659, hereingebrochen war, floh Dara unerkannt mit seinem Sohn Sipihr Schukoh und nur einem Dutzend Anhängern nach Süden. Er hatte diesen Ausgang schon befürchtet und deshalb angeordnet, daß seine Frauen den ganzen Tag mit seinem Schatz auf Elefanten am Ufer des Ana Sagar, einem See außerhalb Adschmirs, warten sollten, wo er auf sie stoßen würde. Aber in seiner Hast verpaßte er sogar diese höchst wichtige Verabredung. Erst dann, als sie das unmißverständliche Chaos einer flüchtenden Armee umgab, entschieden sich die Eunuchen und die Frauen dafür, ohne ihn aufzubrechen. Von ihren eigenen Bediensteten und örtlichen Dorfbewohnern ausgeraubt, zogen sie irgendwie nach Süden und brachten es wunderbarerweise fertig, auf Dara und seinen Trupp zu stoßen, bevor sie ihren Zufluchtsort in Ahmedabad erreichten. Ihr Zustand wird von François Bernier, dem französischen Arzt, der sie auf der Straße traf und sie für einige Tage begleitete, höchst lebendig beschrieben. »Die Stricke der *Kanates*, der Lein-

Dekorative Marmorbögen Schah Dschahans am Ufer des Ana Sagar, wo Daras Frauen, zur Flucht bereit, warteten

tücher, unter denen seine Ehefrau und deren Frauen versteckt waren (er hatte nämlich nicht einmal ein Zelt), waren an den Rädern des Wagens befestigt, in dem ich mich ausruhte. Das mag jenen, die wissen, wie außerordentlich eifersüchtig die großen Männer des Hindustan auf ihre Frauen sind, nahezu unglaublich erscheinen, und ich erwähne den Umstand als Beweis für die erbärmlichen Verhältnisse, in denen der einst so reiche Prinz jetzt lebte« [18A, 48, 49, 71].

In dieser Situation brach der nächste Schlag über ihn herein. Jetzt traf nämlich die Nachricht ein, daß die Behörden in Ahmedabad es nicht länger für klug hielten, den Flüchtlingen die Tore zu öffnen. »Die Schreie der Frauen füllten jedes Auge mit Tränen«, schrieb Bernier, und Dara ging »eher tot als lebendig umher ... und hielt selbst den einfachsten Soldaten an und fragte ihn um Rat« [48]. Es gab keine andere Wahl, als noch eine Reise durch den glühend heißen Rann von Katsch zu unternehmen. Fast gelang es Dara, Bernier zu überreden, ihn auf dieser gefährlichen Reise zu begleiten, da eine seiner Frauen eine schlimme Wunde am Fuß hatte, aber von den drei Ochsen, die Berniers Wagen zogen, waren zwei tot oder lagen im Sterben, der dritte war zu erschöpft, um sich noch fortbewegen zu können, und der Prinz schien nicht in der Lage, auch nur ein Tier zur Verfügung zu stellen, das den Arzt hätte tragen können. Niccolo Manucci, der zweite Europäer in Daras Zug, der ein Tagebuch über die Ereignisse führte, hatte den Prinzen in Lahore wiedergetroffen, war aber in Sind zurückgelassen worden, damit er sich um die Artillerie kümmere, die für Dara die Festung Bhakkar auf einer Insel im Indus verteidigte [26, 48, 49, 71].

Von einem Mogulheer unter Dschai Singh verfolgt, kämpfte sich Dara wieder zurück durch die Wüste von Sind. Am gleichen Punkt angelangt wie einst Humajun auf seiner

Links: Ein mogulisches Porträt aus der Mitte des 17. Jahrhunderts, das angeblich François Bernier darstellt

Rechts: Ein Porträt Manuccis, das für ihn in Indien gemalt wurde (ca. 1700)

Zwei Blätter aus dem Album, das Dara Schukoh seiner Gemahlin, Nadira Banu, schenkte (ca. 1650)

Flucht, plante auch er, nach Westen weiterzuziehen und in Persien Zuflucht zu finden, aber es kamen weitere Unglücksfälle dazwischen. Seine Lieblingsfrau, Nadira Banu (der er das schöne Dara-Schukoh-Album, das sich jetzt in der India Office Library befindet, mit einer eigenhändigen Widmung schenkte), starb an der Ruhr und an allgemeiner Erschöpfung. Dara verringerte seine eigene dahinschwindende Streitmacht, um ihren Leichnam unter Geleitschutz nach Norden, nach Lahore, zu schicken, da es ihr letzter Wunsch gewesen war, in Hindustan begraben zu sein. Und nun versetzte ein örtlicher Stammesführer, Malik Dschiwan, dem wehrlosen Prinzen den letzten Schlag. Malik Dschiwan war einige Jahre zuvor von Dara Schukoh gerettet worden, als Schah Dschahan ihn dazu verurteilt hatte, von Elefanten zu Tode getrampelt zu werden. Dara selbst setzte sich damals für sein, Malik Dschiwans, Leben ein und hoffte daher jetzt dafür etwas Unterstützung erwarten zu können. Aber nach einigen Tagen gastfreundlicher Bewirtung nahm der Häuptling seinen wertvollen Gast gefangen und benachrichtigte Aurangseb. Dara wurde zusammen mit seinem 15jährigen Sohn Sipihr Schukoh in einem geschlossenen *Howdah* nach Delhi geschickt. Am 23. August kamen sie außerhalb der Stadt an, und am 19. August ließ Aurangseb sie, in Lumpen gekleidet, auf einem mageren, von Dreck strotzenden weiblichen Elefanten durch die Straßen und den Basar der neuen Stadt Schah Dschahans führen. Hinter ihnen saß mit gezücktem Schwert ein Sklave, der bereit war, ihnen bei dem geringsten Anzeichen eines Rettungsversuchs die Köpfe abzuschlagen [26, 48, 49, 71].
Delhi hatte Dara als den glanzvollen und rechtmäßigen Erben gekannt und ihn zuletzt gesehen, als er sich mit den Schätzen der Hauptstadt gegen seinen Bruder, den Emporkömmling, rüstete. Das Ziel dieser öffentlichen Demütigung war es, die absolute Macht des neuen Kaisers zu unterstreichen und von vornherein allen Thronprätendenten, die möglicherweise auftauchen und behaupten würden, Dara Schukoh zu sein, den Wind aus den Segeln zu nehmen. Diese Politik wäre aber beinahe zu einem Bumerang geworden. Dara war außerordentlich populär gewesen. Er hatte, ohne unmittelbar persönliche Verantwortung zu tragen, die angenehme Rolle eines reichen Prinzen gespielt, dessen Stimme manchmal die

strenge Gerechtigkeit des Kaisers zu mildern vermochte, so wie zum Beispiel bei Malik Dschiwan. Bernier ritt an jenem Tag auf dem Pferd durch den überfülltesten Teil des Basars, und er berichtet, daß die Leute überall um ihren Liebling weinten und wehklagten, was kaum Aurangsebs Absicht gewesen sein dürfte [48]. Keiner wagte eine Machtdemonstration, aber die Menge ließ ihre Gefühle nun an Malik Dschiwan aus, der mit Steinen und Schmutz beworfen wurde. Diese Äußerung der Volksmeinung allein ließ es Aurangseb als zweckdienlich und wünschenswert erscheinen, Dara zu töten, doch gibt es in seinen Briefen Beweise dafür, daß er schon von Beginn des Erbfolgekrieges an die Absicht dachte, seinen älteren Bruder zu vernichten [19]. Eine Debatte im *Diwan-i-khas* verlieh dieser vorweggenommenen Entscheidung den Anschein der Rechtlichkeit. Die Diskussion konzentrierte sich auf Daras unorthodoxe religiöse Haltung, die Aurangseb für alle seine Handlungen als Rechtfertigung gedient hatte. Von Aurangseb war Dara schon lange zuvor als »Oberhaupt der Atheisten« gebrandmarkt worden, und er hatte von ihm behauptet, daß er »einem Muselmann nicht einmal ähnlich sei« [19]. Der besondere Wert der Debatte lag aber darin, daß jetzt die Entscheidung, Dara hinzurichten, so dargestellt werden konnte, als sei sie dem Kaiser aufgezwungen worden, der wiederum das Gerücht nährte, daß er persönlich lediglich die Vertreibung des Prinzen aus Indien gewollt habe [47]. Am 30. August betrat eine Gruppe von Sklaven Daras Gefängnis und schlug ihm den Kopf ab. Die Parade mit dem Leichnam auf einem Elefanten führte wieder durch den Basar, bevor der Tote im Grab Humajuns beigesetzt wurde. Der Kopf wurde Aurangseb übersandt. Die Gerüchte aus dem Basar lieferten bald eine blutrünstige Geschichte, daß nämlich Aurangseb dem Gesicht seines Bruders mit dem Schwert drei Schläge versetzt und das Haupt dann Schah Dschahan in Agra geschickt habe, um es dem alten Mann in einer bedeckten Schüssel auf den Tisch stellen zu lassen [26, 48, 49, 71]. Der Bericht, nach dem Aurangseb, als man ihm das Haupt präsentierte, gesagt haben soll: »Da ich diesem Ungläubigen zu seinen Lebzeiten nicht ins Gesicht sah, gelüstet es mich nicht danach, das jetzt zu tun«, klingt aber wahrscheinlicher [71].
In der Zwischenzeit war Murad im Januar 1659 aus Salimgarh in das Staatsgefängnis ins Fort von Gwalior verlegt worden, wo Aurangseb jetzt seinen Tod als Folge einer persönlichen Blutrache vorbereitete. Nach moslemischem Recht wird bei Mord nicht vom Staat, sondern von den Verwandten des Opfers Gerechtigkeit gefordert. Murad hatte vor seiner Ernennung zum Kaiser seinen Finanzminister getötet. Dessen zweiter Sohn – der älteste hatte abgelehnt – wurde nun ermutigt, sein Recht zu fordern, und nachdem der fromme Kaiser den *Qasi* vom Amt, also den Richter in Gwalior, davon informiert hatte, daß ein derartiger Fall ohne Furcht oder Bevorzugung nach dem heiligen Gesetz untersucht werden müsse, gab es bedauerlicherweise keine orthodoxe Alternative, als die Vergeltung ihren Lauf nehmen zu lassen. Der sich rächende Sohn lehnte jegliche finanzielle Entschädigung für den Tod seines Vaters ab, und so wurde der Prinz am 4. Dezember 1661 in Gegenwart des Anklägers hingerichtet. Um jedoch seinen Abscheu vor solcher Rachsucht zu unterstreichen, belohnte Aurangseb dann den ältesten Sohn für seine Weigerung, die Blutrache durchzuführen [18A, 26, 49, 71].
Die dem Kaiser etwas weitläufiger Verwandten waren keineswegs sicherer. Suleiman Schukoh, Daras Sohn, hatte bei einem Radscha im Hügelland des Pandschab Zuflucht gesucht, aber diplomatische Erwägungen wie Drohungen brachten den Radscha dazu, seinen Gast freizulassen. Er folgte Murad nach Gwalior, wo ihm *Pousta* verabreicht wurde, ein Mohnextrakt, den der Gefangene jeden Tag, bevor er irgendeine Nahrung erhielt, trinken mußte und der praktischerweise ganz unauffällig wirkte und Körper und Geist allmählich schwächte, bis nach einigen Monaten jegliche Lebenskraft aus dem Körper entwichen war. Die beiden Söhne Suleiman Schukohs waren schon während Daras Gefangenschaft im Fort von Bhakkar in Sind im Auftrag Aurangsebs ermordet worden [18A, 49, 71].
Sipihr Schukoh, der andere Sohn, der zusammen mit Dara die Zurschaustellung in Delhi hatte mitmachen müssen, war etwas mehr vom Glück begünstigt. Nach der Ermordung

seines Vaters wurde er nach Gwalior geschickt. Während aber sein Onkel Murad Bakhsch und sein älterer Bruder Suleiman Schukoh dort getötet wurden, verschonte man ihn. Nach vierzehnjähriger Gefangenschaft in der Festung verheiratete ihn Aurangseb im Jahre 1673 mit seiner eigenen Tochter und richtete dem Paar eine Wohnstätte im Inselgefängnis von Salimgarh in Delhi ein. Dort gesellten sie sich zu einer anderen Tochter Aurangsebs, die bereits mit einem Sohn Murad Bakhschs verheiratet war. Der Kaiser wurde allmählich weicher. Dieses eheliche Nest der Vettern und Basen, die er auf ihrer Inselfestung sicher wußte, war seine neue Lösung für die jüngste Generation seiner Rivalen. Dort blieb Sipihr Schukoh bis zu seinem Tod im Jahre 1708. Er überlebte Aurangseb um ein Jahr [49].

Schah Dschahan war entschlossen gewesen, seinen ältesten Sohn, der sein erklärter Favorit war, davon abzuhalten, gegen ihn zu rebellieren, aber er hatte weit Schlimmeres erleben müssen. Im hilflosen Zustand der Gefangenschaft hatte der glanzvollste der Großmoguln sehen müssen, wie seine Familie von dem seiner Söhne, den er am wenigsten liebte, ausgelöscht wurde. Es war zwar ein ungewöhnlicher Vorgang, daß er diese schreckliche Entwicklung noch miterlebte, und wahrscheinlich hatte seine Verhätschelung Daras diesen zum ungeeignetsten Mann gemacht, diesen Kampf zu überstehen, aber es gab im Grunde nichts, was Schah Dschahan überhaupt hätte tun können, um zu verhindern, daß dieses Chaos nach seiner Herrscherzeit ausbrach. All das lag im Wesen eines Systems begründet, das die Auffassung gelten ließ, daß jeder Prinz, der sich des Thrones bemächtigen konnte, auf diesen ebensoviel Recht hatte wie jeder andere. Söhne sind ein Segen, es war aber Schah Dschahans besonderes Unglück, das seit Babur keiner seiner Vorgänger mit ihm geteilt hatte, nämlich mit vier Söhnen gesegnet zu sein, die alle kerngesund und intelligent waren und von denen keiner durch die Trunksucht auf der Strecke blieb. Das Chaos war unvermeidlich.

Da Daras Charakter dem Aurangsebs diametral entgegengesetzt war, ist man versucht, sich auszumalen, wie die nachfolgende Geschichte des Mogulreiches verlaufen wäre, wenn er statt Aurangseb gewonnen hätte. Hindus, denen er so wohlgesinnt war wie Aurangseb ihnen feindlich gegenüberstand, haben oft das Gefühl gehabt, die Katastrophe des folgenden Jahrhunderts für Indien wäre wohl zu verhindern gewesen. Es ist aber wahrscheinlicher, daß der Zusammenbruch des Mogulreiches unter Dara, wenn auch in anderer Weise, sich ebenso rasch vollzogen hätte. Die Großmoguln hatten ihre erstaunlichen Erfolge errungen durch den Zusammenklang von Begabung und Spürsinn, die in Babur gegenwärtig waren und in Akbar zu ihrer praktischen Erfüllung gelangten. Die Probleme, die ein Reich bedrängten, das seine natürlichen Grenzen der Expansion erreicht hatte, verlangten zu ihrer Lösung zumindest einen weiteren Akbar, aber die ganze Fülle seiner Wesensmerkmale war nun säuberlich und genau zwischen Dara und Aurangseb geteilt. Dara hatte das Interesse an Kultur, den Forscherdrang, echte Toleranz und den Elektizismus geerbt, Aurangseb die Entschlossenheit, den körperlichen Mut, die Fähigkeit zu begeistern und zu führen. Hätte Dara regiert, wäre das Werk der Familie möglicherweise unter angenehmeren Begleiterscheinungen zerfallen. Unter Aurangsebs strenger Führung sollte es in Blut, Arbeit, Tränen und Schweiß zerrieben werden.

Von 1660 bis 1666 war Aurangseb in der ungewöhnlichen Lage, ein Kaiser zu sein, der zur selben Zeit seinen Vater im Fort von Agra und seinen ältesten Sohn, Mohammed Sultan, im Fort von Gwalior gefangenhielt. Mohammed Sultan war mit Mir Dschumla gegen Schah Schudscha in Bengalen geschickt worden und unklug genug gewesen, die kaiserliche Armee zu verlassen, um sich kurzfristig den Streitkräften seines Onkels anzuschließen. Als Vergeltungsmaßnahme hielt Aurangseb den Prinzen während der verbleibenden 14 Jahre seines jungen Lebens gefangen; und wenn er während der letzten Jahre plötzlich milder behandelt und ihm Hoffnung gemacht wurde, in Gnaden wieder aufgenommen zu werden, dann war der Grund dafür einzig und allein, daß Mohammed Muassam, der zweitälteste Sohn des Kaisers, anscheinend unbequem zu werden begann [71]. Eine Atmosphäre des Mißtrauens und der Verdächtigungen wurde zum Merkmal von Aurangsebs Regierungsstil.

Von seiner eigenen Familie bis hin zu den niedrigsten Beamten scheint er das Gefühl der Unsicherheit entschieden gefördert zu haben, was ihn die Zügel fester in Händen halten ließ, aber einer guten Verwaltung kaum zuträglich war.

Schah Dschahan lebte nach seiner Entmachtung noch acht unglückliche Jahre. In den schönen weißen Marmorgebäuden, die er im Roten Fort sich selbst und dem Harem zum Trost hatte errichten lassen, mußte er schwer gegen die immer stärker einengenden Beschränkungen, die ihm sein Sohn auferlegte, kämpfen. Verschiedentlich wurde ihm kein Schreibmaterial zugestanden, und er war sogar im Gebrauch seiner eigenen Garderobe eingeschränkt. Eine von Bitterkeit geprägte Korrespondenz schleppte sich hin, gekränkt auf seiten Schah Dschahans, hart und heuchlerisch auf seiten Aurangsebs. Der neue Kaiser war mit einer für einen Mann von derartiger religiöser Einstellung geradezu ungebührlichen Hast entschlossen, alle Juwelen aus dem Besitz Schah Dschahans wegzuholen, sogar den Perlenrosenkranz, mit dem er betete. Schah Dschahan war ebenso fest entschlossen, sie zurückzubehalten und erwiderte, er würde die Perlen eher mit Stößel und Mörser zu Staub zermahlen als sich von ihnen zu trennen. Im allgemeinen – wenn auch nicht im Fall der Perlen – siegte Aurangseb. Und allmählich schien sich Schah Dschahan mit seiner Stellung abzufinden [19, 49, 71].

Er wurde besänftigt durch die liebevolle Fürsorge seiner ältesten Tochter, Dschahanara, die seit dem Tod von Mumtas Mahal als Erste Dame fungiert hatte und die sich nun gänzlich für ihn aufopferte, um ihn zu pflegen. Gewöhnlich saß er da und starrte über die Biegung der Dschamna zum Grabmal seiner geliebten Frau hinüber, seiner größten und berühmtesten Schöpfung, dem Tadsch Mahal. Viele Stunden verbrachte er mit Mullahs beim Studium des Korans. Da ihm das Schauspiel der Elefantenkämpfe außerhalb des Forts, die er einst von diesen Gebäuden aus beobachtet hatte, genommen worden war, vertrieb er sich nun die Zeit mit häuslichen Parodien jener mächtigen Zweikämpfe, indem zahme Antilopen in den Marmorhöfen aufeinander losgelassen wurden. Als schließlich die Verbitterung über die Vernichtung von dreiviertel seiner Nachkommen der Einsicht gewichen war, daß es faktisch keine Alternative mehr zu Aurangseb gab, schien sogar seine feindselige Einstellung gegenüber seinem skrupellosen Sohn etwas nachzulassen [49, 48]. Aber sie begegneten einander nie mehr, und, nachdem seine Blasenbeschwerden wieder aufgetreten waren, starb er, den Versen des Korans lauschend, am 22. Januar 1666 einen friedlichen Tod. Am nächsten Morgen brachte man seinen Leichnam auf dem Wasserweg zum Tadsch Mahal, wo er neben seiner Frau begraben wurde [71].

Jean-Baptiste Tavernier, der sich damals in Indien aufhielt, berichtete, daß Schah Dschahan die Absicht gehabt hatte, eine Nachbildung des Tadsch in schwarzem Marmor am gegenüberliegenden Ufer der Dschamna als Mausoleum für sich selbst zu bauen, das mit dem seiner Frau durch eine Brücke verbunden sein sollte; doch habe sich der sparsame Aurangseb geweigert, diesen großangelegten Plan auszuführen und seinen Vater ohne weiteres Aufheben in dem bereits bestehenden Tadsch beisetzen lassen [47]. Diese Legende hat sich seitdem gehalten, obgleich es dafür keine anderen zeitgenössischen Anhaltspunkte gibt. Die Aufstellung der beiden Marmorsarkophage wird oft zur Bestätigung der Theorie Taverniers hervorgehoben; Mumtas Mahal nimmt das eigentliche Zentrum des Gebäudes ein, sie ruht unmittelbar unter dem höchsten Punkt, der Kuppel, während der Großmogul selbst, obwohl sich sein Grabsockel etwas über ihren erhebt, in eine mindere, weil leicht seitliche Stellung gedrängt ist. Aber genau dasselbe Verhältnis kann im Grab des Itimad-ud-daulah in Agra beobachtet werden, das sicherlich dazu angelegt war, beide Eheleute aufzunehmen, und somit scheint in diesem Fall die Vorstellung von Aurangseb als lieblosem Sohn tatsächlich ungerechtfertigt.

Fast ein Jahr nach seiner eiligen Ernennung zum Kaiser inszenierte Aurangseb in Delhi eine zweite, feierlichere Krönung, die die glänzendste aller mogulischen Zeremonien dieser Art gewesen sein muß. Zu der Prachtentfaltung früherer Krönungen kamen nun noch die ele-

Blick auf das Tadsch Mahal von einem Innenraum der Festung in Agra aus

ganten Bauwerke Schah Dschahans und dessen luxuriöser Pfauenthron. Die Astrologen erkoren den 5. Juni 1659, einen Sonntag, als geeignetsten Tag, und drei Stunden und fünfzehn Minuten nach Sonnenaufgang als den idealen Augenblick. Ihr Rat wurde so gewissenhaft befolgt, daß Aurangseb hinter einer Abschirmung im *Diwan-i-am* wartete, während die Astrologen ihre Wasser- und Sanduhren im Auge behielten, um ihm das Zeichen zu geben, wann er herausschreiten und sich auf den Polstern des von Juwelen übersäten Thrones niederlassen sollte [71].

Bald nach seiner Krönung erließ Aurangseb eine Anzahl von Verordnungen, die darauf zielten, das öffentliche Leben enger an gestrenge islamische Vorschriften heranzuführen, und er ernannte einen *Muhtasib*, einen Sittenwächter, der Verstöße zu verfolgen hatte. Es sollten dies die ersten einer ganzen Reihe derartiger Maßnahmen während seiner Herrschaft sein, die ihrer Intention nach in wachsendem Maße puritanischer Natur, wie in ihrer Auswirkung oft gegen die Hindus gerichtet waren. Man hat, zum großen Teil aus der Sicht von Parteigängern [z.B. 71, 69] lange heftig darüber gestritten, ob Aurangseb ein Fanatiker war, fest entschlossen, den ungläubigen Bevölkerungsteil so lange zu verfolgen, bis er den islamischen Glauben annahm, oder ob hier ein Mann von durchaus normalem religiösem Ernst versuchte, sein Land mit strenger Hand, aber gerecht zu regieren, gemäß dem Gesetz, dem er in frommem Glauben anhing, dem des Korans. Starke Leidenschaften erwuchsen aus dieser Debatte, weil die Feindseligkeiten zwischen Moslems und Hindus, die sich während seiner Regentschaft unleugbar steigerten, genau diejenigen waren, die zweieinhalb Jahrhunderte später zur Teilung des Subkontinents und zur erschreckenden Niedermetzelung ganzer Gemeinden im Jahre 1947 führten.

Die Wahrheit über Aurangseb scheint irgendwo in der Mitte zwischen den beiden Polen zu liegen. Das Bild, das man aus seinen trockenen, gestelzten, von konventionellen religiösen Vorschriften wimmelnden Briefen von ihm gewinnt, ist das eines phantasiearmen und vom Buchstaben des Gesetzes außerordentlich besessenen Menschen, wenngleich man hinzufügen sollte, daß eine derartige Besessenheit als solche schon von vielen orthodoxen Moslems als Tugend angesehen werden kann (einer seiner Historiker schrieb voller Bewunderung, der Herrscher war »bemerkenswert wegen seines unbeugsamen Festhaltens an der Religion«) [25]. Er erscheint in seinem ständigen Streben, persönliche Schwächen und protzige Zurschaustellung zu vermeiden, als ein Mensch, der sich sehr um sein eigenes Seelenheil sorgt – was angesichts der Liste seiner Taten auf dem Wege zur Macht recht wohl der Fall sein mochte. Seine Maßnahmen spiegeln den in seinem Wesen begründeten persönlichen wie nach außen gewandten Puritanismus wider. Er stellte das allmorgendliche Erscheinen des Kaisers im *Dscharoka*-Fenster ein, da es den Beigeschmack der Menschenanbetung hatte. 1668 verbot er, vermutlich aus ähnlichen Motiven der Bescheidenheit, das Schreiben jeglicher Geschichtswerke über seine Regierungszeit. Musik war am Hof verboten, wie auch unmännliche Kleidermoden, und ein Höfling, der in einem zu langen und eleganten Mantel erschien, mußte die Schmach über sich ergehen lassen, daß der untere Teil an Ort und Stelle in Gegenwart Aurangsebs abgeschnitten wurde. Alkohol war selbstverständlich untersagt, und der Anbau von Hanf (*Bhang* genannt) wurde im ganzen Reich gesetzlich verboten [26, 20, 49, 71, 75].

Die ausgefallenere und eher lachhafte Seite dieser Besessenheit des Kaisers vom Buchstaben des Gesetzes findet sich in einem Erlaß von 1669, in dem ziemlich ausführlich die Regel für den Anbau von Datteln und Mandeln behandelt werden, Früchten, die in der Landwirtschaft Arabiens eine große Rolle spielen und deswegen im Koran stark im Vordergrund stehen, die in Indien aber fast unbekannt sind. Auch beharrte er darauf, die Steuern wieder nach dem Ablauf des orthodoxen Mondjahres eintreiben zu lassen, obwohl, wie ein zeitgenössischer Historiker zugeben mußte, »Mathematiker, Astronomen und Männer, die die Geschichte studiert haben, wissen, daß das Reifen des Getreides und des Obstes jeder Jahreszeit vom Lauf der Sonne abhängt und nicht von dem des Mondes« [26, 118]. Aber

Teilansicht der Privatgemächer Schah Dschahans, wo er die letzten acht Jahre seines Lebens eingesperrt war

die schlimmste Auswirkung seiner Strenggläubigkeit war die Beschneidung von Rechten der Hindus, was im islamischen Recht in bezug auf *Dhimmis*, also Ungläubige, gutgeheißen wird, jedoch im Zusammenhang mit Indien nicht gerade klug war. Die beiden wichtigsten Beispiele waren die Versuche, auf der Einhaltung des Gesetzes zu bestehen, das besagt, daß keine neuen Tempel errichtet werden durften und erst kurz vorher gebaute niedergerissen werden müßten, und die Wiedereinführung der *Dschisja* im Jahre 1679, der Steuer, die angeblich als Entschädigung für den durch die Rechtgläubigen gewährten militärischen Schutz entrichtet werden mußte, aber von Akbar genau hundert Jahre zuvor abgeschafft worden war [69, 26].

Aurangsebs Orthodoxie kam zweifellos aus echter religiöser Überzeugung, er zog aber auch immer wieder kurzzeitig beträchtlichen Gewinn daraus. Sie hatte ihm beispielsweise sowohl die Rechtfertigung wie die nötige Unterstützung für seinen Feldzug im Thronfolgekrieg verschafft. Indem er auszog, um den freidenkerischen Dara zu vernichten, der nur allzusehr an Akbar erinnerte, hatte er zu seinem eigenen Vorteil all die aufgestaute Frustration und Feindseligkeit freigesetzt, die die orthodoxe *Ulama* verspürt hatte, seit sie durch Akbar so rücksichtslos zur Seite geschoben worden war. Bigotterie jeder Art ist, wenn man sie erst einmal hochkommen läßt, schwer im Zaum zu halten, und es ist unmöglich festzustellen, in welchem Maße Aurangseb für die vielen kleineren Fälle von Diskriminierung der Hindus während seiner Herrschaft persönlich verantwortlich war. Seine Verteidiger geben zu bedenken, daß er im weltlichen Bereich die Diskriminierung selbst ablehnte (sie berufen sich hauptsächlich auf einen ihm zugeschriebenen Ausspruch: »Welchen Zusammenhang haben irdische Dinge mit der Religion? Und mit welchem Recht befassen sich Verwaltungsakte mit Bigotterie? Für dich gibt es deine Religion, und für mich gibt es die meine« [27]), und sie behaupten, daß die Tempelschändungen durch Moslems und die Entweihungen von Moscheen durch Hindus, die während seiner Regierungszeit geschahen, Ausdruck tiefer, bereits bestehender Feindseligkeiten innerhalb des Staatswesens und nicht direkte Folge der Entscheidungen des Herrschers selbst gewesen seien [69]. Solche Feindseligkeiten waren gewiß existent, wie es sie auch schon zur Regierungszeit Akbars in Badaunis orthodoxen Kreisen gegeben hatte. Aber durch Akbars politische Maßnahmen waren sie zu einem gewissen Grade entschärft worden. Nur unter einem Kaiser, der gewillt war, die strengsten Forderungen des Islam durchzusetzen, brachen sie wieder in voller Stärke aus. Und wegen dieser so diametral entgegengesetzten Haltungen Akbars und Aurangsebs, des Großvaters und des Enkels, von denen jeder Indien ein halbes Jahrhundert regierte, sind beide bis heute die umstrittensten aller Großmoguln geblieben. Für die meisten Hindus ist Akbar einer der größten Moslemherrscher Indiens und Aurangseb einer der übelsten; für viele Moslems ist das Gegenteil der Fall. Ein Außenstehender wird kaum einen Zweifel daran haben, daß Akbars Weg der richtige war. Man muß wohl Aurangsebs eigenem strengen Glauben anhängen, um seine Politik gutheißen zu können, und selbst dann fiele es schwer, seinen Charakter zu bewundern. Akbar zerbrach die Gemeinschaft der Moslems, indem er erkannte und anerkannte, daß Indien kein islamisches Land ist – Aurangseb zerbrach Indien, indem er so tat, als wäre es eines.

Vom Standpunkt der Moguln aus war die verheerendste praktische Folge von Aurangsebs Haltung der sinnlose Streit, in den er sich 1679 mit Radschasthan einließ. Das ganze letzte Jahrhundert lang waren sich seine Vorfahren darin einig gewesen, daß es klug sei, ein Freundschaftsbündnis mit den mächtigen hinduistischen Königreichen Radschasthans aufrechtzuerhalten, wonach den Radschas als Gegenleistung dafür, daß sie den Großmogul als ihren Kaiser akzeptierten, völlig innere Autonomie zugestanden wurde. Zu den Vorteilen dieser Politik gehörte es, daß in einer Gegend, die für die mogulischen Verkehrsverbindungen von lebenswichtiger Bedeutung war, Friede herrschte, und daß starke Kontingente von Radschputen in den Mogulheeren Dienst taten. Dieses Arrangement funktionierte immer noch befriedigend, als – zu einer Zeit, da seine Bemühungen sich ohnehin schon

Ein seltener Löffel, Gold, mit Rubinen, Smaragden und einem großen Diamanten besetzt, aus der Regierungszeit Akbars. Sehr wenig mogulischer Juwelenschmuck ist unversehrt erhaltengeblieben.

auf die üblichen Unruheherde, die Nordwestgrenze und den Dekkan, aufteilen mußten – Aurangseb 1679 plötzlich beschloß, nach Marwar einzufallen. Den unmittelbaren Anlaß hatte der alte Überläufer Dschaswant Singh geliefert, wenngleich diesmal seine Rolle jenseits von Schuld und Tadel war: Als er gerade in Aurangsebs Auftrag einen Vorposten südlich von Kabul kommandierte, starb er nämlich ganz einfach – aber er hinterließ keinen unmittelbaren Erben für seinen Thron als Maharadscha von Marwar. Die normale Verfahrensweise für Aurangseb wäre es nun gewesen, ein anderes Mitglied der Familie als Thronfolger anzuerkennen, und das Problem schien ohnehin unerwarteterweise gelöst, als eine von Dschaswants Witwen nach dessen Tod einen Sohn, Adschit Singh, gebar. Aber Aurangseb fegte den zweifelsfreien Anspruch des Kindes hinweg – er bot lediglich an, es in seinem eigenen Harem aufzuziehen und später mit Ehren zu überhäufen – und entsandte eine Armee nach Marwar, die die Provinz rasch überrannte, wobei sie die feindselige Haltung der dortigen Bevölkerung noch steigerte, indem sie auf ihrem Vormarsch eine große Anzahl von Tempeln zerstörte. Diese schnelle Eroberung Marwars mußte jedoch unvermeidlich auch den benachbarten Rana von Mewar in die Angelegenheit mit hineinziehen [71].

Die Geschichte Mewars während des vorangegangenen Jahrhunderts war ein ausgezeichnetes Beispiel für die Politik der Moguln gewesen. Diese älteste aller Radschputendynastien hatte zwar Akbars Ansturm erfolgreich widerstanden, sich dann aber während der Regierungszeit Dschahangirs auf Verträge eingelassen. Seitdem bestand hier, sehr zum beiderseitigen Vorteil, eine besondere Form lauherziger Lehenspflicht, bei der es bisher zu keinen Störungen gekommen war. Der Rana war formell ein Vasall des Großmoguls, aber die Kaiser vermieden es, auf diesem Status zu insistieren, und zwar in einem Grade, daß es schon fast ihrer Würde schadete. Von keinem Rana hatte man je verlangt, daß er persönlich am Hofe erschien, keine Prinzessin von Mewar war je für den königlichen Harem gefordert worden. Der Rana respektierte dafür seinen Teil der Abmachungen, indem er sich auf Wunsch wiederholt offiziell zur Gefolgschaftstreue bekannte und nichts gegen das Reich unternahm. Es war ein idealer Modus vivendi zwischen zwei Machthabern und Führern von zwei Staatsgebilden, von denen nach aller Wahrscheinlichkeit keines vom anderen besiegt werden konnte – der Großmogul war zu stark und der Rana zu gut geschützt durch die Wüsten und Berge, die sein Gebiet umgaben.

Die Invasion der Moguln im benachbarten Marwar und dessen Eroberung durch sie warfen jedoch diesen Status quo über den Haufen, indem Mewars Flanken offen dalagen. Der Rana machte gegen das Mogulheer mobil, und der daraus folgende Krieg – der nun sowohl Mewar als auch Marwar erfaßte – löste eine Kette von Ereignissen aus, die sich für Aurangseb als katastrophal erwiesen. Der Friede mit Mewar wurde zwar recht bald, 1681, wiederhergestellt, Marwar blieb jedoch weitere 28 Jahre in Aufruhr, bis 1709 Adschit Singh endlich seinen Thronanspruch durchsetzte. Aber der wirkliche Schaden lag in einem innenpolitischen Konflikt, der direkt von diesen Kriegen ausgelöst wurde – die Rebellion Prinz Akbars zusammen mit den Radschputen gegen seinen Vater.

Akbar, Aurangsebs vierter und Lieblingssohn, war 1680 als Oberbefehlshaber des Heeres gegen Mewar eingesetzt worden, aber seine fehlgeschlagenen Versuche, einen nennenswerten Fortschritt zu erzielen, hatten zu einer demütigenden Entlassung durch seinen Vater geführt. Er wurde zum Oberkommando in Marwar versetzt, aber auch hier schien er nichts zuwege zu bringen. Boten Aurangsebs, der die Dinge von Adschmir aus dirigierte, überbrachten eine ganze Kette von Zurechtweisungen; zur gleichen Zeit aber trafen Geheimagenten der Radschputenführer mit viel verlockenderen Vorschlägen ein. Der bigotte Aurangseb, so argumentierten die Radschputen, sei dabei, Hindustan auseinanderzureißen. Was man brauche, sei ein Kaiser in Delhi, der der Tradition folge und den Hindus ein Freund sei. Da sie glaubten, Akbar wäre ein solcher Mann, seien die Radschputen bereit, mit ihm zu marschieren, um Aurangseb zu stürzen und ihn selbst auf den Thron zu erheben.

Der Plan war besonders verlockend, weil er so leicht durchführbar war. Aurangseb hatte nur etwa 10000 Mann bei sich in Adschmir. Akbar befehligte eine ganze Mogularmee, zu der nun 30000 Radschputen stießen. Er stimmte dem Plan zu, und die vereinigten Streitkräfte wandten sich gegen Adschmir [71].
Die Situation war äußerst gefährlich für Aurangseb. Wäre Akbar rasch nach Adschmir marschiert, so hätte er sicher seinen Vater in seine Gewalt gebracht, aber wieder einmal rettete Aurangseb sein Talent zur Verschlagenheit und Intrige. Während er andere Mogulheere, die weiter entfernt im Felde standen, zurückrief, verlangsamte er Akbars Vormarsch, indem er Astrologen im Lager des Prinzen dazu anstiftete, zum Aufschub zu raten. Das Ergebnis war, daß Verstärkungen bei Aurangseb eintrafen, bevor Akbar sich ihm im Januar 1681 bei Deorai entgegenstellte. Es war derselbe Ort, wo Aurangseb 22 Jahre zuvor Dara Schukoh endgültig besiegt hatte. Der Umfang von Akbars Radschputenkontingent machte seinen Sieg immer noch wahrscheinlich, aber Aurangseb führte wiederum einen seiner äußerst wirkungsvollen Briefe ins Feld. Er gratulierte seinem Sohn dazu, ihrem gemeinsam ausgeheckten Plan gemäß die Radschputen in die Falle gelockt zu haben und erinnerte ihn daran, sie für die Schlacht am folgenden Tag in die vorderste Linie zu stellen, damit Akbar sie, während Aurangseb von vorne angriff, von hinten her niedermetzeln konnte. Der Brief fiel in die Hände der Radschputen, während Akbar in seinem Zelt schlief. Als er aufwachte, war der Hauptteil seiner Armee verschwunden. Auch er flüchtete, zuerst nach Radschasthan hinein, dann auf Umwegen und fortwährend von Aurangsebs Heeren gejagt, durch Gudscherat hinunter in den Dekkan. Seit der Zeit, da Aurangseb von 1653 bis 1658 zum zweitenmal im Dekkan als Vizekönig regiert hatte, befand sich dieses Gebiet wie üblich in Aufruhr, aber Aurangseb hatte die Provinz klugerweise seinen Generalen überantwortet. Nun, da sich sein Sohn mit seinen Feinden im Dekkan zusammentat, schien das Problem die eigene Anwesenheit zu erfordern. Im Herbst 1681 zog er nach Süden und begann einen Feldzug, der 16 Jahre und damit bis zu seinem Tode dauerte, ja, er, Aurangseb, sollte nie mehr nach Norden, nach Hindustan, zurückkehren. Am Ende einer Ereigniskette, die unbarmherzig aus seiner Invasion Radschasthans zu resultieren scheint, gab es das Zentrum, den Schwerpunkt des Reiches nicht mehr; die Folgen waren verheerend. Der Kaiser selbst mußte nun die geruhsame Pracht des Hoflebens zu Delhi oder Agra aufgeben und zurückkehren zu jenem unergiebigen Nomadendasein auf ständigen Kriegszügen, das seine mongolischen Vorfahren geführt hatten [26, 49, 71].
Aurangsebs Marsch nach Süden setzte der traditionellen Pflege der Künste, die in der Geschichte seiner Familie eine so große Rolle gespielt hatte, ein drastisches Ende. Es ist kaum verwunderlich, daß während der 23 Jahre, die er im Norden regierte – also einer Zeitspanne, die bereits länger war als die gesamte Regierungszeit Dschahangirs, weitaus weniger kulturelle Leistungen hervorgebracht wurden, als unter seinen Vorgängern normal war. Die Musik hatte man in Acht und Bann getan. Was die Literatur betrifft, so zeigte der Kaiser wenig Interesse für alles, was über die heiligen Texte und Kommentare oder das Repertoire klassischer persischer Verse, die er wie jeder Gebildete in seine Briefe einstreute, hinausging. Er gestattete die Malerei trotz des Verbots im Koran, tat jedoch kaum etwas zur Erhaltung des Reichsateliers; doch hatte die daraus resultierende Abwanderung der Hofkünstler auch ihre positiven Folgen, da sie sich andernorts nach Mäzenen umsahen; und die vielen aufblühenden regionalen Malschulen des 18. Jahrhunderts, die an kleineren Höfen herrliche Werke hervorbrachten, stammten alle von mogulischen Künstlern, die ein neues Unterkommen brauchten [89]. In der Architektur jedoch können sich Aurangsebs Leistungen sicher mit denen seiner Vorgänger messen, obgleich unter neueren Autoren eine Neigung besteht, seine Bauwerke als unedel abzuqualifizieren. Freilich ist das Grabmal seiner Gemahlin Dilras Banu in seinen Umrissen unklugerweise ein Nachhall des Tadsch Mahal, und der Vergleich der beiden hat oft den Blick für den eigenen, sehr beachtlichen Reiz des späteren Bauwerks verstellt. Aber Aurangsebs Perl-Moschee im Roten Fort zu Delhi entwickelt

Innenansicht von Aurangsebs Badschahi-Moschee in Lahore

mit Zartgefühl die Reliefarbeit in weißem Marmor weiter, deren Pioniere Schah Dschahans Bildhauer gewesen waren (Tafel 44). Ähnlich verhält es sich auch mit seiner machtvollen Badschahi-Moschee in Lahore, die, obzwar manchmal als minderwertige Kopie der Freitagsmoschee Schah Dschahans in Delhi abgetan, gleichwohl durch die größere Schlichtheit der Linienführung und Dekoration (Tafel 47) in vieler Hinsicht die selbstbewußter und gelungener wirkende von beiden ist.

Während der 25 Jahre, seit Aurangseb nach Norden marschiert war, um nach dem Thron zu greifen, war der Dekkan von einem kleinen Marathen-Stammesführer, Schiwadschi, beherrscht worden. Seine Guerillataktik sollte sich für die Moguln als verhängnisvoll erweisen, und er wurde dadurch für die Hindus im politischen Klima des frühen 20. Jahrhunderts ein ganz besonderer Held. Angesichts einer Unabhängigkeitsbewegung, die – nach neun Jahrhunderten der Unterjochung durch Herrscher, die aus Gebieten außerhalb des Subkontinents stammten – sich anschickte, die Briten zu vertreiben und Indien den Indern zurückzugeben, strahlte ein Hindu, der aus vergleichsweise bescheidenen Anfängen emporgestiegen war, um sogar die Grundfesten des Mogulreiches zu erschüttern, eine geradezu magnetische Anziehungskraft aus. In den Worten Sir Dschadunath Sarkars, des führenden hinduistischen Aurangseb-Biographen, heißt es etwa 1915, Schiwadschi »bewies durch sein Beispiel, daß die Rasse der Hindus eine Nation bilden, einen Staat gründen, ihre Feinde besiegen kann; sie kann sich selbst verteidigen; sie kann Literatur und Kunst, Handel und Industrie bewahren und fördern, sie kann eine eigene Kriegsmarine und eigene überseeische Handelsflotten unterhalten und, ausländischen Gegnern ebenbürtig, Seeschlachten schlagen. Er lehrte die Hindus der heutigen Zeit, sich zu ihrer vollen Höhe zu erheben« [71]. So erscheinen rückblickend aus der Sicht des 20. Jahrhunderts Aurangseb auf der einen Seite und Schiwadschi auf der anderen als Schlüsselfiguren in der geschichtlichen Entwicklung Indiens. Was Schiwadschi einleitete, konnte Ghandidschi zu Ende führen – die Nachsilbe »dschi« ist in beiden Fällen Ausdruck des Respekts, und Inder sagen heutzutage in Gesprächen lieber Ghandidschi als Ghandi – und die Sache, die Aurangseb vertrat, sollte zum Entstehen des separaten Staates Pakistan führen.

Wie bereits Malik Ambar vor ihm verwendete Schiwadschi Guerillataktik und wechselnde Bündnisse, um für unaufhörliche Unruhen zwischen seinen drei mächtigen Nachbarn Bidschapur, Golkonda und den Moguln zu sorgen, und in diesen Unruhen konnte er ständig seine eigenen Interessen fördern und seine Grenzen ausdehnen. Aber während sich Malik Ambar der Heere des Königreichs von Ahmednagar bedient hatte, schmiedete Schiwadschi die zersplitterten Völkerschaften der Marathen zu einer politischen und militärischen Einheit zusammen und schöpfte dabei aus einem neuen Identitätsgefühl große Stärke. Auf dem Weg zum Anführer dieser Stämme halfen ihm zweifellos die äußerst aufsehenerregenden Vorfälle in seinem eigenen Leben. Seine Heldentaten waren so rücksichtslos wie die anderer auch, aber sie hatten etwas außergewöhnlich Phantastisches an sich, das sie zum idealen Stoff für eine Heldensage machte.

Das berühmteste von Schiwadschis Abenteuern war unzweifelhaft der Mord an Afsal Khan, einem General, der die Armee von Bidschapur befehligte. Schiwadschi, dessen Gebiet vom Heer Bidschapurs bedroht war, begegnete Afsal Khan bei einer Waffenstillstandsverhandlung, wobei beide unbewaffnet sein sollten. Schiwadschi aber hatte einen Brustpanzer unter seinem Umhang und trug einen Satz stählerner »Tigerklauen« an den Fingern der linken Hand befestigt. Die Quellen gehen in der Frage, ob auch Afsal Khan Verrat im Sinne hatte, auseinander. Einige sagen, daß er in dem Augenblick, als sich die beiden Männer umarmten, auf Schiwadschis Brust einen Dolch stieß, der von dem verborgenen Panzer abgefangen wurde; andere behaupten, er habe seine Arme in echter freundschaftlicher Gesinnung ausgebreitet. Aber ob er nun provoziert wurde oder nicht, die kurze Umarmung endete damit, daß Schiwadschi seinem Widersacher mit den verborgenen Tigerklauen den Bauch aufschlitzte. In der hierauf entstandenen Verwirrung fiel die in den umliegenden Wäldern ver-

Schiwadschis Tigerklauen

steckte Armee Schiwadschis über die Truppen von Bidschapur her und metzelte sie nieder [26, 49, 71].

Schiwadschis nächste Großtat von vergleichbarer melodramatischer Ausstrahlung erfolgte auf Kosten der Moguln und war ein gutes Beispiel dafür, wie ein tollkühner Guerillaüberfall einen weitaus mächtigeren Gegner demoralisieren kann. Aurangsebs Onkel, Schaista Khan (Mumtas Mahals Bruder), war zum Vizekönig des Dekkan ernannt worden und lebte in einer »kleinen Festung namens Poona« [49]. Am 5. April 1663 verschafften sich Schiwadschi und ein kleiner Trupp seiner Leute durch einen Trick Zugang in das Mogullager, und nachdem sie in eine Mauer ein Loch geschlagen hatten, gelang es ihnen sogar, in den Harem Schaista Khans einzudringen, wo sie hofften, ihn im Schlaf ermorden zu können. Bevor sie entflohen, und zwar beinahe ohne eigene Verluste, hatten sie Schaista Khan verwundet und viele seiner Diener getötet oder ebenfalls verwundet. Selbstverständlich trug solch ein Abenteuer stark zu Schiwadschis Ansehen und Anziehungskraft unter den Marathen bei [26, 49].

Äußerst ungehalten über den Vorfall, der zuallermindest ein ausgezeichnet gelungener Streich auf Kosten der Moguln war, ersetzte Aurangseb Schaista Khan als Vizekönig durch seinen eigenen Sohn, Prinz Muassam. Aber Schiwadschi ließ prompt dem Spott auch noch den Schaden folgen, und zwar in einem Affront noch größeren Ausmaßes, als er nämlich zwischen dem 6. und 10. Januar 1664 die reiche Stadt Surat einnahm und plünderte. Aurangseb sandte als Gegenmaßnahme einen weitaus stärkeren General, den altgedienten Dschai Singh, nach Süden. Mit Hilfe Schiwadschis eigener Diplomatie, wie etwa dem Mittel, Nachbarn gegeneinander auszuspielen, und durch energische Belagerung der Schlüsselfestungen Schiwadschis brachte Dschai Singh in dem kurzen Zeitraum von drei Monaten den Marathenhäuptling dazu, in Verhandlungen einzutreten. Als Gegenleistung für den versprochenen Frieden und die Anerkennung seines Rechtes auf 12 seiner Festungen sollte sich Schiwadschi dem Kaiserthron gegenüber zur Treue verpflichten und darüberhinaus die verbleibenden 23 Festungen abtreten, die ihm all die Jahre durch Eroberung oder sonstwie zugefallen waren. Das allein schon war ein großer Sieg für Dschai Singh, aber Aurangseb bestand darauf, daß Schiwadschi persönlich an den Hof komme, um seine Aufwartung zu machen. Schiwadschi lehnte heftig ab, wies auf die Ausnahme hin, die beim Rana von Mewar gemacht worden war und verlangte gleichen Dispens, aber schließlich überredete ihn Dschai Singh mit dem feierlichen Versprechen freien Geleits dazu, die bange Reise nach Agra anzutreten, wo Aurangseb damals hofhielt [71].

Schiwadschis Empfang in Agra war ein Wirrwarr, der, wenngleich nicht beabsichtigt, wahrscheinlich die tiefe Feindschaft zwischen ihm und Aurangseb widerspiegelte. Es traf sich, daß er im Mai 1666 während der Feier zum – nach der Mondrechnung – 50. Geburtstag des Kaisers ankam, und bei der ausgedehnteren Zeremonie wurde ihm weniger Aufmerksamkeit geschenkt als ihm seiner Meinung nach gebührte. Nachdem er sich dem Throne genähert hatte, wurde er angewiesen, in einer Gruppe Adliger zu stehen, deren Rang nur 5000 war, und als er allmählich Identität und Status seiner unmittelbaren Nachbarn herausfand, wuchs seine Entrüstung. Als sich der Ablauf der Feierlichkeiten so dahinschleppte, brach er plötzlich in lärmenden Protest aus, der die ehrfürchtige Stille des *Diwan-i-am* erschütterte, und dann verließ er den Saal ohne den Elefanten, die Robe und die Edelsteine, die Aurangseb ihm am Ende des Durbars zu überreichen geplant hatte. Der Kaiser, nun seinerseits beleidigt, gab den Befehl, Schiwadschi unter Hausarrest zu stellen. Drei Monate lang mußte Schiwadschi praktisch eine Gefängnisstrafe über sich ergehen lassen, bis er eines Tages im August – nachdem er langsam und behutsam seine Bewacher an eine tägliche Routine gewöhnt hatte, nämlich jeden Nachmittag große Körbe voller Süßigkeiten als Geschenk an würdige Brahmanen der Stadt hinauszuschicken – sich selbst in einem der Körbe verbarg und auf diese Weise entkam. Er gelangte in den Dekkan zurück und wußte dabei eine erneute Gefangennahme dadurch zu verhindern, daß er eine lange und unwahrscheinliche

Typische Seite aus einem mogulischen Album späterer Zeit mit verschiedenartigen Bildern aus dem frühen 17. Jahrhundert

Route einschlug und sein Gesicht nach Art der Hinduasketen mit Asche einrieb. Eine Zeitlang schien er seinen Vertrag mit den Moguln einzuhalten, aber im Jahre 1670 begann er, sich die Festungen wieder zu holen, die er 1665 abgetreten hatte. Während der folgenden zehn Jahre fuhr er fort zu expandieren, bis ein großes Gebiet um Bombay unstreitig ihm gehörte und die Nation der Marathen eine vollendete Tatsache war. Er starb im Jahre 1680. Selbst seine Feinde gestanden ihm einen Charakter zu, der dem Robin Hoods recht nahe kommt. Ein zeitgenössischer moslemischer Historiker schrieb, daß »er auf dem Pfade der Rebellion verharrte und Karawanen ausplünderte und der Menschheit Kummer und Sorgen bereitete, aber sich gänzlich anderer Schandtaten enthielt und sorgsam darauf bedacht war, die Ehre der Frauen und Kinder von Mohammedanern unangetastet zu lassen, wenn sie in seine Hände fielen« [26]. Und ein Europäer bezeichnete ihn zwar als »Banditenhäuptling«, aber als »sowohl liebenswürdig wie auch großzügig« [26, 47, 49, 71].

Schiwadschi war ein Jahr, bevor der rebellische Prinz Akbar im Sommer 1681 nach Süden in den Dekkan flüchtete, gestorben, deshalb schloß Akbar ein Bündnis mit dessen Sohn Schambudschi, und die Bedrohung, die von diesen beiden ausging, veranlaßte Aurangseb ein paar Monate später, selbst in den Süden, nach Aurangabad, zu ziehen. Akbar hoffte, Schambudschi würde mit ihm nach Norden marschieren, um in Radschasthan Verstärkung für einen raschen Vorstoß auf Delhi zu holen. Schambudschi war zwar grundsätzlich damit einverstanden, aber da er noch weitere Feldzüge in der schutzbietenden zerklüfteten Wildnis seiner eigenen Landstriche durchzuführen hatte, zeigte er keine große Eile, in den Ebenen des Nordens den Verlust seiner Heere zu riskieren. Ein Monat nach dem anderen verging. Akbar hatte in dieser Gegend keinerlei eigene Anhängerschaft; das tägliche Leben der Bergbewohner unterschied sich sehr stark von den Annehmlichkeiten, die ein Mogulprinz gewohnt war, und der Feldzug seines Vaters bedrohte seine Sicherheit in wachsendem Maße. Nach dem Fall von Bidschapur im Jahre 1686 schließlich verzweifelte Akbar an seinen neuen Bündnispartnern. Er segelte von der Westküste ab und gelangte nach Persien, wo ihm zwar Gastfreundschaft, aber keine militärische Unterstützung für einen Angriff auf Hindustan zuteil wurde, und wo er schließlich im Jahre 1704 starb [26, 71].

Durch die Flucht seines Sohnes war der unmittelbare Anlaß für Aurangsebs Anwesenheit im Dekkan hinfällig geworden, aber da er sich nun schon einmal in den Süden begeben hatte, war er entschlossen, in diesem Unruheherd durch die Unterwerfung Bidschapurs, Golkondas und der Marathen für Ruhe zu sorgen. In den ersten acht Jahren hatte es ganz den Anschein, als werde sein Feldzug vom Erfolg gekrönt. Bidschapur wurde 1686 nach einer langen Belagerung eingenommen, bei der die Bestechungssumme, die jedem Soldaten angeboten wurde, der gewillt war, seinen Kopf zu riskieren, indem er einen Eimer Erde in den Wallgraben warf, von einer Viertelrupie auf eine Rupie und schließlich auf ein Goldstück angehoben wurde. Tier- und sogar Menschenleichen waren zu den Eimern von Erde hinzugekommen, bevor der Graben schließlich eingeebnet war und die Mauer gestürmt werden konnte. Der Angriff schlug fehl, aber eine Woche später kapitulierte die Garnison doch. Am 12. September 1686 zog Aurangseb unter beträchtlichem Pomp in die Stadt ein und streute dabei Münzen unter die Menge. Er ließ in die große Kanone von Bidschapur, die Malik-i-Maidan, eine Inschrift eingravieren, die seinen Sieg feiert, und bezog Sikandar Adil Schahs Palast, nachdem er einige anstößige Wandmalereien hatte abkratzen lassen [71, 52].

Sechs Wochen später rückte er auf Golkonda und dessen Nachbarstadt Haiderabad vor, die in ganz Indien für ihren Reichtum und ihre Dekadenz berühmt war und angeblich 20 000 registrierte Prostituierte zählte, von denen eine Auswahl jede Woche am Freitag, dem heiligen Tag, auf einem öffentlichen Platz vor dem König tanzte [47]. Haiderabad war 1685 von Aurangsebs Sohn Muassam eingenommen und geplündert worden, aber der König hatte sich wieder einmal in die praktisch uneinnehmbare Festung Golkonda zurückgezogen, die sich fünf Meilen westlich davon befand. Diese weitläufige und hohe Festung begann

Die Siegesinschrift Aurangsebs auf dem Rohr der großen Kanone von Bidschapur

Aurangseb jetzt zu belagern, aber sie wurde ihrem Ruf gerecht, und acht Monate lang machte seine Armee, die durch die Regenzeit viele Beschwerlichkeiten auf sich nehmen mußte, keinerlei Fortschritte. Schließlich, im September 1687, bediente man sich erfolgreich der Bestechung, um das Tor zur Festung zu öffnen, und die Moguln drangen ein. Frühere Feldzüge gegen Golkonda hatten in Verträgen geendet, in denen die Qutb-Schahi-Dynastie den Untertaneneid gegenüber Delhi akzeptierte. Diesmal ging Aurangseb kein Risiko mehr ein. Die Könige von Golkonda wie auch von Bidschapur wurden eingekerkert, ihre königliche Verwandtschaft enterbt und ihre beiden Länder als Teil des Mogulreiches annektiert [71, 52]. Der Sturz von Aurangsebs drittem Feind war beträchtlich einfacher. Schambudschi, der vom militärischen Genie seines Vaters recht wenig geerbt hatte, wurde im Februar 1689 von einem Trupp Moguln auf schimpfliche Weise gefangengenommen, als er sich gerade mit einigen Gefolgsleuten in der Stadt Sangameschwar vergnügte. Man führte ihn in einem Narrenkostüm mit Narrenkappe und Schellen auf einem Kamel durch Aurangsebs Lager, aber er blieb seinem Vater treu in der Standhaftigkeit, mit der er sich weigerte, zu verraten, wo der Familienschatz vergraben war oder mit welchen Offizieren des mogulischen Lagers er in Briefwechsel gestanden hatte. Nach zwei Wochen langer Folterung, während der er nicht abließ, Aurangseb persönlich zu beleidigen, wurde ihm ein Körperteil nach dem anderen abgehackt, wobei jedes Stück, sobald es abgehackt war, den Hunden zum Fraß vorgeworfen wurde [26, 71].

So schien Aurangseb 1689 schließlich triumphiert zu haben, und das Mogulreich erstreckte sich nun über eine größere Gebietsfläche als jemals zuvor oder jemals danach. Aber außerhalb seiner Grenzen gab es nun, ursprünglich von Schiwadschi inspiriert, einen neuen Widerstandsgeist, und zwar einen, der durch einzelne Siege oder gar den Tod bestimmter Führer nicht gebrochen werden konnte. Es war typisch für diese neue Haltung, daß, als Tschatra Sal, ein junger Prinz aus Bundelkhand, 1670 aus der Mogularmee desertierte und seine Dienste den Marathen anbot, ihm Schiwadschi riet, in sein Königreich zurückzukehren und dort Aufstände zu organisieren, die die Moguln zur Aufsplitterung ihrer Kräfte zwingen und sie schwächen würden [71]. Ebenso brach der Tod Schambudschis nicht den Widerstand der Marathen, sondern splitterte ihn lediglich für mehrere Jahre in kleine lokale Gruppierungen unter verschiedenen Führern auf.
Aurangseb war mit zunehmendem Starrsinn entschlossen, das weiträumige Gebiet, das zu erobern ihm endlich gelungen war, zu halten. Die letzten Jahre seines Lebens sollte er mit einer aussichtslosen Folge von Belagerungen relativ unbedeutender Bergfestungen verbringen. Früher oder später fiel eine jede, nahezu ausnahmslos durch Bestechung oder Kriegslist – tatsächlich wurde während des ganzen Vierteljahrhunderts, das Aurangseb im Dekkan verbrachte, nur eine einzige Festung im Sturm genommen [75] –, aber sobald Aurangseb weitermarschierte, um die nächste zu belagern, kehrten die Marathen gewöhnlich zurück und besetzten die letzte wieder. Der Kaiser, nun schon gut achtzig Jahre alt und immer noch Soldat, war wie ein alter Bär, über den die Bienen herfielen, und er und sein Heer mußten entsetzliche Strapazen erdulden. Die Landstriche, durch die sie sich und ihre Kanonen dahinschleppen mußten, wurden von einem zeitgenössischen Autor als ein »Vorgeschmack der Hölle« beschrieben, in der »alle Hügel hoch zum Himmel aufragen und die Dschungel voller Bäume und Büsche sind« [26]. Die Auswirkung dieser Heerzüge auf das Land war, allein schon auf Grund der Riesenzahl der Soldaten, verheerend. Nach den offiziellen Aufzeichnungen zählte die Streitmacht der Moguln im Dekkan 170000 Mann, ohne daß dabei die ja noch weitaus zahlreicheren nicht kämpfenden Teile und der Troß berücksichtigt worden wären. Die Gesamtzahl der Männer in Aurangsebs Lager betrug beinahe eine halbe Million, und so viele zusätzliche Mägen machten ein normales Handels- und Nachschubsystem geradezu unmöglich [71, 52]. Was die Sinnlosigkeit der ganzen Unternehmung noch erhöhte, war die Tatsache, daß einige der mogulischen Hilfstruppen, die ohne die persönliche Anwesenheit des Kaisers Belagerungen durchführten, bald herausfanden, daß man sich durch eine Verständigung mit dem Feind das Leben etwas leichter machen konnte. Schambudschis jüngerer Bruder Radscha Ram hatte in einer stattlichen Festung namens Dschindschi südwestlich von Madras Zuflucht genommen. Ein Mogulheer schlug am Fuße der Festung sieben Jahre lang ab und zu sein Lager auf und machte im Einvernehmen mit den Belagerten bei der Belagerung keinerlei Fortschritte. Und als Aurangseb schließlich einen handfesten Erfolg verlangte, wußte es der Befehlshaber der Moguln einzurichten, daß sein Freund vor dem Fall der Festung entkam [71].
Inmitten einer dieser Belagerungen erhielt Aurangseb den Besuch eines neuen Gesandten aus England. Zu Beginn des Jahres 1699 sandte Wilhelm III. Sir William Norris mit genau dem gleichen Auftrag aus, den Sir Thomas Roe mehr als 80 Jahre zuvor gehabt hatte – zu versuchen, dem Großmogul ein profitables Handelsabkommen für die East India Company abzuringen. Nach einer höchst beschwerlichen Reise, die in einem gefährlichen Treck durch eine von Marathenbanden beherrschte Wildnis geendet hatte, erreichte Norris im April 1701 endlich Aurangsebs Lager. Er traf den Kaiser bei der Belagerung der Festung Panhala an. Sie war bereits zehn Jahre zuvor von den Moguln eingenommen worden, aber sobald sie die Befestigungen wieder instandgesetzt hatten, erklommen die Marathen die Wälle aufs neue und eroberten die Festung zurück. Die gegenwärtige Belagerung schleppte sich jetzt schon über mehr als sechs Monate hin, und Verhandlungen waren nunmehr im Gange, um die Höhe der Bestechungssumme für den Befehlshaber der Festung zu bestim-

»Ein Vorgeschmack auf die Hölle ... alle Hügel ragen hoch zum Himmel auf« die Landstriche Maharaschtras, durch die Aurangsebs Heere ihre Kanonen schleppen mußten

men, damit dieser sie übergebe. Norris fand das Lager in tiefem Schlamm vor, die Zustände waren äußerst unhygienisch, und mit dem Sold des Heeres war man mehr als ein Jahr im Rückstand. Die Höflinge waren genauso korrupt wie in weniger puritanischen Regierungszeiten und ebenso begeisterte »Liebhaber englischer Alkoholika«, wie Roe sie unter der Herrschaft des betrunkenen Dschahangir gekannt hatte; ja sogar der *Qasi*, Aurangsebs höchster religiöser Ratgeber, bestellte unter größten Geheimhaltungsvorkehrungen ein paar Kisten. Inmitten dieser Verkommenheit verstand es Aurangseb, ein beträchtliches Maß an Würde zu wahren. Der Mut, der ihn, seit er im Alter von 14 Jahren zu Fuß einem gefährlichen Elefanten entgegengetreten war, sein Leben lang ausgezeichnet hatte, war ungebrochen, ja, er schien das einzige, das die Kräfte des Reiches in dieser katastrophalen Unternehmung noch zusammenhielt. Er war jetzt 82, aber er inspizierte nach wie vor in eigener Person die Front und begutachtete den Fortschritt der Belagerung. Er empfing Norris vor versammelter Öffentlichkeit mit dem ganzen Drum und Dran eines Großmoguls und zeigte ein äußerst wohlwollendes Interesse an all den Geschenken, die König Wilhelm geschickt hatte – eine weitaus eindrucksvollere Auswahl, wie sich zeigte, als König Jakob und Sir Thomas Roe hatten bieten können [53, 27, 49].

Norris vermittelt uns ein äußerst lebendiges Bild des alten Mannes, der das Lager durchquert, um die Belagerungsarbeiten zu besichtigen. Er wurde bei diesem Anlaß in einer offenen Sänfte getragen; »er war ganz und gar weiß, sowohl seine Kleidung wie sein Turban, und sein Bart genauso weiß wie diese«; riesige Menschenmengen versammelten sich, ihn zu sehen, aber »er selbst, obwohl in offener Sänfte getragen, sah niemanden, da er seine Augen immer auf ein Buch gerichtet hatte, das er in seinen Händen hielt und in dem er den ganzen Weg, den er zurücklegte, las, ohne sich jemals irgendeinem anderen Gegenstand zuzuwenden« [53]. Das Buch war mit ziemlicher Sicherheit der Koran – ein Standardporträt des alten Aurangseb zeigte, wie er am Fenster saß und in ihm las –, und seine ziemlich demonstrative Weigerung, sich von der heiligen Buchseite ablenken zu lassen, paßte genau zu dem Bild von sich selbst, das zu kultivieren er immer beflissen gewesen war und das im Alter sicher mehr und mehr aus einem echten Gefühl kam. Er hatte nunmehr, in Manuccis Worten, die »fixe Idee, für einen Heiligen gehalten zu werden« [49].

Nicht nur im widerspenstigen Dekkan war seine Macht im Schwinden begriffen. Seine lange Abwesenheit von Hindustan hatte zu einem unvermeidlichen Erschlaffen der Autorität und zum Anwachsen der Korruption im Norden geführt. Sogar im direkten Zentrum mogulischer Macht, in der Gegend um Agra, hatte sich die einheimische Bevölkerung der Dschats schon erkühnt, mogulische Karawanen auf deren Weg nach Süden auszurauben, und 1688 plünderten sie Akbars Grab in Sikandra und raubten Gold- und Silberplatten und kostbare Teppiche [49, 71]. Am Ende der Regierungszeit hatten die Karawanen einen großen Teil der Schätze Akbars, Dschahangirs und Schah Dschahans von Delhi und Agra nach Süden geschafft, um sie spurlos im Dekkan verschwinden zu lassen [71]. Aurangseb hatte sein Reich für einen Krieg aufs Spiel gesetzt, der nie anders als ergebnislos verlaufen konnte. Henry Kissinger, der Berater des Präsidenten der Vereinigten Staaten, beschrieb vor einiger Zeit sehr prägnant die Sackgasse, in der sich Aurangseb befand. Bei einem derartigen Duell, so sagte er, »gewinnt der Guerilla, wenn er nicht verliert; das konventionelle Heer verliert, wenn es nicht gewinnt« (The Times, 5. August 1969).

Aurangseb scheint dies trotz seiner entscheidenden Weigerung, sich zurückzuziehen, gespürt zu haben, und sein Mut angesichts solcher unerbittlicher Aussichtslosigkeit verleiht dem Ende eines ansonsten wenig Liebenswürdigkeit ausstrahlenden Lebens noch etwas recht Rührendes. Nun endlich weicht die konventionelle Frömmigkeit, von der seine Briefe stets erfüllt waren, unter dem doppelten Druck des nahenden Todes und eines schlechten Gewissens echter persönlicher Pein. »Ich weiß nicht, zu welcher Strafe ich verurteilt sein werde«, schreibt er mit ungewöhnlicher Schlichtheit an einen seiner Söhne [20], und er beklagt den Mangel an engen Freunden, den ein alter Mann ertragen muß, und seinen eigenen besonderen Mangel an guten Offizieren in einem Brief an seinen dritten Sohn, Asam, der eine beinahe poetische Wehklage über die Gebrechlichkeit alles Menschlichen ist:

»Mein Kind, meine Seele, mein Leben und Blüte meines Lebens.

Behrehmund ist krank; Mukhlis Khan usw. sind widerlich; Hammed ed Deen ist ein Betrüger; Siadat Khan und Mohammed Ameen Khan, in der Vorhut, sind nichtswürdig; Sul Fikir Khan ist sprunghaft; Tscheen Kulitsch Khan ist wertlos; Firose Dschung hat in der gegenwärtigen Lage die gleiche Machtbefugnis wie Umdet ul Mulk; die Mansabdars, groß wie klein, sind wegen der Getreideteuerung beinahe bereit zu desertieren; Mirsa Sudder ed Deen Mohammed Khan ist ein Hansdampf in allen Gassen, Sirberah Khan der Polizeibeamte, ist ein Taschendieb, der Diebe ausquetscht; Jar Ali Khan und Munaim Khan sind rücksichtslose Possenreißer; Arschi Khan besäuft sich und platzt fast vor Wein; Muherrim Khan ist lasterhaft; die Dekkani haben es mit Schafsköpfen zu tun; Abdul Hukk und Multefit Khan sind schon ausgediente Soldaten; Murid Khan, der keine Leute hat, dient als einfacher Reiter; Meer Khan, der Vaterlose, ist wegen eines Mantels und Turbans unglücklich; Innaijet Ullah ist völlig vom Gedanken an die Abreise beherrscht; der Bruder Munsoor Khans kämpft gegen die verfluchten Marathen, und du verzettelst Dich in Großzügigkeit.

Aurangseb im hohen Alter bei der Lektüre des Korans (18. Jahrhundert)

Akbar ist ein Vagabund in der Wüste der Schande; Schah Alam und seine Söhne sind weit weg von der siegreichen Armee; Kam Baksch ist pervers und schert sich nicht um das, was man ihm sagt; Dein Sohn gehorcht dem Ratschlag seines ruhmreichen Vaters; ich selbst bin vereinsamt und verarmt, und Trübsal ist mein endgültiges Los« [20].

Daß keine guten Männer mehr übrig waren, war ganz und gar Aurangsebs eigene Schuld, das Ergebnis seines eigenen fanatischen Mißtrauens und seiner Weigerung, Machtbefugnis zu delegieren [49, 71]. Während der Regierungszeit Akbars, Dschahangirs und Schah Dschahans hatte eine lange Reihe von großen Generalen, Ministern ihres Vertrauens und zuverlässigen Frauen oder königlichen Prinzen durch ihre Verdienste um das Reich der Geschichte ihren Stempel aufdrücken können. In dem halben Jahrhundert der Regierungszeit Aurangsebs ragt allein er heraus. Seine einzigen zwei Generale von einigem Format hatten sich schon unter Schah Dschahan ausgezeichnet – Mir Dschumla, der, nachdem er Schah Schudscha aus Bengalen vertrieben hatte, 1663 während des Versuchs, Assam für Aurangseb zu erobern, starb, und Dschai Singh, der nach seinem Sieg über Schiwadschi am Ende eines langen Lebens voller hervorragender Dienste wegen eines erfolglosen Feldzugs gegen Bidschapur bei Aurangseb in Ungnade fiel. Selbst Aurangsebs eigene Söhne und Töchter wurden weiterhin, bis in ihre fünfziger und sechziger Jahre, als ungezogene und gefährliche Kinder behandelt. Das Protokoll seines Umgangs mit den königlichen Prinzen ist ein Gradmesser für seine elementare Unfähigkeit sowohl als Führer wie auch als Vater. Der älteste, Mohammed Sultan, starb nach 16jähriger Kerkerhaft im Alter von 37 Jahren. Der zweite, Muassam, erhielt den hohen Titel Schah Alam und genoß eine gewisse Gunst, bis er 1687 der Unterschlagung verdächtigt, zusammen mit seinen Söhnen verhaftet und für acht Jahre ins Gefängnis gesteckt wurde, wobei Aurangseb dessen Lieblingsfrau Nur-un-nissa separat einsperren und von ihren Eunuchen in voller Absicht beleidigen ließ. Der Prinz lebte die nächsten 12 Jahre in bodenloser Furcht vor seinem Vater, bis er 1707, im Alter von 64 Jahren, als Bahadur Schah sein Nachfolger wurde. Der dritte Sohn, Asam, nahm in der Familie eine Sonderstellung ein, indem er nie den Unwillen seines Vaters so stark erregte, daß er ins Gefängnis geworfen oder ins Exil getrieben worden wäre. Der vierte, Akbar, war Aurangsebs Liebling, starb aber nach seiner Rebellion von 1681 im Exil in Persien. Der jüngste, Kam Baksch, verbrachte einen kürzeren Zeitraum im Gefängnis als die anderen, nämlich von 1698 bis 1699. Sogar Aurangsebs älteste und hochbegabte Tochter, Seb-un-nissa, eine Dichterin von hohen Graden und Literaturmäzenatin, verbrachte die letzten 21 Jahre ihres Lebens wegen ihres geheimen Briefwechsels mit Akbar während dessen Rebellion im Gefängnis von Salimgarh [71]. Sowohl Schah Dschahan wie Aurangseb richteten die Behandlung ihrer Söhne allein nach einem einzigen Ziel aus – nämlich eine Wiederholung ihrer eigenen Rebellion gegen ihren Vater zu vermeiden. Schah Dschahans Lösung war ein Maximum an Freiheit für seinen Favoriten Dara Schukoh gewesen, das Rezept Aurangsebs ein Minimum an Freiheit für jedermann. In der Erreichung des unmittelbaren Zieles war Aurangsebs Methode erfolgreicher, aber der Schaden, den sie dem Reich zufügte, sollte sich als weitaus größer erweisen.

1705, im Alter von 87 Jahren, wurde Aurangseb in Devapur von einer schweren Krankheit befallen und begann sich, in einem Palankin getragen, nach Norden zurückzuziehen. Im Januar 1706 erreichte er Ahmednagar, die Stadt, von der aus er 24 Jahre zuvor auf seinem Feldzug in den Dekkan aufgebrochen war. Der Tod trat jetzt allenthalben dazwischen. Während dieses letzten Jahres hatten die Sterbefälle in seiner Familie eine seiner Töchter, einen Schwiegersohn, drei Enkel im Erwachsenenalter und seine letzte überlebende Schwester betroffen. Der Tod dieser Schwester schien ihm mehr als jeder andere nahezugehen; »sie und ich«, pflegte er ständig zu wiederholen, »blieben von den Kindern Schah Dschahans allein übrig« [71]. Wo jeder andere Mensch seine Söhne ans Totenbett ruft, da schickte Aurangseb sie wieder weg – wie ein verendendes Tier, das nach den Geiern schnappt, um sie zu vertreiben. Niccolo Manucci, der nun in seinen alten Tagen in Madras seine Auf-

Ein mogulisches Huka-*Gefäß (frühes 18. Jahrhundert)*

Stickerei auf einer mogulischen Schärpe (17. Jahrhundert)

zeichnungen machte, wies darauf hin, daß sich die Zahl von Aurangsebs noch lebenden Söhnen, Enkeln und erwachsenen Urenkeln auf 17 belief, und er bemerkte dazu: »Was für ein Schauspiel wird die Tragödie werden, die dem Tode dieses Alten folgen wird! Einer nur von diesen Prinzen kann sein Nachfolger sein und damit seine Familie schützen; die übrigen werden geköpft werden oder ihr Leben auf mancherlei andere Art verlieren. Es wird eine schlimmere Tragödie werden als jene, die sich am Ende der Herrschaft Schah Dschahans abspielte« [49].

Aurangseb war sich dessen wohlbewußt, und nach seinen Briefen und seinem Testament zu schließen waren seine Gedanken in den letzten Monaten, nun, da er sich darauf vorbereitete, Gott gegenüberzutreten, wieder von Dara Schukoh beherrscht. Die Geschichte sollte sich wiederholen, aber weiter von ihm entfernt, als er sich vorstellen konnte. Kam Baksch war nach Bidschapur entsandt, während Asam – der so langsam marschierte, daß er nur 50 Meilen weit gekommen war, als ihn die Nachricht vom Tode des Kaisers erreichte – ausgeschickt war, Malwa zu regieren [71].

Ein letzter Wunsch Aurangsebs ging in Erfüllung. Er starb, wie er stets gehofft hatte, an einem Freitag – es war der 20. Februar 1707 – nach seinem Morgengebet. In seinem Testament hinterließ er Anweisungen, daß die viereinhalb Rupien, die er kurz zuvor durch den Verkauf von eigenhändig genähten Mützen eingenommen hatte – ein demütig-bescheidener und deswegen heiliger Zeitvertreib –, für die Bezahlung seiner Begräbniskosten verwendet werden sollten; weiterhin, daß die 305 Rupien Erlös aus dem Verkauf der von ihm selbst abgeschriebenen Exemplare des Korans an seinem Todestage an heilige Männer verteilt werden sollten, und schließlich, daß sein Grab von schlichtester Art sein solle, ohne Dach und Baldachin darüber [71, 25 A, 26]. Er wurde in Khuldabad nahe Daulatabad bestattet, und das Grab entspricht seinen Anweisungen. Seine Schlichtheit spiegelt, wie beabsichtigt, den Unterschied zwischen seinem Charakter und dem seiner Vorgänger wider, aber seine berechnete Pose der Armseligkeit symbolisiert auch unbeabsichtigt den relativen Wert seiner Hinterlassenschaft an seine Nachfolger. Aurangseb war ein Puritaner von anmaßendem Ehrgeiz, der entschlossen gewesen war, ohne das übliche prätentiöse Drum und Dran großer Machtfülle auszukommen. Aber indem er die Symbolik verwarf, begab er sich unwissentlich auch der Realität.

Auf dem Papier hatte das Mogulreich im Todesjahr Aurangsebs gerade eben erst die Hälfte seiner geschichtlichen Zeit hinter sich. In den vergangenen 181 Jahren waren es sechs Großmoguln, deren Leistungen sechs Generationen lang in direkter Folge vom Vater auf den Sohn durchaus den Vergleich mit den Medicis und einer Handvoll anderer Familien dieser Art in der Weltgeschichte aushalten können. In den verbleibenden eineinhalb Jahrhunderten, in denen ihr Reich dem Namen nach noch bestand, sollte es noch elf weitere Großmoguln geben. Aurangseb aber war der letzte, zu dem dieser stolze Titel paßte.

Epilog

Manuccis Prophezeihung war richtig gewesen; nur bei seinen Schätzungen in bezug auf das Ausmaß des Blutbades unter den Angehörigen des Königshauses hatte er etwas hochgegriffen. In dem Thronfolgekrieg, in dessen Verlauf der 64jährige Schah Alam sich als Kaiser Bahadur Schah den Thron seines Vaters sicherte, wurden zwei Söhne und drei Enkel Aurangsebs getötet. Aber die länger anhaltenden Unruhen waren weitaus ernsterer Natur. Von den nächsten acht Großmoguln nach Aurangseb, deren Regierungszeit zusammengenommen sich nur über 52 Jahre, bis 1759, erstreckte, wurden vier ermordet, einer abgesetzt, und nur drei starben friedlich im Besitze des Thrones. Und im Verein mit den Gewalttaten trat nun eine solche neue Leichtfertigkeit und Verkommenheit auf den Plan, daß sich die Geschichte der Familie geradezu wie ein konventionelles Bühnenmelodrama aus dem Fernen Osten liest.

Eine brutale Demonstration der Schwäche dieser Dynastie lieferte das Jahr 1739 mit einem Ereignis, das genau den gleichen Verlauf nahm wie der Überfall Indiens durch ihren Vorfahr Timur mehr als drei Jahrhunderte zuvor. In Persien war die altersschwache Safawidendynastie, deren Niedergang ganz ähnlich dem der Moguln verlief, im Jahre 1736 von Nadir Schah, einem Türken aus Khurasan, entmachtet worden. Zwei Jahre darauf fiel er in Indien ein und überquerte am 27. Dezember 1738 bei Attock den Indus. Am 24. Februar stieß er auf das Heer des von panischem Schrecken erfüllten Mogulkaisers Mohammed Schah und besiegte es mühelos; am 20. März marschierte er in Delhi ein. Die Chutba wurde in den Moscheen in seinem Namen verlesen, genauso wie sie in Timurs Namen verlesen worden war, und ganz wie zuvor herrschte in den ersten ein bis zwei Tagen in der besetzten Stadt Ruhe. Aber diesmal provozierten zweifellos die Einwohner von Delhi selbst das Massaker, das nun folgte. Eine Meinungsverschiedenheit mit einigen persischen Soldaten führte zu einem Krawall, der wiederum in einen Aufruhr ausartete, in dem 900 Perser getötet wurden. Trotzdem verbot Nadir Schah Vergeltungsmaßnahmen für so lange Zeit, bis er selbst am folgenden Morgen durch die Straßen geritten sei, um die Lage zu beurteilen. Einige Bürger waren so unklug, von ihren Dächern aus Steine auf ihn zu werfen, und irgendjemand feuerte sogar eine Muskete ab und tötete einen Offizier an seiner Seite. Er reagierte darauf, indem er ein Massaker anordnete. Es zog sich über einen ganzen Tag hin, und die Zahl der Toten belief sich auf mehr als 30000. Am Abend bettelte der Großmogul um Gnade für sein Volk. Erstaunlicherweise war Nadir Schahs Autorität so groß, daß ihm, nachdem er versprochen hatte, dem Wirbelsturm Einhalt zu gebieten, dies auch sofort gelang.

Der Perser blieb mit seiner Armee nur so lange, wie er brauchte, seine Beute einzuheimsen. Riesige Tributzahlungen wurden von allen Adligen und reichen Bürgern eingetrieben; zu den Methoden, der Auslieferung nachzuhelfen, kamen, wo nötig, Gewaltanwendung und Folterungen hinzu, und der Großmogul händigte den Schlüssel zur Schatzkammer des Reiches aus. Zusammen mit einer verschwenderischen Fülle kleinerer Juwelen nahm Nadir Schah den Pfauenthron mit, der später zertrümmert wurde – jener Thron, der sich jetzt unter den Kronjuwelen in Teheran befindet und oft als Pfauenthron bezeichnet wird, wurde im frühen 19. Jahrhundert für Fath Ali Schah gebaut und hat mit demjenigen Schah Dschahans nichts zu tun. Nadir Schahs Beute aus den Reichtümern der Adligen und des Kaisers war groß genug, daß er von Delhi aus ein Dekret in seine Heimat senden konnte, das einen Erlaß sämtlicher Steuern in Persien für die nächsten drei Jahre verkündete. Er nahm auch 1000 Elefanten, 100 Maurer und 200 Zimmerleute mit sich. Die Parallele zu Timur war beinahe unheimlich.

Es hätte gar keine demütigendere Demonstration der neuen Stellung des Mogulreiches geben können als Nadir Schahs kurzen und folgenschweren Einfall, aber das wesentlichere Symptom der tatsächlichen Schwäche war die Anzahl der kleinen unabhängigen Königreiche, die nun wieder im ganzen Lande entstanden. Auch wenn sie immer noch ihre Treue dem Kaiser gegenüber beteuerten, so konnten sie doch vollkommen autonom und ungestraft agieren, und diese Überfülle an Fürstentümern war es denn auch, die es der East

Aurangsebs schlichtes, mit Erde bedecktes und unüberdachtes Grab in Khuldabad

India Company ermöglichte, ihren Herrschaftsbereich auf dem ganzen Subkontinent ständig zu erweitern. Bis zum 18. Jahrhundert waren Englands früheste europäische Rivalen in Indien, die Portugiesen und die Holländer, weitgehend von den Franzosen verdrängt; gegen sie mußte die East India Company als erste in großem Umfang militärisch vorgehen. Die Festungen, die im Laufe des 17. Jahrhunderts in den Hauptniederlassungen der Gesellschaft, in Bombay, Madras und Kalkutta gegründet worden waren, waren nur zum Schutze des Handels bestimmt. Aber nachdem England und Frankreich sich in Europa im Österreichischen Erbfolgekrieg bekämpften, brachen 1746 auch zwischen den benachbarten Handelsposten der beiden Länder an der indischen Ostküste Feindseligkeiten aus – zwischen Britisch-Madras und Französisch-Pondicherry, wo ein sich dem Reisenden nähernder und ansonsten durchaus normaler indischer Bettler auch heute nicht »bakschisch«, sondern »ancien militaire« murmelt. Der Kampf dort, der sich noch weit in die Zeit nach dem Österreichischen Erbfolgekrieg erstreckte, endete erst 1761, nachdem die Engländer Pondicherry durch Aushungern zur Aufgabe gezwungen hatten.

Die erste mit vollem militärischem Einsatz betriebene Einmischung der Company in die indische Politik erfolgte um dieselbe Zeit. Sie war ebenso zufällig wie entscheidend. Bengalen war, wie so viele andere Teile des Mogulreichs, nunmehr praktisch ein unabhängiges Erbkönigtum, und im Jahre 1756 marschierte sein junger Nawab, Siradsch-ud-daulah, mit einem großen Heer gegen Kalkutta. Die britische Garnison war bald überwältigt, und 145 Männer und eine Frau wurden zur Nacht im Militärgefängnis, dem »Schwarzen Loch« von Fort Williams, eingesperrt. Der Raum maß nur etwa sechs Quadratmeter und hatte zwei kleine Fenster; dazu war es Juni und mithin die heißeste Jahreszeit in einem ausgesprochen heißen Klima. Als man am Morgen die Tür öffnete, waren nur mehr 23 Leute, darunter die Frau, am Leben.

Um dieses schreckliche Vorkommnis zu rächen und Kalkutta zurückzuerobern, segelte Clive von Madras nach Norden. Sein Heer begegnete Siradsch-ud-daulah im Juni 1757 auf dem Feld von Plassey und besiegte ihn mühelos, und nachdem Clive Bengalen unter Kontrolle hatte, setzte er einen Mann seiner Wahl, Mir Dschafar, als Nawab auf den Thron. Er schöpfte die Gelegenheit voll aus und verlangte dem dankbaren Nawab enorme Summen ab, mitsamt dem Recht auf nahezu 900 Quadratmeilen Land rund um Kalkutta. Sehr bald führte eine ähnliche Kette von Ereignissen nach der Schlacht von Baxar im Jahre 1764 zur englischen Herrschaft über den Nawab von Oudh. Durch den Mogulherrscher Schah Alam, dessen Streitkräfte in derselben Schlacht geschlagen worden waren, wurde den Briten das Recht übertragen, die Steuern Bengalens einzuziehen. Es bildete sich ein Schema heraus, nach dem die britische Macht im folgenden Jahrhundert auf die Throne von Indiens nun zahllosen Fürstentümern gefügige Herrscher setzte und dafür den doppelten Nutzen sowohl der finanziellen Einträglichkeit wie des letzten Wortes in politischen Fragen hatte.

Die Großmoguln waren während des größten Teils des 18. Jahrhunderts regelrechte Marionetten in der Hand verschiedener Cliquen gewesen, und es war ein Gradmesser ihrer fehlenden persönlichen Macht, daß Schah Alam für den Rest seines Lebens auf dem Thron bleiben konnte, obwohl er 1788 von einem Rebellen brutal geblendet worden war: In den Tagen wirklicher Mogulherrschaft hatte das Mittel, einem Prinzen das Augenlicht zu rauben, als der nächst der Ermordung einzig sichere Weg gegolten, ihn vom Thron fernzuhalten. 1803 wurde der blinde Kaiser formell der britischen Schutzmacht unterstellt. Man pflegte ihm weiter als Großmogul zu huldigen, und offiziell war er es, der das Reich regierte, aber neben ihm stand der *British Resident* von Delhi, um ihn bei der Erledigung seiner Angelegenheiten zu überwachen. Dieses Arrangement blieb weitere 45 Jahre bestehen, bis 1857 Bahadur Schah II., der letzte Mogulkaiser – dessen liebenswürdiges Wesen und beachtliches Talent als Dichter zum endgültigen Niedergang seiner großen Dynastie unerwartet gut paßte – unter beträchtlichem Widerstreben seinerseits als symbolische Gallionsfigur der Sepoy-Revolte auserkoren wurde, die unter der Bezeichnung »Indische Meuterei« bekannt ist.

Mit europäischen Figuren bemalter Baumwollstoff, eine stark gefragte Handelsware im neuen Handel mit Europa (Teil eines großen Wandbehangs aus der Gegend um Madras, 17. Jahrhundert)

Britische Offiziere im späten 18. Jahrhundert bei einem indischen Herrscher zu Gast (ca. 1820)

Sir David Ochterlony, zu Beginn des 18. Jahrhunderts »British Resident« in Delhi, verbringt einen Abend nach indischer Landessitte und riskiert den Unmut seiner Vorfahren an der Wand (ca. 1820)

Das traumatische Erlebnis dieser Meuterei brachte das Parlament in London zu der Einsicht, daß Reformen unumgänglich waren. Auf Grund einer sich bemerkenswert störungsfrei vollziehenden Evolution unterstand die Verwaltung Indiens immer noch offiziell jener East India Company, für die Sir Thomas Roe vor mehr als zwei Jahrhunderten Berichte über den jeweiligen Bedarf Agras an Wein und Schwertern, an gewirkten Teppichen und an Westen nach Hause geschickt hatte. Jeder britische Soldat oder Verwaltungsbeamte des Jahres 1857 war immer noch im Dienst und Sold der East India Company, wie einst Clive und Warren Hastings. Aber nach der Katastrophe der Meuterei vertrat man in London die Ansicht, daß das Parlament im Namen der Krone die Verantwortung für die Staatsangelegenheiten Indiens anstelle der Company nun selbst übernehmen müsse.

So wurde Bahadur Schah ins Exil nach Burma geschickt, wo er 1862 starb. Und eine Majestät, die größer war als selbst Timur, obwohl ihre Wurzeln noch weiter vom Boden Indiens entfernt lagen als die der Timuriden, fügte ihrer bereits bestehenden Liste herrscherlicher Würden noch den Titel »Indiae Imperatrix« hinzu. Wie jeder ihrer Vorgänger ließ sie in ihrem neuen Namen Münzen prägen, sie verzichtete jedoch auf das Lesen der *Chutba*.

Stammtafel

r. regierte von … bis
= verheiratet mit

Die Großmoguln 1526–1707

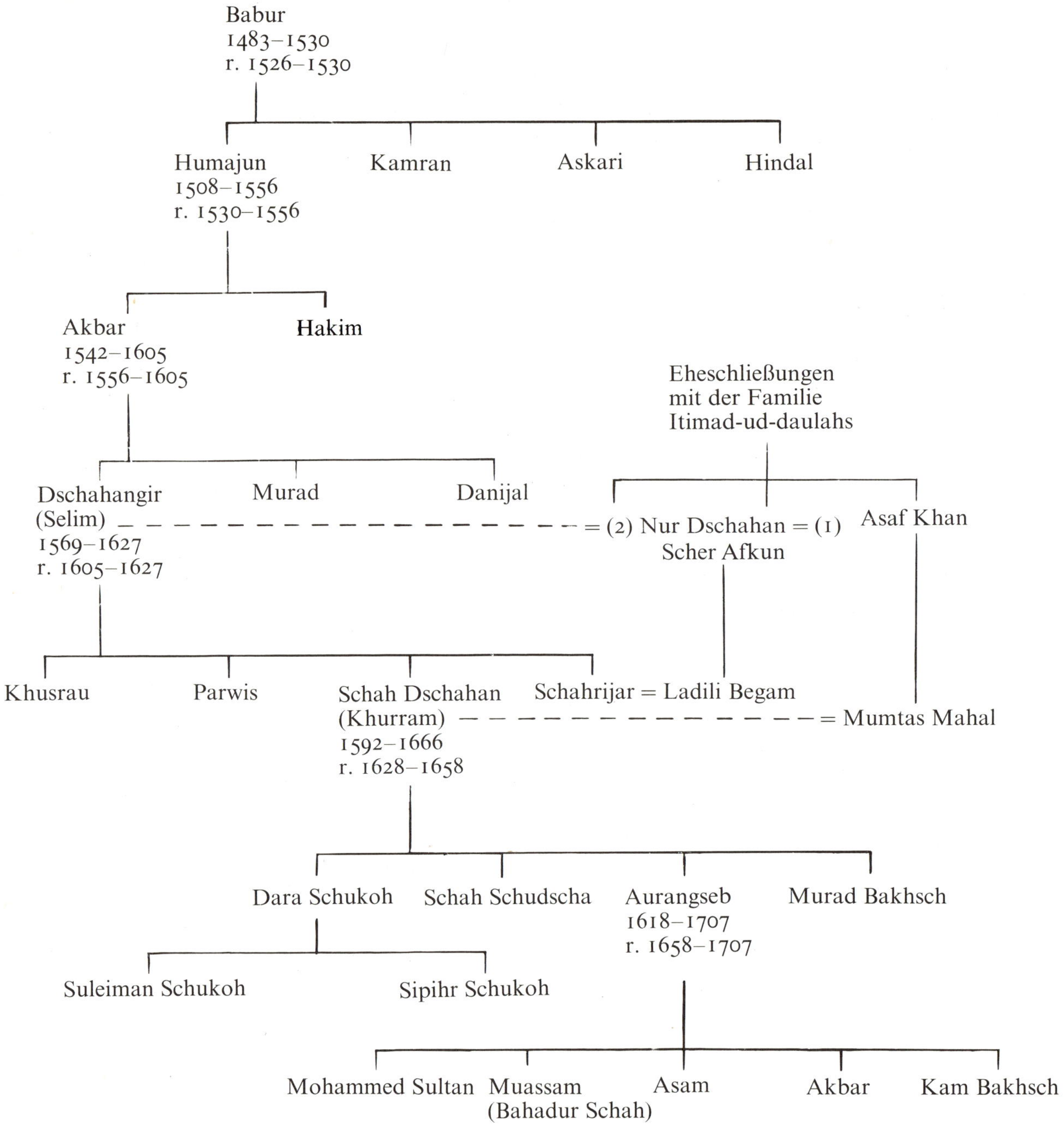

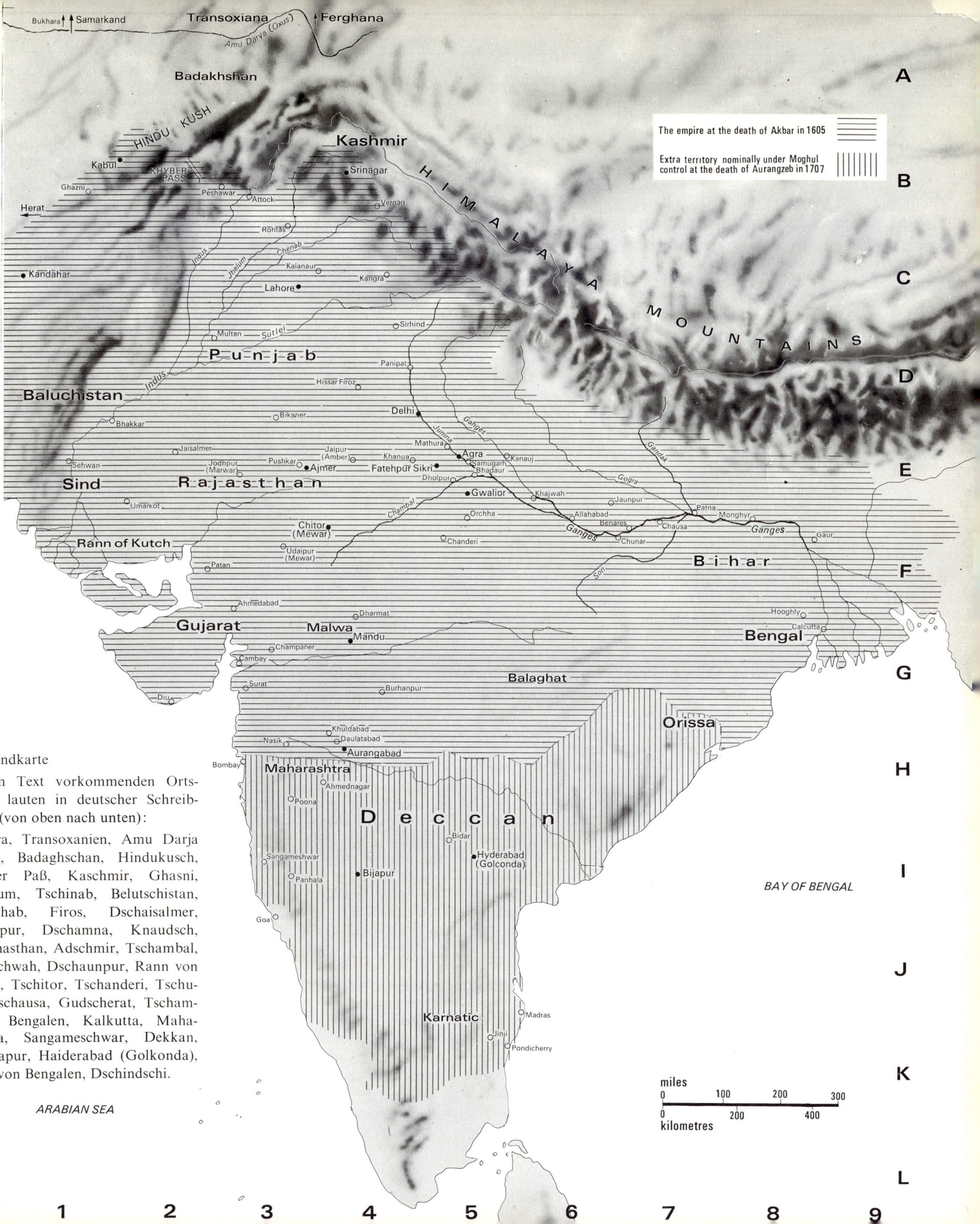

Zur Landkarte

Die im Text vorkommenden Ortsnamen lauten in deutscher Schreibweise: (von oben nach unten):

Buchara, Transoxanien, Amu Darja (Onux), Badaghschan, Hindukusch, Khaiber Paß, Kaschmir, Ghasni, Dschilum, Tschinab, Belutschistan, Pandschab, Firos, Dschaisalmer, Dschaipur, Dschamna, Knaudsch, Radschasthan, Adschmir, Tschambal, Khadschwah, Dschaunpur, Rann von Katsch, Tschitor, Tschanderi, Tschunar, Tschausa, Gudscherat, Tschampaner, Bengalen, Kalkutta, Maharadscha, Sangameschwar, Dekkan, Bidschapur, Haiderabad (Golkonda), Bucht von Bengalen, Dschindschi.

Bibliographie

Diese Bibliographie gliedert sich in drei Teile. Teil I führt die Quellen in Turki und Persisch auf, die in englischer Übersetzung vorliegen. Teil II enthält die bedeutenderen Berichte von Reisenden, die die Höfe der Großmoguln besuchten. Teil III ist eine ausgewählte Bibliographie der brauchbarsten neueren Arbeiten über das Thema. In Teil I und Teil II ist das Material in ungefährer chronologischer Reihenfolge angeordnet, in Teil III nach Sachgebieten.

Anmerkungen

Die Anmerkungen im Text, Ziffern in [ ], bezeichnen meine Quellen. Sie beziehen sich auf die den Nummern entsprechenden Bücher in dieser Bibliographie. Beispiel: Der Hinweis [4] bedeutet die *Babur-nama*. Die einzige Ausnahme hiervon bilden zwei Zeitschriften, das *Journal of the Asiatic Society of Bengal* und die *Memoirs of the Asiatic Society of Bengal*, die durch JASB bzw. MASB bezeichnet werden.

I Quellen

Einige wenige Werke in diesem Abschnitt sind in Übersetzung lediglich in Form langer Auszüge in Elliot, H.M., und Dowson, J., *The History of India as told by its own Historians*, London, 1867–77, 7 Bände, im folgenden als E&D bezeichnet, zugänglich.

1 Scharaf al-Din, *Safar-nama*, übersetzt als *The History of Timur-Bec*, London, 1732, 2 Bde., aus der französischen Ausgabe von Petits de la Croix, die im Jahr zuvor erschienen war. Scharaf-al-Din war ein Freund von Timurs Sohn Schah Rukh, und sein Buch basiert auf einem frühen Werk von Nisam al-Din Schahi, das 1401–1403 auf Timurs Anordnung hin geschrieben worden war. Es behandelt die gesamte Regierungszeit Timurs.

2 Ibn Arabschah, *Adschib al-Makdur fi Nawab Timur*, übersetzt als *Tamerlane, or Timur the Great Amir*, von J.H. Sanders, London, 1936. Der Verfasser wurde im Alter von zwölf Jahren in Damaskus von Timur gefangengenommen und nach Samarkand geschickt. Sein Buch ist ein erbittert feindseliger Bericht über Timur und seine Eroberungen, bietet aber eine Fülle wertvoller Einzelheiten, besonders über Samarkand.

3 Khwand Amir, *Habib al-Sijar*. Ein langer Auszug davon als *Life of Tamerlane, Parts V and VI. A Literal Translation* (Verf. anonym) übersetzt, Bombay, 1900. Khwand Amir schrieb diese Biographie lange nach Timurs Tod, im frühen 16. Jahrhundert. Sie stellte eine verkürzte Fassung eines umfangreicheren Werkes dar, das vom Großvater des Verfassers in der zweiten Hälfte des 15. Jahrhunderts in Herat geschrieben worden war.

4 Babur, *Babur-nama*, übers. v. Annette Beveridge, London, 1921, 2 Bde. Baburs Memoiren basieren auf Aufzeichnungen, die er sein ganzes Leben hindurch machte, sind aber hauptsächlich zwischen 1526 und 1530 in Indien geschrieben worden und behandeln den Zeitraum von seiner Thronbesteigung bis zum Jahr vor seinem Tode, d.h. die Jahre 1494 bis 1529. Verlorene Teile des Manuskripts ließen jedoch einige lange Lücken entstehen. Die fehlenden Jahre sind 1503–1504, 1508–1519 und 1520–1525.

5 Haidar, *Tarikh-i-Raschidi*, übersetzt von E. Denison Ross als *A History of the Moguls of Central Asia*, London, 1895. Baburs Vetter Haidar, 1499 geboren, war mit Babur in Kabul und zwischen 1509 und 1514 auf Feldzügen; mit Humajun und Kamran war er 1540 in Lahore; in der Folge machte er sich zum Herrscher von Kaschmir, wo er 1541–1546 sein Buch schrieb. Teil I ist eine Geschichte seines eigenen mongolischen Stammeszweigs, der östlichen Gruppe der Tschagatais. Teil II ist ein Bericht über sein eigenes Leben, mit vielen Einzelheiten über Babur und Humajun.

6 Gulbadan, *Humajun-nama*, übers. v. Annette Beveridge, London (Royal Asiatic Society, Oriental Translation Fund), 1902. Gulbadan war Baburs Tochter und wurde ca. 1523 geboren. Ihr Buch wurde etwa 1587 auf Anordnung Akbars geschrieben. Sie behandelt kurz das Leben ihres Vaters, dann mit größerer Ausführlichkeit die Herrschaft Humajuns bis zur Blendung Kamrans. Als Humajun und Hamida in Sind und Persien auf der Flucht waren, war sie bei Kamran in Kabul; aber ihr detaillierter Bericht über deren Mühsal basiert sicherlich auf dem, was sie von Hamida erfuhr, die später in Agra und Fatehpur Sikri ihre enge Freundin war.

7 Dschauhar, *Tadhkirat al-Waqiat*, übersetzt von Charles Stewart als *Private Memoirs of the Moghul Emperor Humayun*, London (Oriental Translation Fund), 1832. Während der ganzen Regierungszeit Humajuns war Dschauhar sein Wasserträger – ein sehr nahestehender persönlicher Diener, ungefähr vergleichbar einem Kammerdiener oder Offiziersburschen. Er schrieb diesen Bericht über seinen Herrn auf Anweisung Akbars im Jahre 1587.

8 Abdulla, *Tarikh-i-Daudi* (E&D Band IV, S. 434–513). Eine unter Dschahangir geschriebene Geschichtsdarstellung zweier Afghanen-Dynastien in Delhi – die Lodi, von Babur besiegt, und die Sur, von Humajun besiegt. Die Auszüge in E&D sind hauptsächlich für die unmittelbar vor Humajuns Rückkehr 1555 liegenden Jahre nützlich.

9 Abbas Khan, *Tusuk-i-Scher-Schahi* (E&D Band IV, S. 301–433). Eine Biographie über Scher Schah, von einem seiner Verwandten in Akbars Diensten geschrieben – wiederum ein von Akbar in Auftrag gegebenes Werk als Quellenmaterial für die Geschichte seiner Dynastie. Die Auszüge in E&D enden mit einem Abschnitt über Scher Schahs Verwaltungsreformen.

10 Abul Fasl, *Akbar-nama*, übers. von H. Beveridge, Kalkutta (Asiatic Society, Bibliotheca Indica), 1907–1935, 3 Bde. Abul Fasl wurde Akbars besonders nahestehender Berater und persönlicher Freund; er schrieb diese fortlaufende Chronik der Regentschaft bis in das Jahr seines Todes, 1602. Der 1. Band behandelt Timur, Babur, Humajun und die Kindheit Akbars; die Bände II und III beschreiben Jahr für Jahr die Ereignisse in der Regierungszeit Akbars. Ein Bericht über die letzten drei Jahre, 1602–1605, wurde später angefügt – hauptsächlich auf der »Iqbal-nama« von Mutamid Khan, geschrieben ca. 1620, basierend.

11 Abul Fasl, *Ain-i-Akbari*, übers. v. H. Blochmann und H.S. Jarrett, Kalkutta, 1873 bis 1894, 3 Bde. Ein Verzeichnis, Almanach, naturwissenschaftliches Wörterbuch, ein Buch von Regeln und Verfahren und statistischen Angaben aus Akbars Kaiserreich. Etwa um 1590 von Abul Fasl kompiliert. Das erste Werk dieser Art in Indien.

12 Asad Beg, *Wikaja* (E&D Bd. VI, S. 150 bis 174). Ein persönlicher Bericht der späteren Jahre von Akbars Regierungszeit. Der Verfasser war 17 Jahre lang im Dienst Abul Fasls und nach Abul Fasls Tod unmittelbar von Akbar angestellt. Die Auszüge in E&D sind vor allem wegen der Details zur Ermordung Abul Fasls und der Intrigen um Akbars Totenbett interessant.

13 Badauni, *Muntakhab al-Tawarikh*, übers. v. G.S.A. Ranking, W.H. Lowe und Sir W. Haig, Kalkutta, 1884–1925, 3 Bde. Der lebendigste, wenn auch tendenziöse Bericht über Akbars Regierung. Zwischen 1590 und 1596 heimlich von einem orthodoxen Theologen, der in Akbars Diensten gewesen war, geschrieben. Band I gibt eine Geschichte der moslemischen Herrscher Indiens bis zu Humajuns Tod wieder; Band II berichtet über die

Regierungszeit Akbars bis 1596; Band III vermittelt Biographien verschiedener Theologen, Gelehrter und Dichter unter Akbar.

14 Nisamuddin Ahmed, *Tabaqat-i-Akbari*, übers. v. B. De, Kalkutta, (Bibliotheca Indica No. 225), 1927–39, 3 Bände. 1592–93 von einem Autor verfaßt, der ebenfalls als Soldat und Verwaltungsbeamter in Akbars Diensten war. Band I behandelt die Sultane von Delhi, Band II die Zeit von Baburs Einfall bis 1593, Band III die regierenden Adelshäuser der verschiedenen Provinzen Indiens.

15 Ferischta, *Gulschan-i-Ibrahimi*, übers. von John Briggs als *History of the Rise of the Mahomedan Power in India, till the year A.D.* 1612, London, 1829, 4 Bde. Geschrieben in den ersten zwei Jahrzehnten des 17. Jahrhunderts von einem Verfasser, der im Dienst der Könige von Ahmednagar und Bidschapur gewesen war, aber im mogulischen Kaiserreich Reisen unternommen hatte. Band II behandelt die Regierungszeiten Baburs, Humajuns und Akbars.

16 Dschahangir, *Tusuk-i-Dschahangiri*, übersetzt v. Alexander Rogers, hrsg. v. Henry Beveridge, London (Oriental Translation Fund, New Series, Bde. XIX und XXII), 1909–14, 2 Bde. Dschahangir begann sein Tagebuch im Jahre seiner Thronbesteigung, 1605, und führte es eigenhändig bis 1622 weiter. Schlechter Gesundheitszustand ließ ihn die Arbeit seinem Schreiber, Mutamid Khan, anvertrauen, der es bis 1624 in der ersten Person Singular weiterführte und dann die letzten drei Jahre der Regentschaft in seiner eigenen *Iqbal-nama* vollendete.

16A Mutamid Khan, *Iqbal-nama-i-Dschahangiri* (E&D Bd. VI, S. 400–438). Der Verfasser war Dschahangirs persönlicher Schreiber. Er führte Dschahangirs Memoiren weiter, als der Kaiser zu krank war, sie selbst niederzuschreiben, und im Auftrag Dschahangirs schrieb er diese Geschichte seiner Regentschaft. Die Auszüge in E&D enthalten Einzelheiten über Dschahangirs Heirat mit Nur Dschahan und über Schah Dschahans Rebellion, sind aber besonders nützlich für die Gefangennahme Dschahangirs durch Mahabat Khan und seine Kontrolle über ihn, wobei der Verfasser Augenzeuge war.

17 Abdul Hamid Lahori, *Padschah-nama*, (E&D Bd. VII, S. 3–72). Ein Buch, das für die Regierungszeit Schah Dschahans das leisten wollte, was Abul Fasls *Akbar-nama* für die Akbars geleistet hatte. Der Verfasser, der für sein stilistisches Geschick in der Art Abul Fasls berühmt ist, wurde von Schah Dschahan mit seiner Abfassung beauftragt, aber das Alter hinderte ihn an der Fertigstellung von mehr als den ersten beiden Jahrzehnten der Regierungszeit. Zu den Auszügen in E&D gehören die Niederlage der Portugiesen bei Hooghly und der Empfang der Gefangenen in Agra, die Zerstörung von Tempeln in Benares und eine Beschreibung des Pfauenthrones.

18 Inajat Khan, *Schah-Dschahan-nama* (E& D Bd. VII, S. 73–120). Der Verfasser war Verwalter der Bibliothek Schah Dschahans, und seine Geschichte des Kaisers basiert auf den Manuskripten, die er dort antraf. Die Auszüge in E&D beinhalten unter anderem die Gründung des Delhi Schah Dschahans, die Feldzüge nach Kandahar und die Anfänge der Allianz der Moguln mit Mir Dschumla.

18A Mohammed Salih Kambu, *Amal-i-Salih* E&D Bd. VII, S. 123–132). Eine Geschichte der Regierungszeit Schah Dschahans von einem der Schreiber an seinem Hof. Die Auszüge in E&D sind von Nutzen für Schah Dschahans Krankheit, Daras Unvermögen, der Krise Herr zu werden und seine Versuche, Aurangseb im Dekkan im Zaum zu halten, und das Schicksal von Murad Bakhsch und Suleiman Schukoh.

19 Aurangseb, *Adab-i-Alamgiri*, übersetzt von Jonathan Scott in seinen *Tales, Anecdotes and Letters*, Shrewsbury, 1800, S. 345–466. Eine Auswahl aus den Briefen Aurangsebs an seinen Vater und andere Mitglieder seiner Familie vor und während des Thronfolgekrieges.

20 Aurangseb, *Rukaat-i-Alamgiri*, übersetzt von Joseph Earles, Kalkutta, 1788. Eine Auswahl aus den Briefen des Kaisers, hauptsächlich an seine Söhne, Enkel und hohen Beamten, während der letzten Jahre seiner Regierungszeit.

21 Aurangseb, *Rukaat-i-Alamgiri*, übersetzt von J.H. Bilimoria, London, 1908. Eine weitere Auswahl aus derselben original persischen Sammlung der Briefe des Kaisers.

22 Mohammed Kasim, *Alamgir-nama* E&D Bd. VII, S. 174–180). Der Verfasser war Protokollführer am Hofe Aurangsebs und wurde beauftragt, eine offizielle Geschichte der Regierungszeit zu schreiben. Aber nachdem er seinen Bericht über die ersten zehn Jahre präsentiert hatte, verbot der Kaiser jegliche weitere Geschichtsschreibung. Die Auszüge in E&D behandeln unter anderem Schah Dschahans Krankheit von 1657, Daras Ketzerei und die Anfänge des Thronfolgekrieges, all dies aus einer Aurangseb höchst wohlgesinnten Sicht.

23 Mufassal Khan, *Tarikh-i-Mufassali* (E& D Bd. VII, S. 141–144). Eine Geschichte, die sich von der Schöpfung bis zum zehnten Jahr der Herrschaft Aurangsebs erstreckt. Die Auszüge in E&D sind kurz und behandeln mit knappen Details eine Reihe von Geschehnissen zwischen 1627 und 1660.

24 Rai Bhara Mal, *Lubb al-Tawarikh-i-Hind* (E&D Bd. VII, S. 168–173). Der Verfasser war *Diwan* Dara Schukohs gewesen und schrieb im späten 17. Jahrhundert diese Geschichte aller Königreiche Indiens. Die kurzen Auszüge in E&D behandeln ausschließlich Wirtschaft und Rechtswesen unter Schah Dschahan.

25 Bakhtawar Khan, *Mirat-i-Alam* (E&D Bd. VII, S. 145–165). Das Werk wird Bakhtawar Khan, einem Lieblingseunuchen Aurangsebs, zugeschrieben, wurde aber wahrscheinlich von dessen Freund Mohammed Baqa verfaßt. Es behandelt die Weltgeschichte, aber die Auszüge in E&D bestehen weitgehend aus einer Lobeshymne auf die Frömmigkeit, Demut und Weisheit Aurangsebs.

26 Khafi Khan, *Muntakhab al-Lubab* (E&D Bd. VII, S. 207–533). Der Verfasser war ein Adliger in Aurangsebs Diensten, der trotz Aurangsebs Verbot der Geschichtsschreibung eine geheime Chronik der Ereignisse führte. Sein Buch erzählt die Geschichte des Hauses Timurs von der Zeit des Begründers bis mehrere Jahre nach Aurangsebs Tod. Die Auszüge in E&D behandeln zuerst ein einzelnes Geschehnis – den Angriff auf die Europäer in Hooghly im Jahre 1632 – und dann recht detailliert die gesamte Regierungszeit Aurangsebs.

26A Mohammed Saki Mustaidd Khan, *Maasiri-i-Alamgiri* (E&D Bd. VII, S. 181–197). Eine Geschichte der Regierungszeit Aurangsebs, verfaßt gleich nach dessen Tod auf Befehl dessen Nachfolgers, Bahadur Schahs. Der Autor war ein Schreiber, der 40 Jahre am Hofe Aurangsebs zugebracht hatte. Die Auszüge sind recht nützlich für die Frage der Zerstörung der Tempel, des Verhältnisses Aurangsebs zu seinen Kindern und Einzelheiten, die seinen Tod betreffen.

27 Verfasser unbekannt, *Akham-i-Alamgiri*, übersetzt von Dschadunat Sarkar als *Anecdotes of Aurangzib*, Kalkutta, 1912. Eine Reihe miteinander nicht zusammenhängender zeitgenössischer Anekdoten über Aurangseb, meist sehr volkstümlicher und unverläßlicher Art. Die Handschrift beinhaltet auch die Einzelheiten des Testaments Aurangsebs.

II Reisende

Es gibt eine große Anzahl von Berichten über Indien im 17. Jahrhundert, die von Reisenden stammen, die nur die Küstengebiete berührten, nichtsdestoweniger aber ihre Berichte mit dem – auf Hörensagen oder anderen Büchern beruhenden – fast obligatorischen Kapiteln über den Großmogul versahen. Die folgende Auswahl beschränkt sich auf jene Reisenden, die selbst eigene Erlebnisse innerhalb des Mogulreiches hatten. Einige der Berichte sind äußerst leicht zugänglich in einer modernen Anthologie, *Early Travels in India*, 1583–1619, Foster, William (Herausgeber), London, 1921, die im folgenden als Foster zitiert wird. Ich habe auch ein bis zwei frühe Berichte über das mogulische Indien miteinbezogen, die in Europa geschrieben wurden, aber auf authentischen Berichten Reisender beruhen.

28 Clavijo, Ruy Gonzalez de, *Embassy to the Court of Timur at Samarcand*, A. D. 1403–1406, übers. von Clements R. Markham, London (Hakluyt Society), 1859. Clavijo verließ 1403 Spanien, um als Botschafter zu Timur zu gehen, und war zwischen September und November 1404 beim Kaiser in Samarkand; während dieser Zeit wurde er Zeuge der Siegesfeierlichkeiten für den Feldzug im Irak, in Syrien und in der Türkei.

29 Sid Ali Reïs, *Mirat al-Memalik*, übers. v. A. Vambery unter dem Titel *The Travels and Adventures of the Turkish Admiral Sidi ali Reïs*, London 1899. Der Verfasser war türkischer Admiral, der, nachdem er von den Portugiesen auf See besiegt worden war, in Indien Zuflucht suchte und auf dem Landweg nach der Türkei zurückging. Er war in Delhi, als Humajun 1556 starb.

30 Monserrate, Pater Antony, *Commentary on his Journey to the Court of Akbar*, übers. v. J.S. Hoyland, London, 1922. Als eines der drei Mitglieder der ersten Jesuitenmission bei Akbar hinterließ Monserrate einen detaillierten Bericht über seine Erfahrungen. Er hatte gute Gelegenheit, die vielen Aspekte der mogulischen Lebensart zu studieren. Im März 1580 kam er in Fatehpur Sikri an und nahm an den religiösen Diskussionen in der *Ibadat-khana* teil. Er wurde zum Hauslehrer von Akbars Sohn Murad ernannt, begleitete Akbars Lager auf dem Feldzug nach Kabul im Jahre 1582 und kehrte gegen Ende jenes Jahres nach Goa zurück.

31 Fitch, Ralph, *Memoiren* in: Foster, S. 1 bis 47. Fitch gehörte zur ersten Gruppe englischer Kaufleute, die die Reise nach Indien antraten, um Handelsgelegenheiten auszukundschaften. Sie erreichten Fatehpur Sikri im Jahre 1584 und führten Briefe der Königin Elisabeth an Akbar mit sich. Fitch hinterläßt einen kurzen aber lebendigen Bericht über Fatehpur Sikri und Agra. Er begab sich von Agra die Dschamna und den Ganges hinunter nach Bengalen und erreichte England wieder im Jahre 1591.

32 Du Jarric, Pater Pièrre, *Akbar and the Jesuits*, übers. von C. H. Payne, London, 1926. Geschrieben im ersten Jahrzehnt des 17. Jahrhunderts von einem jesuitischen Priester in Bordeaux, der seine Geschichte auf den Briefen, Berichten und Kommentaren aufbaute, die von Jesuiten aus Indien geschickt worden waren.

33 Guerreiro, Pater Fernao, *Jahangir and the Jesuits*, übersetzt von C.H. Payne, London, 1930. Ziemlich zur gleichen Zeit wie das vorige aus ähnlichen authentischen Quellen geschrieben, aber von einem Jesuiten in Lissabon stammend.

34 Mildenhall, John. Ein Brief in: Foster, S. 54–59. Der Verfasser war ein Kaufmann, der auf eigene Rechnung und Gefahr zwei Jahre (von 1603–1605) am Hofe Akbars verbrachte (obwohl er vorgab, ein Botschafter der Königin Elisabeth zu sein) und versuchte, Handelskonzessionen zu erlangen. Auf Grund portugiesischer Interessen stieß er auf entschiedenen Widerstand der Jesuiten.

35 Hawkins, William. Bericht in Foster, S. 70 bis 121. Hawkins befehligte eine von der East India Company 1607 ausgesandte Flotte. Er war von 1609 bis 1611 an Dschahangirs Hof in Agra, aber wie Mildenhall machte er gegen die Portugiesen recht wenig Boden wett. Doch Dschahangir war von seiner Kenntnis des Türkischen so angetan, daß er ihn zum Adligen an seinem Hofe machte mit einem Rang von 400 Pferden und ihn mit einem armenischen Mädchen verheiratete. 1612 brach seine Frau mit ihm nach England auf. Sie erreichte London als Witwe, da ihr Ehemann auf der Reise starb.

36 Finch, William. Bericht in Foster, S. 125 bis 187. Finch war ein Assistent Hawkins' bei der Abreise im Jahre 1607, aber in Indien trennten sich ihre Wege. Finch verbrachte die meiste Zeit des Jahres 1611 in Lahore.

37 Jourdain, John, *Journal*, hrsg. v. W. Foster, Cambridge (Hakluyt Society), 1905. Jourdain erreichte Agra in Diensten der East India Company im Jahre 1611, als Hawkins sich noch dort befand. Er hinterläßt nur eine kurze Beschreibung seiner fünf Monate am Hofe und interessiert sich hauptsächlich für die erbitterte Rivalität zwischen den Portugiesen und Engländern an der Westküste.

38 Withington, Nicholas. Bericht in: Foster, S. 196–233. Der Autor war 1614–1615 in Diensten der East India Company in Agra und Adschmir.

39 Coryat, Thomas. Briefe in: Foster, S. 241 bis 287. Coryat erreichte Indien auf dem Landwege und zu Fuß im Jahre 1615 und lebte dabei von zwei Pence am Tag. Dann ging er auf der kaiserlichen Hauptstraße die ganze Strecke von Delhi nach Agra und erreichte Dschahangirs Hof in Adschmir im Juli.

40 Roe, Sir Thomas, *The Embassy of Sir Thomas Roe to India, 1615–1619*, hrsg. v. W. Foster, London, 1926. Roe, Englands erster offizieller Botschafter beim Großmogul, war von 1615–1619 in Indien und verbrachte dabei die meiste Zeit am Hofe Dschahangirs in Adschmir und später in Mandu. Sein Buch ist ein detaillierter Bericht eines Europäers, der durch seine Stellung eine bessere Gelegenheit als jeder andere im 17. Jahrhundert hatte, über das Leben am Mogulhofe zu berichten.

41 Terry, Edward, *A Voyage to East India*, London, 2. Auflage, 1777. Terry war ein Geistlicher, der sich Roe im Februar 1617 in Mandu anschloß, nachdem Roes vorheriger Kaplan gestorben war. Er kehrte mit Roe 1619 nach England zurück, und 1622 schrieb er diesen Bericht über seine Reisen und überreichte ihn Prinz Charles als Präsent.

42 Pelsaert, Francis, *Remonstratie*, übersetzt von W.H. Moreland als *Jahangir's India*, Cambridge, 1925. Pelsaert war von 1620 bis 1627 als Handelsvertreter für die Holländische Ostindiengesellschaft in Agra. Sein Buch ist ein kommerzieller Bericht mit dem Ziel, der Gesellschaft bei der Förderung des holländischen Handels mit Indien behilflich zu sein. Es konzentriert sich deshalb auf Einzelfragen des Indienhandels bezüglich verschiedener Handelsartikel, weist aber einige ausgezeichnete Partien über das Leben in Agra auf.

43 [—————], *A Contemporary Dutch Chronicle of Mughal India*, übers. und hrsg. v. Brij Narain und S.R. Sharma, Kalkutta, 1957. Ein ziemlich verstümmelter Bericht über die Geschichte der Moguln zu den Regierungszeiten Humajuns, Akbars und Dschahangirs, der offensichtlich auf einer Reihe persischer Geschichtswerke beruht, die unzulänglich erinnert und mit Hörensagen verbunden wurden. Die Herausgeber weisen nach, daß es die Hauptquelle für einen Teil von De Laets Buch (s. unten) war und von Pelsaert geschrieben wurde.

44 De Laet, Johannes, *The Empire of the Great Mogol*, übers. v. J.S. Hoyland, Bombay, 1928. De Laet besuchte Indien nicht selbst, war jedoch Direktor der Holländischen Ostindiengesellschaft. Sein Werk ist sowohl ein geographisches Lexikon wie auch eine Geschichte des Mogulreiches von Humajun bis Dschahangir. Es benützt alle seinerzeit in

Europa bekannten Quellen (Erstveröffentlichung 1631), am meisten allerdings Pelsaert für den historischen Teil. Es ist interessant als Europas erster umfassender Bericht über das Mogulreich.

45 Mundy, Peter, *Travels in Europe and Asia*, 1608–1667, hrsg. v. Sir R.C. Temple, Cambridge (Hakluyt Society), 1905–1936, 5 Bde. Bd. II enthält Mundys Tagebuch seines Aufenthalts in Indien von 1628–1633. Meist war er während dieser Zeit in Agra, wo sein Besuch mit dem Beginn des Tadsch Mahal, sowie umfangreicher Bautätigkeit Schah Dschahans im Roten Fort zusammenfiel. Mundy ist ein scharfsichtigerer Kommentator als die meisten Reisenden dieser Zeit, und sein Tagebuch wird in seinem Wert durch die zahlreichen Skizzen von seiner Hand, die es illustrieren, noch erhöht.

46 Manrique, Sebastien, *Travels*, übers. v. C.E. Luard und H. Hosten, Oxford (Hakluyt Society), 1927, 2 Bde. Manrique war ein Augustinerfrater, der ganz Hindustan von Orissa bis Afghanistan durchquerte und sogar einen Riesenumweg über den Indus und durch Radschasthan machte. Er erreichte 1640 den Mogulhof in Lahore und brachte die Freilassung eines Angehörigen seines Ordens zuwege, der in Hooghly gefangengenommen worden war.

47 Tavernier, Jean-Baptiste, *Travels in India*, übers. v. V. Ball, London, 2. Auflage, 1925, 2 Bde. in einem. Tavernier war ein französischer Juwelenhändler, der nicht weniger als fünf verschiedene Reisen von Europa nach Indien in den Jahren zwischen 1638 und 1668 unternahm. Sein Reiseziel war gewöhnlich der Dekkan und dessen berühmte Diamantenminen in Golkonda. 1640 hielt er sich in Agra auf, als Schah Dschahan dort weilte, und 1665 verkaufte er in Delhi viele Edelsteine an Aurangseb.

48 Bernier, François, *Travels in the Mogul Empire*, übers. v. Archibald Constable, Westminster, 1891. Bernier war ein französischer Arzt, der sechs Jahre im Mogulreich verbrachte, von 1658 bis 1664 – hauptsächlich in Delhi, aber auch in Kaschmir, das er mit Aurangsebs Feldlager besuchte, und in Bengalen. Sein Buch ist recht nützlich, aber er beschäftigt sich in außergewöhnlich starkem Maße damit, Indien wegen seiner von Europa abweichenden Sitten und Gebräuchen zu kritisieren.

49 Manucci, Niccolo, *Storia do Mogor*, übers. v. William Irvine, London, 1907–1908, 4 Bde. Manucci war ein italienischer Kanonier und Quacksalber, der 1656 in Indien landete und dort bis zu seinem Tode um das Jahr 1717 blieb. Er bestand eine äußerst bunte Reihe von Abenteuern und diente mehreren Mogulprinzen, die er alle sehr hingebungsvoll beschreibt. Da er von Natur aus ein Scharlatan war, hat man ihn oft als einen völlig unverläßlichen Schwätzer abgetan; in Wirklichkeit aber behandelt er häufig ein Gerücht mit gesünderer Skepsis als der gebildetere Bernier.

50 Thévenot, M. de, *Travels* in: *Indian Travels of Thévenot and Careri*, hrsg. v. Surendranath Sen, Neu Delhi, 1949, S. 1–152. Der Verfasser war ein junger Franzose. der 1666 durch den südlichen Teil des Mogulreiches reiste.

51 Martin, François, *Mémoires*, Paris, 1931 bis 1934, 3 Bde. Martin war der Gründer der französischen Stadt Pondicherry, wo er von 1674–1693 lebte. Seine sehr reichhaltigen Memoiren liefern am Rande eine Darstellung von Aurangsebs langem Feldzug im Dekkan und in der Hauptsache eine Vorstellung von den zunehmenden Auseinandersetzungen zwischen den Engländern und Franzosen an der Ostküste.

52 Careri, J.F.G., *Travels* in: *Indian Travels of Thévenot and Careri*, New Delhi, 1949, S. 157–276. Careri war ein Italiener, der 1693 bis 1698 nach Osten aufbrach und eine vollständige Weltreise unternahm. Als er in Indien war, setzte er seinen Ehrgeiz darein, eine Audienz beim Großmogul zu erhalten. Aurangseb war zu dieser Zeit in seine unaufhörlichen Kämpfe im Dekkan verwickelt. Careri erreichte das Lager der Moguln nahe Bidschapur, wo ihm eine Unterredung bewilligt wurde.

53 Norris, William, *Journals* in: Das, Harihar, *The Norris Embassy to Aurangzeb*, Kalkutta, 1959. Sir William Norris Botschafter Wilhelms III., der dem Großmogul Handelskonzessionen abringen sollte, so wie Roe acht Jahre zuvor. Er erreichte Aurangsebs Lager im Jahre 1701, als der im hohen Alter stehende Kaiser gerade die marathische Bergfestung Panhala belagerte, und er blieb sieben Monate lang am Hofe. Das Buch ist das Geschichtswerk eines modernen Autors, aber er zitiert sehr ausführlich aus Norris' unveröffentlichten Tagebüchern.

54 Foster, William, Hrsg., *Letters received by the East India Company from its Servants in the East, 1602–1617*, London, 1896–1902, 6 Bde. Eine Sammlung von Dokumenten der East India Company, die häufig Angelegenheiten der Moguln berühren.

55 Foster, William, und Fawcett, Charles, Hrsg., *The English Factories in India*, 1618 bis 1684, Oxford, 1904–1955. Eine Fortsetzung des obengenannten Werks.

BIOGRAPHIEN UND ALLGEMEINES

Moderne Werke

56 Hookham, Hilda, *Tamburlaine the Conqueror*, London, 1962.

57 Williams, L.F. Rushbrook, *An Empire Builder of the Sixteenth Century: Babur*, London, 1918.

58 Avasthy, Rama Shankar, *The Mughal Emperor Humayun*, Allahabad, 1967.

59 Banerji, S.K. *Humayun Badshah*, London, 1938–41, 2 Bde.

60 Prasad, Ishwari, *The Life and Times of Humayun*, Kalkutta, 1955.

61 Qanungo, Kalikaranjan, *Sher Shah*, Kalkutta, 1921.

62 Smith, Vincent A., *Akbar the Great Mogul*, Oxford, 1917.

63 Srivastava, A.L., *Akbar the Great*, Delhi, 1962, 2Bde.

64 Prasad, Beni, *History of Jahangir*, Allahabad, 1930.

65 Saksena, Banarsi Prasad, *History of Shahjahan of Dilhi*, Allahabad, 1932.

66 Ghauri, Iftikhar Ahmad, *War of Succession between the Sons of Shah Jahan*, 1657–1658, Lahore, 1964.

67 Qanungo,. Kalikaranjan, *Dara Shukoh*, Kalkutta 1935.

68 Sarkar, Jagadish Narayan, *The Life of Mir Jumla*, Kalkutta, 1951.

69 Faruki, Zahiruddin, *Aurangzeb and his Times*, Bombay, 1935.

70 Moinul Haq, S., *Prince Awrangzib: a Study*, Karatschi, 1962.

71 Sarkar, Jadunath, *History of Aurangzib*, Kalkutta, 1912–24, 5 Bde.

72 Sarkar, Jadunath, *Studies in Aurangzib's Reign*, Kalkutta, 1933.

73 Sarkar, Jadunath, *House of Shivaji*, Kalkutta, 1940.

74 Cambridge History of India, Bd. III, *Turks and Afghans*, hrsg. Sir W. Haig, Cambridge, 1928.

75 Cambridge History of India, Bd. IV, *The Mughul Period*, Hrsg. Sir R. Burn, Cambridge 1937.

76 Erskine, William, *A History of India under the two first sovereigns of the House of Taimur, Baber and Humayun*, London, 1854, 2 Bde.

77 Hodivala, S.H. *Historical Studies in Mughal Numismatics*, Kalkutta, 1923.

78 Lane-Poole, Stanley, *The History of the Moghul Emperors of Hindustan illustrated by their coins*, London, 1892.

79 Qureshi, I. H., *The Muslim Community in the Indo-Pakistani Subcontinent*, Den Haag, 1963.

80 Rahim, Muhammed Abdur, *History of the Afghans in India*, A.D. 1545–1631, Karatschi, 1961.

80A Sarkar, Jadunath, *Studies in Mughal India*, Kalkutta, 2. Aufl., 1919.

81 Sharma, G.N. *Mewar and the Mughul Emperors* (A.D. 1526–1707), Agra, 2. Aufl., 1962.

82 Sharma, S.R., *Mughal Empire in India*, 1526–1721, Bombay, 1934–5, 3 Bde.

83 Sharma, S. R., *Studies in Medieval Indian History*, Sholapur, 1956.

84 Srivastava, Ashirbadi Lal, *The Mughul Empire*, Agra, 2. Aufl., 1957.

85 Srivastava, A. L., *Medieval Indian Culture*, Agra, 1964.

86 Tod, James, *Annals and Antiquities of Rajasthan*, London, 1920, 3 Bde. (1. Aufl. 1829–32).

DIE KÜNSTE

87 Arnold, Thomas W., *The Library of A. Chester Beatty: a Catologue of the Indian Miniatures*, London, 1936, 3 Bde.

88 Binyon, Laurence, *The Court Painters of the Grand Moguls*, London, 1921.

89 Brown, Percy, *Indian Painting under the Mughals*, Oxford, 1924.

90 Ettinghausen, Richard, *Paintings of the Sultans and Emperors of India in American Collections*, New Delhi, 1961.

91 Goetz, Hermann, *Bildatlas zur Kulturgeschichte Indiens in der Großmogulzeit*, Berlin, 1930.

92 Smith, Vincent A., *A History of Fine Art in India and Ceylon*, Bombay, 3. Aufl., 1962.

93 Stchoukine, Ivan, *La Peinture Indienne à l'époque des Grands Moghols*, Paris, 1929.

94 Stchoukine, Ivan, *Les Peintures des Manuscrits Timurides*, Paris, 1954.

95 Strzygowski, J., Hrsg. *Asiatische Miniaturenmalerei im Anschluß an Wesen und Werden des Mogulmalerei*, Wien, 1933.

96 Welch, Stuart C., *The Art of Mughul India*, New York, 1963.

97 Brown, Percy, *Indian Architecture (The Islamic Period)*, Bombay, 1942.

98 Havell, E.B., *Indian Architecture*, London, 1913.

99 Nath, R., Art. Taj: Dream in Marble in der Zs. *Marg*, Bd. XXII, Nr. 3 (eine dem Tadsch Mahal gewidmete Sonderausgabe), Bombay, Juni 1969.

100 Smith, Edmund W., *The Mogul architecture of Fatephur Sikri*, Allahabad, 1894–8, 4 Bde.

101 Smith, E. W., *Akbar's Tomb, Sikandarah, near Agra*, Allahabad, 1909.

102 Villers Stuart, C.M., *Gardens of the Great Mughuls*, London, 1913.

103 Ghani, Muhammad Abdul, *A History of the Persian language and literature at the Moghul Court (Babur to Akbar)*, Allahabad, 1929–30, 3 Bde.

104 Aziz, Abdul, and Ahsan, Shakoor, *The Imperial Library of the Mughuls*, Lahore, 1967.

VERWALTUNG UND HEER

105 Akbar, Muhammad, *The Administration of Justice by the Mughals*, Lahore, 1948.

106 Ali, M. Athar, *The Mughul Nobility under Aurangzeb*, London, 1966.

107 Aziz, Abdul, *The Mansabdari System and the Mughul Army*, Lahore, o. J.

108 Ibn Hasan, *The Central Structure of the Mughal Empire*, Lahore, 1967 (1. Aufl. 1936).

109 Irvine, William, *The Army of the Indian Moghuls*, London, 1902.

110 Sangar, Satya Prakesh, *Crime and Punishment in Mughal India*, Delhi, 1967.

111 Sharma, S.R., *Mughal Government and Administration*, Bombay, 1951.

GESELLSCHAFT UND WIRTSCHAFT

112 Aziz, Abdul, *The Imperial Treasury of the Indian Mughuls*, Lahore, 1942.

113 Chopra, Pran Nath, *Some Aspects of Society and Culture during the Mughal Age* (1526–1707), Agra, 2. Aufl. 1963.

114 Habib, Irfan, *The Agrarian System of Mughal India* (1956–1707), Bombay, 1963.

115 Misra, Rekha, *Women in Mughal India* (1526–1748 A.D.), Delhi, 1965.

116 Moreland, William H., *India at the Death of Akbar: an economic study*, London, 1920.

117 Moreland, W.H., *From Akbar to Aurangzeb: a study in Indian economic history*, London, 1923.

118 Moreland, W.H., *The Agrarian System of Moslem India*, Cambridge, 1929.

119 Sarkar, Jadunath, *The India of Aurangzeb (topography, statistics and roads) compared with the India of Akbar*, Kalkutta, 1901.

120 Yasin, Mohammad, *A Social History of Islamic India*, Lucknow, 1958.

RELIGION

121 Krishnamurti, R., *Akbar, the Religious Aspect*, Baroda, 1961.

122 Maclagan, Edward D., *The Jesuits and the Great Mogul*, London, 1932.

123 Modi, Jivanji Jamshedi, *The Parsees at the Court of Akbar*, Bombay, 1903.

124 Roychoudhury, M.L., *The State and Religion in Mughal India*, Kalkutta, o. J.

125 Roychoudhury, M.L., *The Din-i-Ilahi or the Religion of Akbar*, Kalkutta, 1941.

126 Sharma, S. R., *The Religious Policy of the Mughal Emperors*, London, 2. Aufl., 1962.

127 Wellesz, Emmy, *Akbar's Religious Thought Reflected in Mogul Painting*, London, 1952.

BIBLIOGRAPHIEN

128 Coomaraswamy, Anada K., *Bibliographies of Indian Art*, Boston, 1925.

129 Marshall, D.N., *Mughals in India: a Bibliographical Survey*, London, 1967.

130 Sharma, S. R., *A Bibliography of Mughal India* (1526–1707 A.D.), Bombay, 1939.

131 Taraporevala, V.D.D., and Marshall, D.N., *Mughal Bibliography*, Bombay, 1962.

LEXIKA

132 *Encyclopedia of India*, London, 3. Aufl., 1885, 3 Bde.

133 *Encyclopedia of Islam*, London, 1913 bis 1934, 4 Bde.

134 *Encyclopedia of Islam*, New Edition, London, 1960– (noch nicht abgeschlossen).

135 Hughes, T.P., *A Dictionary of Islam*, London, 2. Aufl., 1935.

136 *Imperial Gazetteer of India*, Oxford, 1907–9, 25 Bde.

137 Murray's *Handbook for Travellers in India, Pakistan, Burma and Ceylon*, (hrsg. L.F. Rushbrook Williams), London, 21. Aufl., 1968.

Bildnachweis

Wir sind den folgenden Bibliotheken, Museen und Privateigentümern dankbar für die Erlaubnis zur Wiedergabe von Gegenständen aus ihren Sammlungen:

Ihrer Majestät der Königin
Seiner Hoheit dem Nawab von Rampur
Seiner Hoheit dem Maharadscha von Alwar
Seiner Hoheit dem Maharadscha von Satara

Beatty	Chester Beatty Library, Dublin
B. M.	British Museum, London
B. N.	Bibliothèque Nationale, Paris
Bodleian	Bodleian Library, Oxford
Bombay	Prince of Wales Museum, Bombay
Boston	Museum of Fine Arts, Boston
Calico	Calico Museum, Ahmedabad
Delhi	National Museum, Delhi
Fogg	Fogg Art Museum, Harvard
Freer	Freer Gallery of Art, Smithsonian Institution, Washington
Guimet	Musée Guimet, Paris
India Office	India Office Library, London
Jalan	Privatsammlung von Hira Lall Jalan, Patna
Khuda Bakhsh	Khuda Bakhsh Oriental Public Library, Patna
Moskau	Staatsmuseum für Orientalische Kunst, Moskau
Nat.Port. Gal.	National Potrait Gallery, London
Rampur	Raza Library, Rampur
V & A	Victoria and Albert Museum, London

Die nachfolgenden Darstellungen sind in der Reihenfolge ihres Erscheinens im Buch aufgeführt. Die Abkürzungen für Museen und Sammlungen finden sich in der linken Spalte der obenstehenden Liste. Alle nicht von Christina Gascoigne stammenden Photographien tragen einen entsprechenden Vermerk.

10	Seite aus einer »Babur-nama«, spätes 16. Jhdt. B. M. MS. Or. 3714, fol. 491 v.) (Photo B. M.)
12	Ausschnitt aus einer Seite einer »Dschingis-nama«, spätes 16. Jhdt. (Freer, No 54.31.) (Photo Freer)
22–23	Ausschnitt aus einer »Baburnama«, spätes 16. Jhdt. (Moskau)
24	Zeichnung, Mitte d. 17. Jhdt. (Beatty, MS. 11 A, No. IV)
30	Seite aus einer »Babur-nama«, spätes 16. Jhdt. (B. M. MS. Or. 3714, fol. 393 r.) (Photo B. M.)
34	Ausschnitt aus einer »Baburnama«, spätes 16. Jhdt. (Moskau)
39	Seite aus einer »Babur-nama«, spätes 16. Jhdt. (Moskau)
37	Seite aus einem Album, ca. 1605 (Rampur)
44	Porträt Humajuns, Delhi, ca. 1800. (Freer, No. 39.48 A. v.) (Photo Freer)
46	Ausschnitt aus einer »Akbarnama«, ca. 1590 (V & A, No. 2.1896. I. S. 26.117)
49	Hamida, Gemälde, 18. Jhd. (Mit freundlicher Genehmigung Seiner Hoheit des Maharadschas von Alwar)
56	Turbanschachtel, 16. Jhdt. (Bombay)
53	Gemälde von Mir Sajid Ali, ca. 1540 (Fogg, No. 1958.75. b. Geschenk von Louis J. Cartier) (Photo Fogg)
57	Gemälde von Bitschitr, ca. 1620. (Beatty, Ms. 7, fol. 14)
58	Gemälde von Mansur, ca. 1615. (V & A, No. 137.1921)
59	Ausschnitt aus einer »Akbarnama«, spätes 16. Jhdt. (Freer, No. 39.57) (Photo Freer)
60	Ausschnitt aus einer »Akbarnama«, 17. Jhdt. (Bodleian, MS. Ouseley Add. 171, fol. 13 v.) (Photo Bodleian)
67	Schild, angeblich 16. Jhdt., aber möglicherweise 19. Jhdt. (Bombay, No. 22.4112)
68–69	Ausschnitt aus einer »Akbarnama«, ca. 1590. (V. & A, No. 2.1896. I. S. 65.117)
72	Eine Zeichnung aus Mundys Tagebuch, 1632. (Bodleian, MS. Rawl. A315, fol. 40v.) (Photo Bodleian)
73	Eine Seite aus einer »Tarikh-i-khanadan-i-timurija«, ca. 1590. (Khuda Baksh)
75	Ein mogulisches Lesepult, emailliertes Silber mit eingelegtem Gold, 17. Jhdt. (Jalan)
77	Ausschnitt aus einer »Akbarnama«, ca. 1590. (V & A, No. 2.1896. I. S. 29.117)
81	Fathepur Sikri, Lageplan des Palastbezirks. (Mit frdl. Genehmigung des Hirmer Verlages, München, aus dem Buch Islamisches Indien von Andreas Volwahsen
83	Ausschnitt aus einer »Akbarnama«, ca. 1590. (V & A, No. 2.1896. I. S. 24.117)
88	Zwei Ausschnitte aus einer »Akbar-nama«, ca. 1590. (V & A, No. 2. 1896. I. S. 66 und 74.117)
101	Ausschnitt aus einer »Akbarnama«, ca. 1605. (Beatty, MS. 3, fol. 176 v.)
103	Zeichnung, ca. 1605. (India Office, No. Add. Or. 1039)
107	Gemälde von Manohar, ca. 1615. (Bombay, No. 15.280)
108–109	Ausschnitt aus einer »Akbarnama«, ca. 1590. (V & A, No. 2.1896. I. S. 17.117)
110	Albumseite, ca. 1620, von Haschim (Dschahangir) und Abul Hassan (Christus). (Beatty, MS. 7, No. 12)
113	Ausschnitt aus einer »Akbarnama«, ca. 1605, von Nar Singh. (Beatty, MS. 3, fol. 263 v.)
113	Seite aus dem Dara-Schukoh-Album; fol. 43. (India Office) (Photo R. B. Fleming)
117	Albumseite, frühes 18. Jhdt. (B. M. Oriental Antiquities, No. 1920.9.17.01) (Photo B. M.)

125 Gemälde von Bitschitr, ca. 1620. (Freer, No. 42.15A) (Photo Freer)

126 Gemälde von Abul Hassan, ca. 1620 (Freer, No. 48. 19B) (Photo Freer)

128 Gemälde von Mansur, ca. 1612. (V.&A, No. I.M.135. 1921)

129 Gemälde, das Mansur zugeschrieben wird, ca. 1620. (Boston, No. 14.683) (Photo Boston)

130 Zeichnung, 1618. (Boston, No. 14.678) (Photo Boston)

133 Gemälde, 18. Jhdt. (Bodleian, MS. Douce Or. c.4, fol. 29) (Photo Bodleian)

135 Goldene Gedenkmünze, 1611. (B.M. Dept. of Coins and Medals)

136 Zwölf indische Goldmünzen, ca. 1620 (B.M. Dept. of Coins and Medals)

138 Ölgemälde, 17. Jhdt. (Nat. Port. Gal.) (Photo Nat. Port. Gal.)

138 Titelbild zu Terry, E., »Voyage to East India«, 1655. (B.M. Printed Books) (Photo B.M.)

139 Holzschnitt aus Coryat, T., »Traveller for the English Wits: Greeting from the Court of the Great Moghul«, 1616, fol. A.4. verso. (B.M. Printed Books) (Photo B.M.)

141 Seite aus einer »Schah-Dschahan-nama«, ca. 1650, fol. 50 v., gemalt von Bitschitr. (Royal Library, Windsor Castle; wiedergegeben mit frdl. Erlaubnis Ihrer Majestät der Königin) (Photo A.C. Cooper)

144 Landkarte aus Mercator, G., »Atlas sive Cosmographicae Meditationes«, 1613, S. 346f (B.M. Map Room) (Photo B.M.)

145 Ausschnitt aus einer »Schah-Dschahan-nama«, ca. 1650, fol. 194r., gemalt von Pajag. (Royal Library, Windsor wiedergegeben mit frdl. Erlaubnis Ihrer Majestät der Königin) (Photo John Freeman)

146 Kopie einer europäischen Miniatur, frühes 17. Jhdt. (Bodleian. MS. Ouseley Add. 171, fol. 17v.) (Photo Bodleian)

147 Miniatur europäischen Typs, spätes 17. Jhdt. (Beatty, MS. 11A, No. VI)

149 Gemälde von Abul Hassan, ca. 1620. (Beatty, MS. 7, No. 15)

150–151 Ausschnitt aus einer »Akbarnama«, ca. 1590 (V&A)

174 Links: Von Abul Hassan gemaltes Porträt, ca. 1605. (Guimet, No. 3.676.B) (Photo Service de Documentation Photographique)

174 Rechts: Porträt, 17. Jhdt. (Delhi, No. 58.58/31)

182 Gemälde von Abul Hassan, 1617. (V & A, No. I. M. 14.1925)

190 Ausschnitt aus der Umrandung eines Porträtbildes, Mitte des 17. Jhdts. (Beatty, MS. 7, No. 35)

191 Kamee, Mitte des 17. Jhdts. (B.N. Cabinet des Médailles)

196 Doppelseitig gemaltes Bild aus einer »Schah-Dschahan-nama«, ca. 1650. (Freer, No. 42.17a und No. 42.18a) (Photo Freer)

198–199 Gemälde, ca. 1650. (Beatty, MS. 50, fol. 5)

203 Illustration einer »Dhanasri Ragini«, 18. Jhdt. (B.M. MS. Stowe Or. 16, fol. 46 r.) (Photo B.M.)

207 Porträt, ca. 1650 (Bodleian, MS. Ouseley Add. 173, fol. 17v.) (Photo Bodleian)

211 Porträt, ca. 1660. (B.N., No. Od. 51. fol. 8.) (Photo B.N.)

214 Links: Porträt, Mitte des 17. Jhdts. (Rampur)
Rechts: Porträt, ca. 1700. (B.N., No. Od. 45. rés. pet. fol. 1) (Photo B.N.)

215 Zwei Seiten aus dem Dara-Schukoh-Album. (India Office) (Photo R.B. Fleming)

222 Juwelenbesetzter mogulischer Löffel, 16. Jhdt. (V.&A, No. I.M. 173.1910)

226 Schiwadschis Tigerklauen. (Mit freundlicher Genehmigung Seiner Hoheit des Maharadschas von Satara)

228 Albumseite, 18. Jhdt. (B.B. Oriental Antiquities, No. 1920.9.17.013/24) (Photo B.M.)

235 Porträt, 18. Jhdt. (India Office, No. J.2.2)

237 Mogulisches »Huka«-Gefäß, frühes 18. Jhdt. (Bombay, No. 58.10)

238 Stickerei auf einer mogulischen Schärpe, 17. Jhdt. (Calico)

243 Teil eines bemalten Wandbehangs, Schule von Madras-Pulicat, 17. Jhdt. (Calico)

244 Zwei Gemälde, Delhi, ca. 1820. (India Office, Nos. Add. Or. 1 und 2)

Nachwort

Es wäre unmöglich, hier die vielen Menschen aufzuführen, die uns auf unseren Reisen durch Ratschläge, freundliches Entgegenkommen oder Gastfreundschaft geholfen haben – deshalb widmen wir ihnen dieses Buch. Mrs. Vibha Pandhi, der Direktorin des Government of India Tourist Board in London, und Mr. Abdul Qayyum, dem Presseberater bei der Pakistan High Commission in London, möchten wir für ihre Unterstützung in Einzelfragen vor unserer Abreise danken, ebenso ihren vielen Kollegen, die uns unermüdlich jegliche Hilfe von amtlicher Seite während unserer Reisen in beiden Ländern zukommen ließen. Unter den vielen Museen, Bibliotheken und Privatsammlungen, in denen wir arbeiteten, möchten wir den Mitarbeitern der folgenden Institutionen danken: des Prince of Wales Museum in Bombay, des National Museum in Delhi, des Palace Museum in Dschaipur und in Alwar, der Raza Library in Rampur, der Khuda Bakhsh Library und der Jalan Collection in Patna, des Calico Museum in Ahmedabad, des Lahore Museum, des Staatsmuseums für Orientalische Kunst in Moskau, der Eremitage in Leningrad, der Chester Beatty Library in Dublin, der Bodleian Library in Oxford und des Victoria and Albert Museum, des British Museum, der London Library und der India Office Library in London. Für Rat in Einzelfragen sind wir besonders zu Dank verpflichtet Douglas Matthews von der London Library, Peter Avery vom King's College in Cambridge, Dashrath Patel vom National Design Institute in Ahmedabad und vor allem Robert Skelton vom Victoria and Albert Museum, der uns in jedem Stadium der Planung und Ausführung der Arbeit unschätzbare Hilfe zukommen ließ. Für die Erlaubnis, ihr Material zu photographieren und zu kopieren, danken wir allen Museen und Bibliotheken, die in den Anmerkungen zu den Illustrationen (S. 253/4) erwähnt sind. Und schließlich wäre unsere Reise unmöglich gewesen ohne die freundliche Mitarbeit von Granada Television, das die Aufnahmetermine umverlegte.

B. und C. G.

Register

Verwendete Abkürzungen: K.in = Kaiserin, Kg. = König, Kg.in = Königin, milit. = militärisch